གཞིས་རྩེ་བསམ་གྲུབ་རྩེའི་ལོ་རིམ་མེ་ལོང་།

日喀则桑珠孜年鉴

2017

（总第1卷）

中共日喀则市桑珠孜区委员会
桑 珠 孜 区 人 民 政 府 主办
日喀则市桑珠孜区地方志办公室 编

数字日喀则桑珠孜 2016

辖区面积：3664.7平方千米

年末常住人口：15.1万人

地区生产总值：62.84亿元

第一产业：4.83亿元

第二产业：23.18亿元

第三产业：34.82亿元

全社会固定资产总额：47.05亿元

全社会消费品零售总额：20.4亿元

地方公共财政预算收入：17059万元

工业总产值：40309.53万元

招商引资到位资金：8.5329亿元

农牧民人均可支配收入：10738.2元

日喀则市委常委、桑珠孜区委书记　姚常雨

政府区长　索朗罗布

人大常委会主任　达　洛

政协主席　普　布

2016年7月20日，中共中央第十巡回督导组组长杨崇汇（左三）带领督导组到德勒社区检查指导工作

2016年4月12日，西藏自治区党委副书记、人大常委会主任白玛赤林（左四）到德勒社区检查指导工作

2016年2月2日，西藏自治区党委副书记、主席洛桑江村（中）到桑珠孜区五保集中供养服务中心调研

2016年6月8日，西藏自治区党委常务副书记吴英杰（左二）到德勒社区检查指导工作

2016年7月8日，全国政协委员、中国侨联副主席乔卫（右二），西藏自治区政协副主席次旺多布杰（右一）到桑珠孜区棉崇藏香有限责任公司参观

2016年11月11日，西藏自治区副主席多吉次珠（前排右二）到桑珠孜区调研民政工作

2016年8月25日，西藏自治区副主席、区教工委书记房灵敏（右四）到桑珠孜区二中检查指导工作

2016年11月28日，西藏自治区人大常委会副主任李文汉（左三）一行到桑珠孜区甲措雄乡岗苏家庭农场调研

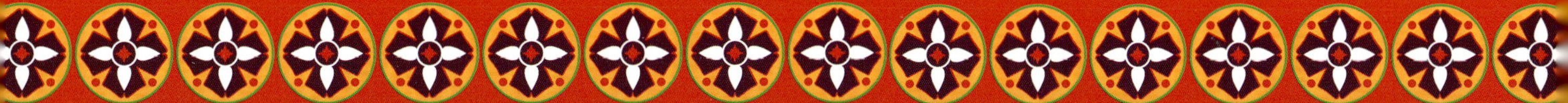

2016年7月8日，西藏自治区政协副主席次旺多布杰（右三）到桑珠孜区棉崇藏香有限责任公司工厂参观

2016年8月26日，山东省政协副主席赵润田（前排右二），日喀则市委副书记、常务副市长冯继康（前排右一）到农业精品示范园调研

2016年9月22日，贵州省政协副主席蔡志君（前排左二）一行到甲根村调研灾后重建工作

2016年11月20日，日喀则市委书记张延清（前排右一）到桑珠孜区调研基础设施建设情况

2016年7月6日，日喀则市委副书记、市长刘虎山（左二）到德勒社区检查党建工作

2016年9月5日，西藏自治区住建厅厅长斯朗尼玛（右二）到桑珠孜区调研保障性住房建设情况

2016年3月9日，日喀则市委副书记、常务副市长赵志远（前排右一）一行到桑珠孜区聂日雄乡“两江四河”生态造林地检查指导工作

2016年8月16日，日喀则市委常委、桑珠孜区委书记姚常雨到边雄乡甲根村调研

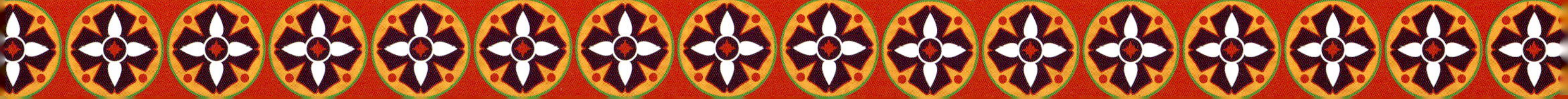

2016年10月10日，日喀则市委常委、组织部部长杨昆（右三），市委组织部副部长、老干局局长贡桑（左一）到桑珠孜区老年大学为寿星们庆贺生日

2016年2月19日，日喀则市委常委、宣传部部长戎新龙（中）到桑珠孜区联乡检查指导工作

2016年6月21日，日喀则市人大常委会副主任余德平（前排左二）到桑珠孜区调研市政市容工作

2016年12月16日，桑珠孜区委副书记、区长索朗罗布主持召开迎检创城工作部署会议

编辑说明

一、《日喀则桑珠孜年鉴》自2017年开始编纂，每年出版1卷，2017年卷为第1卷。

二、《日喀则桑珠孜年鉴》以马克思列宁主义、毛泽东思想、邓小平理论、“三个代表”重要思想、科学发展观和习近平新时代中国特色社会主义思想为指导，始终坚持“实事求是、质量第一、存史资政、服务大众”的办鉴宗旨，全面、系统、翔实地记述日喀则桑珠孜区上一年度政治、经济、文化、社会等各项事业的基本情况，为社会各界与国内外人士了解和研究当今日喀则桑珠孜区提供翔实资料。

三、《日喀则桑珠孜年鉴》分为正文与彩页两部分。正文采取分类编辑法，以类目、分目、条目为主要框架结构，个别包含多方面资料的条目，则在段落间加插楷体标题提示，方便读者查阅全书。

四、《日喀则桑珠孜年鉴（2017）》载录日喀则桑珠孜区2016年经济社会发展的基本资料，设有特载、综述、大事记、政治、武装、法治、经济管理、社会事业、城市建设·环保、交通、金融、乡（街道）概况、附录等内容，通过这些内容，可以为人们了解日喀则桑珠孜区、认识日喀则桑珠孜区提供一个全新的窗口。

五、《日喀则桑珠孜年鉴》的编辑宗旨，在于求真务实，力求真实生动地反映日喀则桑珠孜区在改革开放和现代化建设中取得的崭新成就。

六、《日喀则桑珠孜年鉴》所提供的内容和数据，分别来自于日喀则桑珠孜区各有关部门和乡（街道）人民政府，经各级领导审核，但由于口径与统计方法不同，恐有不一致之处，使用时应以区统计局提供的数据为准。

《日喀则桑珠孜年鉴》编辑部

2017年11月1日

《日喀则桑珠孜年鉴》编纂委员会

《日喀则桑珠孜年鉴》编辑部

图书在版编目（CIP）数据

日喀则桑珠孜年鉴. 2017 / 日喀则市桑珠孜区地方志办公室编. -- 北京：方志出版社，2017.12

ISBN 978-7-5144-2871-1

Ⅰ. ①日… Ⅱ. ①日… Ⅲ. ①区（城市）– 日喀则 – 2017–年鉴 Ⅳ. ①Z527.54

中国版本图书馆CIP数据核字(2017)第321388号

日喀则桑珠孜年鉴（2017）

编　　者：日喀则市桑珠孜区地方志办公室
责任编辑：王　俊

出 版 人：冀祥德
出 版 者：方志出版社
地址　北京市朝阳区潘家园东里 9 号（国家方志馆 4 层）
邮编　100021
网址　http://www.fzph.org
发　　行：方志出版社图书经销中心
电话（010）67110500
经　　销：各地新华书店
印　　刷：河南匠心印刷有限公司

开　　本：889 × 1194　　1/16
印　　张：25
字　　数：514千字
版　　次：2017年12月第1版　　2017年12月第1次印刷
印　　数：001 ~ 500册

ISBN 978-7-5144-2871-1　　定价：350.00元

目　　录

特　　载

综　　述

桑珠孜区概况

大事记

政　　治

中共桑珠孜区委员会

桑珠孜区人民政府

桑珠孜区人民代表大会常务委员会

中国人民政治协商会议桑珠孜区委员会

中共桑珠孜区纪律检查委员会（监察局）

中共桑珠孜区委办公室

中共桑珠孜区委党校

中共桑珠孜区委老干部局

武 装

桑珠孜区人民武装部

桑珠孜区公安消防大队

武警桑珠孜区中队

法 治

桑珠孜区公安局

桑珠孜区人民检察院

桑珠孜区人民法院

桑珠孜区司法局

经济管理

桑珠孜区发展和改革委员会

桑珠孜区财政局

桑珠孜区国土资源局

桑珠孜区国家税务局

桑珠孜区商务局

日喀则市工商行政管理局桑珠孜区分局

桑珠孜区安全生产监督管理局

桑珠孜区食品药品监督管理局

桑珠孜区文化广播电影电视局

桑珠孜区农牧局

桑珠孜区扶贫开发领导小组办公室（农发办）

桑珠孜区教育（体育）局

桑珠孜区藏语文工作委员会办公室（编译局）

桑珠孜区科学技术局

桑珠孜区林业局

桑珠孜区水利局

城市建设·环保

桑珠孜区住房和城乡建设局

桑珠孜区环境保护局

桑珠孜区市政市容管理委员会

交　通

桑珠孜区交通运输局

金　融

中国农业银行股份有限公司桑珠孜支行

乡（街道）概况

联乡

年木乡

边雄乡

东嘎乡

曲布雄乡

曲美乡

纳尔乡

甲措雄乡

江当乡

聂日雄乡

城南街道办事处

城北街道办事处

附　录

彩页目录

特 载

在全区基层党建工作推进会上的讲话

市委常委、区委书记 姚常雨

（2016年9月21日）

这次全区基层党建工作推进会，是区委决定召开的一次重要会议，主要任务是：对照目标任务，交流总结前三季度基层党建工作经验，对第四季度各项工作再研究再部署。

下面，借此机会，我讲四点意见。

一、要充分认识做好基层党建工作的极端重要性

一是进一步做好基层党建工作是打牢党的执政根基、密切党和人民群众血肉联系的迫切需要。目前，我们国家有8800多万党员，有440多万个基层党组织，这些都是我们党的基石。基础不牢，地动山摇。桑珠孜区的基层党组织主要在农牧区，加强基层党组织建设直接关系到我们的执政基础、执政基石。历史和实践证明，哪个地方基层党组织搞的好，哪个地方就稳定、经济发展就快。反之，哪个地方党组织涣散，问题就很多。二是进一步做好基层党建工作是加强民族团结、维护祖国统一、巩固祖国边防的迫切需要。边疆地区、民族地区进一步做好基层党建工作对于促进民族团结、维护统一、巩固边防具有更加特殊的意义。三是进一步做好基层党建工作是适应新形势新要求的迫切需要。要适应加快发展的新形势新要求。张延清书记一再强调，全市干部要积极转变作风，既要抓好稳定，又要加快发展。桑珠孜区地位重要，各项工作要走在18个县区的前面，要当好“领头雁”，所以我们加快发展的任务重，压力大。要适应维护稳定的新形势新要求。我们处在反民族分裂斗争的第一线，各种不稳定因素交织在一起，维稳任务十分艰巨，对此，我们要有清醒的认识，要保持高度的警惕。要适应全面从严治党的新形势新要求。十八大以来，党和国家对从严治党、反腐倡廉提出了新的更高的要求，出台了一系列党内法规。我们一定要心存敬畏，心有戒尺，严格遵守各项规定。四是进一步做好基层党建工作是加快我区经济和社会各项事业发展的迫切需要。现在桑珠孜区的发展任务很重，面临的发展机遇也很多，能不能利用优势、抢抓机遇、加快发展，就要看我们的基层党组织有没有坚强的战斗力、我们的干部是不是在认真的谋事想事干事。五是进一步做好基层党建工作是确保我区社会和谐稳定的迫切需要。基层党组织、基层党员干部同群众的距离最近，最了解群众的所盼所想，在化解基层矛盾、消除不稳定因素方面有不可替代的作用。基础不牢，地动山摇。只要我们广大的基层党组织、基层党员干部战斗力强，我们的执政基础就牢固，国家长治久安就有了保证。

二、要找准问题，切实增强抓基层党建工作的针对性和实效性

总体上看，我区基层党组织、党员干部作风是好的，法纪观念是强的，是有战斗力的，但实事求是讲，也存在不少问题，主要表现为：

一是部分干部组织纪律观念不强的问题。主要表现在四个方面：1.以个人为中心，政治意识、大局意识淡薄。2.重大事项不报告，习惯我行我素。3.政令不畅，选择性的抓工作，符合心意的、有好处的就落实得快。不符合心意的、没有好处的就摆在那里不干不动。4.不听招呼，对着干的现象时有发生。

二是部分干部工作作风不实的问题。主要表现在懒、散、庸，迟到、早退、旷工、醉工、脱岗、延时返岗等现象时有发生。工作主动性不够，慢作为的现象比较突出，乱作为的现象也不少。

三是部分基层党组织党风廉政建设抓得不紧的问题。主要表现在三个方面：1.两个责任落实不到位。2.内部管理混乱。3.存在贪污挪用惠民资金的问题。近期，区里有几个案子正在调查，处理结束后会在全区通报。

四是部分基层党组织班子软弱涣散、缺乏战斗力的问题。主要表现在四个方面：1.班子内部不团结，互相拆台，互不支持。2.不敢担当，遇到矛盾问题绕着走。3.精神面貌不佳。4.工作缺乏主动性。个别干部在其位不谋其政，做一天和尚撞一天钟，拨一下动一下，不积极主动去谋事想事。

五是基层干部办公生活条件急需改善的问题。主要表现在五个方面：1.有的没有办公场所。如卡热社区，租用民房办公，环境比较差。2.有的办公场所存在重大的安全隐患。如纳尔玉杂村办公房子严重开裂，属于重度危房。3.有些干部没有住房，长期在外租房住，长期在外吃盒饭。4.有些单位周转房建好以后因配套设施不到位长期没有投入使用。如彭确社区周转房建得很好，摆在中间，没水没电没路，没法入住。5.基层单位办公经费严重不足。乡（街道）每年50万元左右，社区每年20万元，村里平均1万多元，离基层的实际和工作需求还有一定的差距，特别是人口多的社区，工作量大、责任重，工作经费缺口比较大。

六是区直机关干部与基层干部交流使用力度不大的问题。目前，区直机关干部与基层干部乡（街道）、村（社区）、驻寺干部正常交流的机制还没有建立起来。不同程度存在有关系的在下面转一圈、蜻蜓点水就调走了，没有关系的毕业分配到哪个乡（街道）一干就十多年，甚至干到退休等现象，这很不公平，组织部门要坚持公平公正公开原则，制定具体的干部交流机制，进一步树好用人导向。

对以上这些问题，区委区政府将采取得力的措施，分轻重缓急，逐一加以解决。

三、要明确目标任务，真抓实干，奋发有为

刚才，刘云副书记就第四季度的党建工作作了具体的安排，我都赞成，请各级党组织抓好落实。为进一步加强基层组织建设，我们还需扎实做好以下七方面的工作。

一是扎实做好灾后重建工作。年初，市委、市政府对灾后重建工作进行了统一安排部署，区委、区政府也将重建项目任务逐一分解到了部门、到了责任人，要求非常具体，各级各部门一定要依法依加快推进建设。

二是扎实做好脱贫攻坚工作。实施精准脱贫工作是保障全面建成小康社会的重要举措，是全区重要的政治任务。全区现有建档立卡贫困户2900户11530人，按照“九个一批”要求，2016年完成脱贫2721人，2017年完成脱贫3219人，2018年完成脱贫4649人。各部门、各乡（街道）、各村（社区）都有非常具体的目标任务，不脱贫，不脱手，不脱岗，不走人。领导责任到位。脱贫攻坚指挥部要认真履行职责，积极整合各类资源，确保扶贫措施和任务落实到位。工作措施到位。要抓好扶贫开发重大问题的研究、难点问题的协调，出实招、办实事、求实效，推动精准脱贫取得更大成效。资金投入到位。要进一步拓宽资金筹集渠道，捆绑使用，认真开展扶贫资金审计工作，提高专项扶贫资金使用效益。干部帮扶到位。全区各级干部要扎实开展结对帮扶工作，要拿出真金白银帮助自己的穷亲戚，为其脱贫致富想办法、找门路。年终考核到位。要科学制定考核细则和扶贫开发考核办法，将扶贫开发工作纳入综合考评体系，严格落实督察问责，设立奖惩机制，确保按期完成脱贫攻坚任务。

三是扎实做好“六城共建”工作。市委、市政府已经下发了“共建”方案，各领导小组正在紧锣密鼓地制定更加详细的实施细则，任务非常艰巨。目前，我区的当务之急是要把城市环境卫生工作抓好，把文明创建提名城市的帽子保住。市委副书记王相民同志每天都带领相关部门的负责同志对城市卫生工作进行检查，我们要继续坚持每周六上午集体打扫卫生制度，落实好属地管理职能，各社区要做好辖区宣传教育工作，建立社区联系环卫工人制度，挨家挨户宣讲动员，明确要求，切实整治和保持好城区环境卫生。区市政市容管理委员会要进一步认真履职，加强督导检查和执法力度，一项项抓好落实。

四是扎实推进国家新型城镇化试点工作。2014年，我区被国家列入新型城镇化综合试点，前不久，国家发改委有关部门实地调研了试点工作开展情况，提出了明确的要求。全区各级各部门要扎实推进这项工作，要高度重视，区委、区政府要把试点工作摆到重要议事日程上来，进一步加强组织领导，成立领导小组和工作专班，形成合力。区政府每两个月要对相关工作进行一次调度，区委常委会每个季度要听取一次工作汇报。要加快推进各项工作，领导小组要认真对照试点方案，把任务分解到部门、到责任人，加强向上沟通汇报，加快方案审批进度，并积极做好项目衔接工作。

五是全面落实各项惠民政策。今年只剩最后一季度了，各级各部门要抓紧向老百姓兑现各种惠民资金，绝对不能挪用，绝对不能贪污。区纪委、财政局等部门要加强督促检查，多警示、教育、提醒干部，确保惠民资金使用安全、落实到位。

六是全力维护好社会和谐稳定。近期，我区在G20峰会、藏博会、拉萨雪顿节等期间维护稳定工作成效突出，特别是在“128”法会主阵地上的维护稳定及安保工作受到了国家、自治区、市里以及班禅大师的充分肯定和高度评价，各级各部门尤其是公安干警很辛苦，希望大家继续发扬。下一步，我们要进一步强化值班值守、矛盾纠纷排查调处等工作，把问题解决在萌芽状态。

七是严格落实全面从严治党的责任。我们要全面落实“一岗双责”，严格执行“八项规定”“约法十章”和“九项要求”，尤其是区领导班子成员更要以身作则，严于律己，带头转变作风，带头雷厉风行，切实把底线、红线视为高压线，碰不得、挨不得，把规矩挺在前面，严格落实好从严治党的责任和要求。

四、要遵纪守法，严于律己，切实发挥基层党组织战斗堡垒和党员干部先锋模范作用

一要在法纪面前，严格要求自己，率先垂范。基层工作处在群众第一线，我们要谨言慎行，坚持依法行政，严于律己，带着感情、责任践行党的群众路线，树立好党员干部良好形象，进一步密切党群干群血肉联系。

二要在政治规矩前面，严格要求自己，率先垂范。全区各级干部要牢固大局意识、责任意识、政治意识、看齐意识，时刻以党员干部和国家干部的标准严格要求自己，严守规矩，严把底线。

三要在工作生活作风方面，严格要求自己，率先垂范。我们要切实转变作风，争当“忠诚、干净、担当”的好干部。

四要在促进民族团结、维护祖国统一、反对民族分裂等大是大非问题上，态度坚决，旗帜鲜明。在政治思想行动上同党中央保持高度一致。

我们要高度重视民族团结进步模范创建和表彰工作，要实实在在的促进各民族交往交流交融，牢固树立“三个离不开”思想，增进“五个认同”。要深化感恩教育，开展西藏新旧对比主题教育，特别是教育部门要从娃娃抓起，从小学生抓起，切实营造增进民族团结的良好氛围。

同志们，做好基层党建工作，责任重大、使命光荣。全区各级各部门要紧紧围绕区委、区政府的决策部署，进一步紧盯目标抢进度，对照检查抓落实，奋力开拓、锐意进取，一项项抓好落实，以优异的成绩向祖国67周岁生日献礼！

桑珠孜区人民政府工作报告

——在桑珠孜区第一届人民代表大会第五次会议上（节选）

桑珠孜区人民政府区长　索朗罗布

（2017年4月8日）

一、2016年工作回顾

2016年是全面实施“十三五”规划的开局之年，是全面建成小康社会决胜阶段的起步之年，是全面打响脱贫攻坚战的起始之年。一年来，区政府在自治区党委、政府，市委、市政府和区委的坚强领导下，在区人大、政协的监督支持下，在青岛市的大力支援下，团结依靠全区各族人民，深入贯彻落实党的十八大、十八届历次全会、中央第六次西藏工作座谈会精神，贯彻落实习近平总书记系列重要讲话精神和治国理政新理念新思想新战略，贯彻落实自治区第九次党代会和市委一届五次全委会精神，紧紧围绕自治区“663”工作思路，奋发有为、奋力实干、奋勇拼搏，圆满完成了区一届人民代表大会第三次会议确定的目标任务，在农牧经济、项目引建、产业支撑、园区建设、城乡发展、民生改善、公共事业、社会稳定、政府自身建设等方面取得了新的成绩，开创了新的局面。2016年实现地区生产总值62.84亿元、同比增长6.1%（可比价），三产比例优化为8：37：55；固定资产投资完成47.05亿元、同比增长23.7%；地方财政一般预算收入完成17059万元、同比增长22.05%；社会消费品零售总额达20.04亿元、同比增长18.08%；城镇居民人均可支配收入实现28338元、同比增长13%，农村居民人均可支配收入实现10738.2元，同比增长10%，经济发展不断向好，社会局势持续稳定。

（一）强基础、重规模，农牧经济提质增效。种养规模不断扩大，农牧总产稳中有升。继续推广“良种+良田+良法”的生产模式，推广青稞良种“喜马拉雅22号”7.4万亩，创建高产示范田8.84万亩，实播农作物21.06万亩，良种覆盖率超过85%，2016年粮油总产量达1.69亿斤，粮食产量实现“八连增”。年新生仔畜16万头（只、匹），成活率达到98.7%，牲畜出栏12万头（只、匹）。农牧产业化成效明显，品牌创建稳步推进。培育发展农机合作社5家，动力机械1.54万台，机耕、机播和机收率分别达到80%、72%、60%。加速推进马铃薯、绿色果蔬示范基地建设，累计实现土地流转3.85万亩。落实良种推广补贴、良种繁育基地建设补贴、农机补贴、草畜平衡奖励资金等各种惠农补贴1900.39万元。发展壮大农牧产业化龙头企业7家、国家级农牧民专业合作社4家，江洛康萨青稞藏白酒、娘麦青稞种子等4类产品通过国家有机产品认证。

（二）深改革、抓项目，发展动力持续增强。集中力量抓建设，引建项目促发展，建立重大项目服务机制，制定重大项目领办制度，提高项目审批效率。“五证合一”“一照一码”改革成效明显，全年各类市场主体达10222户，注册资金达55.16亿元，同比分别增长17.9%、64.9%。深入推进服务型政府建设，市民服务中心2016年共接受咨询2111件，受理业务26423件、办结事项25895件，办结率达98%。全力开展项目建设领域突出问题专项整治，对重点区域、难点问题由区级领导蹲点攻坚、重拳出击，确保了珠峰二期、机场快速通道、吉林北路等多个建设项目顺利推进。实施新建、续建项目165项，实际完成固定资产投资47.05亿元，其中援藏项目11项，完成投资5770万元。总投资7亿元的德百年产30万吨天然饮用水厂项目进展顺利，完成九处水资源发展规划；投资1.09亿元的北郊水厂主体建设、管网铺设工程基本完工，预计2017年9月试运行；投资1.66亿元的污水处理和收集系统工程、江北灌区东嘎西干渠工程以及宜农宜草土地开发整治建设项目顺利竣工。

（三）传文化、强旅游，服务产业蓬勃发展。深入挖掘历史文化名城核心区、扎什伦布寺、四世班禅出生地、德庆颇章、夏鲁寺等历史文化资源，依托雅鲁藏布江、年楚河湿地、千年核桃树、普嘎土林和普姆曲宗溶洞等丰富的自然景观，大力推进文旅联动。扎实推进非遗文化保护传承工作，申报建设非遗传习基地3处。充分利用珠峰文化节展销文化旅游产品，促进文化旅游产业发展繁荣。东嘎乡生态林卡、年木乡罗林村、江当乡郭加村等生态游、家庭游持续升温，《好运·桑珠孜》《大美桑珠孜》等宣传片反响热烈，知名度进一步提升。2016年共接待游客206.53万人次，旅游总收入9.29亿元。餐饮、物流、金融等服务业发展迅速，全区现有商业网点9335个，物流配送、城镇快递营业网点30余家，金融机构各项存贷款余额分别达到33.5亿元和5亿元，分别比年初增加12.5亿元和7649万元。

（四）兴园区、创特色，新增长点发力强劲。以“两园一镇”为平台，培育规模以上工业企业3家，总投资9.1亿元，签约企业17家（其中工业园6家，光伏产业园区11家），意向投资83.11亿元。13家企业在自治区完成650兆瓦光伏指标备案工作，完成光伏特色小镇评审并开工建设。光伏园区道路建设等5个基础设施建设项目已上报自治区相关部门立项，总投资13.17亿元。第十四届珠峰文化节上签约项目7个，协议投资12.55亿元。2016年实现工业生产总值40309.53万元、同比增长16.94%。成立以区委书记为组长，政府区长为常务副组长，相关区级领导为副组长，各级各部门为成员的产业发展领导小组，下设珠峰有机种养加业等7个专项小组和办公室，召开了全区产业发展大会，制定出台了《2016—2020桑珠孜区“十三五”时期产业发展规划》，明确了产业发展思路、目标、举措，将责任分解到部门，落实到责任人，压实到时间节点，动员全区各级各部门和各级干部加快推进“产业强区”建设。

（五）优环境、推统筹，城乡面貌日益改观。围绕“六城共建”活动，先后投入8000多万元，维修市政设施1850处，新建公共厕所10座，购置垃圾箱等设施4572个，城区路灯亮化率超过95%。进一步理顺城市管理体制，制定了《桑珠孜区城市市容市貌管理实施方案》等十余项制度，完成区国有环卫、园林绿化公司组建工作，城市管理水平明显提升，城乡面貌明显改善。灾后重建全面开展，城乡建设统筹推进，实施灾后重建项目12个，总投资2.3亿元（概算批复投资2.25亿元），建立“群众自建+政府补贴”重建模式，截至目前，本级财政配套986.67万元用于灾后重建工作，民房重建项目已基本完成，整村推进项目完成70%。《桑珠孜区新型城镇化综合试点工作实施方案》已通过自治区发改委审核，灾后重建甲措雄乡、江当乡特色小城镇建设通过评审。大力推进土地资源管理，土地利用率不断提高，配合市委、市政府完成机场快速通道、珠峰开发开放实验区、珠峰文化创意示范园等9个项目共征地3.5万亩，兑现征地补偿款12.22亿元。完成永久基本农田划定资料收集工作，上报市国土局等待评审。投入1.54亿元，完成保障性住房建设948套，维修改造250套，新建144套。行政村、寺庙公路通达率100%。大力加强生态文明建设，实施生态造林17367.7亩，树木成活率达到95%以上，积极申报甲措雄乡桑阿林村等6个村为自治区级生态村。投入3845.32万元推进节能环保、美丽乡村文化大院示范点建设、环境保护公益宣传牌、环境综合整治等工作，共计淘汰10蒸吨以下燃煤锅炉114台。出台了《桑珠孜区乡（街道）环境保护工作目标考核奖惩办法（试行）》，从生态功能区转移支付资金中安排100万元作为乡（街道）环保专项资金，生态环境明显改善。圆满完成2016年度自治区环境保护考核自评及现场复核工作。

（六）攻脱贫、惠民生，保障水平显著提高。以精准措施全力攻坚，精准识别并建档立卡贫困户2900户11530人，“九个一批”全面实施，完成脱贫794户3263人，超出原计划目标的20%。健全融资体系和平台，设立4800万元精准扶贫政府补偿基金，成立注册资金1.2亿元的桑珠孜区娘麦扶贫开发公司。评审确定“十三五”产业扶贫项目91个，预计投资25.5亿元，2016年藏式窗业、唐卡产业园以及吉祥养殖等48个项目列入产业扶贫规划，计划投资8.6亿元。民生投入持续加大，社会保障水平不断提升，民生领域投入达14.25亿元，占全年财政总支出的80.3%。城乡居民五大保险应保尽保，兑现城乡低保金1632.25万元，落实各类救灾救助资金253.56万元。关心关注五保集中供养工作，将五保集中供养生活补助金从4400元提标到4740元，投入44.36万元改善五保集中供养服务中心编外困难群众和供养老人的生活。关心关爱护路队员，解决33.48万元资金配备服装装备，144名护路队员在原有工资基础上，每人每月增加300元。本级财政配套2400万元用于保障性住房附属工程建设，保障了300户低收入群体及时入住廉租房，为1153户1163人发放住房补贴496.8万元。受理劳动争议案件242件，追回民工工资581.92万元。城镇新增稳定就业人员2926人，城镇登记失业率控制在2%以内。引导和转移富余劳动力5.3万人次，实现劳务收入1.54亿元。

（七）重协调、促进步，幸福指数不断攀升。教育事业全面发展，加快实施“科教兴区”战略和可持续发展战略，继续推行学前教育、贫困学生学段资助、“互联网+空中课堂”和寄宿制中小学生校车免费安全接送“四个全覆盖”，义务教育均衡发展成果不断巩固，落实教育“三包”经费、营养改善计划专项资金3607万元，7所幼儿园、14所学校附属设施完工，教育发展水平和教育教学质量不断提升。医疗卫生水平逐步提高，筹资1000万元配置了我区首台64排螺旋CT，启用了区卫生服务中心并完成“二甲”医院创建工作，社区、乡卫生院功能不断完善，农牧民合作医疗参合率达96%，农牧民健康体检4.72万人次，在编僧尼健康体检349人次。文化惠民工程深入推进，全年开展文艺下乡50场次，电影放映980场次，投入30余万元为文化大院和农家书屋免费发放图书21060册，免费发放卫星直播设备34套，广播电视村村通基本实现全覆盖。便民服务工作扎实有效，2475名60岁以上老年人实现在市区免费乘公交出行。

（八）讲奉献、用真情，对口支援卓有成效。青岛市第七批援藏干部组，立足区情，真抓实干。三年来总计投入援藏资金2.39亿元，实施各类项目36个，解决1.9万人次就业。投资4600余万元建设文化大院四座，选派500余名干部、专业技术人员赴青岛培训，协调青岛市安排23个街道、乡镇与全区12个乡（街道）结对共建。招引项目30个，计划投资197.5亿元，累计纳税近2亿元。统筹做好了庆祝自治区成立50周年和“4·25”地震抗震救灾“两件大事”。青岛市第八批援藏干部2016年6月进藏以来，积极转变角色，履职尽责，扎实开展工作，预计“十三五”期间实施援藏项目25个，总投资达4亿元。

（九）强管理、构和谐，社会大局持续稳定。深入贯彻落实自治区“十项维稳措施”，积极推进网格化管理，不断创新管理模式和服务水平。精心服务“128”活动，保障了法会的绝对安全和顺利举办，达到了良好的政治效果、社会效果、宗教效果，得到了上级组织的充分肯定。全面落实对11类59种重点人的分级、分类、分层管控措施，管控率达100%。依法依规做好寺庙管理工作，积极推广“同心”工程。广泛开展民族团结进步创建活动，民族通婚家庭达到546户。高度重视信访工作，全面排查和化解矛盾纠纷，共受理信访案件54件94人次，排查化解矛盾纠纷334起，办结率达92.6%。严格落实安全生产“党政同责”制度，切实加强安全生产监管力度，全年安全生产形势良好。

（十）提效能、转作风，自身建设全面加强。一年来，区政府深入开展“两学一做”学习教育和“讲学习、讲忠诚、正风纪、转作风、提效能”主题活动，围绕建设学习型、服务型、廉洁型、法治型政府，扎实推进政府自身建设。制定《桑珠孜区委桑珠孜区人民政府关于贯彻落实〈法治政府建设实施纲要（2015—2020）〉的实施意见》，细化工作措施，法治政府建设进一步深化。实行公车统一派单调度制度，深入推进公务接待、公务用车、办公用房改革，拍卖废旧公务用车13辆，“三公”经费支出较2015年下降144.22万元，同比下降9%，政府作风及效能建设取得明显成效。设立区长服务热线，全力解决群众关注问题，广泛征求社会各界意见建议，政府行政效能全面提升。继续实行政府办公会、政府常务会议邀请人大代表和法律顾问列席制度，研究解决214件请示事项。自觉接受区人大及其常委会的法律监督与工作监督、政协民主监督和社会舆论监督，办理人大议案58件，政协提案64件，办复率达到100%。审计监督、行政监察力度进一步加大，营造了风清气正、廉洁高效的政务环境。

各位代表，过去的一年，我们取得的成绩来之不易，这是党中央、国务院、自治区党委、政府亲切关怀和青岛市人民无私援助的结果，是市委、市政府和区委正确领导的结果，是人大、政协认真监督和大力支持的结果，是全区各族人民艰苦奋斗的结果，在此，我代表桑珠孜区人民政府，向为我区改革发展稳定事业付出辛勤劳动的各族人民、向无私支援我区的青岛市人民、向给予政府工作大力支持和有效监督的人大代表和政协委员、向驻区各单位、驻区人民解放军、武警官兵、政法干警以及各族各界爱国人士，向所有关心和支持桑珠孜区建设的各界人士，表示衷心的感谢并致以崇高的敬意！

回顾过去的一年，在肯定成绩的同时，也要清醒地认识到，我区经济社会发展与市委、市政府的要求，与广大群众的期盼，还有不少的差距：体制机制依然不活，改革的系统性、整体性、协同性有待加强；经济稳增长压力依然较大，金融服务实体经济的能力有待提升；转型升级任务艰巨，产业发展薄弱，“小、弱、散”的情况依然存在；城市“脏乱差”的顽疾没有彻底根治，一些不文明形象依然存在；群众关心的医疗教育、养老就业等工作有待进一步加强，改善民生还需付出更多的努力；社会治理存在薄弱环节，环境治理、征地拆迁、安全生产等领域治理还需进一步强化；干部队伍思想不够解放，不愿为、不敢为、不善为以及群众“等、靠、要”的思想还不同程度存在，自我发展的能力和意识还不够强。对于这些困难和问题，我们必须高度重视，增强忧患意识，坚持问题导向，采取积极有效的措施加以解决。

二、2017年工作安排

2017年是全面实施“十三五”规划的重要之年，是推进供给侧结构性改革的深化之年，是全面建成小康社会的攻坚之年，做好政府各项工作意义重大。2017年政府工作总体思路：高举中国特色社会主义伟大旗帜，以邓小平理论、“三个代表”重要思想、科学发展观为指导，认真学习贯彻落实党的十八大、十八届历次全会、中央第六次西藏工作座谈会精神，深入贯彻落实习近平总书记系列重要讲话精神和治国理政新理念新思想新战略，深入贯彻落实习近平总书记“治国必治边、治边先稳藏”重要战略思想和加强民族团结、建设美丽西藏的重要指示，坚持“五位一体”总体布局和“四个全面”战略布局，牢固树立“五大发展理念”，坚持依法治藏、富民兴藏、长期建藏、凝聚人心、夯实基础的重要原则，落实自治区第九次党代会精神，紧紧围绕市委“6677”战略布局和市政府“12345”工作思路，把建设和谐文明美丽幸福桑珠孜作为奋斗目标，统一思想、凝聚共识，紧扣灾后重建、脱贫攻坚、“六城共建”、项目建设、产业发展、“一园一镇”建设等重点工作，进一步转变作风、攻坚克难、奋发有为，按照市委、市政府提出的发挥“八个首位度”的要求，围绕“七区建设”，努力推动桑珠孜区经济社会长足发展和长治久安，以优异成绩向党的十九大献礼！

2017年全区经济社会发展的主要预期目标：地方生产总值增长16%以上、地方财政一般预算收入增长45%以上、固定资产投资增长50%以上，社会消费品零售总额增长19%以上，城乡居民人均可支配收入分别增长13%和17%以上，城镇登记失业率控制在2.5%以内。

这些指标既符合争先进位、提速发展的要求，也是全面建成小康社会的迫切需要，我们的使命光荣而又十分艰巨，必须以改革创新和求真务实的作风创造性地抓好以下几项工作，实现“五大”突破。

（一）实施产业战略，加快产业升级，在构建绿色产业体系上取得新突破

坚持“一产上水平、二产抓重点、三产大发展”的经济发展战略，认真贯彻落实日喀则市和全区产业发展大会精神，加快产业结构调整，优化产业发展体制机制，加快“七大产业”发展，努力实现产业规模、质量和效益同步提升。

*一是着力提升一产。*壮大珠峰有机种养加业。紧紧围绕改善产业基础设施条件，以“青稞、种草、有机蔬菜、奶牛、藏鸡、雅江鱼”等为主线，深入推进农村供给侧结构性改革，大力发展生态特色农牧业。力争2017年增播青稞1万亩，增播良种3000亩，打造青稞、马铃薯生产加工龙头企业2家，引进并推广枸杞和黑木耳种植，继续扩大“喜马拉雅22号”种植面积，建设“千亩千斤”示范点2个，“百亩千斤”示范点10个，完成“控失配方肥”田间肥效示范推广3000亩，确保青稞每亩单产增长50斤，粮食产量稳定在1.74亿斤。全面推进42万余亩农村土地承包确权、登记、颁证工作，确保农户拥有土地所有权、承包权和经营权。继续扩大特色产业基地建设，调整农畜渔发展结构，优化畜群畜种结构，发展“光伏+雅江鱼养殖”，加大拉洛奶牛养殖基地、岗苏农场、培强肉业的扶持力度。推进产品质量认证和产地认证，大力开展农牧业品牌塑造培育，着力打造一批有影响力，有文化内涵、品质好、叫得响的农牧业品牌。

*二是发展壮大二产。*壮大珠峰天然饮用水业。进一步完善《2017—2025年桑珠孜区天然饮用水产业规划》，积极引进实力企业和战略投资者，参与天然饮用水产业开发，扩大生产规模。重点支持年产20万吨以上规模的大型企业，依托总投资7个亿的东嘎乡德百年产30万吨厂区建设和品牌创造，打造大众天然饮用水、高端饮用水、特定用途的化妆水以及母婴水等整体天然饮用水产业化开发，扩大生产规模，塑造“西藏好水”“珠峰天然好水”区域品牌和市场影响力。壮大珠峰民族特色手工业。推行“农户+基地+公司”模式，以唐卡、藏香、藏毯、佛像、金属制品、民族家具加工为重点，加快推进藏露民族手工业、扎西吉彩金银铜器厂、德勒藏香等特色手工企业发展壮大。壮大珠峰清洁能源业。紧抓“日喀则清洁能源市”创建机遇，积极创建“绿色能源示范区”。完成投资近十亿元的光伏特色小镇基础设施建设工作，确保343户搬迁安置年内入住。加快推进“光伏+生态设施农业”扶贫示范园前期600兆瓦区域基础设施建设，尽快完成已在自治区发改委完成备案的13家、650兆瓦光伏指标资本落地和实体工程量。力争总投资3亿元的民生管业二期、藏医院制剂厂二期、力诺二期建设，2017年竣工并投入使用，力诺二期实现并网发电。积极协调神猴藏药、藏式窗业、垃圾分类回收综合利用等9家、总投资19.8亿元的项目落地建设。

*三是做大做强三产。*壮大珠峰特色旅游文化业，促进文旅融合，抓住历代班禅驻锡地这一不可复制的宗教文化优势和难得的“高原水乡”特色，紧紧围绕“生态珠峰”战略，打造“班禅驻锡地”和“高原生态休闲旅游胜地”两个品牌，继续推介东嘎林卡等旅游项目，建立“一区三线四片”（扎寺宗教文化旅游区，雅江西线风光旅

游黄金线、雅江东线风光旅游黄金线、“五彩山谷”风光旅游线，历史观光片区、民俗风情体验片区、古寺观光片区、珠峰旅游文化创意园区）的旅游观光体系，继续打好“好运桑珠孜”“大美桑珠孜”品牌，力争2017年我区旅游人数达218万人次，旅游收入达到9.8亿元。积极对接日喀则市珠峰开发开放试验区和珠峰生态文化创意产业园建设，延长配套服务链，打好群众增收牌。积极抢抓国家“一带一路”战略机遇，加快推进珠峰南亚现代物流业和扶贫物流园区建设，规划建设大型建材市场，努力构建以城市物流枢纽、物流园区及城乡配送系统为主的现代物流服务体系，增强全区的物流中转运输、加工配送和综合服务功能，使我区成为西藏面向南亚的物流枢纽。

（二）优化发展环境，探索投资模式，在改革创新发展上取得新突破

*一是优化项目发展环境。*集中力量、集中时间，继续紧抓项目建设领域突出问题专项整治排查。突出“重大项目”排查，加强对环城路、机场快速通道、北郊水厂等重大项目的督导督查，确保重大项目推进顺利；突出“投诉项目”排查，督促各项目部门对近年来项目领域的投诉情况进行全面梳理，将涉及投诉的项目列为抽查检查的重点；突出“问题项目”排查，对有质量安全隐患、存在地方保护主义、群众阻工等问题的项目进行重点抽查，整改纠正一批突出问题，对一时难以整改的区域和问题进行深入研究，制定详细的整改方案，明确整改时限，严厉打击非法占地、违法建设的行为，确保项目建设环境进一步优化。

*二是完善项目管理建设。*承接好3000万元以下政府投资项目审批权限的下放，加大项目投资力度，力争2017年完成固定资产投资增长50%以上。积极衔接好总投资8600万元的七个乡生活垃圾无害化处理设施及垃圾分类回收等项目建设前期工作，力争2017年全面开工建设。做好项目储备工作，进一步深研《国务院办公厅关于进一步支持西藏经济社会发展若干政策和重大项目的意见》和有关银行贷款政策，积极对接“十三五”规划和援藏资金项目，更加关心和支持援藏干部组开展工作，推进2017年6类15项、总投资8810万元的援藏项目顺利建设。保障项目前期经费，出台《桑珠孜区项目前期经费使用管理暂行办法》，确保完成239项、总投资79.3亿元的项目储备前期工作，确保固定资产投资至少完成46.05亿元以上，力争完成中央政府投资20亿元。科学合理收储城市建设预备土地，为城区发展助力。坚持建设与保护并重，严把项目审批关，完善环境保护基础设施，严格项目建设准入标准和程序。

*三是探索投融资体制改革。*积极探索PPP、EPC等投融资模式，创新金融合作方式，充分发挥城发投资公司和娘麦扶贫开发公司平台作用，加强与国开行、农发行和各驻日喀则银行的战略合作，强化金融对经济社会发展的撬动作用，努力形成多元化、多层次、多渠道的投融资体系，强化项目支撑和投资落实，力争通过政府风险补偿基金办法提高金融机构支撑产业发展力度。确保扶贫产业、生活垃圾资源化利用、光伏农业生态示范基地、工业园区、城市综合管廊示范建设、甲措雄乡特色小城镇示范项目、“美丽乡村”建设、坚参孜综合开发、东嘎生态沟综合开发等一批重点信贷投资项目顺利推进。

（三）坚持统筹协调，优化城乡布局，在城乡一体化建设上取得新突破

*一是统筹城乡建设。*突出规划引领作用，以人为本、城乡统筹，将国家新型城镇化综合试点工作、特色小城镇建设、新农村建设、灾后恢复重建、整村推进以及棚户区改造项目有机结合，推进力度只增不减，充分发挥中心城区的集聚辐射作用，实现空间规划管理“一张图”，不断提升城乡公共服务均等化水平。积极加强与上级业务部门的沟通协调力度，重点加快6个整村推进、灾后重建甲措雄乡和江当乡特色小城镇等12个项目建设进度，确保2017年9月前全部竣工并投入使用。配合市直行业部门做好辖区内4个、总投资3.87亿元的重建项目建设工作。按照市委、市政府

的要求和分工，全力开展好老城区改造和城市建设工作。

二是完善城市管理。坚持“六条原则”和“七化”机制，围绕“六城共建”工作，着力促进城市净化、亮化、绿化、美化，提升城市文明程度。加强城市管理执法工作，着力整治城市小广告、乱扯乱搭等“脏乱差”顽疾。加大宣传力度，提高全区各族干部群众环卫意识。以宜居宜业宜游的城市环境为目标，建立城市管理数字化平台，建立市政、园林、环卫、亮化一体巡查和安全隐患24小时处理等制度。切实加强市政基础设施管护力度，确保城区亮化率达98%以上。按照“全面规划、合理布局、改建并重、卫生适用、便捷便利”原则，加大公厕建设和管理力度。认真落实“门前三包”制度，组织干部职工深化“争当创城先锋、建设美丽家园”主题活动，重点开展辖区综合环境专项整治行动。完善城市管理保障机制，强化队伍建设管理，关心关爱环卫工人，完善环卫工人保障、绩效考核机制，继续举办环卫工人节，教育引导群众“讲文明树新风，齐心协力共建美丽日喀则”。

（四）加强社会建设，办好惠民实事，在保障和改善民生上取得新突破

一是全力脱贫攻坚。按照“九个一批”要求，进一步抓实责任，强化督查，尽力整合资金和各方面力量向扶贫攻坚领域倾斜，建立完善专项、行业、社会、金融、援藏“五位一体”大扶贫格局，确保2017年底完成3150人的脱贫目标，为提前完成脱贫任务打下坚实基础。加快推进易地搬迁工作，依托“光伏特色小镇”，同步完善配套基础设施和公共服务，如期完成1085户、4814人的易地扶贫搬迁任务，特别是集中安置的464户、2108人的任务。充分发挥娘麦扶贫开发公司投融资平台作用，撬动银行信贷资金，实施好6类、48个产业项目，力争信贷投资19.5亿元，帮扶带动825户、2983人实现脱贫。加大生态补偿脱贫力度，合理安排生态补偿岗位指标，完成生态补偿脱贫462户、2079人。积极探索多渠道脱贫措施，通过教育、就业培训，提高贫困人口就业、技能水平，让建档立卡贫困户子女483户、772人享受更好的教育，完成170户、170人转移就业培训。大力开展对口帮扶，积极落实“4321”结对帮扶工程，强化干部职工帮扶力度，确保攻坚脱贫工作全动员、全参与、全覆盖，让贫困群众感受到党和政府的温暖，感受到全社会的关心、关怀。

二是筑牢民生保障。加快形成政府主导、覆盖城乡、可持续的基本公共服务体系，在学有所教、劳有所得、病有所医、老有所养、住有所居上持续取得新进展。坚持优先发展教育，2017年计划投资近2.76亿元，实施两大类60个建设项目，教育本级财政投入比例由20%提高到25%。推进义务教育均衡发展，重点改善农村学校基础办学条件，推动教育资源重点向学前教育倾斜，积极开展素质教育迎检工作，深化教育组团式援藏工作，促进教育教学质量进一步提升，力争到2017年各入学率达到全市目标要求；着力提高人民健康水平，健全全民健康体检制度，完善城乡医疗卫生设施和功能，以医疗卫生组团式援藏为依托，加强医疗卫生人才队伍建设，巩固和完善以免费医疗为基础的农牧区医疗制度，为群众提供安全有效方便价廉的公共卫生和基本医疗服务；努力实现更高质量的就业，提升务工群众工资性收入比重，贯彻劳动者自主就业、市场调节就业、政府促进就业和鼓励创业的方针，鼓励多渠道多形式就业，促进创业带动就业，动态消除零就业家庭；统筹推进城乡社会保障体系建设，落实广覆盖、保基本、多层次、可持续的方针，进一步扩大社会保险覆盖范围，确保五大保险应保尽保；积极发展社会福利事业，力争“五保户”和孤儿双集中供养率达到规定标准；努力实现公共文化服务体系全覆盖，提高公共文化产品生产供给能力，加大文物和非物质文化遗产的保护力度，努力建设中华民族特色文化保护地；坚持保障性住房建设与灾后重建、新型城镇化试点建设相结合，2017年计划危房改造625户、棚户区改造1755户，建设保障性住房396套，不断改善城乡困难群众的居住条件；大力推进科技创新，积极

引导农牧民转变，鼓励企业自主建立科技示范基地，加速科技成果转化；加强食品药品监管，创新监管职能，确保“舌尖上的安全”。

三是推进生态文明。以努力建设宜居宜业宜游新城区、绿色能源示范区为目标，全面推进生态文明建设。继续狠抓节能减排降耗，实施环境质量和污染排放问题双控，抓好落后产能企业关闭淘汰工作，推进工业、建筑、交通等重点领域节能降耗，强化水污染防治和饮用水源保护。促进资源节约，提高资源综合利用水平，突出加强城市资源循环利用，促进减量化、再利用、资源化。加大推进植树造林、防沙治沙等工作力度，重点实施“两江四河”管护及补植补造、防沙治沙、拉萨周边防护林体系建设、灾后重建整村绿化以及总投资4000万元的年楚河流域重要生态功能保护区建设等工程建设，完成防沙治沙、植树造林、封山育林、退耕还林32311亩。大力实施饮用水源地保护工作，深入开展国家环保模范城市、国家生态文明先行示范区建设，积极推进塔玛、桑阿林、雪冲村等10个生态村创建工作。深化环境保护整治工作，举全区之力，行全民之举，强化领导、完善措施，重拳出击、一抓到底，进一步强化环境保护“党政同责”和“一岗双责”，切实做好中央环保督察组下沉督察的迎检各项工作。

（五）围绕创新务实，坚持依法行政，在政府自身建设上取得新突破

打铁还需自身硬，加快“七区”建设，迫切需要我们主动顺应时代发展新趋势，准确把握经济社会转型新要求，不断满足人民群众新期待，提升治理体系和治理能力的现代化水平。我们将以实施“党建珠峰”战略为统领，以开展“讲学习、讲忠诚、正风纪、转作风、提效能”“深化五项教育、增进五个意识”主题活动和“四讲四爱”喜迎党的十九大主题教育实践活动为契机，全面加强自身建设，切实提高行政效能，努力建设人民满意的学习型、法治型、服务型、务实型、廉洁型政府。

一是坚持理论武装、强化能力，突出学习型政府建设。强化理论武装，坚持定期集中学习制度，始终用中国特色社会主义理论体系武装头脑，深入学习习近平总书记系列重要讲话精神和治国理政新理念新思想新战略；强化能力提升，努力学习现代市场经济、信息技术、城市治理等方面知识，增强战略创新思维能力，着力提升专业化水平；强化智库建设，搭建聚智平台，加强调查研究，跟踪研究时代前沿科技动态，借鉴内地以及自治区先进城市治理经验，强化政府核心智库战略谋划、资政建言以及政策评估等功能，更好的服务政府科学决策。

二是坚持依法行政、从严治政，突出法治型政府建设。认真贯彻落实法治政府建设实施纲要，严格按照法定程序、法定权限行使职权，将政府各项工作纳入法治化轨道。坚持“三重一大”制度，坚决拥护区委的领导，自觉接受人大依法监督、政协民主监督和社会舆论监督。落实公众参与、专家论证、风险评估、合法性审查和集体讨论决定相结合的重大行政决策机制，确保各项重大行政决策合法合规、符合群众意愿。加强各级行政决策、行政行为的责任倒查，对严重失误或者造成重大损失、恶劣影响的，依法追究责任。

三是坚持为民服务、高质高效，突出服务型政府建设。运用法治思维、市场思维、互联网思维，着力提高深化改革、推动发展、化解矛盾、维护稳定的能力。全面推行政务公开，开展“互联网＋政府服务”，充分利用政府门户网、微信、微博以及“区长服务热线”等平台，倾听群众呼声和社情民意，开展政风行风民主评议，加强与人民群众的沟通联系。突出便民服务大厅便民高效职能，优化办事流程、服务流程，让群众少跑路、少跑趟，推动政府工作提速增效，促进目标任务高质高效完成。

四是坚持真抓实干、敢于担当，突出务实型政府建设。大力弘扬长征精神、老西藏精神、两路精神和珠峰精神，始终保持奉公为民的热情、干事创业的激情和拼搏争先的豪情，为桑珠孜发展担当，为全区人民尽责，坚持低调务实不张扬、埋头苦干，不图虚名、不务虚功，多做打基础、利长远的事情，以“钉钉子”的精神推动各项工作落实。要深化治庸问责工作，及时解决群众反映的热点问题，严肃查处庸、懒、散和行政不作为、慢作为、乱作为问题。

五是坚持清正廉洁、廉而有为，突出廉洁型政府建设。自觉向党中央看齐，向党的核心看齐，切实增强政治意识、大局意识、核心意识、看齐意识。严格对照中国共产党《廉洁自律准则》和《纪律处分条例》，认真贯彻中央八项规定精神，落实“两个责任”和“一岗双责”，严控“三公”经费支出。进一步健全惩治和预防腐败体系，加大财政资金分配、重大项目建设、重大物资采购招标等重点领域审计力度。始终保持反腐高压态势，对腐败分子和腐败行为零容忍、严查处，努力营造风清气正的政治生态。

各位代表，鲲鹏展翅凌万里，逐梦扬帆再起航。桑珠孜区发展的蓝图已经绘就，“七区建设”的目标指引，鼓舞我们砥砺奋进；全区人民的信任期盼，鞭策我们勇往直前。只要我们继续奋斗、坚定前行，梦想就可以实现。让我们紧密团结在以习近平同志为核心的党中央周围，在自治区党委、政府，日喀则市委、市政府和区委的坚强领导下，开拓创新、只争朝夕，谱写建设和谐文明美丽幸福桑珠孜的壮丽篇章！

名词解释

自治区663施政思路：“六对抓手”：打牢农牧业和基础设施两个基础，突出特色产业和生态文明建设两个重点，加强民生改善和基本公共服务两个保障，激活改革开放和对口支援两个动力，强化科技和人才两个支撑，巩固民族团结和社会稳定两个基石。“六动措施”：民生先动，市场推动，项目带动，金融撬动，创新驱动，环境促动。“三条底线”：和谐稳定，生态保护，安全生产。

九个一批：产业脱贫一批、发展教育脱贫一批、易地搬迁脱贫一批、社会保障兜底脱贫一批、转移就业脱贫一批、医疗救助脱贫一批、灾后重建脱贫一批、生态补偿脱贫一批、金融扶持脱贫一批。

自治区十项维稳措施：一要以开展创先争优强基惠民活动为有力抓手，提升驻村工作水平；二要以干部驻寺常态化为主要内容，加强和创新寺庙管理；三要以便民服务、维稳处突为首要职能，推行城市网格化管理；四要以维护藏传佛教正常秩序为基本目标，依法依规管理宗教事务；五要以强化社会面管控为有效途径，实现维稳措施全覆盖；六要以扩大就业、改善民生为关键举措，夯实和谐稳定的群众基础；七要以开展民族团结进步创建活动为重要载体，促进各民族和睦相处、和衷共济、和谐发展；八要以加强高校管理和青少年思想政治及“双语”教育为工作重点，培养合格的社会主义建设者和接班人；九要以提高社会主义先进文化的影响力为根本任务，确保西藏意识形态领域的绝对安全；十要以维护稳定为硬任务和第一责任，落实维稳工作责任制和应急处突机制。

五位一体：经济建设、政治建设、文化建设、社会建设、生态文明建设五位一体。

四个全面：全面建成小康社会、全面深化改革、全面依法治国、全面从严治党。

五大发展理念：创新、协调、绿色、开放、共享。

市委6677战略布局：“六大战略”是党建珠峰、生态珠峰、文化珠峰、产业珠峰、幸福珠峰、法治珠峰，“六城共建”是全国文明城市、国家卫生城市、国家园林城市、国家环保模范城市、全国双拥模范城市、全国民族团结示范城市，“七区建设”是旅游文化腹心区、特色文化传承区、南亚开放前沿区、生态屏障保护区、安全屏障建设区、民族团结示范区、社会稳定典范区，“七大产业”是珠峰有机种养加业、珠峰特色旅游业、珠峰天然饮用水业、珠峰绿色生态业、珠峰特色手工业、珠峰清洁能源业、珠峰南亚物流业。

市政府12345工作思路：瞄准一个目标，全面建成小康社会宏伟目标；突出两大重点：脱贫攻坚、灾后恢复重建；强化三大支撑：项目带动、产业发展、城镇建设；坚守四条底线：和谐稳定、生态保护、安全生产、廉洁从政；落实五项任务：深化改革、扩大开放、改善民生、金融撬动、统筹城乡。

八个首位度：一要在坚持党的领导上发挥好首位度作用；二要在提速跨越发展上发挥好首位度作用；三要在维护社会稳定上发挥好首位度作用；四要在增进民生福祉上发挥好首位度作用；五要在加强城市管理上发挥好首位度作用；六要在生态文明建设上发挥好首位度作用；七要在对内对外开放上发挥好首位度作用；八要在全面从严治党上发挥好首位度作用。

六条原则：以人为本、改革创新、权责清晰、依法管理、提速增效、共管共享。

七化机制：管理法制化、监管数字化、体制属地化、机制市场化、作业精细化、参与社会化、考核常态化。

4321结对帮扶工程：地厅级领导干部结对帮扶4户贫困户，县处级领导干部结对帮扶3户贫困户，乡科级领导干部结对帮扶2户贫困户，一般干部职工结对帮扶1户贫困户。

深化五项教育、增进五个意识：深化感党恩教育，增进领袖意识；深化民族团结教育，增进共同体意识；深化“五个认同”教育，增进认同意识；深化社会主义核心价值观教育，增进荣辱意识；深化社会主义法制教育，增进法律意识。

四讲四爱：讲党恩爱核心、讲团结爱祖国、讲贡献爱家园、讲文明爱生活。

三重一大制度：重大事项决策、重要干部任免、重要项目安排、大额资金的使用，必须经集体讨论做出决定。

桑珠孜区“七区建设”：从严落实管党治党要求，努力建设廉洁务实高效区；深化对内对外开放，努力建设开发开放先行区；认真培育发展特色产业，努力建设产业强区；统筹推进“六城共建”，努力建设宜居宜业宜游新城区；积极推广使用清洁能源，努力建设绿色能源示范区；大力促进各民族交往交流交融，努力创建民族团结进步示范区；全力保稳定促安全惠民生，努力建设和谐文明美丽幸福区。

桑珠孜区第一届人民代表大会第五次会议闭幕会议上的讲话

区委副书记、人大常委会党组书记、主任 达 洛

（2017年4月7日）

桑珠孜区第一届人民代表大会第五次会议，在区委和大会主席团的正确领导下，经过全体代表和与会人员的共同努力，圆满完成了各项议程，就要胜利闭幕了。会议期间，代表们以饱满的政治热情，围绕建设和谐文明美丽幸福桑珠孜，认真审议各项报告，解放思想，畅所欲言，提出了很多符合我区发展实际的建议，为改进人大常委会和“一府两院”工作起到了积极作用。会议开得很成功，是一次解放思想，求真务实，团结民主，凝聚共识的大会。在此，我谨代表大会主席团，向各位代表和工作人员致以崇高的敬意和衷心的感谢!

各位代表，今年是党的十九大召开之年，是我区“十三五”规划实施的重要一年，是全面贯彻落实自治区第九次党代会精神，自治区十届人大五次会议、市委一届五次全委会、区委一届四次全委会精神的关键一年，张延清书记在我区调研时，提出了要发挥好桑珠孜区首位度作用，对我们工作提出新的更高的要求。各位代表肩负的使命神圣而光荣，人民对我们的工作满怀期盼，我们一定要不辱使命，全面、积极、正确履行人民代表的光荣职责，为发挥好首位度作用，全面实施区委一届四次全委会提出的“七区建设”发展战略，建设和谐文明美丽幸福桑珠孜做出积极贡献。在这里，我提几点希望与各位代表共勉。

一、务必加强学习，提高履职能力。人大代表要坚持讲政治，善履职，就必须具有坚定的信念，履职的能力，了解上情，体察下情，才能议事议到点子上，推动工作到关键处。面对新形势、新任务，各位代表一定要加强学习。要深入学习习近平总书记系列重要讲话精神，做到对中央的政策要求了然于胸。要深入学习领会市委、区委重大决策部署，围绕“七区建设”发展战略和建设和谐文明美丽幸福桑珠孜的奋斗目标，深入思考，认真研究，确保依法监督方向正确，建言献策切实可行。要深入学习人大业务知识和程序，熟悉宪法、代表法等法律法规，知晓代表的全力与义务，切实履行好监督职权。

二、坚持正确的政治立场，服务大局。人大代表坚持正确的政治方向，是由人大制度的本质属性决定的，坚持正确的政治立场，是实际行动而不是空洞口号。坚持正确立场，最重要的是要同党委保持高度一致。张延清书记在我区调研时明确提出了发挥首位作用的工作要求，既是各级党委工作的新目标、新任务，也是人大工作的中心任务，区委一届四次全委会提出的“七区建设”发展战略，是区委贯彻落实自治区第九次党代会、市委一届五次全委会做出的重要决策，凝聚了全区人民的智慧，符合我区发展的实际和群众的期盼，只要全区上下扎实苦干是完全可以实现的。各级人大要把智慧和力量凝聚到区委的决策部署上来，各位代表要把思想和行动统一到区委的决策部署上来，深入调研，集思广益，建言献策，提出更多有针对性、时效性的措施，发挥

好人大服务发展、支持发展、促进发展的作用，推动全区经济社会健康持续发展。

三、立足岗位要求，充分发挥好代表作用。各位代表要正确认真自己肩负的职责，带着热情去工作，真正成为人民群众的代言人，人民利益的维护者。要充分发挥贴近群众、贴近基层的优势，带头把区委区政府的重大决策宣传下去，把本次大会精神宣传下去，把基层群众的民情民意反映上来，扎实做好上情下达，以自身实际行动，带动广大群众积极投身到我区经济社会发展建设目标的任务上。

各位代表，回顾过去，我们为桑珠孜区的长足发展感到自豪；展望未来，我们对桑珠孜区美好前景充满信心，让我们在区委的坚强领导下，以更大的决心和力度，更饱满的工作热情，更务实高效的作风，建设和谐文明美丽幸福桑珠孜，以优异的成绩迎接党的十九大胜利召开！

中国人民政治协商会议日喀则市桑珠孜区委员会常务委员会工作报告

——在政协第一届桑珠孜区委员会第三次会议上

党组书记、主席、统战部部长 普 布

（2016年3月30日）

2015年工作回顾

区政协自2014年11月底成立以来，在区委的正确领导下，在日喀则市政协的具体指导下，在区政府及各乡（街道）、区直各部门的支持配合下，在政协各参加单位和全体政协委员的共同努力下，高举中国特色社会主义伟大旗帜，深入贯彻落实科学发展观，牢牢把握团结、民主两大主题，紧紧围绕区委、区政府的中心工作，切实履行政治协商、民主监督、参政议政职能，圆满完成了一届一次全会确定的各项目标任务和区委、区政府安排的各项工作任务，为我区经济社会发展稳定工作起到了积极的助推作用。在这一年里，我区政协作为代表先后在西藏自治区政协和日喀则市政协工作经验交流会进行了大会交流发言。

一、重视学习培训，加强交流沟通，强化委员主体意识

一年来，我们注重将委员学习培训放在突出位置，制定委员学习培训计划，着力提升委员综合素质。一是建立和完善学习制度。坚持每月20日委员学习日和列席党组中心组学习制度，认真学习贯彻习近平总书记关于人民政协工作的重要讲话、重要指示和《中共中央关于加强社会主义协商民主建设的意见》、中办《关于加强人民政协协商民主建设的实施意见》、党的十八届五中全会精神以及全区各级党委、政协重要会议精神、领导讲话、重大工作安排部署，学习统战及人民政协理论业务知识，增强委员整体素质，不断提高委员参政议政水平。二是精心组织，对委员进行专题培训。针对换届后桑珠孜区第一届全体政协委员实际举办了一期委员培训班，编印了委员培训学习资料，从如何加强委员反映社情民意，撰写提案，丰富委员提案内容，提高委员履职能力等作为重要内容进行培训。通过培训增强了委员搞好政协工作的使命感和责任感，提高了委员履职参政的能力和水平。三是视察调研，了解我区经济社会发展现状。通过组织各界委员开展专题视察和调研活动，深入基层，深入实际，体察民意，让委员结合我区经济社会发展现状建言献策。四是组织委员在学习考察中开阔视野，增长见识。去年我们积极组织区政协委员深入到10个乡、20个行政村认真开展委员学习、考察、调研活动的同时，安排委员前往日喀则市江孜县、白朗县和赴山东省青岛市开展学习取经及视察活动，委员人数达50余人。通过同本辖区和区内外学习、考察活动相结合，与内地对口援藏工作以及兄弟县政协之间的交往、交流、交融，做好经验交流，更好的推进政协工作的协商合作机制，不断提高政协工作水平。实践证明，委员“知情”多了，也达到了“四通”，即政协文件学通、业务做到精通、统战理论弄通、与党政部门加强沟通，全方位提高了委员的综合素质。

二、加强联谊交流，增强委员参与意识

政协委员是政协工作的主体，也是政协开展工作的基础。因此，增强委员归属感和参与意识，是强化委员主体意识的重要环节。在实际工作中，我们紧紧把握团结与民主两大主题，利用会议、走访、参观、调研等形式为各族各界委员提供交流和沟通的平台。建立起了政协领导与委员之间经常性联系机制，经常关心慰问不同界别委员、走访了解委员所在企业、加强委员间的联系交流，坚持走访联系委员制度，尽力为委员排忧解难。如：去年藏历新年和春节期间，我区政协自筹资金近2万元，由主席、副主席分头走访慰问基层政协委员，了解委员工作、生产、生活情况，收集社情民意，帮助协调解决实际困难。同时还组织宗教界委员学习党的民族宗教政策和法律法规知识。这些活动的开展，既促进了各族各界人士的团结合作，也增强了委员参与政协工作的积极性，形成了政协的整体合力。

三、发挥委员主体优势，增强委员履职实效

发挥好委员的主体作用，引导委员尽其能、用其力、展其才、有作为，是提高政协工作规范化水平、实现政协工作创新有为的基础和关键。一是发挥位置超脱的优势，谏务实之言。我们引导委员聚焦热点、关注难点、突出重点，发挥位置超脱、包容性强的优势，面对矛盾，多提因势利导的建议；面对困难，多提扬长避短的建议；面对民生，多提雪中送炭的建议；面对发展，多提趋利避害的建议；面对未来，多提开拓创新的建议。就针对我区近年来在快速发展中出现的新型城镇化建设、建筑市场领域、农村公路建设与养护等问题，组织政协委员进行了3次视察、3次调研，并取得了一定实效，形成了《建筑市场领域存在的问题及建议》《新型城镇化建设中就业问题》《桑珠孜区农村公路建设养护管理情况》《桑珠孜区政协赴青岛市学习考察报告》和《桑珠孜区政协赴江孜、白朗两县学习考察报告》等5篇调研视察材料，得到了区委区政府的充分肯定。二是发挥人才密集优势，在全体委员中开展履行职责“四个一”活动。即：每年至少参加一次视察调研活动；通过调研提出一件较高质量的提案；反映一条有价值的社情民意；提出一条合理化建议。引导委员发挥自己的优势和特长，履行好职能。三是发挥智力优势，服务我区经济社会发展。围绕项目建设、招商引资、城市建设、和谐稳定、民生保障等内容，组织委员运用不同形式和方法开展视察调研，全心致力于经济建设和社会发展。四是发挥委员自身优势，开展好“两项”活动，提升委员形象，增进社会团结和谐。例如：在庆祝西藏自治区成立50周年之际，按照日喀则市政协的工作部署，结合桑珠孜区政协工作实际，开展了全体政协委员下基层谈幸福、促和谐、谈发展、促稳定活动，组织委员编写了《桑珠孜区新旧对比宣讲材料》，组成了16个宣讲组深入12个乡（街道）、村（居）、寺庙和学校中开展宣讲和办实事活动。宣讲活动采取通俗易懂、现身说法、讲身边的发展变化和新旧对比的方式，使广大农牧民群众了解到今天来之不易的幸福、美好和谐的生活。期间，共开展宣讲活动200余场次，发放惠民政策、宣讲材料7000余份，受教育群众6.5万人，同时，通过政协委员的积极协调联系和争取项目以及自筹资金259万余元，为寺庙周边及当地群众实施了造林绿化、小型水利项目和防洪堤工程及为困难群众办实事做好事20件。开展机关政协委员“结对子帮扶”活动。机关每名政协委员至少联系了1–2户贫困户，共帮助了12户贫困户，为他们的家庭送家具、面粉、大米、砖茶、化肥和资金，使这些贫困户逐步摆脱了贫困，有力地提升了政协委员的形象。“双谈双促”活动获得了市政协的表彰。五是扎实开展创先争优强基础惠民生活动。认真贯彻区委关于县级干部包乡、包村、寺庙、学校制度，各位主席深入联系点了解情况、解决问题、督导驻村和维稳等工作，看望慰问干部群众，做到常态化、长效化。

四、建章立制，规范委员履职行为

一是制定完善了常委会工作规则，规范政协常委的履职行为。制定出台了《政协桑珠孜区委员会常务委员会工作规则》，明确了常委的履职行为和履职任务，使常委会工作步入规范化、制度化、程序化轨道。二是制定政协委员参加会议和活动的暂行规定，规范政协委员的履职行为。制定了《关于桑珠孜区政协委员参加会议和活动的规定》，进一步规范政协委员履行职能、参加会议和活动的行为，切实发挥委员的主体作用。三是强化委员的权利责任意识。区政协推荐委员担任检察院、法院、司法等部门的监督员，同时结合撤市设区工作和桑珠孜区政协实际，为加强桑珠孜区政协委员队伍建设，全面提高政协委员的素质和工作积极性，制定出台了《桑珠孜区政协委员管理办法》，使委员进一步明确自己的权利和责任，增强了做好工作的责任感和使命感。四是建立量化考核奖励激励机制。出台了《桑珠孜区政协委员履职情况考核工作意见》，细化亮化了年度考核内容和要求，对委员年度履行职能情况实行“百分制”考核，考核结果记入委员履职档案，作为年终优秀政协委员、提案先进个人评选的重要依据。以这些措施来加强与委员的沟通联系，增强委员责任感，激励政协委员发挥主体作用，投身于桑珠孜区经济和社会建设。

五、发挥政协独特作用，履行委员社会责任

在近几年的工作实践中我们认识到，充分发挥人民政协联系广泛，位置超脱、渠道畅通的特色，引导和教育政协委员自觉把政治荣誉和社会责任统一起来，正确处理好本职工作与社会责任的关系，在认真干好本职工作的同时，多思考政协工作，自觉参加政协组织的各种活动，并力求使每一项活动取得实效。例如：在去年“三大”节日期间，我们组织经济界委员到农牧区和社区开展了走访慰问和社会公益活动，为辖区内的592名贫困群众和困难职工发放了慰问物资，共折合人民币64.5万元。在“4.25”大地震发生后，我们迅速组织政协委员和机关干部投身于抗震救灾工作中，并积极向灾区捐款、捐物折合人民币209.49万元（其中现金195.49万元）。

六、以文史宣传为媒介，创造条件，促使委员发挥作用

为了激发委员参政议政，履行职能的积极性，并结合桑珠孜区文史资源，由分管文史副主席带领区各界政协委员深入各乡（街道）和寺庙中收集我区在地方民族解放事业、民主改革事业、生态发展事业、教育医疗事业、爱国爱教事业、民族团结事业等方面有突出贡献的英雄模范和先进榜样《后藏人》的资料；整理介绍桑珠孜区传统文化、民风民俗、自然资源及其他独具地方特色和特殊意义的文史资料《特色文化》；整理介绍桑珠孜区现存民间艺人、民间奇人生活居住、日常活动、行为特点的文史资料《民间奇人》，完成了政协地方志的编撰工作。同时，组织部分委员参与市政协关于“核心价值观主体书画”活动。我区政协荣获市政协优秀组织单位奖，2名政协委员获得书法比赛2等奖，此类活动的开展也反映了桑珠孜区政协认真履行职能，充分发挥了政协委员在经济建设和社会发展中的主体作用。

积极争取资金，改善区政协会议场所和办公条件，为委员履职创造良好的工作环境。去年区政协想尽一切办法，通过申请市区两级财政财力补助资金16万元，对政协会议室进行了维修改造，添置了办公设备，制作了宣传栏和各项制度。

为了加强政协组织的自身建设，夯实政协工作基础，拓展工作领域，使政协工作在农牧区发挥更有效的作用。我们还结合桑珠孜区政协工作实际，向区委提交了《关于在乡（街道）建立政协工作协商联系机制的请示》。此项工作已经区委研究同意，要求在不占用新的编制和职能的前提下，由一名乡（街道）副科级干部作为区政协在乡（街道）的联络人员（即乡、街道党群办主任），具体负责协调政协在基层的相关工作，并明确了工作职责。此项工作有力地解决了目前我区政协在基层工作的薄弱问题。

七、认真做好区政协一届一次会议提案的立案和交办、督办工作

提案办理协商工作作为人民政协履职的重要

职能，也是对政府工作的依法监督和民主监督的有效形式。在区政协一届一次会议期间，共收到委员提交的提案36件，通过筛选归纳合并最后正式立案34件，确定的提案经过整理、翻译、打印后，于2014年12月8日召开了由政府副区长参加的提案交办会进行了面对面交办。到目前为止，交办的提案已办复34件，办复率为100%。

为了使提案办理工作真正落到实处，区政协办与政府办等区直有关单位经常沟通联系，及时督促有关部门组织力量把提案办理落到实处，并将提案办理情况及时答复委员和政协。

各位委员，回顾区政协成立以来的工作，区政协在政治协商、参政议政、民主监督方面，在围绕中心、服务发展大局、关注民生等方面做了一些工作，取得了一定成绩。这是区委正确领导，区人民政府大力支持、青岛市第七批援藏干部组无私关怀的结果，是各级党政组织和社会各界密切关注、团结奋斗的结果，是全体政协委员积极参与、努力奋斗的结果。在此，我谨代表区政协向所有关心、支持政协工作的各位领导和同志们、朋友们表示崇高的敬意和衷心的感谢！

在肯定成绩的同时，我们也清醒地看到，由于区政协工作刚刚起步，我们的工作中还存在一些亟须加强和改进方面。主要表现在：一是政治协商的内容还不够宽，方法和程序还不够规范，协商的形式还有待丰富；二是民主监督的方法不多，力度不够，民主监督的渠道有待进一步拓宽；三是政协自身建设以及履行职能的制度化、规范化、程序化有待进一步加强。这些差距和不足，我们将高度重视，认真研究，积极探索，在今后工作中努力加以改进。

2016年工作思路

2016年，是深入贯彻落实十八届五中全会精神，实施 “十三五”规划的开局之年，也是深化桑珠孜区政协履行职能，进一步开创政协工作新局面的重要一年。在新的一年里，桑珠孜区政协要以邓小平理论、“三个代表”重要思想和科学发展观为指导，深入贯彻落实党的十八大、十八届三中、四中、五中全会和习近平总书记系列重要讲话精神，贯彻落实俞正声主席对西藏政协提出的“一个平台、两个共同、三个更好”的指示要求，贯彻落实自治区党委八届七次、八次全委会精神和日喀则市委、桑珠孜区委会议精神，围绕区委、区政府中心工作，把握“团结、民主”两大主题，广泛开展调研、视察等活动，切实有效地履行好“政治协商、民主监督、参政议政”职能，推动政协各项工作制度化、规范化，为桑珠孜区“十三五”发展开好局、起好步，为桑珠孜区“五地三区”建设贡献智慧和力量。

一、加强学习，夯实基础，提升政协工作者和政协委员整体素质

（一）突出学习重点，把握精神实质。要把深入学习贯彻党的十八届五中全会精神、中央第六次西藏工作座谈会精神、习近平总书记系列重要讲话精神和全国、自治区、日喀则市“三级”政协会议精神作为首要政治任务，积极组织全体政协委员认真学习、深刻领会会议精神，进一步统一思想，提高认识。特别是要深刻领会中共中央《关于加强人民政协协商民主建设的实施意见》的精神实质，结合政协履职实际，发挥政协职能优势，认真研究、思考谋划各项履职活动，提高服务桑珠孜区发展的履职实效，为推进和谐繁荣幸福桑珠孜区发展贡献力量。要加强人民政协理论、政协业务知识学习，通过《人民政协报》、政协网站学习了解全国各地政协工作的新经验、新做法，借他山之石以攻玉。

（二）丰富学习形式，增强学习效果。大力推进学习型政协组织建设，及时编发学习资料，精心组织情况通报、座谈交流、专题讲座、参观考察等学习活动，努力提高学习效果。坚持学以致用、理论联系实际，注重把学习成果运用到调查研究、协商议政活动中去，不断提高政协履职水平。

二、脚踏实地，做好经常性的基础工作

（一）组织开展政协常委会议专题协商。要正确认识、准确把握人民政协的性质定位，认真贯彻落实中共中央《关于加强人民政协协商民主建设的实施意见》，充分发挥人民政协作为协商民主重要渠道作用和专门协商机构的作用，把协商民主贯穿履行职能全过程。围绕桑珠孜区生态文明建设、旅游业发展、教育卫生事业发展和农牧民群众参与工程建设领域等课题，组织调研视察，积极协商议政。

（二）组织开展对口协商和界别协商。要进一步以界别为纽带，发挥界别作用，精心确定协商议题，定期邀请党政部门相关领导参加调研考察、协商座谈等活动，为行业性、领域性的决策提供参考意见。

（三）组织开展提案办理协商。提案办理协商工作作为人民政协履职的重要职能和最终的体现形式，要进一步完善提案办理协商机制，规范提案办理流程，建立承办单位、提案者、政协组织"三结合"的沟通协商机制，适时邀请提案人对办理现场进行视察，实现提案办理工作的良性互动。

（四）切实做好提案办理工作。认真落实《区、市两级政协关于加强提案办理工作的意见》，进一步完善相关工作机制，发挥好提案在履行政治协商、民主监督、参政议政职能中的重要作用，全面推进提案工作制度化、规范化、程序化和信息化建设。要及时移交政协一届三次会议委员提出的提案，并加强与提案承办单位的沟通协调，及时指导督促、跟踪检查提案办理工作，按时限要求计划在上半年内办复所有委员提案，努力将委员提案转化为实际成果。要进一步加强"提案选题""调研撰写""注重实效"等工作，为委员更好调研、撰写提案积极做好指导和服务工作，今年适时举办一次委员提案培训，为提案工作创造有利条件，提供优质服务。加大跟踪办理和督促检查力度，适时组织委员开展一次重点提案办理成效视察活动，提高委员提写提案的积极性，同时及时收集委员的反馈意见，促进提案办理取得实效。

（五）做好反映社情民意信息工作。政协委员是反映社情民意信息的主体，是履行职能的重要形式。要切实发挥界别纽带作用，组织委员围绕事关群众切身利益的民生问题和群众普遍关注的热点难点问题，搞好调查研究，并在认真分析的基础上提出富有建设性的意见建议。

（六）扎实开展调研、视察活动。将围绕实施"十三五"规划和区委、区政府的重点工作和人民群众普遍关心的热点、难点问题，有计划地组织常委会和委员紧扣教育、就业、医疗、社保、新型城镇化建设和"区办实事"等各项惠民政策和重点工程开展3次专项调究、视察活动，为区委、区政府重点工作的部署和有关政策的落实提供决策参考。

（七）开展对外交流联谊活动。加强与市政协和兄弟县政协组织的联系、交流活动，做好各级政协领导和有关方面来桑珠孜区视察、考察、调研的服务工作。加强与区内外兄弟县政协的联系、交流和学习活动，今年适时组织区政协部分委员赴区内有关地（市）、县政协学习先进工作经验，开阔工作视野，提升能力和水平。

三、深入开展反分裂斗争，助推平安桑珠孜建设

维护稳定是压倒一切的硬任务，也是人民政协履行职能的第一政治责任。我们要坚决贯彻区党委、市委和区委的决策部署，充分发挥政协的独特优势，全力维护我区的持续稳定、长期稳定和全面稳定。

（一）深化反分裂斗争思想教育。深入贯彻落实习近平总书记"治国必治边、治边先稳藏"的重要战略思想，坚持依法治藏、富民兴藏、长期建藏、凝聚人心、夯实基础的重要原则，牢固树立稳定压倒一切的思想，严密防范和严厉打击十四世达赖集团的分裂破坏活动。不断深化反分裂斗争思想教育，教育引导广大政协委员进一步认清十四世达赖集团的反动本质，始终在思想上政治上行动上同以习近平同志为总书记的党中央保持高度一致，在反分裂斗争这个重大原则问题上，坚决做到立场坚定、旗帜鲜明、认识统一、表里如一、态度坚定、步调一致，夯实持续稳定、长期稳定、全面稳定的思想基础。

（二）发挥政协组织在维护稳定中的积极作用。紧紧围绕反分裂斗争中的深层次问题开展调查研究，注重反映具有苗头性、倾向性的重要情况，积极为区委、区政府及时了解和分析社会舆情、化解矛盾纠纷、解决实际问题提供参考。充分发挥民族宗教界委员的独特优势，深入宗教活动场所和信教群众中，认真宣传党的方针政策，协助区委和政府做好相关工作。

（三）抓好机关维稳安保工作。切实按照区综治委员会办公室和区维稳工作指挥部办公室的安排和部署，全面贯彻落实维稳工作会议精神和要求，落实好值班任务和戒备等级要求，加强机关管理，保持机关和谐稳定，构建平安机关建设。要积极完成好包乡联系点工作，加强对维稳和驻村工作的检查指导，协助乡党委、政府推动落实“5+3”驻村工作任务。

四、坚持强基固本，加强政协自身建设

（一）切实加强委员管理。通过集中培训、现场交流、外出考察等多种方式，全面提升委员的综合素质和参政议政能力。积极搭建委员履职平台，进一步规范委员履职工作，完善《委员履职考核办法》。

（二）加强各界别委员优势的发挥。进一步加强对各界别工作的指导，充分调动各界别委员参政议政的积极性。坚持政协主席、副主席联系委员制度，指导各界别委员扎实有效开展活动，使政协的会议及各种活动充分反映各界别委员的心声。

（三）加强政协机关建设。政协机关的一切工作都要以提供优良有效的服务为目标，切实增强服务意识，提高服务质量，为政协常委会和委员有效履行职能、顺利开展工作提供保障。一是着力增强政治意识和全局观念，提高政协机关服务能力和统筹协调能力。二是加强政协干部队伍建设，建设一支政治坚定、作风优良、业务熟练的政协干部队伍，保证机关工作有序高效地进行。

各位委员，使命因担当而光荣，履职因有为而精彩!让我们在区委的坚强领导下，以饱满的政治热情、昂扬的精神状态、务实的工作作风，解放思想，创新履职，敢于担当，真抓实干，为建设和谐繁荣幸福桑珠孜做出新的更大贡献。

严守政治规矩　始终挺纪在前
坚定不移推进党风廉政建设和反腐败工作

——在中国共产党第一届桑珠孜区纪律检查委员会第四次全体会议上的工作报告

区委常委、纪委书记　郝信斌

（2017年4月5日）

这次全会的主要任务是：深入学习习近平同志系列重要讲话精神，认真贯彻落实十八届中央纪委七次全会、自治区第九次党代会、九届自治区纪委二次全会、市委一届五次全会和市纪委一届五次全会工作部署，总结2016年全区党风廉政建设和反腐败工作，安排部署2017年工作任务。刚才，市委常委、桑珠孜区委书记姚常雨同志发表了重要讲话，为开好本次全会、做好当前和今后一个时期党风廉政建设和反腐败工作指明了方向、提供了遵循，请大家务必要高度重视，提高认识，切实把姚常雨书记的重要讲话，学深悟透，融会贯通。

一、2016年工作回顾

2016年，是党的纪律检查体制深刻变革，工作格局深入调整，方式方法重大创新的一年。一年来，在市纪委的有力指导和在区委、区政府的坚强领导下，全区纪检监察机关深入贯彻落实党的十八大、十八届三中、四中、五中、六中全会和中央第六次西藏工作座谈会、十八届中央纪委六次全会精神，深入贯彻落实习近平总书记系列重要讲话精神，特别是“治国必治边、治边先稳藏”的重要战略思想和“加强民族团结、建设美丽西藏”的重要指示，深入贯彻落实区党委八届九次全委会和八届自治区纪委九次全会精神，坚持以“四个全面”战略布局为统领，驰而不息正风肃纪，旗帜鲜明反腐惩恶，全区党风廉政建设和反腐败工作取得新成效。

（一）坚持高压传导，党风廉政建设责任制落地生根

一是层层落实责任。按照党风廉政建设责任制的要求，建立健全了由区委书记为第一责任人的党风廉政建设责任制工作领导小组，并细化到全区各级党政领导班子和领导干部中，切实形成了一级抓一级、层层抓落实的工作格局。并以年初召开的纪检工作会议为抓手，进一步明确了责任，细化了任务，与全区12个乡（街道）党（工）委、46个区直单位签订了《党风廉政建设目标责任书》；各乡（街道）党（工）委按照分级负责的要求与所辖村（居）签订了《党风廉政建设目标责任书》，真正形成了横向到边，纵向到底的工作机制，实现了党风廉政建设工作任务到部门、责任到领导、落实有保障的工作体系，深入扎实地推动了全区党风廉政建设和反腐败工作。二是强化责任意识。桑珠孜区委牢固树立了

“不抓党风廉政建设就是失职，抓不好党风廉政建设就是渎职的意识”，真正把党风廉政建设责任制抓在手上，落到实处。2016年，桑珠孜区委共召开常委会议29次，其中涉及安排部署、研究解决党风廉政建设和反腐败工作共11次。三是严格考核监督。把2016年先后召开的纪检工作推进会、乡（街道）纪委书记工作会、乡（街道）纪委前三季度总结暨第四季度工作部署会议落实情况作为党风廉政建设工作年终考核的依据之一，同时结合年初签订的目标责任书对各乡（街道）、区直各部门落实党风廉政建设责任制情况进行考核。

（二）坚持紧盯不放，作风建设成效初步显现

桑珠孜区纪委始终按照十八届中央纪委六次全会、八届自治区纪委九次全会、一届市纪委四次全会部署，保持坚强政治定力，落实全面从严治党、依规治党，忠诚履行党章赋予的职责，牢固树立在党风廉政建设和反腐败问题上西藏没有任何特殊性的思想，聚焦监督执纪问责，深化标本兼治、创新体制机制、健全规章制度、强化党内监督，持之以恒落实中央八项规定精神、自治区“约法十章”“九项要求”，着力解决发生在群众身边的不正之风和腐败问题，以坚如磐石的意志和决心，把党风廉政建设和反腐败工作引向深入，为推进全区长足发展和长治久安提供了坚强保证。

1. 狠抓制度建设，反腐机制进一步健全。坚持从抓制度建设入手，结合工作实际制定完善了区委《反腐败工作协调领导小组工作规则（试行）》《桑珠孜区纪委监察局党风廉政建设和反腐败工作制度》《重申纪检干部工作纪律办法》《中共桑珠孜区纪委谈话函询办法（试行）》《中共桑珠孜区纪委诫勉谈话办法（试行）》等8项制度，并督促相关职能部门相继建立健全了《村（居）务监督委员会成员工作考核及奖励办法》《车辆派遣管理制度》等8项制度。

2. 深化“三转”工作，执纪效能进一步提升。一是在区委、区政府的大力支持下，区纪检监察机关共取消或退出议事协调机构17个。截至目前，保留和继续参与的议事协调机构共10个，将主要精力聚焦主业主责，有力提升了纪检监察机关的履职能力和工作水平。二是进一步深化“三转”认识，聚焦党风廉政建设和反腐败工作中心任务，突出监督执纪问责。采取召开“三转”工作专题会议、下基层督促调研、约谈乡（街道）主要负责人、纪委书记等方式，实现了乡（街道）纪委执纪工作的规范化和队伍建设的正规化。

3. 加大宣传教育，思想防线进一步筑牢。一是坚持把党风廉政建设和反腐败宣传教育工作纳入全年宣传计划，采取主要领导讲廉政党课、党员集中剖析等形式，扎实开展了理想信念教育、宗旨教育、党风党纪和廉洁从政教育，不断增强了党员干部的廉政意识；二是坚持在区委常委（扩大）会和区长办公会上传达学习中央、自治区、市纪委违纪违法典型案件通报，并将通报及时印发至各乡（街道）、区直各部门，达到了层层传达，人人受教育的目的，有效筑牢了党员干部拒腐防变的思想道德底线；三是坚持学习《习近平关于党风廉政建设和反腐败工作论述摘编》《准则》《条例》以及中央、自治区、市委关于全面从严治党的一系列新精神和新要求，深刻吸取周永康、薄熙来、洛松次仁等严重违纪违法案件教训，进一步增强了党员干部廉洁自律意识；四是坚持集中收看《永远在路上》等廉政专题片，通过典型案例教育，使红线不可触碰、底线不可逾越的思想深入人心；五是坚持运用新媒体宣传平台，通过制作廉政画报、宣传栏、LED电子屏和手机短信等方式扩大廉政文化宣传面，全年共向副科级以上干部累计发送廉政短信36210条（次），撰写简报93期，其中被西藏纪检监察网采用29期。同时抓好了学习宣传载体，精心编制并印发了《党的十八届六中全会资料汇编及党风廉政建设“两个责任”工作手册》《〈守纪律讲规矩〉党员领导干部学习资料汇编》和《纪律审查工作手册》廉政教育书籍1200余册，有效推动形成了干部清正、政府清廉、政治清明的良好政治生态。

4. 强化监督制约，规范领导权力运行。一是按照干部管理权限，分级整理完善了全区副科级以上干部《廉政档案》和《廉政情况年度考核表》450余份，准确掌握了党员领导干部的廉洁自律情况；二是对涉及岗位交流和提拔的234名干部进行了廉政鉴定，并2次对提拔使用的干部进行集体任前廉政教育谈话；三是始终把监督检查作为促进工作落实的重要环节，共派出纪检组干部10人（次）深入各归口管理单位，通过多形式、多方法、多渠道、全方位的调查了解和督促检查，达到了对苗头性问题提醒在前、对倾向性问题防范在前、对普遍性问题约束在前的目的；四是严格对落实重大事项报告制度、“三重一大”制度、灾后重建和精准扶贫等工作执行情况进行监督，确保了各级党员领导干部正确履职，保证了各项工作任务按时完成，得到了区委主要领导的充分肯定。

5. 持续纠风治乱，切实维护群众利益。区纪委始终坚持从群众最关心的热点、难点问题入手，着力解决损害群众利益的突出问题。一是重点对2014年以来全区涉及惠民资金的执行情况进行了监督，有效杜绝了专项资金被挤占、挪用、截留等现象，进一步规范了经费的管理使用；二是联合区财政局共抽调80人（次），对灾后重建和精准扶贫资金、涉农资金兑现情况等进行了专项检查，对检查中发现的问题责令限期整改；三是组织116人（次）对公款吃喝、公车私用、违规操办宴席、违规发放节日福利等违反中央八项规定精神及“四风”问题开展明察暗访，同时要求各单位对面临升学的127名考生家长进行谈话提醒和内部公示。另外，在专项整治中对排查发现的3副公务用车特殊号牌、7台私人用车以单位名义上户车辆以及8台公车出售后未过户的车辆全部进行了集中整改；四是严格按照《市委和市政府关于统一更换公务用车标识的通知》要求，在市纪委的指导下，对全区229辆公务用车喷涂“公务用车”显著标识，狠刹车轮上的腐败；五是由区纪委牵头，着力加强效能行风监督，共派出5个检查组历时7天对各单位便民服务窗口工作人员工作效能进行了监督检查，并向前来办事的群众发放问卷调查表，征求窗口服务意见，有效遏制了“门难进、脸难看、事难办”现象的发生；六是在重要敏感节点，联合相关部门，先后派出督导组28个，共计260人（次），分别对全区176个村（居）、12个乡（街道）、30多个区直部门的值班带班、驻村在岗情况进行了督导检查，对督导检查中发现的问题立查立改，对问题严重、出现全员脱岗情况的单位做出了相应处理；七是为保证乡（街道）换届工作的有序性和公正性，专门成立了换届风气监督检查领导小组，共派出2个督导组深入各乡（街道）对换届工作程序进行全程监督；八是联合区委组织部下发《关于进一步重申和严明机关纪律的通知》，开展了机关效能建设专项检查，安排人员不定期对干部上下班情况、在岗情况进行督导检查，共查处迟到、早退35人；九是按照日喀则市纪委下发的《关于对行政事业单位房租收入管理使用情况进行专项检查的实施方案》精神，对全区2014至2016年行政事业单位房租收入情况进行了专项检查，共应缴未缴房租费1719114.46元，有效防止了单位私设“小金库”现象；十是对自治区审计厅反馈的2013至2015年城乡低保资金存在的问题依法依规进行了核查，并对涉及人员进行了处理；十一是对区人社局存在未及时收缴农牧民民工工资保证金和城乡低保相关工作等问题，本着从保护干部出发，坚持“严管就是厚爱”的理念，及时下发监察建议书4份，责令相关部门限期整改。

（三）坚持重拳出击，“不敢腐”的氛围不断强化

区纪委始终把惩治腐败工作作为重中之重，摆在突出位置，坚持有腐必惩、有贪必肃、有案必查，持续加大执纪审查力度，坚决把纪律和规矩挺在前面。一是拓宽信访举报渠道，拓展问题线索来源。为充分发挥社会监督，方便干部群众参与党风廉政建设和反腐败工作，区纪委专门开通举报电话，在各乡（街道）和村（居）设立了举报箱，并向全区12个乡（街道）、176个村（居）印发了藏汉双语《通告》200余份，扩大了人民群众对信访举报程序和范围的知晓度；二是加大纪律审查力度，保持惩治腐败高压态势。2016年，区纪委共受理问题线索45件（次），其中市纪委转办15件（次）（含自治区巡视二组转交2件）、区直其他部门移交6件（次）、自收件13件（次）、案件查办中发现1件（次）、专项检查中发现10件（次）。2016年共立案7件（次）（含同市纪委联合查办的甲措雄乡进京上访件），了结处理25件（次），其中谈话函询1件（次），诫勉谈话5人。共立案审查党员干部11人，给予党纪政纪处分8人，挽回经济损失1673794.7元。2016年区纪委严肃查处了城南街道办事处吉培社区居委会原书记洛桑加措和原主任曹鹏利用职务之便违规挪用居委会2014年上半年双联户长误工补贴资金133049元和违规出售国有资产等问题，分别给予洛桑加措、曹鹏留党察看一年、行政撤职处分，防止了侵害群众利益的不正之风和腐败问题，有效遏制了腐败蔓延势头，达到了“查处一起，教育一片”的目的；三是高度重视全力配合，用好巡视（察）反腐利剑。2016年，在区委的领导下，区纪委全力配合自治区党委巡视二组和市委第五巡察组做好了进驻工作，一是自觉接受巡视（察）监督，积极配合巡视（察）工作，坚决遵照巡视（察）组的工作部署，全力支持配合，详实提供资料，积极组织协调，主动配合衔接，为巡视（察）工作顺利开展营造了良好环境。二是针对自治区巡视组反馈的违规公务接待、超编制配置公车、违规批地供地、征地拆迁纠纷、防洪堤工程等问题，区纪委全力协助区委、区政府做好相关督促整改工作，力争各项工作整改到位。同时就“三转”工作不到位问题，进一步健全领导体制和机制，强化对下级纪委的领导和工作指导，实现了对主责主业的再聚焦。

（四）坚持高标要求，自身队伍建设得到加强

全区纪检监察机关紧紧围绕“聚焦主业”、持续深化“三转”、践行“四种形态”的工作要求，深入推进党风廉政建设和反腐败工作。一是加强干部学习教育。以“两学一做”教育活动为契机，以“讲学习、讲忠诚、正风纪、转作风、提效能”主题教育活动为抓手，组织党员干部学习党章党规、系列讲话、《准则》《条例》，学习业务知识，撰写心得体会，召开组织生活会，开展批评与自我批评，找准整改了问题，增强了党性修养。二是提高干部队伍素质。组织学习了纪检干部违纪违法案件通报，集中组织收看《打铁还需自身硬》纪录片，进一步坚定了纪检干部忠诚干净担当的责任意识。积极参加上级部门举办的业务培训，力争把培训成效体现在工作方式的转变上、体现在履职能力的提升上、体现在重点工作的落实上。2016年，先后派出18名纪检干部参加区内外培训，有效提高了纪检干部自身素质和业务能力。

过去的一年，全区党风廉政建设和反腐败工作取得显著成效，这些成绩的取得，离不开中央、自治区、市委的关心关爱，离不开市纪委的精心指导，离不开区委、区政府的坚强领导，离不开全区各部门和广大干部群众的鼎力支持，离不开全区纪检干部的奋力拼搏。在取得成绩的同时，我们也要清醒地认识到，全区党风廉政建设和反腐败工作离上级要求和人民群众期盼还有一定差距，主要表现在：乡（街道）纪委对监督责任的落实还存在写在纸上、说在嘴上、敷衍在行动上的现象；部分纪检干部对纪比法严、纪挺法前和监督执纪“四种形态”把握不准，理解上有偏差、思想上有顾虑；派驻纪检组工作定位不清，“派”的权威和“驻”的优势发挥不充分；违反中央八项规定精神和侵害群众利益的不正之风偶有发生、四风”问题树倒根在等等。对于这些问题，我们务必要引起高度重视，认真研究、全力解决。

二、工作体会

一年来，我们深切体会到，深入推进党风廉政建设和反腐败工作，必须紧紧依靠党中央、自治区、市委、区委的坚强领导，着力从四个方面做好工作。

一要坚持党的领导。纪检监察工作是党的一项重要工作，坚持党的领导、加强党的建设决不能放松，必须把党的理论内化于心、外化于行。全区纪检监察机关和纪检监察干部必须毫不动摇地坚持党的领导，不断增强政治意识、大局意识、核心意识、看齐意识，始终保持对党绝对忠诚，自觉在思想上政治上行动上同以习近平同志为核心的党中央保持高度一致，切实按照上级党委、纪委关于纪检监察工作的一系列决策部署、工作要求，坚定不移推进党风廉政建设和反腐败工作。

二要落实“两个责任”。全区各级党委（党组）要切实承担起管党治党的主体责任，将党风廉政建设和反腐败工作放在首要位置。党委（党组）书记要切实履行第一责任人的责任，重要工作亲自部署，重大问题亲自过问，重点环节亲自协调，重要案件亲自督办。各级班子成员要严格落实“一岗双责”的要求，自觉把党风廉政建设和反腐败工作纳入重要议事日程，在管好自己、做好表率的同时，主动抓好分管领域的党风廉政建设和反腐败工作，齐心协力地履行好党委（党组）的主体责任和纪委监督责任。

三要严守纪律规矩。管党治党，靠什么管？凭什么治？习近平总书记明确指出：“就要靠严明纪律”。这就要求全区党员干部一定要把守纪律、讲规矩摆在更加重要的位置，把党的纪律和规矩挺在前面，让铁规发力、让禁令生威，以铁的纪律全面从严治党。

四要大力惩治腐败。全区纪检监察机关要牢固树立责任意识、使命意识，认真履行好监督执纪问责职能，充分发挥反腐败工作协调领导小组作用，整合相关职能部门力量，坚持越往后执纪越严，有腐必惩、有贪必肃，以“零容忍”的态度惩治腐败。

三、2017年工作任务

新的一年新的起点。2017年是实施“十三五”规划的重要一年，是推进供给侧结构性改革的深化之年，是全面建成小康社会的关键之年，也是村“两委”班子换届之年，做好今年的党风廉政建设和反腐败工作任务艰巨，责任重大。

2017年工作总体要求是：更加紧密地团结在以习近平同志为核心的党中央周围，坚持以党的十八大、十八届三中、四中、五中、六中全会精神为指导，深入贯彻落实习近平总书记系列重要讲话精神和治国理政新理念新思想新战略、特别是治边稳藏重要战略思想，深入贯彻落实自治区第九次党代会和一届市委五次全会精神及区委、区政府的一系列决策部署，按照十八届中央纪委七次全会、九届区纪委二次全会、一届市纪委五次全会部署，统筹推进“五位一体”总体布局和协调推进“四个全面”战略布局，坚持全面从严治党，严肃党内政治生活，强化党内监督，推进标本兼治，全面加强纪律建设，持之以恒抓好作风建设，不断把党风廉政建设和反腐败工作引向深入，以良好精神状态和优异成绩迎接党的十九大召开。

（一）突出严明政治纪律和政治规矩，全面加强党的纪律建设

政治纪律是最根本、最重要的纪律，遵守党的政治纪律是遵循党的全部纪律的基础。严明党的纪律，首要的就是严明政治纪律，要深化政治纪律教育，引导党员干部增强政治警觉性和政治鉴别力，牢固树立“四个意识”，在思想上政治上行动上始终同以习近平同志为核心的党中央保持高度一致，特别是要严守反分裂斗争纪律，旗帜鲜明地反对分裂、维护稳定。要加强对自治区、市委和区委、区政府重大决策部署贯彻落实情况的监督检查，坚决纠正和严肃查处上有政策、下有对策，有令不行、有禁不止等行为，确保政令畅通，维护自治区、市委和区委、区政府的权威。党员干部要把遵守政治纪律作为遵守党的全部纪律的基础，谁把政治纪律当儿戏，在大是大非面前立场不坚定，旗帜不鲜明，头脑不清醒，区纪委将按照自治区《关于共产党员违反政治纪律行为的处分规定（试行）》和日喀则市《党员干部百项行为严禁规定》依纪依规，严肃处理。

（二）紧盯“关键少数”，切实履行监督职能

区纪委要在市纪委和区委的双重领导下，聚

焦主业，突出重点，进一步履行好监督职能，积极协助区委推进全面从严治党，加强党风廉政建设和反腐败工作，紧扣党风廉政建设这个“龙头”，开展经常性监督检查，督促各级党委（党组）落实主体责任，督促党委（组）班子成员认真落实“一岗双责”。区纪委将严格责任追究，健全完善责任追究倒查机制，按照“一案双查”的要求，对党风廉政建设和反腐败工作不力，出现问题不报告的，严肃追究当事人的责任和相关责任领导的责任。

（三）扭住落实中央八项规定精神不放，持续推动正风肃纪新常态

以抓铁有痕、踏石留印的恒心和韧劲，扭住中央八项规定精神和自治区“约法十章”“九项要求”不放松。坚持越往后执纪越严，进一步加大执纪监督问责力度，对违反中央八项规定精神的行为，坚决做到发现一起、查处一起、曝光一起。紧盯“四风”问题的新形式、新动向，对群众反映的热点难点问题，深挖细查，一查到底。重点整治巧立名目违规发放津补贴、大操大办婚丧嫁娶、子女升学借机敛财等问题，巩固和深化正风肃纪成果。区纪委将切实做到用制度规范行为，把严抓“四风”与健全长效机制紧密结合起来，督促各单位各部门建立健全相关制度，持续推动正风肃纪新常态。

（四）继续协助区委做好巡视（察）整改落实工作

巡视是党委监督的战略性制度安排。全区各级纪检监察机关要以党章党纪党规为尺子，继续积极协助区委把自治区党委二组巡视反馈意见整改工作摆在突出位置，加强组织领导和监督检查，高标准、高质量、严要求把后续整改工作抓紧抓牢抓实。要经常性地监督检查巡视整改结果落实情况、制度建设以及执行情况等等，坚决防止反弹反复和边改边犯，持续巩固和深化巡视整改工作成果。要深化和延伸巡视（察）工作，积极协助区委梯次开展、压茬推进我区巡察工作，聚焦全面从严治党这个重点，盯住党风廉政建设和反腐败工作这个关键，紧盯“关键少数”，发现个性问题、找准要害问题、深挖根源问题，构建和完善横向全覆盖、纵向全链接、全区一盘棋的巡视巡察工作格局。

（五）加大执纪审查工作力度，继续以“零容忍”的态度惩治腐败

要坚持力度不减、节奏不变、尺度不松，坚决遏制腐败蔓延势头。准确把握运用监督执纪“四种形态”，严格分类处置问题线索，扩大谈话函询覆盖面，坚决把存量减下来；把纪律和规矩挺在前面，使红脸出汗成为常态，经常使用党纪轻处分和组织处理，坚决把增量遏制住。突出惩治重点，特别是要把党的十八后不收敛、不收手，群众反映强烈的问题作为执纪审查的重中之重，充分发挥反腐败工作协调领导小组作用，积极协调各方力量，形成执纪审查的强大合力。进一步畅通信访举报渠道，认真受理、处理好群众反映和举报的问题，加强执纪审查工作的规范化、标准化建设。

（六）巩固深化“三转”成果，着力打造忠诚干净担当的纪检干部队伍

全区各级纪检监察机关要紧紧围绕监督执纪问责、践行“四种形态”，持续深化“三转”，进一步健全工作机制，强化对派驻纪检组、乡（街道）纪委的领导和工作指导，强化各级纪检监察机关组织机构、领导班子和纪检干部队伍建设，加强能力建设，加大干部业务培训和实践锻炼力度，配齐配强纪委委员，发挥好纪委委员作用。信任不能代替监督，坚持严字当头，进一步强化对纪检干部的监督管理，自觉接受党内监督、社会监督、群众监督，对执纪违纪、以案谋私的，发现一起，查处一起，严防“灯下黑”，努力建设一支忠诚于党、让人民放心的纪检干部队伍。

（七）加强反腐倡廉宣传教育，筑牢拒腐防变的思想防线

要加强对党员干部的党性党风党纪教育，提高教育的针对性、普及性，深入开展理想信念、宗旨意识和从政道德教育。加大腐败案件的通报曝光力度，用身边的人身边的事教育警示，让广大党员干部受警醒、明底线、知敬畏。继续加强具有桑珠孜区特色的廉政文化建设，继承和弘扬“老西藏精神”“两路精神”“珠峰精神”，大力营造崇廉尚洁的良好氛围。

同志们，做好党风廉政建设和反腐败工作，人民期盼、使命光荣。让我们坚定信心，扎实工作，求真务实，锐意进取，不断开创我区党风廉政建设和反腐败工作新局面，以优异的成绩迎接党的十九大胜利召开！

桑珠孜区人民法院工作报告

——在桑珠孜区第一届人民代表大会第五次会议上

桑珠孜区人民法院院长　边巴卓玛

（2017年4月7日）

2016年工作回顾

2016年以来，在区委坚强领导、区人大有力监督、区政府的大力支持和上级法院的正确指导以及政协、社会各界关心下，始终坚持以邓小平理论、“三个代表”重要思想、科学发展观为指导，以深入贯彻落实党的十八大、十八届三中、四中、五中、六中全会和中央第六次西藏工作座谈会精神，贯彻落实习近平总书记系列重要讲话精神，贯彻落实区党委八届七次、八次、九次全委会精神和市委一届五次全会精神。紧紧围绕“让人民群众在每一个司法案件中感受到公平正义”工作目标和区“打造全市稳定发展先行区”战略目标，坚持司法为民、公正司法工作主线，履行宪法和法律赋予的神圣职责，各项工作取得了新的成绩。全年来共受理各类案件745件，审执结613件，同比分别上升0.08%、0.02%，结案标的达5004.45万元，法定审限内结案率82.28%。

一、强化责任担当，维护稳定取得新成效

始终把反对分裂、维护稳定放在各项工作的首位，围绕中心、主动作为，全力做好维护稳定的基础性、源头性工作，在维稳工作方面没有出现任何问题，全面实现了大、中、小事不出和长期、全面、持续稳定的维稳目标。把握规律、创新方式、提升水平，牢牢把握反分裂斗争的主动权。立足于主动治理，扎实开展“法律七进”活动，提高各族人民群众遵纪守法意识，开展各类法制宣传活动30场次，发放宣传资料1.5万份，现场解答人民群众法律咨询800余人次，受教育群众达1.6万余人。选派优秀“双语”法官积极参与村界普法和四省藏区学经回流人员的教育宣传工作，结合案例、事件以通俗易懂的语言宣讲党的政策方针路线和法律法规，实现了法律效果与社会效果、政治效果有机统一。高度重视信访工作，以专项稳控和法律释明为手段，接待来信来访及提供法律咨询300余人次，促进社会和谐稳定。强化内部安保与维稳中心工作两手抓、两手硬，全力确保三稳定。严密安保措施，严格执行领导全时带班和干警24小时值班制度，强化组织领导、健全安保机制、建设使用安检通道，落实维稳措施，常抓不懈、防微杜渐，确保了内部安全稳定。积极参与“12·8”等重大活动、社会面管控、守路护路等维稳中心工作，全力打好维护稳定的主动仗、整体仗、配合仗，发挥了维稳合力。

二、维护和谐公正，司法服务取得新成绩

狠抓审判执行第一要务，全面履行人民法院的政治、社会、法律责任。紧紧围绕维护社会大局稳定，依法履行打击犯罪职责，不断巩固桑珠孜区社会大局和谐稳定的良好局面，推进平安桑珠孜建设，受理各类刑事案件78件，审结67件，综合结案率85.90%。其中，判处5年以上有期徒刑的10人，落实宽严相济刑事政策，依法判处3名被

告人缓刑、拘役、管制。加大审理判决群众关注度高、社会影响力大的组织、协助组织卖淫案件及涉毒品案件，净化了社会风气，彰显了法治威慑力。加大涉诉涉法矛盾纠纷排查化解力度，共处理涉诉涉法案件3件，投入警力8人次，车辆5台次，经费3.5万元。紧紧围绕推进“五大发展”，抓住当前经济社会发展的特点，不断提升司法服务保障的针对性、实效性，全力促进桑珠孜经济更好更快更大发展，以全区民商事审判工作会议精神为指导，充分发挥民事审判职能，受理各类民商事案件499件，审结399件，结案率79.96%。坚持“调判结合、案结事了”的民事审判原则，促进邻里和睦、家庭和睦、社会协调发展，调撤案件271件，调撤率达67.91%。立足于提升妇女群众法治观念，结合全国家事审判方式和工作机制改革试点工作，组织开展反家庭暴力维护妇女儿童合法权益法制宣传8场次，发放宣传资料2000余份，受教育群众达1.2万余人。成功以调解、撤诉方式处理了47起房屋租赁纠纷系列案件，获得群众高度赞誉，确保了社会和谐稳定。本着“群众利益无小事”，以“便民”为民事审判工作的原则，充分发挥“车载流动法庭”的便利作用，深入一线及时解决群众生产生活中的矛盾纠纷，把便民之举的社会主义司法为民理念落到实处，通过巡回办案，把大量可能发生的矛盾化解在当事人家门口，全力维护当事人的合法权益，以“车载流动法庭”进村进乡进牧区，巡回办案56件，着力把矛盾化解在基层，解决在萌芽状态。紧紧围绕保障人民群众安居乐业，落实最高院、区高院关于“基本解决执行难”的部署要求，与桑珠孜区直30家单位贯彻落实《健全和完善执行联动机制的实施细则》，并制定实施方案，全力维护司法权威，促进桑珠孜社会诚信。坚持执行工作“一性三化”，推进“一打三反”常态化，强化失信被执行人信用惩戒，受理各类执行案件164件，执结145件，执结率达88.41%。执结案件中和解69件，公开曝光7名失信被执行人，强制拘留4件5人。落实司法服务宗旨，大力推进“三位一体”诉讼服务中心建设，建立健全诉调对接机制，落实立案登记制，不断畅通利益诉讼表达渠道，立案率达100%；落实便民利民为民措施，制作警务站案件移送登记本、涉诉涉法登记本等12本台账，充分发挥调解机制，诉前调解矛盾纠纷案件56件，立案调解115件，为经济确有困难的当事人减交诉讼费12243.5元、免交13693.37元、缓交15560.3元。作为全国家事审判方式和工作机制改革首批试点单位，对家事案件进行分类，开通家事案件受理绿色通道，最短的时间内立案，最短的时间内移送，最短的时间内处理。积极响应号召，扎实开展驻村工作，选派12名干警进驻联乡三个行政村，落实“5+3”重点任务，落实办实事经费30万元，自行投入经费3.5万元，自筹资金10万元，为民办实事2件，惠及群众达400人次。紧紧围绕法治政府建设，自觉将履行行政审判职能与服务中心工作紧密结合，从源头上预防化解行政纠纷。坚持依法监督与支持并重，促进行政机关依法行政，依法保护行政相对人合法权益，立足于推动经济社会发展制约的问题解决，针对立案审判执行工作中发现的社会治理、行政、企事业单位中存在的突出问题，向有关部门发出司法建议12份，行政机关反馈率83.33%。

三、促进公平正义，推进改革取得新突破

作为全区司法体制改革第一批试点单位和全国首批家事审判方式和工作机制改革试点单位、民事案件繁简分流优化审判资源配置试点单位，坚持顶层设计、分步实施、试点先行、依法稳妥的原则，结合中央精神、特殊的区情、特殊的位置，从实际出发，遵循司法规律，精心制定司法体制改革试点方案和探索制定《法院人员分类管理办法》《司法责任制》等配套制度，严把审核关，坚持公正公平、择优入额原则，17名法官和5名院领导参加了笔试和面试，完成员额法官首次选任工作。以加强司法规范化、深化司法公开、推进司法民主为着力点，努力让群众感受到公平正义就在身边。以“规范司法行为年”活动为契机，以监督为第一关口，从立案、审判、执行等各个环节督促落实司法规范化建设要求。充分发挥审判监督职能，强化案件质量评查、案件信息录入、裁判文书网上公开，实行整改纠错机制，维护司法公正、提高司法效率、增强司法公信力。

四、坚持过硬要求，自身建设取得新实效

始终坚持以政治过硬、业务过硬、责任过硬、纪律过硬、作风过硬为要求，以努力建设一支信念坚定、执法为民、敢于担当、清正廉洁的法官队伍为目标，加强自身建设。

加强队伍建设。以开展“两学一做”主题教育为契机，采取党组中心理论组带头学、各支部组织自学、全院干警集中传达学习等方式，及时组织干警传达学习有关会议精神。签订了党风廉政建设目标责任书，做到了责任落实到位。时刻抓好党风廉政教育，筑牢拒腐防变防线。着力提升干警职级待遇，在区委组织部和上级法院的关心支持下，15名同志提职提级，使院领导班子和中层干部力量进一步充实壮大。落实教育培训工作，组织干警参加各类培训120人次，使得干警业务和能力素质得到了逐步提高。爱心相助、心心相拥，为贫困干警和身患重病的退休干部捐款达4.2万元。积极推动文化建设，不断增强干警身体素质，实行晨跑常态化制度。积极参与“六城共建”各项活动，从细小处做起，从身边事做起，营造人人参与、人人创建的浓厚氛围。

加强基础设施建设。围绕夯实打牢基础建设，在区高院、市中院的大力协调和区政府大力支持下，落实“十二五”人民法庭建设项目，江当、东嘎乡中心法庭建设已破土动工建设，将切实以服务当地老百姓司法需求为切入点，宣传党的方针政策和法律法规，化解矛盾纠纷，有效发挥乡镇法庭职能。在区政府的有力指导下，加快落实诉讼服务中心建设项目各项工作，推动实现便民利民惠民目标，切实满足人民群众日益增长的多元司法需求。在区委、政府的大力关心支持帮助下，安检通道项目建设完成，现已正式规范使用，全方位提升法院的警务保障能力，为维护正常的审判执行工作秩序、保护法官和诉讼当事人人身安全营造良好的诉讼环境。

加强信息化建设应用。抓住火车站沿线的特殊地理位置，在办公楼外墙安装LED大显示屏，滚动发布审判执行工作动态和司法服务理念，让群众深切感受司法就在身边。积极拓展司法公开的广度和深度，让司法审判权力在阳光下运行。完成信息发布、便民服务、互动交流的网络平台，开通桑珠孜区人民法院官方微信，同时与区政府的微信平台（桑珠孜区发布）建立良好协作，新颖高效地发布法院工作动态，提高司法透明度，更好地满足人民群众对法院工作的知情需求，全年官方微信公布各类信息113条、充分利用司法公开三大平台，公开审判流程828条、裁判文书246份、执行信息126条，公开率达100%。

加强扶贫攻坚工作。认真贯彻落实区委扶贫工作会议精神，按照区委组织部的统一安排部署，实地走访调研，做好督查指导。利用节假日分批安排30余名干警深入扶贫乡、村，调查了解帮扶群众家庭状况、贫困程度、致困原因及需要解决的困难和问题，倾听群众的呼声和意见，发放帮扶联系卡。资金物质慰问，提升群众致富意识。结合工作实际，统一组织干警为贫困户捐款3万余元，统 ·采购生活必需品、物资送到帮扶户手中，使其感受到党的关怀，提升致富意识。延伸司法职能，重视智力扶贫。以驻村队为依托，宣传党的惠民利民富民政策，宣讲法律法规，转变思想观念，从思想上提升帮扶户的致富意识，赠送科技类书籍，讲解计划致富思路，提升致富能力。

深化主题教育活动。贯彻落实区党委、市委、区委深入开展“四讲四爱”“深化五项教育增进五个意识”主题教育活动的决策部署，结合自身职能优势，成立领导小组、制定实施方案，以强烈的责任感、紧迫感，推动主题教育活动有序开展，选派优秀法官以通俗易懂的语言宣讲“四讲四爱”“深化五项教育增进五个意识”主题教育活动的重大意义，教育引导群众始终高举爱国主义伟大旗帜，坚定不移地感党恩、听党话、跟党走，营造崇德向善、遵纪守法、科学文明的良好社会风气，为全力推动桑珠孜区改革发展稳定各项事业提速跨越和争先进位提供强有力的司法保障和司法服务。

五、忠诚党的领导，主动接受监督，司法民主有新提升

牢固树立“四个意识”，坚决拥戴、信赖、忠诚、捍卫以习近平同志为核心的党中央，对各级党委的决策部署坚定不移地贯彻、毫不迟疑地执行、千方百计地落实，做“四讲四有”的合格党员、合格法官。始终秉持监督就是支持、监督就是爱护关心的理念，自觉把审判工作置于党的领导和人大监督之下，加大与“两代表一委员”及社会各界的联系。对涉及区经济发展大局的案件、涉及民生的重大疑难复杂案件及时请示报告，主动邀请人大代表和政协委员视察法院工作2次、旁听审判2次。对代表委员提出的意见建议做到件件有落实、事事有回应。推进人民陪审员制度改革，拓宽选任渠道、落实倍增计划、扩大参审范围、保障陪审权力。当前人民陪审员有38人，参与审理案件28件，进一步提高了群众参与司法的代表性和覆盖面。

各位代表，过去一年，桑珠孜区人民法院各项工作得到了各级党委和上级法院的肯定，获得了“全区法院民事审判工作先进集体”“全市法院信息化先进集体”“先进基层党组织”等殊荣，10名干警受到各级各类表彰奖励。这些成绩，是区委坚强领导、人大及其常委会有力监督、自治区高院、市中院正确指导的结果，是区政府及相关部门大力支持、区政协民主监督的结果，是全体人大代表和政协委员建言献策、真诚帮助的结果。在此，我代表桑珠孜区人民法院表示衷心的感谢和崇高的敬意!

在法院工作不断取得发展进步的同时，我们也清醒地认识到，桑珠孜区人民法院工作还存在许多问题和不足：一是随着我区经济社会发展，新情况新问题明显增多，依法运用“五大发展理念”审理各类案件的司法能力有待进一步加强；二是执行难问题未得到完全解决，司法机制的健全和司法的权威有待加强；三是案件数量逐年递增，办理难度不断加大，干警办案压力剧增，案多人少、事多人少矛盾愈加突显；四是缺员、人才流失的问题依然存在；五是健全完善规章制度工作需进一步加强。针对上述问题和困难，我们将以弘扬珠峰精神为动力，采取有力措施，切实加以解决。

2017年工作思路

桑珠孜区人民法院将准确把握人民法院在全面建成小康社会进程中的职责使命，以党的十八届六中全会、自治区第九次党代会和市委一届五次会议精神为指引，贯彻落实习近平总书记系列讲话精神，坚持不忘初心、继续前进，推进“四个全面”战略目标的实现，围绕“6677”发展思路，以打造全市发展稳定先行区的目标任务，以长足发展和长治久安为己任，狠抓审判执行工作，实现法院工作新飞跃，为把桑珠孜区打造成为投资福地、环境高地、政策洼地提供有力司法保障。

一、围绕忠诚一个核心，坚持党对法院的领导。以增强“四个意识”为着力点，把认真贯彻落实中央系列方针政策、习近平总书记系列重要讲话精神和各级党委重大决策部署作为首要政治任务，教育引导干警在思想上、政治上、行动上拥戴信赖捍卫核心，坚决做中央、区党委、市委、区委决策部署的坚定执行者、模范实践者、忠诚捍卫者，确保法院工作正确政治方向。

二、围绕我区发展新部署，坚持维稳工作常态化。以长治久安为落脚点，牢固树立稳定压倒一切和长期作战的思想，紧紧抓住建设旅游文化腹心区、文化传承保护区、南亚开发前沿区、生态屏障保护区、安全屏障建设区、民族团结示范区、社会稳定典范区的发展部署，全面贯彻落实好执行好各级党委维稳工作部署，以增强人民群众的幸福感为目标，自觉履行好维护社会和谐稳定的职责使命。

三、围绕人民群众新期待，坚持司法为民提公信。始终以群众需求为导向，不断提升法院工作公信力。自觉主动接受人大监督，完善向人大报告工作、加强代表联络等工作机制，自觉接受政协民主监督，依法接受检察机关诉讼监督，广泛听取社情民意，确保最大限度地满足人民群众对法院工作的知情权、参与权、表达权和监督权，使宪法法律赋予的各项审判权在阳光下运行。

四、围绕执法办案新任务，坚持公正司法树形象。始终狠抓审判执行第一要务，依法履行审判职能，不断提升审判质效。积极参与打击整治专项行动和社会治安综合治理；服务供给侧结构性改革，依法保障经济社会平稳较快发展；下大力气破解执行难，坚决打赢基本解决执行难这场攻坚战，努力在围绕中心、服务大局上有新的更大作为。

五、围绕争创一流新目标，坚持改革创新不停步。始终坚持改革创新精神，坚持顶层设计，积极稳妥全面推进司法体制改革，认真落实司法责任制。全面推进各项改革措施落实，着力解决制约司法能力、影响司法公正的深层次问题，切实规范司法行为，增强各族群众对司法改革的获得感。

六、围绕队伍建设新要求，坚持从严管理不松懈。始终把队伍建设摆在突出位置，注重领导班子建设，以一流的领导班子带出一流的法院队伍，不断提升队伍凝聚力和战斗力。严格贯彻落实执行《党章》《关于新形势下党内政治生活的若干准则》，深化“两学一做”，围绕“四讲四爱”“深化五项教育增进五个意识”主题教育活动，进一步修改和完善相关规章制度，加强党风廉政建设，把纪律挺在前面，保持警钟长鸣，确保公正廉洁司法。

各位代表，自治区第九次党代会和市委一届五次会议描绘了桑珠孜区经济发展的宏伟蓝图，对法院工作提出了新要求。面对发展的新起点，改革的新任务，社会的新期待，人民法院责任重大，使命光荣，桑珠孜区人民法院决心认真贯彻本次大会决议，忠实履行宪法法律赋予的司法审判职责，团结奋进、敢于担当，顽强拼搏，不断开创法院工作新局面！以优异成绩向党的十九大献礼！

桑珠孜区人民法院工作报告附件

《桑珠孜区人民法院工作报告》部分用语说明

1. 法律七进。法律进机关、进乡村、进社区、进学校、进企业、进单位、进寺庙。

2. 宽严相济。是指“宽以济严”“严以济宽”，确保宽严“相济”。做到严中有宽、宽以济严，宽中有严、严以济宽；对严重刑事犯罪，在依法严惩的同时，必须重视“宽以济严”，对其中具有自首、立功、从犯、真诚悔罪等法定或酌定从宽处罚情节者，要依法、依政策济之以宽，以落实罪刑相适应的刑法基本原则。

3. 调判结合、案结事了。是人民法院确立的民事审判工作的一项重要原则，体现了司法手段与民事司法目标的高度和谐统一。主要是指对适宜调解的民商事案件，将调解作为解决纠纷的首要选择，最大限度追求案结事了的目标。

4. 家事审判方式和工作机制。按照第八次全国法院民商事审判工作会议关于推进家事审判方式改革的目标要求，摸索法院家事审判改革路径，提高家事案件审判的专业化水平，创新社会管理方式，维护社会和谐稳定，突出司法的人文关怀的司法改革新思路、新方法。

5. 民事案件繁简分流优化审判资源配置。推进案件繁简分流机制改革，优化司法资源配置，实现程序简化、文书瘦身、效率提升、公正提速，破解“案多人少”顽症，满足人民群众既要严格司法，实现公平正义，又要快速审判，提高效率，节约成本的多元化司法需求，维护人民群众合法权益，最终达到简案快审，繁案精审，努力让人民群众有更多获得感。

6. 一性三化。即不断强化执行工作“强制性”，用“威慑力”解决“执行难”；打造执行工作“规范化”“专业化”“信息化”，用“精细”提高“质量”、用“整合”提高“效率”、用“科技”提高“速度”，进而不断提高执行工作水平，提升法院公信力。

7. 一打三反。即开展打击“拒执罪”、反规避执行、反干预执行、反消极执行，推动以系统化方式解决执行难、执行乱问题，形成科学有效的执行工作长效机制。

8. “三位一体”诉讼服务中心建设。指诉讼服务大厅、诉讼服务网、12368热线“三位一体”的诉讼服务中心建设。具备诉讼引导、法律宣传、登记立案、先行调解、材料收转、联系法官、文书送达、判后答疑、信访接待、投诉建议等功能；12368诉讼服务热线由各业务庭法官轮流值班接线；主要为当事人提供法律咨询、案件信息查询、联系法官等服务；诉讼服务网主要为当事人查询审判流程节点信息、预约立案、网上立案服务。

桑珠孜区人民检察院工作报告

——在桑珠孜区第一届人民代表大会第五次会上

桑珠孜区人民检察院检察长　格桑次仁

（2017年4月8日）

过去一年工作回顾

2016年，我院在区委和上级检察机关的正确领导，在区人大及其常委会的有力监督、在区政府、区政协及社会各界的大力支持下，紧紧围绕“强化法律监督、强化自身监督、强化队伍建设”的检察工作主题，全面履行检察职能，各项工作都取得了新的成效。

一、服务大局，做好维护社会稳定工作

一年来，我院按照各级党委维稳工作目标，牢固树立稳定压倒一切的思想，把维护社会和谐稳定作为首要工作任务，深入开展反对分裂、维护稳定各项工作，勇于担当政治责任，牢记使命，自觉肩负社会责任，全力维护敏感时段和重大活动期间的社会稳定。在春节、藏历年和三月份、“展佛节”“12・8”等敏感时段，我院积极配合有关部门，严厉打击和防范分裂破坏活动，始终坚持领导带班、24小时巡逻值班和“零报告”制度。提高干警维稳处突能力，确保社会及单位内部安全稳定。

二、依法履行检察工作职能，努力营造和谐稳定的社会环境

一年来，我院不断调整工作重点，坚持将检察工作置于桑珠孜区经济大发展的框架内，以服务于桑珠孜区经济发展，特别是服务于建设大局为落脚点、出发点、着力点，各项检察事业均取得了稳步发展。

2016年，侦查监督方面，共受理公安机关提请批准逮捕的各类刑事案件85件119人；批准逮捕70件91人、不（不予）批准逮捕决定18件28人；公诉方面，共受理各类刑事案件81件108人。经审查提起公诉64件94人（含上年积案），相对不起诉5件5人（盗窃、交通肇事），存疑不诉2件2人（诈骗、故意伤害），绝对不诉3件5人（强迫交易、拐卖妇女/收买被拐卖的妇女）。有罪判决率达到100%，发出《检察建议》2件3人，改变定性2件2人。民事行政方面，与区法院积极协调，去年来，审查民事判决书44份、民事裁定书15份、民事调解书25份，执行监督了3起桑珠孜区法院的执行案件，口头建议2件；控告申诉方面，为确保群众的诉求能够及时、准确地表达，我院投入资金，更新了全区范围内的举报箱，确保了群众投诉有门，申诉有路，受理来信来访5件，处理来访2件（其中一起移交区信访局），来信1件，另2件为无价值类线索信件，均做出了相关处理；严格执行检察长接待日制度，去年，检察长亲自接待来访群众15人次。坚持日常宣传和集中宣传相结合的原则，在日常接待工作中向来访者宣传、在办案工作中向当事人和办案单位宣传，在举报宣传周和综治宣传月中设点进行集中宣传，增强举报宣传效果，促进举报宣传制度化、常态化、多样化。依托驻村工作队结合下访巡访，进乡村、进企业、进社区，最大限度地扩大宣传受众面，激发群众举报热情，共开展法制宣传7次，散发宣传资料3000余份，受教育群众达3000余人。按照中央司改办、中央政法委、高检院有关文件要求，积极探索律师参与化解和代理涉法涉诉信访案件的工作方法和保障机制。监所检察方面，共开展监所检查30余次，社区矫正专项检查1次，联合区司法局开展社区矫正安全大检查3次，开展社区矫正人员集中法制宣传教育1次，社区矫正临场监督5次，发出书面检察建议7份。同时，积极扎实推进集中清理判处实刑未执行刑罚专项活动，初步摸查出符合清理条件的罪犯3名，为督促相关责任部门落实清理纠正措施奠定了坚实的基础。为顺利推进此次专项活动，我院成立了以院主要领导为组长，以刑事执行检察局干警为主要力量的核查小组，对2006年以来，共10年850多名刑事案件被告人生效判决书、裁定书进行逐一清查，共查阅卷宗700余卷，案件620余件，筛查出暂予监外执行条件消失尚未收监执行的罪犯有3人。受理案件方面，案件管理中心共受理案件，其中，侦查监督案件83件，公诉案件82件。接待律师10件15人。涉案财物登记案件71条。围绕全区案件管理工作要点，案管部门主动适应新形势，以司法文书和案件程序性信息公开为抓手，打造便民阳光检务。2016年，本院公开司法文书39件，程序性信息导出159条，在日喀则市18个基层院中名列第一。

继续强化查办和预防职务犯罪案件的力度，维护廉洁、高效的政务秩序，推动反腐败斗争深入开展。一年来，我院共受理职务犯罪案件5件9人，初查5件9人，立案3件2人（1件以事立案），起诉2件2人，终止侦查1件1人；反渎职侵权案件初查1件3人。与此同时，我院加大了预防工作的力度，在遏制和减少职务犯罪方面取得了一定的实效。主要做法：一是为实现精准扶贫、廉洁扶贫提供强有力司法保障。目前积极同区扶贫办制定扶贫工作联系机制；二是以案说法。我院特别注重案件办到哪儿预防工作做到哪儿，注重以我院查办的每名干部身边的反面案例有针对性地进行预防教育。以曲布雄乡某村村干部仓某、普某挪用公款等案件对各乡办和各村居干部进行了预防教育；三是群众反映强烈问题较多的，财务账目混乱的，乡镇、企业、村居，深入了解情况查找线索。我院深入各村居，对村居的土地提留款、双联户户长津贴补助发放等情况进行了初查。同时，我院积极开展职务犯罪宣传教育，共开展宣传4次，散发宣传资料600余份，向区政府有关部门提出检察建议3份，为党委、政府提供决策依据。

认真贯彻宽严相济的刑事司法政策。我院在办案工作中，积极推行刑事和解机制，对轻微刑事案件、家庭和邻里纠纷案件、涉嫌未成年人犯罪的案件，坚持“教育、感化、挽救”方针，采取适合其身心特点的办案方式；对于证据不足，不符合批捕、起诉的案件，在做好被害人工作的同时，一律不捕、不诉。2016年，共对9件17人无逮捕必要的轻微刑事犯罪嫌疑人和证据不足的犯罪嫌疑人，做出不予逮捕决定；对5件5人做出不起诉决定，和解率达到100%，从而将因刑事案件处理不当造成的社会不稳定因素化解于萌芽状态，进而为我区和谐稳定的大局作出了贡献。

三、突出特色出新招，服务群众见实效

为了让人民群众真真切切感受到我院在“两学一做”专题教育和规范司法行为专项整治等主题活动方面取得的丰硕成果，在院党组的监督指导下，我院创新工作方式方法，将工作重心下沉，进一步提升服务基层、服务群众的工作能力。一是制定了《日喀则市桑珠孜区人民检察院侦查监督科案件回访制度》，通过对案件当事人进行定期回访，了解双方当事人及其家属的思想动态，化解其中的矛盾纠纷，确保基层社会局势的安全稳定；二是积极开展“检察官进校园、进社区”等法律“七进”活动，从优秀干警中挑选出两名精兵强将担任法制副校长，分别走进区三中、区二小开展青少年法制讲座，进一步提升青少年对法律知识、安全防范常识的认知；紧紧围绕自治区检察院关于“预防涉农职务犯罪、促进和谐农村建设”的工作部署，迅速成立了预防职务犯罪工作巡回宣讲小组，深入基层农牧区进行宣讲，通过持续开展该项活动，为乡镇（街道办）和村（居）基层组织工作人员戴上了紧箍咒，也为人民群众反映相关违法违纪及犯罪线索提供了有效途径。三是在全市基层检察院中率先推行了逮捕公开听审制，通过召集公安承办人员、辩护人、被害人进行公开听审，不断完善人民监督员监督的范围和程序，构建更加开放、动态、透明、便民的阳光司法机制，以检务公开"倒逼"司法规范化，让人民群众感受到"看得见的公正"。四是以"开展未成年人检察工作30周年"活动为契机，加大未成年人教育活动力度。2016年是"未成年检察工作30周年"，为了进一步加强未成年人保护，我院翻译了藏汉双语版的《中华人民共和国未成年人保护法》《法律进校园知识读本》等法制宣传材料并与桑珠孜区第一中学开展了"桑珠孜区第一中学法制教育宣讲"活动。在宣讲过程中对部分学生提出的日常法律知识及未成年人犯罪教育问题，一一进行了认真解答，受理学生法律咨询近50人，解答各类法律疑难问题10余个，发放宣传资料共500余分。此次法制巡讲直接教育学生达800余人。五是深入开展"四讲四爱""五五教育"教育活动。我院结合检察工作实际，重点做好以下四个方面工作：一牢固树立政治意识、大局意识、核心意识、看齐意识。用以习近平同志为核心的党中央绝对忠诚、对党的核心绝对忠诚的坚定决心，努力调整工作思路，完善工作方法，办好各项工作，进一步推动检察事业前进；二加强组织领导、明确责任主体。要求我院专门成立以党组副书记、副检察长为组长，政工纪检部主任为副组长和各内设机构负责人为成员的工作领导小组，负责顶层设计，统筹谋划工作，确保活动做到机构健全，人员落实，责任明确，工作到位；三以"深入五项教育、增进五个意识"主题活动为契机，强化宣传引导、转变工作作风。要求我院深入基层实际，开展灵活多样的宣讲活动，确保主题活动真正教育人、引导人、鼓舞人。四注重干部引领、保证活动成效。要求我院党员干部要示范带动、积极探索、主动作为、从而进一步激发全院干警的积极性。

四、积极稳妥地推进司法体制改革工作

为了认真做好司法体制改革各项工作，确保司法体制改革试点工作在我院顺利推进，真正实现平稳过渡、实现改革效果，我院按照自治区司改办和自治区人民检察院的要求，依照司法体制改革试点的四项基本任务，扎实做好相关工作。

一是明确改革要在党委领导、人大监督下进行；二是召开动员大会，成立领导小组，设立办事机构。三是进行扎实的摸底调研。四是积极借鉴先试点地区的经验。五是积极贯彻落实司法体制改革工作会议精神。六是积极稳妥推进相关工作。2016年我院被评为"全国检察机关检察委员会规范化建设示范单位"。七是完成了首批检察官入员额考评工作。经过业绩考核、面试、全区统一笔试等层层选拔，我院推荐21名符合条件的干警顺利入额。

五、强化学习意识，积极打造高素质的检察队伍

我院始终强调以人为本，着力提升干警的政治思想素质和法律监督水平。一是大力加强思想政治建设。坚持以党建工作为统领，以"两学一做"活动为载体，以规范化建设为抓手，提升政法干警素质为目的，把转变执法观念作为工作重点，深入查找自身工作中不公正、不文明、不规范、不严格等现象，努力规范执法工作、转变工作作风、提高工作效率。二是大力加强法律监督能力建设。坚持把干警执法能力的培养作为提高执法公信力建设的关键环节，通过岗位练兵、业务研讨、干警课堂、业务竞赛、知识考试等多种措施，不断提升干警的业务素养，提高干警的执法能力。2016年，我院1名干警在全区检察机关侦查监督岗位练兵活动中取得全自治区第一名。1名干警将代表我区检察机关参加全国第六届优秀公诉人竞赛。三是严格管理明责任。我院制定了《桑珠孜区人民检察院业务督察工作条例》，成立检务督察领导小组，选派专人负责和管理，专对维稳等各项工作进行督促检查，从而强化全体干警的工作责任感和紧迫感，形成内有动力、外有压力的良好氛围，努力提高工作效率。四是坚持从优待检，激发干警工作积极性。从解决干警实际困难，改善工作和生活条件出发，在财力有限的情况下，尽可能解决干警出差补助、生活津贴，开展送温暖活动；从政治待遇上、工作条件上、从优待警，从而激发干警工作的积极性和主动性。去年在组织的关怀下，解决了14位干警的政治待遇问题。五是注重文化育检，不断提升干警素质。院党组高度重视文化育检，安排全院干警开展丰富多彩的文体活动，不仅增强干警体质，而且丰富干警业务文化生活，培养团队合作意识。2016年桑珠孜区人民检察院以扎实地工作作风、优良地工作素质、突出地工作成绩，在全市检察系统的考核当中荣获先进集体。

六、助推基层经济发展和社会建设，维护基层和谐稳定

根据日喀则市桑珠孜区创先争优强基惠民活动领导小组的安排，我院去年共派出12名干警、3名村（居）第一书记深入我区甲措雄乡的联阿、聪堆、桑阿林、城南街道邦加孔社区等村（居），开展“强基础、惠民生”活动。1. 我院聪堆村驻村工作队帮助聪堆村成立了桑珠孜区甲措雄乡聪堆村旺财农机租赁专业合作社，同时争取到了价值100余万元的农机；2. 驻联阿村工作队帮助村民争取了太阳灶发放到每户村民（价值9万余元）；3. 驻桑阿林村工作队帮助村民争取了农机具（价值18万余元）。

三个驻村工作队积极开展新旧对比教育和“知党恩、跟党走”爱国教育等活动7次；帮助制定村务公开、民主管理、乡规民约等制度7件；帮助培养入党积极分子19名，发展党员13名；排查调处矛盾纠纷45件；解决项目3个，已落实资金127万余元；

同时，驻村干警将反分裂斗争教育工作开展到了所在村庄，一年来，以党的宗旨和民族政策，国家意识为中心内容向驻村点群众进行爱国宣传教育，受教育人数达到2000余人次，收到了良好的政治效果和社会效果。

各位代表，一年来，我院所取得的成绩，是区委和上级检察机关正确领导，也是各位代表长期关心支持、全院干警团结拼搏、共同努力的结果。借此机会，我代表桑珠孜检察干警向各位代表、各位委员和全区各族人民致以崇高的敬意和衷心的感谢！

回顾过去一年的工作，我们清醒地认识到还有很多不足。一是执法能力及整体素质还不高，监督工作中还存在着薄弱环节；二是创新意识和开拓进取精神还不够强，在解决矛盾、破解难题上缺乏有效的举措；三是人手不足与压力大任务繁重的矛盾仍然突出，影响工作深入开展和有效推进；四是案件多、人员多、办案量大，现有的行政经费和办案经费在不同程度上影响着我院工作的开展。目前，由于经济发展，物价上涨，各项费用开支加大，再加上检察业务的不断创新，对设备、器材的要求越来越高，现有的财政拨款已无法满足办案和其它检察业务活动开展的需要。

2017年工作思路

各位代表，2017年，我院将深入推进“两学一做”专项教育活动及各项专项活动，结合查摆出的问题，认真分析、积极改进，以科学发展观为指导，着重增强执行力，全面完成年初制订的各项目标，努力推进各项检察工作，结合我院1314工作思路和153143工作目标，主要抓好以下方面工作：

*一是进一步加强检察队伍建设。*认真开展“两学一做”专题教育活动，深入推进规范司法行为专项整治工作，着力转变执法理念和改进执法方式。着力打造学习型检察院，用文化建设推动队伍建设，大力提高执法办案和检察管理信息化水平，狠抓内部监督制约机制建设和自身反腐倡廉建设，更加自觉地把检察工作置于党的领导、人大监督和全社会的监督之下，不断提高检察机关的执法水平和公信力。

*二是进一步加大惩治和预防侵害民生的职务犯罪。*大力推进民生检察，加大查办侵害民生、

民权、民利的职务犯罪力度。深入开展商业贿赂、工程建设、国土资源、扶贫等领域突出问题专项治理，重点查办危害大、影响大的职务犯罪。坚持惩治与预防并举、办案与服务并重，努力实现“三个效果”有机统一。

三是进一步推进司法体制改革试点工作。根据自治区党委和自治区人民检察院对司法体制改革试点工作的安排部署，明年我院将以司法体制改革四项核心内容为指导，不折不扣地按照自治区党委和自治区人民检察院的工作要求，积极稳妥地推进司法体制改革试点工作。

四是进一步强化健全机制建设，全面推进检察工作社会化。继续探索强化内部、外部监督制约机制，促进工作规范化。加强与人大代表、基层群众的联系，增强检察工作透明度，提高社会公众对检察工作认知度和参与度，促进自身健康发展。

五是进一步维护司法公正廉洁。以“七区建设”为抓手，重点加大对工程项目领域、雅江流域砂场整治领域的监督力度。同时，加大诉讼监督力度，正确处理力度与效果、监督与支持、责任与权利的关系，进一步完善监督机制、改进监督方式、提高监督水平。重点监督纠正执法司法不严、不公、不廉问题，不断满足人民群众的司法诉求，让公平正义的阳光更加温暖人心。

六是进一步做好群众工作。以“强基惠民”活动为载体，牢固树立群众观念，把群众工作与三项重点工作紧密结合起来，积极探索建立控申疏解、刑事和解、民事调解“三路”矛盾化解机制，充分运用法律手段修复社会关系，着力完善群众诉求表达机制、参与社会管理机制、权益保障机制，全力维护社会和谐稳定。

各位代表，我们决心在中共桑珠孜区委和上级检察机关的坚强领导下，认真落实本次大会决议，自觉接受区人大及其常委会和各位代表的监督，坚定信心、锐意进取，忠诚履职、真抓实干，努力在维护稳定上有更大作为，在服务发展上有更大举措，在保障民生上有更大成效，在维护公平正义上有更大进步，为和谐桑珠孜、繁荣桑珠孜、幸福桑珠孜建设提供良好的法制环境。

桑珠孜区人民检察院工作报告附件

《桑珠孜区人民检察院工作报告》部分用语说明

一、“1314”工作思路：

1：确立一个目标：五年内成为名至实归的全国先进基层院；3：培养三新理念：理性、文明、规范的执法理念；1：锤炼一支队伍：锤炼出一支高素质、有能力、敢作为、净身心的“四能”队伍；4：创建四型机关：创建起“学习型、服务型、专业型、和谐型”文明机关。

二、“153143”工作目标：

1：一个工作主题：强化法律监督，维护公平正义；5：五项工作原则：实事求是、自我选择，与时俱进、创新发展，全员参与、示范带动，以人为本、推动管理，协调发展、持续推进等五大工作原则；3：民生检察三项重点：矛盾纠纷化解、社会管理创新、保持高压惩腐；1：预防工作一个体系：构建起预防职务犯罪一个新的大体系；4：检察改革四化目标：检察工作一体化、阳光检务公开化、合格产品制度化、执法规范信息化；3：党建队伍三新举措：新的活力党建、新的干警发展、新的从优待检。

桑珠孜区2016年国民经济和社会发展计划执行情况与2017年国民经济和社会发展计划草案的报告

——在桑珠孜区第一届人民代表大会第五次会议上

桑珠孜区发展和改革委员会 李家骅

（2017年4月8日）

一、2016年国民经济和社会发展计划执行情况

2016年难事多、大事多、喜事也多。在深化改革不断深入推进和供给侧结构改革全方位开展的背景下，面对深刻变化的外部环境和艰巨繁重的发展任务，在党中央国务院、自治区党委政府和市委市政府的坚强领导下，我区各族人民和全体干部职工在区委、区政府领导下，深入贯彻党的十八大、十八届历次全会及中央第六次西藏工作座谈会精神，学习贯彻习近平总书记系列重要讲话和治国理政新理念新思想新战略，落实自治区第九次党代会精神及总体发展思路，桑珠孜区委、区政府积极探索次发达地区县域经济发展新路子，围绕“五地目标”，突出“七大产业发展”，坚持“一产上水平、二产抓重点、三产大发展”。全区各族人民团结一心，艰苦奋斗，开拓创新，经济健康快速发展，社会事业全面进步，人民生活显著改善，生态环境保持良好，社会大局持续稳定，全面完成了区一届人大三次、四次会议交代的任务，实现了“十三五”规划的开门红。

全区地区生产总值实现62.84亿元，增长6.1%（可比价），结构调整成效初显，三产比进一步优化为8：37：55；固定资产投资完成47.05亿元，增长23.7%；一般公共预算收入完成17059万元，增长22.05%；社会消费品零售总额实现20.4亿元，增长18.08%；城乡居民人均可支配收入分别达到28338元、10738.2元，分别增长13%、10%；城镇登记失业率控制在2%以内。

——注重夯实基础，农牧业提质增效。今年完成农作物种植面积21.06万亩，粮油总产达1.69亿斤（其中粮食产量1.6亿斤），粮经饲三元结构进一步调整优化为65：25：10，较2015年粮油总产增加550万斤，粮食产量增加412万斤，为全市在自治区种植业综合考评获得第一名的成绩做出了突出的贡献。完成种子田建设2.12万亩，推广青稞良种“喜拉22号”7.4万亩，高产田创建示范8.84万亩，测土配方13万亩，施用化肥4610吨、农药116.45吨、海藻肥996吨，科技对农牧业发展贡献率已经达50%以上。2016年我区新生仔畜16万头（只、匹），成活率达到98.7%，完成黄改任务4300头。我区雅江源农业综合开发有限公司的“雅江源”土豆淀粉和水晶粉丝、日喀则市正堂食品有限公司的“江洛康萨”青稞藏白酒、“娘麦”青稞种子合作社的“娘麦”青稞种子3家企业的4类产品成功通过了国家有机产品认证。

——突出项目建设，园区经济发展加快。明确工业园发展布局，全区实现工业生产总值40309.53万元，同比增长16.94%。培育规模以上工业企业达到3家，签约企业17家（我区万亩光伏产业园已有11家企业入驻，工业园6家），目前意向投资资金达83.11亿元，在第四届珠峰文化节上签约项目7个，协议投资12.55亿元。以“日喀则清洁能源市”创建工作为契机，加快推进万亩“光伏+生态设施农业扶贫示范园区”和光伏特色小镇，实行专班推进和专人负责，7家企业在自治区完成350兆瓦光伏指标备案工作，江当乡光伏特色小镇已经完成规划评审工作并实现入场施工，基础设施建设等项目建设前期工作进展顺利。

——强化文旅联动，旅游文化加快发展。围绕自治区将日喀则打造成为珠峰文化生态旅游文化圈的定位，以调结构、促转型、惠民生，深化旅游改革为主线，推动旅游产业提档升级，实施高档化、国际化、市场化、规范化战略，推动我区旅游从“景点旅游”向“全域旅游”转变，充分利用珠峰文化节不断带动文化产业繁荣。深入挖掘历史文化名城核心区、扎什伦布寺、四世班禅出生地以及宗山、普姆群宗神山遗址、德庆颇章等历史文化资源，依托雅鲁藏布江、年楚河沿岸以及联乡宝石山谷丰富的自然景观，2016年，共接待游客206.53万人次，实现旅游收入9.29亿元，旅游业已经逐渐培育成为促进社会发展、百姓增收的支柱产业，旅游业成为国民经济的战略性支柱产业和人民群众更加满意的现代服务业，桑珠孜区逐渐成为更加发达的旅游经济区和游客高满意度旅游日的地，率先在全市建成旅游经济强区。

——坚持长短结合，持续加强关键领域项目建设。全面落实自治区、市“项目年”“项目推进年”决策部署，实施项目推动战略，继续把投资拉动作为稳增长的主引擎，努力强化谋项目的意识、争项目的实效、服务项目的水平，实现投资稳定增长。2016年我区结合全局建设，形成了“落地一批、推进一批、完工一批、办理一批、储备一批”的“五个一批”项目建设格局，突出重点领域，狠抓项目建设，全年共完成完成固定资产投资47.05亿元，完成年度目标任务的89.01%。其中2016年续建项目17个，完成投资2.47亿元；新建项目148个，开工建设104个，完成投资28.23亿元（其中：计划内新建项目99个，完成12.41亿元、计划外新增项目49个，完成投资15.82亿元）。桑珠孜区北郊水厂主体建设、管道铺设的工程基本完工，预计2017年9月份实现流量负荷试运行、桑珠孜区污水处理和收集系统完工、桑珠孜区嘎久美达路市政道路工程开工建设、桑珠孜区江北灌区东嘎西干渠工程与桑珠孜区2015年重点县小农建设项目及桑珠孜区边雄灌区建设等重点水利建设项目完工、桑珠孜区2015年现代农业青稞生产基地建设项目及桑珠孜区宜农宜草土地开发整治建设项目等重点建设项目完工。

——创业争先踏实干，助力繁荣新西藏。2016年青岛援藏干部组充分发扬“尚实干、勇作为、敢担当”的精神，不仅本着坚守就是一种奉献，更以发展、建设、稳定桑珠孜区为已任，把援藏工作作为磨炼革命意志、提高自身执政水平、发扬新长征精神的难得机会，奋力把桑珠孜区的太阳举起。在第七批、第八批援藏干部组共同努力下，2016年我区完成援藏项目11个，落地投资5770万元，援藏资金全方位依照山东省援藏工作规划向桑珠孜区民生领域改善和推动经济交流方向倾斜。第八批援藏干部组主动与第七批援藏干部组请教经验和工作对接，在全面深入调研了解桑珠孜区情和广泛听取各界援藏工作建议后，立即联通创新机制，迅速开展工作。一是结合桑珠孜区经济发展实际对“丨三五”时期桑珠孜区对口援藏规划认真梳理并做出调整，筛选了一批符合发展需要、符合人民需求的项目篮子。调整出了2017年6类15项、总投资8810万元的援建、援助项目库。二是深入推动桑珠孜区和青岛市的经济交流。牵头与山东华以农业、青岛冠中生态研究所、北京长天数据中心等企业达成投资意向；并依照青岛海藻肥的独特优势，在桑珠孜区开展500余吨海藻肥有机种植推广项目，并实现20%左右的增产率；2016年第八批援藏干部组创新形式，借助青岛啤酒节成功组织开展了“2016西藏文化齐鲁行”，给桑珠孜区传统文化、民族手工艺等提供了一个高层次、高水准的展示平台；其次，全年安排资金130万元，组织各界代表87人赴青岛开展了参观培训活动，学习了青岛作为沿海发达城市在各行业的发展新理念新思路新举措。三是聚焦精准脱贫，助力桑珠孜区建设小康社会。全年以保护桑珠孜区历史文化、优化产业结构、加强产业扶贫为中心，投入援藏资金450万元支持文化产业传承保护和民族特色手工艺产品开发，并先后投入540万元扶持高原特色农产品加工、“藏家乐”、高原特色休闲观光基地等项目建设；2016年第八批援藏干部组投入援藏资金3500万元开工建设了总投资6500万元的扶贫物流中心项目，使之成为自治区最大的产业扶贫项目之一，并推动我区加快后藏物流中心建设的步伐。

——突出重点抓改革，有效激发发展活力。2016年我区形成了《桑珠孜区灾后恢复重建实施方案》《桑珠孜区脱贫攻坚实施方案》，并成立了《桑珠孜区灾后恢复重建领导小组》《桑珠孜区脱贫攻坚领导小组》。为保障我区招商引资工作的顺利进行和我区“十三五”期间产业发展，我区成立了《桑珠孜区产业发展领导小组》《桑珠孜区产业园区管委会》，并完成《桑珠孜区“十三五”时期产业发展规划》《桑珠孜区“十三五”时期扶贫产业发展专项规划》等规划编制工作。商事制度改革成效显著，市场主体达10222户、注册资金达55.16亿元，分别同比增长17.9%、64.9%。农村土地承包经营权确权登记颁证试点进展顺利，草场承包经营责任制全面落实。金融撬动战略深入实施，整合各方资金1.2亿元成立了桑珠孜区娘麦扶贫开发有限公司，充分利用以城投公司、扶贫开发公司为载体与国开行、农发行等金融机构展开融资合作。各项贷款余额突破5亿元、比年初增加7649万元，各项存款余额达到33.5亿元、比年初增加12.5亿元，金融支持经济社会发展作用强劲。行政管理体制改革成效明显。公共行政服务中心开展行政审批和便民服务项目“三集中一分开”，实现一个窗口受理、一个印章审批、一个流程办结，全年受理26423项，办结率98%；实施“三证合一、一照一码”商事制度改革，利用项目在线监管平台开展并联审批，全面推行建设项目“绿色审批”；《食品流通许可证》和《餐饮服务许可证》两证合一，正式启用两证合一后的《食品经营许可证》。医药卫生体制改革持续深化。实行医疗、医保、医药“三医联动”，积极探索完善合作医疗管理制度，在总结试点经验、科学测算基础上，合理调整了新型农村合作医疗管理办法。大力发展社区卫生服务，构建新型城区卫生服务体系，城乡医疗卫生格局进一步优化。

——注重环境保护，生态建设提效明显。坚持把生态安全作为发展底线，实施护绿增绿行动，环境质量不断改善。全面依照《西藏生态安全屏障保护与建设规划》实施绿化工程，2016年我区实施林业项目5项、总投资6729万元，完成总投资的100%。同时严加资源开发和生态环境保护监督管理，严格实行自治区政府矿产资源勘查开发“一支笔”审批和环境保护“一票否决”制，严把准入关，实现“三高”企业和项目零审批、零引进。环境执法监管能力明显提高，建立环境保护与财政转移支付挂钩的奖惩机制。全年下发限期整改通知书300份，下达处罚决定书220份，罚款9.52万元，强制先行扣押影响环境的作业设备756起，实施环卫作业考核扣减360分，罚款21.6万元，包括惠彬水泥制品厂在内的17家水泥制品行业、32台燃煤锅炉已全部淘汰完毕。累计兑现草原生态保护补助奖励、森林和湿地生态效益补偿资金757万元。全区水、大气、土壤质量优良，在2016年完成自治区环境保护工作考核，并取得优良的成绩。

——注重城乡一体改善，进一步提升城市品质。“六城共建”建设深入推进。桑珠孜区加速向宜居城市转型，全域基础设施一体化建设步伐加快，全区道路改造、环城路建设等建设工程加快推进。高起点实施新型城镇化综合试点，灾后重建桑珠孜区甲措雄乡、江当乡特色小城镇建设评审通过并已开工建设，江当乡光伏特色小镇项目也已全面启动，开展318沿线村庄环境工作，岗西村获批自治区级生态村，全区城乡面貌改善明显。“宽带桑珠孜区”实现城区光纤化，3G信号实现全区全覆盖，4G改造工程加快推进，预计2017年实现通网。城市环境整治成效显著。坚持“创建为民、创建利民、创建惠民、创建化民”理念，深化城市管理体制改革，推动行政执法重心下移。市区联动，综合执法、公安、城建、民政、工商、卫生等部门密切配合，会同市级部门大力整治占道经营、违章建设、无证营运、街巷焚烧等影响市容环境的突出问题，广大市民坚决拥护、主动参与，共同打赢了一场环境综合整治攻坚战，群众反映强烈的环境顽疾被清除，对日喀则全国文明城市提名城市称号的保留尽全心、出全力。

——千方百计惠民生，社会事业全面进步。坚持把70%以上的财力投向民生领域，着力办好民生“十件实事”，连续五年提标扩面。民生投入不断加大。全年用于民生方面的支出14.25亿元，占财政总支出的80.26%，高质量完成重点民生工程，实现了政府对人民的庄严承诺。加快保障性安居工程建设，完成旧城区棚户区改造资金6279万元、保障性住房建设144套、住房维修工程250套。实施农村道路新建工程50公里，新建农村安全饮水工程2项，解决了缺水地区饮水安全问题。

脱贫攻坚战进展顺利。2016年通过开展建档立卡“回头看”工作，共识别出我区“十三五”期间建档立卡贫困户2900户、11530人，2016年计划完成脱贫任务675户、2721人。扶贫产业项目方面，2016年我区计划实施48个扶贫产业项目，总投资为8.6亿元，市、区两级政府分别注入政府风险补偿金1200万元和3600万元，48个产业项目已开工建设19个，开工率为39.58%，总投资为4.04亿元，现已完成投资1.74亿元，投资完成率43.07%。易地搬迁方面，我区2016共计实施易地搬迁358户、1237人，计划完成易地搬迁贷款资金6334.5万元，开工率达100%，已竣工95户、387人，竣工率27%。

社保能力得到增强。持续提高社会保障水平，2016年，城乡居民养老保险参保47229人，征缴基金465万元，分别完成全年目标任务的91%、105%；城镇居民医疗保险参保9505户、17597人，征缴基金845万元，分别全额完成全年目标任务。积极探索完善新型农村合作医疗工作，在总结试点经验、科学测算基础上，合理调整了新型农村合作医疗管理办法。合作医疗四级免费医疗经费已全部到位，参合人数69377人，参合率达到98%，报销补偿1634人次，累计报销支出365.5万元。加大政府促进就业力度，完善就业服务体系，引导和转移富余劳动力5.3万人次、实现劳务收入1.54亿元，城镇新增就业人员2926人（其中建档立卡贫困户1832人），动态消除零就业家庭43户，推荐失业人员就业146人，城镇登记失业率控制在2.0%以内。

社会事业全面发展。坚持普惠性、均等化、可持续原则，不断提升社会事业服务能力和共享水平。增建了29个乡村幼儿学前点，初步实现城乡学前教育全覆盖；全年下拨“三包”经费2897.36万元、营养改善计划专项资金709.63万元，保证了20所学校义务段符合条件的中小学生全部享受营养餐；坚持把基础设施建设作为加快教育事业发展的头等大事，积极向上争取项目，强化财政配套，筹集社会资金，总投资4328万元实施了一大批教育建设项目，高标准建成了聂日雄乡中心小学等三个学校的教学楼、区一中等三个学校的办公楼、东嘎乡中心小学附设幼儿园等7所附设幼儿园和区一小8个学校的教工宿舍楼及9个薄改项目，各校办学条件得到进一步改善；同时我区与市教育局完成格桑梅朵幼儿园、前进学校等五所民办学校的管理交接工作，进一步加强了对民办教育机构的规范化管理。以“深化医药卫生改革，促进卫生事业发展”为活动主题，扎实开展“医疗卫生系统创先争优强基础惠民生”主题活动，今年，我区逐步完善了甲措雄、曲布雄两个新建乡卫生院服务功能，使之具有对相对复杂疾病病种的诊疗能力；充分发挥城南、城北社区卫生服务中心基础医疗效能，为社区居民开展基本医疗、预防保健、健康查体、建立居民健康档案等服务工作；投入1000万为区人民医院购置了螺旋CT，不断加强区人民医院创二甲能力建设。

社会治理不断加强。针对安全生产的严峻形势，制定安全生产攻坚战方案，以强化安全意识、健全安全制度、推行安全标准为重点循序推进安全生产工作，以超常力度、超常举措扭转了安全生产的被动局面。安全生产总体形势良好发生各类生产安全事故11起，死亡1人。与去年同期比较，事故总起数下降21.4%，死亡总人数下降50%。为确保全区人民群众的饮食用药安全，我区创新监管方式，通过“四个结合”，做到“两个百分百”，顺利完成六一林卡节、128佛事活动、珠峰文化节庆祝活动等重大活动期间的食品安全保障工作，共开展检查59次，出动59车次，175人次。全年未发生一例食物中毒事件或其他食源性疾患，食品安全保障工作实现“零事故”。

各位代表！回顾过去一年的工作，全区经济发展有创新有突破，有亮点有成效。这些成绩的取得，离不开区委、区政府的正确领导和各界人士的支持，离不开全区有关部门的通力配合，是大家解放思想、负重奋进、大破大立、顺势而为和团结克难的结果，是同志们本着“昼无为，夜难寐；今日事，今日毕；定则做，做则好”的工作作风辛苦换来的成果！在此，向大家表示衷心的感谢！

在肯定成绩的同时，我们也要清醒地看到存在的问题：一是体制机制依然不活，改革的系统性、整体性、协同性有待加强；二是部分经济指标增速较低，有效投资不足，招商引资完成情况无法达到上级要求；三是固定资产投资完成情况较差，无法进一步形成突破；四是产业发展薄弱，“小、弱、散”的情况依然存在成为未来经济发展的金瓶颈，产业发展对经济社会发展带动、对人民群众致富、加快供给侧改革的带动作用较小；五是财政收支能力较差，财政收支与民生刚性支出增长矛盾突出，无法与自身区位和发展定位相匹配；六是城市内涵品质亟待提升，交通拥堵状况日益严重，一些角落存在脏乱差的问题，一些不文明形象依然存在，城市内涵品质依然不足这些问题必须引起高度重视；七是对宏观经济新特征、重大战略新动向、区域竞争新态势认识和把握不够深刻，过去一年，中央和自治区均对经济工作总体要求、大政方针、总基调提出了新的高度和方向。过去一年，拉萨市跨越发展更向前，在多领域被确立为引领发展的核心，城关区城市发展区位优势更明显；山南市得到更多的优惠政策支持，发展步伐将更快；昌都市奋发赶超，大力实施“强工兴市、带动两翼、创建基地、融入东西、协调发展、夯实三基”发展战略，带动卡若区在各项指标完成情况已经走在了日喀则市、桑珠孜区前面；林芝市巴宜区实施的一大批重大项目大大提升了区位优势，旅游市场更加火热。面对标兵渐远、后有追兵的发展格局，全区发展压力前所未有，形式异常严峻。希望在今后工作中，大家能认识到我区发展新变化和新机遇，切实加以解决存在的诸多问题，希望2017年全体人民在区委、区政府的领导下，齐心努力改变。

二、2017年国民经济和社会发展总体思路和预期目标

千里之行，始于足下。2017年是“十三五”规划的推进之年，是供给侧结构性改革的攻坚之年，也是深化灾后重建、精准脱贫工作的关键之年。拉萨—山南—日喀则核心经济圈建设、万亩光伏生态示范园区、国家新型城镇化示范点等发展战略叠加，桑珠孜区“一园一镇”建设加快，我区发展潜力更大。国家积极的财政政策和稳健的货币政策仍将保持，供给侧结构性改革深入推进，棚户区改造、营改增等重大政策红利持续释放，我区发展动力更足。环城路、珠峰二期、机场快速通道等重点项目集聚落地，桑珠孜区发展活力更强。根据自治区十届人大五次会议和日喀则市一届人大四次会议的部署，2017年桑珠孜区国民经济和社会发展总体思路是：高举中国特色社会主义伟大旗帜，坚持以马克思列宁主义、毛泽东思想、邓小平理论、“三个代表”重要思想、科学发展观为指导，深入贯彻习近平总书记系列重要讲话精神和治国理政新理念新思维新战略，贯彻落实好自治区第九次党代会精神、市委

“6677”总体发展思路和市政府“12345”工作思路，坚持发展第一要务，优化发展格局，打造城市经济和产业发展升级版，加快七区建设，不断增进民生福祉，在全市率先全面建成小康社会，紧扣灾后重建、脱贫攻坚、“六城共建”、产业发展、“一园一镇”建设等重点工作。稳增长、调结构、惠民生、防风险的要求依然很高，加快七大产业发展、补齐短板的任务依然很重，我们必须迎难而上，主动作为，围绕“十三五”发展目标，综合施策，精准发力，全面完成改革发展稳定各项任务，为桑珠孜区实现新起点下的新跨越奠定坚实基础，充分发挥出“四个窗口”“八个首位度”的高度。

根据以上发展环境分析，与“十三五”规划和政府工作报告的总体要求相衔接，2017年我区国民经济和社会发展主要预期目标如下：

——全区地区生产总值增长16%以上；

——地方一般公共预算收入增长45%以上；

——全社会固定资产投资增长50%以上；

——社会消费品零售总额增长19%以上；

——城乡居民收入分别增长13%、17%以上；

——城镇登记失业率控制在2%以内。

三、2017年国民经济和社会发展的建议措施

实现上述目标，我们要牢固树立创新、协调、绿色、开放、共享发展理念，主动引领经济发展新常态，围绕城市建设、产业发展、改善民生、重点项目建设，以提高发展质量和效益为中心，坚持改革开放，坚持稳中求进工作总基调，加快建设后藏光伏产业中心、物流中心、贸易中心、现代金融服务体系和西藏中心城市，着力建设西藏运输枢纽、自治区产业发展枢纽、自治区科技创新枢纽，优化提升“和谐文明美丽幸福桑珠孜”发展目标，切实把握好经济发展规模与效益、速度与质量、内力与外力、政府与市场、特色与整合“五对关系”，把任务落到实处，努力实现“十三五”经济社会发展良好推进。重点抓好以下工作：

（一）坚持创新驱动，着力发展城市经济

以创新引领产业发展。举网以纲，千目皆张。经济发展工作千头万绪，在桑珠孜区发展是第一要务，稳定是第一责任，产业发展牵动全局。2017年全区要坚持“一产上水平、二产抓重点、三产大发展”经济发展战略，认真贯彻落实全市和全区产业发展大会精神，加快产业结构调整、优化发展机制、加快产业项目落地、加快七大产业的发展和品牌创建，努力实现产业规模、质量和效益同步提升，力争七大产业产值增长30%以上。培育骨干龙头企业，力争产值过亿元企业突破4家，新增规模以上工业企业5家。加强社会主义新农村建设，培育现代农业经营主体，加大力度建设高标准基本农田，加强现代农业园区、“菜篮子”基地建设，发展观光休闲等都市型农业，推进农业精细化、信息化和品牌化，紧紧围绕改善产业基础设施条件，以“青稞、种草、有机蔬菜、奶牛、藏鸡、雅江鱼”等为主线，继续发展生态和特色农牧业，着重突出青稞种植业，2017年增播青稞1万亩，增播良种3000亩，打造青稞、马铃薯生产加工龙头企业2家，预计增加产量500万斤。重点支持年产20万吨以上规模的大型企业，积极引进山东德百集团等实力企业，打响“德朗玛冰川矿泉水”品牌；紧抓“日喀则清洁能源市”创建机遇，按照“生态优先、统筹考虑、适度开发、确保底线”的原则，推动已入园的11家企业全面开工建设；加快推进桑珠孜区扶贫物流园区建设，积极规划建设大型建材市场，努力构建以城市物流枢纽、物流园区及城乡配送系统为主的现代物流服务体系，增强全区的物流中转运输、加工配送和综合服务功能，使我区成为西藏面向南亚的物流枢纽；抓住历代班禅驻锡地这一不可复制的宗教文化优势和难得的“高原水乡”特色，紧紧围绕“生态珠峰”战略，打造“班禅驻锡地”和“高原生态休闲旅游胜地”两个品牌，继续推介东嘎林卡等旅游项目，建立“一区三线四片”（扎寺宗教文化旅游区，雅江西线风光旅游黄金线、雅江东线风光旅游黄金线、“五彩山谷”风光旅游线，历史观光片区、民俗风情体验片区、古寺观光片区、珠峰旅游文化创意园区）的旅游观光体系，继续打好“好运桑珠孜”“大美桑珠孜”品牌，力争2017年我区旅游达218万人次，旅游收入达9.8亿元。

以创新推动项目建设。坚持以“十三五”规划为统领，准确把握国家产业政策和投资导向，全力争取我区一批融资项目、产业扶贫项目列入自治区、市倾斜政策扶持范围，争取重大项目列入自治区市规划逐年实施，集中力量做深做细重大项目前期工作，超前谋划一批交通、水利、能源、信息等基础设施建设项目，确保完成239项、总投资79.3亿元的项目储备前期工作。争取国家投资不放松，激活民间投资不松劲，更好发挥金融杠杆作用，2017年“十三五”计划项目库实施新建、续建项目115个、总投资40.62亿元、计划完成29.7亿元，为确保2017年全社会固定资产投资突破46亿元，力争完成中央政府投资20亿元以上，完成招商引资25亿元以上，在保证完成“十三五”规划项目建设任务基础上，寻求规划外投资取得重大突破，需要我们坚持“无中生有”抓项目，真正做到以推动项目论英雄、以项目落地看政绩，千方百计发挥主观动能寻风而动，把规划外项目盘子做起来，为全年完成46亿元固定资产投资提供强大驱力。加强与日喀则电网公司战略合作，加快农网改造、城网改建工程建设，加快农网升级改造、无电地区电力建设；加大农田水利、民生水利、生态水利综合配套建设力度；加快农村公路建设，计划2017年建设公路里程352公里，落实投资12.35亿元；加快落实47个、总投资19.5亿元产业脱贫项目；加快高标准农田、青稞生产基地、畜牧养殖等农牧业项目建设，争取2017年实现落地见成效；力争总投资40亿元的光伏小镇项目“五三二”建设模式成功推广，在污水处理、垃圾转运、道路建设等基础设施领域取得成功示范。

以创新促进活力迸发。创新金融合作方式，以城投公司和娘麦扶贫开发公司为载体，加强与自治区国开行、农发行、日喀则农业银行、西藏银行、中国银行等金融机构战略合作，努力形成多元化、多层次、多渠道的投融资体系，在光伏特色小镇、扶贫开发项目和市政基础设施建设实现多领域合作，力争通过政府风险补偿基金办法提高我区金融贷款信誉。大力激活社会投资，进一步完善招商引资激励机制，开展小分队招商、驻点招商、以商招商，对接国内外新兴产业的领军企业，引进一批质效双优的投资主体。强化“三心”意识，推行“两全服务”模式，深化项目秘书制服务，积极推进项目加快建设。努力探寻PPP和EPC总承包的发展模式，切实加大投融资力度，努力扩大社会投资渠道，不断增强自己内生动力，强化PPP项目的储备和推介，加强与自治区和市级沟通协调，积极推动谋划桑珠孜区16个、总投资180.77亿元的PPP项目。进一步推进“简政放权、放管结合、优化服务”，一方面不断加大权限下放，另一方面不断提高自身能力建设，做好总投资3000万元以下的政府投资项目审批权限承接任务和不断完善亿元以上扶贫产业项目审批权限审批流程，推行更便捷的“一站式”审批服务和重大事项“一事一议”的绿色审批制度，确保下放的权力接得住、接的好、得信任。

以创新理顺发展新机制。把改革作为最大的发展红利，靠改革破解发展难题。围绕处理好政府和市场的关系，在市政府大力推行简政放权的重大背景下，推动职能划转无缝对接，确保权限接得住、运行好。全区结合新态势加快机构设置优化，建立统一规范的投资评审中心，建立和完善统一的企业信用监管体系，积极向上级争取3200万元前期工作经费，鼓励更多有实力的咨询设计单位进入我区从事项目前期工作，并建立中介机构不良记录管理制度作为监管机制，进而规范我区政府预算内投资、扶贫信贷投资、企业投资的准入和审批，充分发挥评审技术优势，做到“不唯增、不唯减、只唯实”。

（二）坚持建管并举，着力提升城市形象

精心规划城市。紧扣“一园一镇”空间布局，促进经济社会发展规划、城乡规划、土地利用规划、环境保护规划相衔接，推进镇域规划、乡镇控规和村庄规划全覆盖，实现空间规划管理“一张图”。遵循“南进东扩、西优北控”的城市发展方向，推动主城区商业繁荣，促进江当方

向产业聚集，推进灾后重建江当、甲措雄特色小城镇建设力争2017年初具形象和成效，加快构建功能互补、特色鲜明的城镇体系。结合新型城镇化和七大产业发展中的“珠峰绿色生态业”制定并实施绿色智慧和海绵城市规划，整合资源，理顺机制，有序推进城市建设。

精致建设城市。继续深入推进桑珠孜区新型城镇化试点工作，做好13个、总投资8.3亿元国家新型城镇化项目推进。做大做强城投融资平台，开展PPP投融资机制。着力推进桑珠孜区四中建设，配套完善新区公共服务设施；积极协调大型停车场建设项目和城区地下停车场建设项目，通过珠峰投资有限公司和企业进行运作，切实改善停车难现状，破解城市管理交通拥堵瓶颈；针对市区货车进城、建材市场散乱的问题，在日江公路旁实施建设集销售、加工、仓储为一体的大型建材市场，整合所有建材经营商户，挑选适合企业进行运作经营；抓好桑珠孜区岗多林、米日贵林、江洛康萨、彭确曲美历史街区棚户区改造规划的实施；加快桑珠孜区城市供暖、城市地下综合管廊建设管廊和海绵城市建设方案设计工作和前期工作。

精细管理城市。深化城管执法体制改革，开展多部门综合执法、协同作战，推动“大城管”高效精密运行。持续巩固创卫成果，深化“门前三包”，建立长效管理机制。加强“严禁区、严控区、规范区”分区管理，结合“六城共建”工作要求，不断改善人居环境，提升城市品位，构建和谐社会，加快我区环卫队建设，不断加强队伍建设和待遇保障能力建设。深入开展爱国卫生运动，抓好“六城共建”工程，广泛开展社会核心价值观培育和践行活动，全面提高市民文明素质。加快桑珠孜区年楚河湿地保护项目落地建设进度，争取2017今年实现完工，协助垃圾分类回收综合处理厂前期筹备工作，研究制定推进方案，争取2017年开工建设。城市文化内涵不断提升，现代公共文化服务体系和文化创新环境进一步完善，培育形成一批文化品牌。由市级牵头开展的珠峰旅游文化创意产业园区等重点文化产业项目加快推进，促进我区文化与科技、旅游等产业融合发展。

（三）坚持统筹协调，着力改善农村面貌

发展城郊农业。坚持“服务城市、富裕农民”导向，发展高效生态、安全示范、特色精品城郊农业。积极开展农村土地承包经营权流转，大力培育专业大户、家庭农场、农业企业、农民合作社等新型经营主体。拓展建设沿318国道发展总规模达2000兆瓦、占地6.5万亩的“光伏+生态设施农业”扶贫示范园，创立集“光伏发电+设施农业+畜牧养殖+休闲观光+光伏储能+扶贫光伏”为一体的综合性第三产业立体联动项目，调整农畜渔发展结构，优化畜群畜种结构，在江当、年木雅江沿岸开展“光伏+雅江鱼养殖”模式。加快桑珠孜区优质蔬菜生产基地建设项目，争取实现全区蔬菜大棚覆盖化建设，加快全区农牧民蔬菜自给能力、自治区菜篮子的建设步伐。

建设美丽村镇。积极推进江当、甲措雄特色小城镇和江当光伏小镇建设进度和十乡重点基础设施规划和前期工作。综合整治318国道沿线环境，配套完善集镇公共基础设施。加快实施桑珠孜区甲措雄乡塔杰村等小康村的建设，加快自治区级生态村的申报工作，争取2017年完成十个村的申报工作。完善农村水利设施，新建聂日雄乡甲庆孜灌区、江当乡甲雷灌区等涵闸。大力推进城乡公交一体化、农村客运公交化，切实加快农村公路危桥改造。

加强生态治理。倡导使用清洁能源，继续淘汰燃煤锅炉，取缔违法沙场，严格治理餐饮业排污，消化利用生产废弃物，综合整治化工、农产品加工、塑料制品、包装印刷等重点行业。深化秸秆禁烧及综合利用工作，开展垃圾禁烧巡查。加强饮用水源地污染防治，治理年楚河、孜布拉河等河渠。深入开展绿化造林、防沙治沙行动，建设桑珠孜区2017年重点区域造林工程、桑珠孜区2017年拉萨周边造林工程、桑珠孜区2017年生态安全屏障防沙治沙工程。

（四）坚持民生为本，着力优化公共服务

夯实民生保障。完善专项、行业、社会、金

融、援藏“五位一体”大扶贫格局，严格落实脱贫工作责任制，按照“九个一批”要求，2017年计划完成脱贫3150人的目标。制定《2017年度易地搬迁工作实施方案》，计划搬迁1085户、4814人，其中集中安置464户、2108人。充分发挥娘麦扶贫开发公司的作用，整合各类资金，积极使用扶贫贷款，实施好6类、47个产业项目，估算信贷总投资19.5亿元，带动825户、2983人实现脱贫；继续通过落实生态岗位，完成生态补偿脱贫462户、2079人；通过教育脱贫措施，让建档立卡贫困户子女483户、772人享受更好的教育。通过就业培训，提高贫困人口就业、教育、技能等方面水平，完成170户、170人转移就业培训；切实加大山沟村开发力度，落实“4321”结对帮扶工程，动员全区各级干部继续帮扶2164户、8645人，确保攻坚脱贫工作全动员、全参与、全覆盖；实施更加积极的就业政策，鼓励以创业带动就业，将转移就业脱贫工作作为工作重中之重，扶持创业400人，城镇新增就业3500人。加快实施全民参保登记计划，将更多群众纳入社会保障。加强劳动监察，积极打造“阳光仲裁”，构建和谐劳动关系。健全城乡低保标准增长机制，加强医疗救助、临时救助、五保供养等各项政策的衔接落实，更加关心低收入群体和困难群众的生产生活。不断健全养老服务体系，规划建设老年活动中心，改造升级儿童福利院。

繁荣民生事业。2017年，桑珠孜区将按照“抓紧时间、细化任务，分步实施、保证质量”的原则，重点加快推进光伏产业园区基础设施、6个整村推进、灾后重建甲措雄乡和江当乡特色小城镇项目建设进度，加强项目的监督管理力度，加强与各部门和上级业务单位的沟通协调力度，确保11个项目在2017年9月份前全部竣工并投入使用。同时，全力配合协助市直行业部门做好辖区内4个、总投资3.87亿元的重建项目建设工作，确保全市灾后重建工作如期保质保量完成。提高教育保障水平，加快教育信息化建设，提升教育教学质量，促进教育均衡发展，争取2017年完成桑珠孜区48所村级幼儿园和桑珠孜区四中完成前期工作并实现开工建设，充分利用好援藏资金将桑珠孜区教育扶贫补助项目和桑珠孜区中小学、幼儿园及附属工程建设项目贯彻实施。加强文化场馆建设，搭好“百姓大舞台”。挖掘桑珠孜区文化底蕴，提升“桑珠孜”文化品牌。以加强公共卫生体系建设，提高卫生应急能力为重点，达标升级乡镇卫生院和社区卫生服务中心（站），不断加快区人民医院创“二甲”能力建设，健全城乡公共卫生服务体系。落实“全面两孩”生育政策，创新计划生育服务管理，促进人口均衡发展。

促进民生和谐。进一步理顺社区职能，提高社区工作者待遇。建强村居服务中心，做实城乡网格。推进全力推进公共文化基础设施建设，图书馆、群艺馆、博物馆、文化站“三馆一站”，提升公共服务、志愿服务、市场服务水平。逐步完善社会治安立体化、信息化防控体系，重拳打击各类违法犯罪行为，进一步增强群众安全感。妥善处置人民群众各类诉求，有效化解社会矛盾纠纷。树牢安全生产红线意识，坚决防止重特大事故发生。推进食品药品安全无缝监管，创建省级食品安全城市。全力抓好第三次全国农业普查工作，准备好第四次全国经济普查工作。不断加强国防动员、国防教育、国民经济动员等工作，根据自治区要求做好国经济动员委员会办公室能力建设。

各位代表！雅江潮涌风帆劲，逐梦启航谱新章。2017年，是桑珠孜区深化改革的攻坚期、新型城镇化的加速期、全面建成小康社会的决胜期。当好全市县域经济发展的“排头兵”、城乡发展一体化的“带头人”、全面建成小康社会的“领头雁”和社会治理现代化的“先行军”，是时代赋予的历史使命，是市委、市政府授予的政治责任，更是全区人民寄予的热切期盼。我们一定要抢抓机遇、乘势竞进、担当有为，努力创造桑珠孜区加速崛起、换道赶超的新辉煌，牢记嘱咐，续写新篇，走好新的长征路，迎接党的十九大！

关于桑珠孜区2016年财政预算执行情况与2017年财政预算草案的报告

——在桑珠孜区第一届人民代表大会第五次会议上

桑珠孜区财政局局长　杨志强

（2017年2月20日）

一、2016年预算执行情况

2016年是“十三五”规划的开局与布局之年。过去的一年，在区委、区政府的正确领导和人大政协的支持监督下，全区上下深入学习贯彻党的十八大、十八届历次全会、中央第六次西藏工作座谈会及习近平总书记系列重要讲话精神，坚持以经济建设、项目建设为中心，深化财政改革，狠抓财政收入，优化支出结构，各项重点支出得到有效保障，全区经济社会持续发展，财政运行情况良好。2016年一般公共预算总财力达到177558万元，总支出为177558万元，政府性基金预算总收入3495万元，支出3495万元，全年收支平衡。

（一）一般公共预算执行情况

2016年，全区一般公共预算总财力达到177558万元，比上年决算数增长（以下简称“同比”）12%，全年支出177558万元，同比增长15%，收支平衡。

1. 财力构成情况：一般公共预算总财力为177558万元，同比增长12%，其中：地方一般公共预算收入17059万元，同比增长22.05%；上级补助收入156513万元，同比增长8%（其中：返还性收入3578万元；一般性转移支付收入76722万元；专项转移支付收入76213万元）；调入预算稳定调节基金3986万元。

2. 支出执行情况：全区一般公共预算支出为177558万元，同比增长15%。按功能科目分：一般公共服务支出19302万元；国防支出63万元；公共安全支出15533万元；教育支出29825万元；科学技术支出417万元；文化体育与传媒支出992万元；社会保障和就业支出37546万元；医疗卫生与计划生育支出11040万元；节能环保支出1476万元；城乡社区支出3136万元；农林水支出38657万元；交通运输支出706万元；资源勘探电力信息等支出131万元；商业服务业等支出240万元；国土海洋气象等支出1686万元；住房保障支出16691万元；粮油物资储备支出108万元；其他支出9万元。按经济科目分：工资福利支出48309万元；商品和服务支出15143万元；对个人和家庭的补助支出36263万元；基本建设支出39950万元；其他资本性支出37878万元；对企事业单位的补贴支出15万元。

（二）政府性基金预算执行情况

2016年，政府性基金预算收入为3495万元，同比下降6%全年支出3495万元，同比下降6%，收支平衡。

1. 收入执行情况：政府性基金预算收入为

3495万元，同比下降6%。其中：划拨土地收入1059万元，同比下降21%；上级补助收入2436万元（其中：国有土地基金收入2326万元，彩票公益金收入110万元），同比增长3%。

2. 支出执行情况：政府性基金预算支出为3495万元，同比下降6%。其中：征地和拆迁补偿支出1059万元，国有土地收益基金相关支出2326万元，彩票公益金相关支出110万元。

（三）落实人大预算决议情况

2016年，我区财税部门严格按照《中华人民共和国预算法》和相关法律法规的要求，认真执行区人大及其常务委员会批准的预、决算和预算调整方案等，积级配合开展专题视察和调研，扎实落实人大决议及意见，主动吸纳审计提出的建议并进行整改落实，全区财政工作继续保持良好发展势态，全年预算执行情况达到预期目标。具体分析如下：

1. 收入执行特点及原因分析

（1）财政收入稳定增长。2016年全区一般公共预算收入完成17059万元，完成年初预算16074万元的106%，同比增长22.05%。其中：税收收入10957万元，同比增长13%。主体税种完成情况是：增值税完成4701万元，增长2.35倍；营业税完成2592万元，下降58%；企业所得税完成1320万元，增长77%；个人所得税完成316万元，增长23%；非税收入6102万元，增长43%。

（2）原因分析：2016年我区公共财政预算收入大幅增长的主要原因：一是加强税收征管。全区财税部门认真贯彻落实预算法，坚持依法行政、依法理财，着力推进财税体制改革，把税费征管牢牢抓在手中全力克服“营改增”税制改革政策的影响，确保税收收入稳定增长。2016年税务部门累计完成全口径税收收入1.96亿元，增长30%，其中入库税收收入10957万元，增长13%。二是规范非税收入管理。严格执行非税收入“收支两条线”管理规定，加大稽查力度，加强部门欠缴收入清理，加大国有资产（资源）处置收入清收，确保各项非税依法依规及时足额征缴入库。同时加快非税收入征缴信息化建设，发挥财政票据的源头管控作用，制定出台《桑珠孜区非税收入执收成本管理办法》，确保非税收入应收尽收。

2. 支出执行特点及原因分析

（1）重点支出保障有力。2016年，九项重点支出实现152177万元，增长26%，占一般公共预算支出的86%。一是坚持教育优先发展，年支出29825万元，增长2%（扣除相关一次性专项资金），其中本级投入3369万元；二是支持医疗卫生事业，年支出11040万元，增长2%，其中本级投入437万元；三是支持社会保障和就业，年支出37546万元，增长175%，其中本级投入7040万元；四是推进农林水工作，年支出38657万元，增5%，其中本级投入4836万元；五是推进生态环境建设，年支出1476万元，增长26%，其中本级投入34万元；六是保障科技支出稳步增长，年支出417万元，增长22%，其中本级投入72万元；七是促进文化传承与发展，年支出992万元，增长17%（扣除相关一次性专项资金），其中本级投入57万元；八是确保社会长治久安，年支出15533万元，增长2%，其中本级投入1231万元；九是加快保障性住房建设，年支出16691万元，增长53%，其中本级投入312万元。

（2）原因分析：一是年初预算提前告知资金逐年提高，资金到位率加快，在很大程度上确保了支出进度；二是社会保障和就业、节能环保、住房保障支出等增幅明显，主要是“4·25”灾后重建方面投入19954万元的资金用于社会保障和就业，加上专户资金纳入预算内管理等口径变化，导致预算内支出大幅增加；另一方面加大保障性安居工程建设、棚户区改造项目的投入力度，共投入10730万元；三是大力盘活财政存量资金，加快预算执行进度，建立财政结转结余资金定期清理机制。我区2016年共盘活财政存量资金8781万元，全部收回财政总预算并统筹安排，发挥财政闲置资金效益；四是加大整合财政资金，为精准扶贫工作开展提供财力支撑。为深入推进精准扶贫，实现精准脱贫，通过清理和整合财政资金，投入资金3700万元；五是做实厉行节约，严格控制一般性支出。积极响应中央“八项规定”和区党委“约法十章”的要求，严格执行行政事业单位公务用车、接待、差旅费等管理办法，2016年“三公经费”支出1458.86万元，同比下降9%；其中：公务接待费60.24万元，下降13%，公务用车购置及运行经费1398.62万元，下降9%。

总的来看，2016年全区预算执行总体良好，财政改革发展迈出新步伐，各项工作取得新进展，这是区委、区政府正确领导的结果，是人大、政协及代表委员们监督指导和支持帮助的结果，是全区各部门和社会各方面团结拼搏的结果。同时，我们也清醒地认识到财政改革发展面临的问题，比如财政收入平稳增长与支出需求刚性增长矛盾突出，政府预算的规范性和透明度有待进一步提高等。对此，我们将采取切实有力措施，认真加以解决。

二、2017年预算草案

2017年，财政收支预算按照“统筹兼顾，勤俭节约，量力而行、讲求绩效、收支平衡”的原则，大力调整优化财政支出结构，支出预算安排在“保工资、保运转、保民生、保稳定”的基础上，全力保障区委区政府确定的年度重大事项。具体预算安排草案如下：

（一）一般公共预算安排情况

2017年，全区一般公共预算年初总财力为107813万元，比上年年初预算增长（以下简称“同比”）26%，全年支出预算安排107813万元，同比增长22%，收支平衡。

1. 财力构成情况：一般公共预算总财力为104267万元，同比增长26%，其中：地方一般公共预算收入预计19288万元，同比增长20%，上级补助收入88525万元，同比增长28%（其中：返还性收入6126万元，一般性转移支付收入73140万元，专项转移支付收入9259万元）。

2. 收入预计情况：一般公共预算收入预计19288万元，同比增长20%，比上年决算数增长13%。其中：税收收入13388万元，同比增长20%；非税收入5900万元，增长20%。

3. 支出安排情况：一般公共预算支出安排107813万元，比上年年初预算增长22%。按功能科目分：一般公共服务支出17498万元；国防支出76万元；公共安全支出12678万元；教育支出35279万元；科学技术支出404万元；文化体育与传媒支出648万元；社会保障和就业支出9118万元；医疗卫生与计划生育支出8071万元；节能环保支出1190万元；城乡社区事务支出3334万元；农林水支出12697万元；交通运输支出303万元；资源勘探电力信息等事务支出176万元；商业服务业等事务支出172万元；国土资源气象等事务支出264万元；住房保障支出2607万元；粮油物资储备管理事务支出625万元；预备费支出1081万元；其他支出1592万元。按经济科目分：工资福利支出34573万元；商品和服务支出17485万元；对个人和家庭的补助支出16879万元；对企事业单位的补贴支出386万元；其他资本性支出7877万元；其他支出30613万元。

（二）本级财政主要支出安排情况

1. 夯实固化基层基础工作。基层是一切工作的依托，没有强有力的基层党组织，党和政府在基层就缺乏坚强的政治基础和力量基础。为持续加强和改进基层组织建设和基层服务工作，一是将乡（街道）公用经费标准在去年的基础上增加20%。二是将社区工作经费本级配套标准由原来的4万元/年提高至8万元/年，增长2倍。三是安排村（居）“两委”班子考核激励资金484万元。

2. 切实保障公共安全支出。社会稳定、国泰民安既是广大人民群众的热切期盼，也是区委、区政府工作的重要目标。根据年初财力情况，在预算过程中，加大对社会治安、综治维稳、平安西藏建设等公共安全经费的投入力度，为安排1494万元，维护全区社会大局稳定发展提供财力支持与保障。

3. 重点狠抓教育建设工作。百年大计，教育为本。我区历来高度重视教育事业的发展，一直将教育工作作为头等大事来抓。为促进全区教育教学工作的顺利开展，推动全区教育工作迈上新台阶。本级财政安排5197万元。其中：一是将教育配套20%提高至25%，安排4265万元；二是安排“助梦基金”专项经费200万元；三是安排改善教学条件专项资金500万元；四是安排教师节表彰经费85万元；五是安排生育、工伤保险配套经费147万元。

4. 不断提高财政支农力度。坚持把财政支农惠农工作摆在突出位置来抓，不断加大对农业农村的扶持力度，支持发展现代农业，切实改善农村基础设施，促进城乡统筹发展。本级财政预算安排配套资金3184万元。

5. 大力支持脱贫攻坚。根据区委区政府相关会议要求，认真做好本级财政预算，加大精准扶贫财政投入力度。同时建立扶贫开发资金持续增长机制，确保精准扶贫工作有序推进。安排扶贫配套资金1706万元。

6. 切实保障粮食安全。为了完善粮食扶持政策，抓好粮食收购，保护农民种粮积极性。提高农业社会化服务水平，促进粮食生产规模化、标准化、产业化、高效化发展。一是安排粮食风险基金372万元；二是安排保障粮食安全相关工作经费14万元。

7. 支持做好社会保障和就业工作。一是安排5704万元，用于机关事业单位人员养老保险及职业年金补助，切实保障行政事业人员退休后基本生活，促进养老保险制度可持续发展；二是安排623万元，用于支持保障城乡低保基本生活保障，“五保”供养等弱势群体及城乡特困人员临时救助支出，推进完善社会救助制度；三是安排403万元，主要用于“4·25”灾后重建项目配套及救灾预备金等；四是安排540万元，用于公益性岗位工资和保险等就业补助。

8. 加大基层医疗卫生投入。一是为不断提高基层医疗卫生服务能力和水平，本级财政配套资金644万元，用于医疗卫生和计划生育事业费。二是为了进一步提高新型农村合作医疗，提升基本医疗保障水平。将农村合作医疗本级配套标准每人每年2元提高至20元。

9. 重视生态环境保护建设。西藏是国家重要生态安全屏障。为贯彻落实党的十八大关于生态文明建设的战略部署，大力推进生态文明建设，建设资源节约型和环境友好型社会。安排节能环保专项资金200万元，支持和推动环境保护和生态建设。

10. 加大城市建设管理资金投入。为进一步改善我区环境卫生管理，巩固环境整治成果、改善居民生活条件和环境质量，实现环境卫生管理全覆盖，建立健全城乡环境卫生管理的长效机制。安排环卫专项资金2168万元，保障和提升市容环境卫生水平，努力把桑珠孜打造成为宜居、宜业、宜游的现代化城市。

11. 保障项目前期工作经费。为了加强项目前期工作，加大项目资金争取力度，推进重大项目建设步伐和前期工作进度，充分发挥重大项目对全区经济和社会发展的支撑带动作用。安排项目前期经费200万元。

（三）完成2017年预算任务的主要措施

1. 加大预决算公开力度。“阳光是最好的防腐剂”，建立涉密信息清单管理制度，实现非涉密全公开。进一步将财政预决算、部门预决算以及“三公”经费预决算实行全面公开，扩大预算知情率，接收广泛的监督。

2. 着力强化征管增收入。一是加强部门协调配合，完善齐抓共管的征管机制，进一步增强工作合力，确保税收应收尽收。二是进一步规范政府非税收入管理，堵塞收入漏洞，挖掘增收潜力，克服一切不利因素影响，努力完成全年收入任务。

3. 集中财力保重点。积极盘活财政存量资金，进一步加强财政应收款清理追缴，努力增加本级可用财力；优先保障工资发放，单位运转和法定民生项目及时到到位，确保民生支出占公共财政预算支出比例达到70%以上。

4. 加大资金整合力度。充分认识扶贫攻坚工作的责任感和使命感，把精准脱贫作为“一号工程”，全力支持扶贫开发。一是加大投入助推脱贫攻坚。二是全力支持特色产业优先发展。

5. 厉行节约控支出。严格规范津补贴发放，严控一般性行政支出，确保全区“三公”经费在上年基础上只减不增；强化预算执行力度，严格控制临时性追加，严格落实“无预算不支出”，努力节约财政资金，推进厉行节约工作长效化、常态化、制度化。

6. 强化财政监管力度。采取有效措施，切实加强基层财务监管，加大对乡（街道）财政所、村级财务以及其它经济组织的监管和培训力度，确保各级财政资金安全有效运行。

7. 加强政府采购管理。认真贯彻《政府采购法实施条例》，制定《桑珠孜区政府采购管理办法》，即重审批程序，更重服务质量，推进政府购买服务。做到公正公平，科学合理确定采购价格，确保采购服务质量，切实履行政府采购监督职能。

8. 强化干部队建设。全区财政干部将紧密团结，加强廉政建设，提高财政干部依法理财、科学管理的能力，切实转变工作作风，内强素质，外树形象，打造一支过硬的财政干部队伍。

各位代表，2017年我区财政发展和改革任务仍然繁重而艰巨，我们将在区委、区政府的正确领导下，自觉接受区人大的监督，虚心所取区政协的意见和建议，以“珠峰精神”为引领，按照“6677”工作思路，进一步坚定信心，迎难而上，改革创新、真抓实干，适应新常态，抢抓新机遇，努力完成全年预算和各项财政改革发展任务，为我区经济社会又好又快发展做出更大贡献。

综 述

桑珠孜区概况

【概况】 桑珠孜区位于西藏自治区西南部、喜马拉雅山北麓，雅鲁藏布江及其主要支流年楚河的汇流处，总面积3664.7平方千米，平均海拔3836米。区辖2个街道办事处、10个乡，176个村（社区），人口20万，其中藏族人口占97%，另外有汉、回、满等13个民族。桑珠孜区是我国西南边疆的中心城市和连接印度、尼泊尔、不丹等南亚国家的“桥头堡”；日喀则机场开通直达成都航线，年运送旅客超过2万人次。青藏铁路的延伸线——拉萨至日喀则铁路通车于2014年8月通车运营，年货运量可达830万吨。

【旅游收入】 2016年，桑珠孜区旅游总接待人次为206.53万人次、旅游总收入达92938万元、与2015年同比增长137.66%（大幅增长是因为2016年时轮金刚大法会，旅游人次增多）。

【经济发展】 2016年，实现地区生产总值62.84亿元，增长6.1%（可比价）；地方财政一般预算收入17059万元，增长22.05%；社会固定资产投资47.05亿元，增长23.7%；城镇和农村居民人均可支配收入分别达28338元、10738.2元，增长13%、10%，确保了经济社会的跨越式发展和长治久安。

【物产资源】 桑珠孜区物产资源丰富，盛产青稞、冬小麦、荞麦等，被誉为“西藏的粮仓”之一。矿产资源主要有煤、金、铜、铬、铁、铅、锌、水晶等。野生动物资源有岩羊、獐、水獭、黑颈鹤等。药用植物资源有虫草、贝母、大黄等。蕴含丰富的光伏资源，年平均日照时间约3248小时。

（赤列顿珠）

大事记

1月

1日　自来水公司重新修订的《西藏日喀则市自来水公司规章制度》正式实施。制度内容包括企业精神、服务宗旨、经营方针、职工守则、职业道德规范、经营管理细则等共三十七条。

同日　桑珠孜区委老干部局在老年大学召开离退休党支部书记、管委会主任迎新春座谈会。

3日　桑珠孜区党校利用农村外出人员回家过春节机会，以副校长次旦为组长的宣讲组到12个乡（街道）开展为期1个月的流动党校送教下乡活动。宣讲活动从甲措雄乡开始至城南办事处结束，共计3000余人次受到教育。

同日　日喀则市政府党组成员、政法委副书记，公安局党委副书记、局长、综治委铁路护路联防工作领导小组常务副组长次仁扎西，市委政法委副书记、政治处主任、综治委铁路护路联防工作领导小组副组长刘晨晖到桑珠孜区铁路护路联防坚孜中队看望慰问一线护路队员。

4日　在桑珠孜区农牧局院内启动2015年牧草良种兑现工作。

同日　区委副书记、人大常委会主任达洛，区委常务副书记杨军，区委副书记、组织部部长刘云出席区委元旦、春节、藏历新年“三大节日”期间安排部署会。

同日　区委常务副书记杨军到江洛寺、皓寺调研。

同日　统战部门为2015年下半年受表彰的寺庙僧尼、驻寺机构、干部兑现奖励资金。

同日　农行桑珠孜支行召开2015年工作总结暨2016年工作要点会议，农行桑珠孜支行领导和辖属13个网点负责人参会。

5日　桑珠孜区顺利完成表彰寺庙僧尼、驻寺机构、驻寺干部奖励资金兑现工作。

同日　桑珠孜区开展土壤有机质提升示范与推广项目。

同日　桑珠孜区组织召开2015年干部选拔任用“一报告两评议”会议，市委常委、区委书记土波主持并代表区委做报告。

同日　桑珠孜区在行政七楼常委会议室召开《党风廉政建设责任制检查考核》会议，桑珠孜区委副书记、区长索朗罗布、区级以上领导及各乡（街道）主要负责人以及区直各部门负责人出席会议。桑珠孜区委副书记、区长索朗罗布主持。

6日　区委常务副书记杨军到甲措雄乡卡萨村慰问“结对帮扶”户。

同日　桑珠孜区离退休党支部书记、管委会主任迎新座谈会召开。区委副书记、区长索朗罗布，区委副书记、人大常委会主任达洛，区委副书记、组织部部长刘云等领导出席会议。

同日　区委副书记、人大常委会主任达洛出席桑珠孜区人大常委会第九次主任会议。

7日　西藏自治区安监局监管二处处长顿珠一行到桑珠孜区对安全生产工作进行检查指导。日喀则市安监局副局长达娃，桑珠孜区委常委、常务副区长欧珠以及市安监局、区安监局相关领导陪同检查。

同日　桑珠孜区委老干部局组织召开老年大学文艺队成立五周年座谈会。区委副书记、组织部部长刘云参加会议。

同日　区委常务副书记杨军参加市维稳工作会议及参加区“双联户”座谈会。

8日　区委常务副书记杨军到铁路沿线慰问护路队员。

同日　曲布雄乡班子成员召开“三严三实”专题民主生活通报会议暨2016年第1次集中学习。

同日　区委常务副书记杨军到区五保集中供养服务中心开展2016年“三大节日”慰问活动。

9日　年木乡胡达村按照《中国共产党章程》有关规定，成立全乡首个村党总支部。

同日　联乡召开2015年工作总结会议并制定2016年联乡工作计划，提前部署全乡政治、经济、文化、扶贫、农林业、水利、卫生等工作。

10—11日　（藏历农事节初一、初二）桑珠孜区护路办主任普琼带队到铁路护路联防各大队、中队看望慰问全体护路联防队员，并在两个大队（宗萨大队、联卓大队）组织护路队员举行了藏历农事节文艺表演等一系列活动。

12日　桑珠孜区第二次全国地名普查工作结束，共收集地名信息2674各，拍摄照片503张，标绘了覆盖全区1∶50000比例尺的地名普查图幅。

14日　西藏自治区工信厅副厅长达顿带队，环保厅环境监察总队队长达娃等组成的自治区第二环境保护考核组一行8人到桑珠孜区对2015年度环境保护工作进行实地考核。区委常委、副区长欧珠，市环保局调研员普琼达、市政市容管理委员会主任普布、住建局副局长巴桑次仁、工信局局长格桑欧珠、环保局局长普琼等陪同检查。

同日　在藏历新年来临之际，桑珠孜区妇联到城南、城北街道办事处各社区看望慰问贫困母亲和单亲母亲，共慰问40位贫困妇女，送去4万元慰问金。

15日　日喀则市纪委副书记、监察局局长辛春弟一行到桑珠孜区检查考核党风廉政建设责任制工作。

同日　日喀则市委领导受西藏自治区政府副主席何文浩委托到桑珠孜区塔玛村看望慰问联系户并为每户送去价值4000余元的慰问品。

同日　桑珠孜区荣获自治区级农产品质量安全县创建试点单位称号。

16日　桑珠孜区旅游局协同区消防支队，对辖区内宾馆、饭店、家庭旅馆以及景区（点）开展为期8天联合大检查活动。

同日　纳尔乡成立扶贫开发领导小组。

同日　桑珠孜区委组织部进一步研究《关于党的建设缺失问题的整改工作方案》。

18日　桑珠孜区草原生态保护补助奖励资金人工饲草基地项目顺利开工。

同日　2015年中央财政现代农业生产发展项目桑珠孜区青稞生产基地项目和桑珠孜区宜农宜草土地开发整治项目顺利开工。

19日　区委副书记、人大常委会主任达洛到曲布雄乡调研。

20日　西藏电视台采访组到桑珠孜区俄尔寺拍摄创新寺庙管理工作亮点。

同日　自治区护路办副主任边巴次仁、次仁多吉到桑珠孜区考察铁路护路联防拟建守护点选址情况。

21日　区委副书记、区长索朗罗布到江当乡考察万亩光伏+生态设施农业产业示范园规划编制前期准备工作。

同日　根据上级行文件精神，认真讨论并拟草出台适合农行桑珠孜支行实际情况的《农行桑珠孜支行2016年“大行德广伴您成长金钥匙春天行动”综合营销活动方案》文件，要求各网点严格按照文件遵照执行。

22日　桑珠孜区在行政二楼西侧会议室召开《中央政法工作电视电话》会议，桑珠孜区委副书记、区长索朗罗布，区级以上领导及各乡（街道）主要负责人以及区直各部门负责人出席会议。桑珠孜区委副书记、区长索朗罗布主持并安排部署相关工作。

22—23日 桑珠孜区消防大队圆满完成夏鲁寺朗赛曲巴佛寺活动消防安保任务。

24日 联乡组织村“两委”召开“2015年度工作总结表彰会”。

25日 区委副书记、组织部部长刘云到成都出席成都老干部（职工）新春座谈会。

同日 桑珠孜区委组织部做好20世纪60年代入党的农牧居民党员统计工作。

同日 至1月31日区委副书记、区长索朗罗布，区委副书记、区人大常委会主任达洛出席西藏自治区“两会”。

26日 区委常务副书记杨军主持召开桑珠孜区2016年“三大节日”慰问复员军人、优扶对象座谈会。

27日 统战部协同卫生局到辖区央曲寺为僧尼进行健康体检并赠送价值3000元日常用药和生活用品。

同日 区委常务副书记杨军陪同市委副书记、市长刘虎山一行慰问桑珠孜区五保集中供养服务中心。

28日 在“三大节日”来临之际，农行桑珠孜支行领导陪同日喀则分行党委委员卫兵及工会主席拉巴次仁，分别到农行桑珠孜支行5位困难职工家庭，进行节前慰问，向困难职工们一一献上洁白的哈达并发放慰问金。

28—29日 由区委常委、副区长欧珠带队，桑珠孜区安监局牵头，联合区公安局、区商务局、区住建局、区交通局、区消防大队共6家单位对辖区内9家加油站、3家运输企业、部分加气站、民爆企业开展专项联合检查。

30日 共青团桑珠孜区委员会组织开展西部计划志愿者春节及藏历新年慰问活动，对17名西部计划志愿者发放500元的节日慰问金，并对留藏过春节的7名志愿者每人发放500元的节日慰问金，共计发放慰问金12000元。

2 月

1日 桑珠孜区在行政二楼西侧召开《桑珠孜区安全生产工作》会议，桑珠孜区委常委、政法委书记王志忠就2016年春节藏历年期间做好安全生产工作进行安排部署，常务副区长欧珠在会上强调7点意见。区级以上领导及各乡（街道）主要负责人以及区直各部门负责人出席会议。

同日 在农行桑珠孜支行旧营业网点门口设立宣传点，开展2016年“春天行动”第一次宣传活动。

同日 桑珠孜区在行政二楼东侧召开《全区经济工作》会议，桑珠孜区委副书记、区长索朗罗布，区级以上领导及各乡（街道）主要负责人以及区直各部门负责人出席会议。

2日 曲布雄乡党委书记王晓兰到乡辖区慰问低保户和“五保户”老人。

同日 农行桑珠孜支行开展2016年“春天行动”第二次宣传活动。

同日 日喀则市工商行政管理局桑珠孜区分局组织召开会议传达学习习近平总书记在中国共产党第十八届中央纪律检查委员会第六次全体会议上发表的重要讲话精神。会议由分局局长格桑平措主持，全体干部参加。

同日 桑珠孜区人力资源和社会保障局顺利完成公益性岗位2015年度考核和2016年劳动合同续签工作，共考核424人，新（续）签劳动合同424人。

同日 在“三大节日”来临之际，桑珠孜区妇联对贫困妇女国策环卫工人开展送温暖活动，落实慰问资金2万元。

同日 西藏自治区主席洛桑江村到桑珠孜区五保集中供养服务中心调研。

同日 由桑珠孜区委常委、副区长欧珠带队，区安监局联合区公安局、区消防大队、区工商分局、食药局、区商务局、区住建局共7家单位对辖区内的各加油站、加气站、大型超市、商场、娱乐场所以及餐饮场所开展为期3天的节前安全生产大检查。

3日 聂日雄乡第一届人民代表大会第二次会议胜利召开。

4日 桑珠孜区开展春节、藏历年安全生产联合执法检查。由桑珠孜区委常委、副区长欧珠带队，桑珠孜区安监局牵头，会同市工商局、桑珠孜区消防大队、桑珠孜住建局、桑珠孜区商务局、桑珠孜区食药局对市区内各大液化气站、加油站、烟花爆竹销售点、大中型餐饮服务单位、大中型食品流通企业、民俗餐饮进行检查。

同日 桑珠孜区曲美乡财务人员到桑珠普村，兑现新农村建设完工相关款项，每户2万元，共计10万元。资金的兑现有效缓解了这5户因建房造成的经济困难。

同日 日喀则市工商行政管理局桑珠孜区分局开展学校周边、加油加气站、烟花爆竹、成品油等市场安全整治工作。检查市场主体15户次，发现15家娱乐场所存在存酒卡霸王条款，责令其限期整改。

5日 桑珠孜区人大常委会组织召开2016年度党风廉政建设及反腐败工作安排部署会议。

同日 召开政协第一届日喀则市桑珠孜区委员会第四次主席会议。

6日 西藏自治区主席洛桑江村到城南街道办事处德勒社区看望慰问困难职工，区委副书记、区长索朗罗布，区委副书记、人大常委会主任达洛陪同。

同日 桑珠孜区妇联迎接春节、藏历新年“我们的节日—邻里守望·与爱同行”主题活动在驻村点东嘎乡同热村村委大院举行，桑珠孜区妇联主席央珍、副主席边巴央金以及东嘎乡主要负责人参加了活动。

7日 桑珠孜区恩贡寺举行一年一度的“古多”跳神节佛事活动。

8日 党校副校长次旦、讲师罗追次仁、米玛潘多到扶贫攻坚帮扶对象家中看望慰问，并送上慰问金和慰问品，共计1000元。

同日 日喀则市副市长嘎玛洛琼代表日喀则市委、市政府、市人大、市政协班子到自来水公司看望节日期间工作一线员工，并进行慰问。

9日 桑珠孜区委组织部召开“万名村（居）干部素质提升工程”工作安排会议，由区委组织部副部长格桑曲珍主持，区委副书记、组织部部长刘云讲话。各乡（街道）党工委书记、副书记参加会议。

17日 桑珠孜区在行政中心二楼西侧会议室召开《2016年全区民政电视电话会》桑珠孜区委副书记、区长索朗罗布，在岗“四大班子”领导以及各乡（街道）、区直各部门负责人参加会议。

同日 桑珠孜区在岗县级领导到联系点开展走访慰问活动，走访慰问贫困党员121人、“三老人员”120人、大学生“村干部”28名，共送去慰问金86300元。

18日 走社区、进单位，农行桑珠孜支行开展2016年“春天行动”第三次宣传活动。

19日 由副区长达娃带队，协同林业局局长达次、聂日雄乡党委书记王震、乡长拉巴琼达及相关工作人员在康萨村、加列村、甲庆孜村、穆村、格地村五个行政村召开“两江四河”工程动员大会暨及工作部署会议。

同日 西藏自治区副主席何文浩到边雄乡走访慰问结对帮扶贫困户，区委副书记、区长索朗罗布陪同。

同日 西藏自治区副主席何文浩检查指导便民警务站工作，区委常务副书记杨军陪同。

20—23日 区委常务副书记杨军分别对辖区内部分警务站值班备勤、人员在岗在位情况；“八项职能”工作开展落实情况；维稳处突工作安排部署情况进行检查。

21日 桑珠孜区交通运输局开展全区重点危险路段专项整治行动，全区12个乡、街道乡村道路交通安全警示工程。该项目总投资24.96万元，将在全区重点危险路段安装各类警示标志标牌115块，广角镜15套，减速带25条。该项目已于2月22日进入安装阶段，预计3月10日前投入使用。

同日 日喀则市委常委、政法委书记朱江主持召开维稳工作视频会议。

22日 区委常务副书记杨军到便民警务站、皓寺检查指导安保工作。

同日 桑珠孜区消防大队一中队圆满完成皓寺“玛尼珠巴”消防安保任务。

同日 组织部正式启动2016年上（下）编工作，对“第二批检法录用人员”中信息资料已收集完成的6人进行上编。

22—23日 年木乡确保皓寺“玛尼珠巴”法事活动安全有序进行，共计3800名周边县乡群众参加。

23日 区委副书记、组织部部长刘云主持召开桑珠孜区组织部内部工作安排会议。

同日 桑珠孜区交通运输局组织人员对辖区高等级公路数据进行梳理统计。桑珠孜区高等级公路共4条，总计里程227公里：其中国道里程161公里，县道66公里。国道318线，辖区内里程106公里；国道562线（原省道203线与省道204线合并），辖区内里程55公里；县道201线（东列线即日谢公路），辖区内里程25公里；县道218线（曲岗公路），辖区内里程41公里。

24日 区委副书记、区长索朗罗布，日喀则市公安局党委委员、调研员、区委常委、区委政法委书记、区公安局党委书记、局长、督察长普布顿珠到铁路沿线看望、慰问护路队员。

同日 日喀则市环保局副局长美珍带队，市、区环保局组成的工作队，对民生管业进行环境检查工作。

同日 桑珠孜区人民检察院邀请日喀则市人民检察院党组书记、检察长旦增及市院政治部一行对桑珠孜区人民检察院工作进行检查指导。

25日 区委副书记、区长索朗罗布在统战、民宗部门主要负责人陪同下到全区各寺庙看望慰问广大寺庙僧尼和驻寺干部。

同日 桑珠孜区交通运输局对10乡2办农村公路发展建设情况进行调研。经调研，桑珠孜区共有10个乡，2个街道办事处，共176个行政建制村，480个自然村。结合交通部农村公路数据库最新数据，全区行政建制村已全部完成通达，合计里程508.352公里，通达率100%；通畅85个，197.741公里，通畅率48.3%。自然村通达460个，合计里程1273.54公里，通达率95.8%；通畅145个，363.36公里，通畅率30.2%；未通20个，141.5666公里，未通率4.2%。

同日 农牧局召开2016年农牧业工作安排部署会议。

25—3月2日 由桑珠孜区政府牵头和区消防大队、安监局、教育局、交运局、食药局、工商分局、团区委等单位组成联合检查组，深入辖区4所幼儿园、17所小学、3所中学、3所私立学校共27所学校开展消防安全大检查。

26日 桑珠孜区成立开展党员组织关系排查工作领导小组。

同日 在各网点营业室前面设立宣传点，农行桑珠孜支行开展2016年“春天行动”第四次宣传活动。

28日 曲布雄乡党委副书记、乡长李富强带领综治负责人到卫生院督导检查。

同日 桑珠孜区在行政中心二楼西侧会议室召开日喀则市经济工作会议。桑珠孜区委副书记、区长索朗罗布，在岗“四大班子”领导以及各乡（街道）、区直各部门负责人参加会议。

3 月

2日 桑珠孜区对2015年草补工作进行县级验收。

同日 桑珠孜区委宣传部召开会议，学习传达西藏自治区党委常务副书记吴英杰在全区宣传部长会议上的重要讲话精神，对桑珠孜区宣传思想文化工作进行安排部署。桑珠孜区委常委、宣传部部长部风琴出席会议。

同日 桑珠孜区编办组织召开“桑珠孜区权责清单编制工作培训会”，政府部门权责清单编制工作正式启动，区编办制《桑珠孜区政府工作部门推行权责清单工作实施方案》，成立“权责清单工作专班”，全区共计29家政府职能部门涉及权责清单编制。

同日 日喀则分行组织召开农行日喀则分行2016年度工作会议，农行桑珠孜支行和辖属13个营业网点负责人参会，会上对全辖先进集体和综合考评排名前五的支行授予表彰，并对农行桑珠孜支行2015年实施营业所主任竞聘上岗的工作方案进行了肯定。同时甘立泉副市长也参加此次会议，在会上他充分肯定全市农行在发生“4·25”尼泊尔大地震后积极响应市政府的响应，立即实施切实有效的金融服务的举动以及共捐出1000多万救灾款的优善良行。

同日 桑珠孜区人大常委会副主任朱红霞到纳尔乡开展维稳包乡工作，详细了解综治维稳各项工作开展情况，检查各项维稳工作落实情况。

同日 区委副书记、人大常委会主任达洛到曲布雄乡检查督导维稳工作。

3日 曲布雄乡党委政府组织15个村驻村工作队召开“百日农村道路安全生产工作会议”。

同日 区委副书记、纪委书记普布欧珠到甲措雄乡、曲布雄乡、城南街道办事处、城北街道办事处、警务站、区二中进行督导检查。

同日 桑珠孜区委老干部局举办80岁以上离退休老干部职工集体生日宴（座谈会）。

4日 日喀则市至日喀则机场高等级公路开工。

同日 区委副书记、人大常委会主任达洛到曲布雄乡检查指导维稳工作。

同日 区委副书记、组织部部长刘云到城北办事处、东嘎乡督导检查维稳工作。

同日 区委副书记、常务副区长王富军协调山东力诺集团万亩光伏+生态设施农业产业示范园区相关事宜。

5日 共青团桑珠孜区委员会联合桑珠孜区文广局，开展“学习雷锋，奉献爱心”的主题活动，为敬老院老人们打扫卫生，陪同下棋并表演多种形式的节目。

同日 桑珠孜区城北街道办事处组织辖区7个社区开展综治及安全生产集中宣传活动，此次活动共设立8个宣传点（其中办事处大门口宣传点1个、辖区7个社区各自宣传点各1个）。

同日 日喀则市林业局局长宋国军、副局长文明祥一行工作组到桑珠孜区聂日雄乡，对“两江四河”绿化造林工作进行实地调研，为3月9日全区林业现场工作会更好的开展作出重要工作部署，并就“两江四河”工程下一步绿化工作作出重要指示。

同日 区委副书记、组织部长刘云到纳尔乡检查指导工作。

同日 共青团桑珠孜区委员会开展以“加强青少年法制教育、预防青少年违法犯罪”为主题的相关青少年维权咨询服务和法制宣传，共发放宣传材料125余张，咨询服务42人余次。

6日 召开农行桑珠孜支行2016年度党建及经营工作会议，由农行桑珠孜支行领导、本部所有员工、辖属分理处和营业所负责人参会，会上三位领导作重要讲话，并认真传达日喀则市《关于全区召开3月份敏感期维稳工作会议精神》文件。出台《农行桑珠孜支行3月份敏感期维稳安保工作方案》以及《农行桑珠孜支行维护稳定突发事件应急预案》内容，发放给各网点。会上同时表彰2015年度综合绩效考评先进集体3个网点、2015年度全年优秀服务明星、优秀大堂经理和优秀大堂保安，发放荣誉证书，以资鼓励。

同日 桑珠孜区妇联副主席边巴央金陪同日喀则市妇联党组书记、副主席白杨到各社区慰问10名“贫困母亲”、单亲母亲，活动共送去10000元慰问金。

7日 区委常务副书记杨军到甲措雄乡、曲布雄乡检查维稳工作。

同日 区委副书记、常务副区长王富军到城北街道办事处康帕地毯厂调研民营经济发展情况。

8日 区委副书记、纪委书记普布欧珠到纳尔乡、曲美乡、城南街道办事处检查维稳工作。

同日 区委副书记、组织部部长刘云到江当乡检查维稳督导工作。

同日 日喀则市委常委、桑珠孜区委书记王波，区委常务副书记杨军到德勒社区、7号警务站检查维稳工作。

同日 桑珠孜区妇联副主席边巴央金陪同日喀

则市妇联副书记、主席叶青莲到各社区慰问“两癌患者”妇女10名，活动共送去10000元慰问金。

9日　桑珠孜区妇联副主席边巴央金带队慰问“国策环卫贫困母亲”20名，向她们敬献哈达并送去20000元慰问金。

同日　全市林业造林绿化现场会隆重召开，日喀则市委副书记、常务副市长赵志远，市林业局局长宋国军，18县（区）林业负责人及8个林业重点工程县（区）分管领导在副区长扎西罗布、副区长达娃和区林业局局长达瓦次仁陪同下前往桑珠孜区聂日雄乡甲庆孜村对“两江四河”工程进行观摩指导。

同日　区委副书记、人大常委会主任达洛到曲布雄乡普夏村处理火灾事故；到曲布雄乡驻村点检查指导维稳工作。

同日　日喀则市政府中心会议室召开全市林业造林经验交流会，市委副书记、常务副市长赵志远，市林业局党组书记尼玛普赤，市林业局局长宋国军，8个林业重点工程县（区）分管领导、18县（区）林业负责人及市林业局全体干部职工出席会议。

同日　区委副书记、人大常委会主任达洛一行到纳尔乡调研。

同日　日喀则市委副书记赵志远，市林业局局长宋国军，桑珠孜区副区长达娃一行到聂日雄乡“两江四河”生态造林地指导检查工作。

10日　桑珠孜区市政市容管委会进行城市管理宣传活动，共出动宣传人员8人次，发放“门前三包”责任制规定800本，城市管理执法政策法规汇编975本，垃圾处理收费项目及收费标准公告1500余份。

同日　《关于上报AAA级景区和城镇园区道路建设信息的通知》，桑珠孜区交通运输局积极与区发改委、旅游局沟通协调，统计整理符合申报条件的项目。经统计整理，符合条件的道路项目共16项，分别属于日喀则工业园道路建设项目和万亩光伏示范园道路建设项目，总计里程24.681公里，预计总投资35669万元，并报送日喀则市交通运输局。

11日　区委常务副书记杨军到联乡、年木乡、边雄乡、江当乡检查维稳督导工作。

同日　区委副书记、常务副区长王富军研究2015年援藏项目审计事宜。

同日　西藏自治区纪委政研室主任次仁旺堆，区纪委办公厅副主任马永彬到甲措雄乡开展党内监督调研工作。

同日　日喀则市委副书记、常务副市长赵志远带领市环保局、市发改委、市住建局部门主要负责人到桑珠孜区对污水处理厂、垃圾填埋场、医疗废物处置中心建设及运营情况进行检查指导。桑珠孜区副区长欧珠、区环保局、区住建局、区市政市容管理委员会等单位负责人陪同。

同日　桑珠孜区人力资源和社会保障局为141名企业离退休职工发放节日慰问金70500元。

12日　市委常委、区委书记王波，区委副书记、区长索朗罗布到南木林县参加植树活动；率领市维稳督导组一行到聂日雄乡楚松村、北郊水厂检查督导工作。

同日　区委副书记、常务副区长王富军到俄尔寺研究民族宗教项目援藏事宜。

同日　桑珠孜区维稳指挥部、区公安局对辖区所属寄递物流行业进行突击检查。

13日　区委副书记、区政府常务副区长王富军到俄尔寺检查维稳工作。

14日　市委常委、区委书记王波率领市督导组到年木乡、联乡检查督导工作。

15日　市委常委、区委书记王波率领市维稳督导组到东嘎乡、工业园区检查指导工作。

同日　区委副书记、常务副区长王富军到俄尔寺督导维稳工作。

同日　自来水公司北郊水厂正式进入施工阶段。

同日　农行桑珠孜支行开展“消费者权益保护日”宣传活动。通过在大厅醒目位置摆放宣传单、向客户发放金融消费者权益日宣传手册等形式，走上街头、设立咨询台，告知假币的识别方法、电信诈骗的风险提示，向农牧民及市民群众普及金融知识，维护消费者金融合法权益。

16日　桑珠孜区第五家农机合作社—东嘎唐

白村农机合作社正式成立。

同日　市委常委、区委书记王波，区委副书记、区长索朗罗布到甲措雄乡考察工作。

同日　日喀则市委常委、桑珠孜区委书记王波，桑珠孜区副书记、区长索朗罗布到甲措雄乡调研。

18日　曲布雄乡班久伦布村邀请桑珠孜区扶贫办和乡政府扶贫专职人员为全村群众开展精准扶贫宣讲活动。

同日　日喀则市春季农牧业督导检查组到桑珠孜区检查指导农牧业工作。

同日　联乡开展精准扶贫回头看工作，下村入户核实真正贫困的精准扶贫户，统计原始数据录入系统。

同日　桑珠孜区交通运输局协同机场快速通道项目主管单位和设计单位对项目线路进行初步勘察。日喀则市机场快速通道项目是2016年度全市的重点建设项目，建设里程40公里，项目总投资24亿元，沿线涉及桑珠孜区的3个乡。

19日　日喀则市民宗局副局长扎西顿珠、市宗教科科长、扎寺古建筑队负责人及相关技术人员对“4・25”地震寺庙重建维修项目，开展前期调研。

20日　农行桑珠孜支行辖属的仁布路营业所，在上级行的大力支持下，顺利完成由原址仁布路到黑龙江路新址的搬迁、网点改造和功能转型建设工作，入住并正式对外营业。开业当日，农行桑珠孜支行及上级行相关部门成立营销小组，对沿街商铺及过往群众进行了“扫街式”宣传，以增加客户对农行桑珠孜支行新网点的认知度。

同日　桑珠孜区政府部门权责清单编制“一上一下”环节完成，共梳理职权755项，其中，行政许可81项，行政处罚496项，行政强制22项，行政征收3项，行政给付3项，行政检查61项，行政确认14项，行政奖励6项，行政裁决3项，其他行政权力66项。

21日　区委副书记、常务副区长王富军研究文化大院资金扶持事宜。

同日　西藏自治区政协副主席金世洵到桑珠孜区政协调研指导工作。

22日　江当乡易地扶贫搬迁户住宅新建工程开工。

同日　召开政协第一届日喀则市桑珠孜区委员会第五次主席会议。

同日　区委常务副书记杨军到东嘎乡、聂日雄乡检查指导工作。

23日　联乡村道交通项目，拉孜孔至帕索、大竹至恰果等村级公路，硬化道路16.3公里，共投资2600万。

同日　开展西藏自治区人大常委会检查《中华人民共和国归侨侨眷权益保护法》和《中华人民共和国公益事业捐赠法》贯彻实施情况相关工作。

同日　桑珠孜区委副书记，区长索朗罗布带领区国土、住建、发改、林业、环保、城北街道办事处、江洛居委会的主要负责人和施工方、监理方、设计方、跟踪审计方以及市发改委的有关专家，就污水处理厂长期以来施工进度、减排设施建设进度严重缓慢等问题进行了专项检查，区委常委、副区长欧珠陪同。

同日　区委副书记、区长索朗罗布到污水处理厂检查指导工作。

同日　区委常务副书记杨军到纳尔乡、曲美乡检查指导工作。

同日　桑珠孜区委副书记、区长索朗罗布到桑珠孜区污水处理与收集系统项目施工现场调研指导工作，日喀则市发改委相关领导及区住建局、发改委、水利局、环保局等相关单位主要负责人陪同调研污水处理厂。

同日　桑珠孜区委常委常务副书记杨军到纳尔乡指导维稳工作。区政法委副书记唐次仁，党委副书记、乡长韩克贵，党委副书记、人大主席旦增罗布以及乡机关工作人员陪同指导。

同日　圆满完成拉日铁路护路联防配套设施附属工程温室大棚建设用地征地补偿兑现工作，总征地面积12133平方米，补偿款共计548912元。

同日　日喀则市水利检查组一行到桑珠孜区检查水库水塘蓄水及防汛抗旱工作。

24日　西藏自治区高级人民法院立案一庭张

志刚、熊红利副庭长一行调研组到桑珠孜区人民法院检查指导诉讼服务中心建设和诉讼服务中心各项工作开展情况。

同日 召开政协第一届日喀则市桑珠孜区委员会第三次常委会议。

同日 曲布雄乡兑现2015年度残疾人“两项”补贴资金10.86万元。

25日 为确保春灌工作顺利实施，东嘎乡提前部署、科学谋划，组织村干部及农牧民开展春灌保水工作。涉及东嘎乡汤白村、拉古村等8个行政村，灌溉面积7000多亩，受益人口3582人。

同日 桑珠孜区科技局组织开展“三严三实”专题民主生活会。

同日 桑珠孜区食品药品监督管理局根据《关于依法查处非法经营疫苗行为的紧急通知》精神，对辖区内涉及疫苗经营的相关单位进行3天专项检查，共检查各级医疗机构15家、零售药店4家个体诊所5家，未发现非法经营的疫苗流入日喀则市。

26日 区委常务副书记杨军，区委副书记，常务副区长王富军，区委副书记、组织部部长刘云出席德勒社区文化大院揭牌仪式；出席德勒社区群众庆祝“3·28”西藏百万农奴解放庆典活动。

同日 德勒社区文化大院正式启用，区委副书记、组织部部长刘云到德勒社区参加启动仪式。

27日 区委副书记、常务副区长王富军接待新华社西藏分社领导一行。

同日 桑珠孜区委宣传部、文广局，协调桑珠孜区电影队为曲布雄乡坚孜村群众播放抗战历史片《百团大战》，纪念“3·28”西藏百万农奴解放纪念日。

28日 区委副书记、常务副区长王富军到甲措雄乡岗坚公司协调援藏项目。

同日 日喀则市公安局党委委员、调研员、区委常委、区委政法委书记、区公安局党委书记、局长、督察长普布顿珠慰问贫困“双联户”户长。

同日 西藏自治区党委常委、统战部部长公保扎西一行到桑珠孜区夏鲁寺检查指导工作。

同日 自治区宗教慰问督导组组长公保扎西一行到桑珠孜区夏鲁寺检查指导宗教维稳工作。

29日 市委副书记、常务副市长陈来尼玛带领市发改委、住建局、国土局、水利局、环保局、林业局及桑珠孜区政府主要负责人、和相关单位负责人到桑珠孜区污水处理及收集系统项目工程现场调研指导工作，督导检查项目进度，现场召开专题会议。

同日 日喀则市委常委、桑珠孜区委书记王波一行看望驻地人大代表，桑珠孜区一届人民代表代表大会第三次会议主席团第一次会议。

同日 桑珠孜区财政局联合区国土局，到聂日雄乡圆满完成北郊水厂建设项目征地补偿兑现工作，此次兑现涉及征地257.8亩，征地补偿金共计1508.19万元。

同日 桑珠孜区老年大学文艺队在德勒社区开展文艺汇演，纪念西藏百万农奴翻身解放57周年。

30日 桑珠孜区召开第一届人民代表大会第三次会议党员代表大会。

同日 召开政协第一届日喀则市桑珠孜区委员会第三次会议。

同日 农行桑珠孜支行组织召开“知法、守法、敬法”知识讲座，认真领会专家讲解的各项反面金融案例，以此作为教训，时刻提醒自己要警钟长鸣，切勿触碰法律和制度的高压线，按规矩办事，依法合规经营。

31日 桑珠孜区第一届人民代表大会第三次会议开幕会，桑珠孜区第一届人民代表大会第三次会议举行第二次会议。

4月

1日 桑珠孜区第一届人民代表大会第三次会议闭幕会，桑珠孜区第一届人民代表大会第三次会议各代表团分组讨论会，桑珠孜区第一届人民代表大会第三次会议举行主席团第二次会议。

同日 西藏自治区政协副主席金世洵一行到桑珠孜区俄尔寺、纳塘寺检查指导工作。

3日　在清明节即将来临之际，工青妇组织社区妇女、青年党员志愿者、企业工人共50人到烈士陵园开展“我们的节日—清明节”为主题烈士陵园清明祭扫活动。

4日　为下一步北郊水厂能顺利接手，公司北郊水厂建设过程中公司的适度参与事项进行部署，公司指派东郊供水部经理罗曲全程参与北郊水厂建设过程，为下一步的使用做好准备。

5日　联乡联曲沟下游查吾其村域内，318国道旁和卓村雅江北岸的滩地上，4月底竣工，共投资700万元，植树1180亩。联曲沟东侧的裸地开发土地220亩，投资35万元。

6日　由西藏自治区安监局牵头组成的危险化学品专项督导组一行到桑珠孜区对辖区内6个加油站、1个油库进行为期两天专项检查。日喀则市安监局副调研员达娃，桑珠孜区委常委、副区长欧珠以及市安监局、区安监局相关领导陪同检查。

7日　桑珠孜区2016年春季重大动物疫病防控强制免疫工作顺利完成。

8日　中共桑珠孜区委下发文件，同意成立桑珠孜区国家税务局党组。

同日　桑珠孜区人力资源和社会保障局与甲措雄乡政府共同引资建立的联卓村幼儿园隆重举行开园典礼。

同日　曲布雄乡兑现2015年“双联户”户长补助资金76960元。

11日　旅游局开展辖区内宾馆、饭店、旅游景点用火（电）安全大检查活动。

同日　在东嘎乡召开桑珠孜区村（居）干部考核激励资金兑现现场会，由区委组织部副部长罗桑多吉主持，由桑珠孜区委组织部正科级副部长格桑曲珍宣读《桑珠孜区2015年度村（居）“两委”班子考核激励资金兑现方案》，乡（街道）党（工）委负责人代表表态发言，区政协主席、区委统战部部长普布作重要讲话。

12日　曲布雄乡兑现2014年科技特派员补助资金12万元。

同日　西藏自治区民政厅基层政权处处长索朗洛果一行到聂日雄乡帕冲村调研指导村“两委”换届工作。

同日　区编办依托人员编制信息卡片、财政供养人员、单位实有人员，完成对教育系统实名制管理中存在问题的集中整改，实现“一人一账”规范化管理。

13日　日喀则市第四督导组一行到桑珠孜区督导检查精准扶贫、精准脱贫工作开展情况。

同日　桑珠孜区扶贫办主任米玛一行到纳尔乡调研指导工作。

14日　区委副书记、区长索朗罗布到边雄乡甲根村督查灾后恢复重建工作。

15日　区委副书记、区长索朗罗布到边雄乡普奴村督查该村民房建设放线开工事宜。

15—18日　桑珠孜区城南、城北街道办事处组织相关人员开展年楚河水面漂浮物及周边垃圾集中清理整治行动，办事处干部职工、社区群众及工人近1000余人参加清理工作。

同日　桑珠孜区纪委监察局召开“两学一做”学习教育“手抄党章100天”安排部署会。

18日　区委副书记、区长索朗罗布到卡热社区调研。

同日　区委副书记、常务副区长王富军协调安排江苏恒德东汇集团年产30万吨天然饮用水项目相关事宜。

同日　桑珠孜区召开“两学一做”学习教育动员部署会，市委常委、区委书记王波以讲党课的形式正式启动“两学一做”学习教育。

同日　桑珠孜区委副书记、区长索朗罗布，副区长扎西罗布、副区长达娃以及区重建办、边雄乡、项目设计单位主要同志到边雄乡甲根村督查灾后恢复重建工作。

18—29日　桑珠孜区卫生局组织区人民医院各科室的优秀医生，为桑珠孜区17座寺庙341名在编僧尼进行免费体检，以体现党的一系列利寺惠僧政策和党对宗教事业的关心与支持。

19日　水利局开展重要江河湖泊水功能区标示牌设立工作，共设立3个，包括一级水功能区年楚河日喀则开发利用区希嘎—嘎布丹—东风大桥—年楚河出口，水质目标为III级。

同日 区委副书记、区长索朗罗布到卡热社区调研。

20日 桑珠孜区委老干部局在老年大学举行“藏医养生保健操”培训结业典礼。

同日 由西藏自治区林业厅造林处处长董益均带队的自治区、市两级检查组一行到桑珠孜区检查指导2016年生态造林工作开展情况，副区长扎西罗布协林业局人员全程陪同。

同日 桑珠孜区第一届人民代表大会第三次会议建议、意见和要求梳理情况交办会。

同日 桑珠孜区新闻舆论战线“学讲话、找差距、转作风、抓落实”活动顺利开展。

同日 年木乡开展“4·25”灾后民房重建开工仪式。

同日 日喀则市卫生局领导到桑珠孜区检查指导“幸福工程”救助贫困母亲项目工作。市卫生局副局长普赤等一行三人到桑珠孜区曲布雄乡岗西村检查指导“幸福工程“救助贫困母亲项目工作。

21日 桑珠孜区召开乡领导班子换届工作动员部署会议。

22日 桑珠孜区召开环保突出问题整改工作推进会议，对《日喀则市2015年全区环境保护考核发现突出环境问题整改方案》中指出的桑珠孜区4项突出问题进行通报，并就下一步整改工作进行安排部署。

同日 西藏自治区文工团到桑珠孜区甲措雄乡慰问演出。

23日 区委副书记、区长索朗罗布带领区“四大班子”负责人，协同林业局、东嘎乡40名干部和198群众一起劳动、一起植树，为生态文明建设贡献自己的力量，用实际行动大力营造全民植绿、护绿、爱绿的良好氛围，倡导全民参与生态建设。2016年度义务植树共计70余亩，种植二白杨5200余株，所有资金均从全区2765名干部职工缴纳的82950元植树代劳金中支出。

24日 日喀则市委常委、桑珠孜区委书记王波到甲措雄乡斯玛占堆文化大院调研。

同日 市委常委、区委书记王波，区委副书记、区长索朗罗布，区委副书记、常务副区长王富军到斯玛占堆社区、德勒社区、幸福社区调研。

26日 区委副书记、区长索朗罗布到卡热社区调研。

同日 日喀则市工商行政管理局桑珠孜区分局开展农机具市场专项检查工作，检查农机具及零配件经营户11户，各类农机具及零配件30余种。

同日 桑珠孜区科技局邀请农科所薯类脱毒中心技术人员到聂日雄乡楚松村开展脱毒马铃薯高效优质栽培技术培训。

同日 西藏自治区司法厅副厅长于续文一行到桑珠孜区调研社区矫正工作开展情况。

27日 市委常委、区委书记王波到齐鲁幼儿园、塔杰村学前点调研。

28日 桑珠孜区2015年草原生态补奖工作顺利通过自治区终验。

29日 桑珠孜区各乡（街道）党建工作第一季度交流会。会议由桑珠孜区委组织部副部长罗桑多吉主持，会上12个乡（街道）党（工）委书记分别作了交流发言，最后由区委副书记、组织部部长刘云讲话。

同日 桑珠孜区政府部门权责清单编制“二上二下”环节完成，共梳理职权1331项，其中，行政许可119项，行政处罚862项，行政强制57项，行政征收13项，行政给付13项，行政检查109项，行政确认32项，行政奖励12项，行政裁决2项，其他行政权力112项。

30日 召开桑珠孜区干部考察大会，市委常委、区委书记王波主持，市委组织部考察组参加。

4月 桑珠孜区委副书记、区长索朗罗布到曲夏社区考察了解棚户区改造情况，并对工作提出具体要求。

4月 桑珠孜区委副书记、区长索朗罗布到德勒社区检查指导棚户区改造工作。

4月 桑珠孜区科技局到各乡（街道）开展2014年293名农牧民科技特派员的生活补助资金兑现工作，累计兑现资金达146.5万元。

5 月

1日　桑珠孜区国税局按照国家税务局总局要求，释放改革红利，在辖区全面推行建筑业、房地产业、金融业和服务业“营业税改征增值税”工作，并保证了行业税负只减不增。

3日　市委常委、区委书记王波，区委副书记、区长索朗罗布到江当乡郭家村调研考察新农村建设。

同日　西藏自治区档案工作组对桑珠孜区档案馆新馆建设情况进行督导检查，区委副书记、人大常委会主任达洛陪同。

同日　桑珠孜区科技局与桑珠孜区财政局一同到12个乡（街道）兑现2014年293名科技特派员的服务费并发放科技特派员工作日记本。

4日　曲布雄乡召开党委换届工作会议，动员部署乡党委换届工作。

同日　桑珠孜区党校副校长次旦、讲师罗追协同强基惠民办公室开展主题为“明职责、定准位、务实效”流动党校宣讲教育活动。此次宣讲时间为一个月，活动共计4000多人受到教育。

5日　西藏自治区环保厅工作组一行到桑珠孜区考察指导工作，主要对2015年环境保护考核通报问题整改工作情况进行检查和指导。

同日　桑珠孜区藏语文工作委员会办公室（编译局）参加全市规范藏语文社会用字工作表彰大会，次央荣获全市规范藏语文社会用字工作先进个人。

同日　曲布雄乡全面开展“两学一做”学习教育活动“手抄党章一百天”活动。

同日　国务院第八考核组到教武场检查指导相关工作，区委副书记、区长索朗罗布，区委副书记、组织部部长刘云陪同。

6日　“雪吉·格桑花”青年志愿者服务队获得全国宣传推选志愿服务“四个100”先进典型活动组委会颁发的最佳志愿服务组织。

7日　区编办从优化职能、精简办事流程出发，在充分调研的基础上，经区委、区政府主要领导同意，向市编委提交《桑珠孜区政府职能转变和机构改革工作实施方案》。

8日　由桑珠孜区委、区政府主办，桑珠孜区委宣传部、团区委、桑珠孜区文广局承办的第二届青年歌手大赛（预赛）顺利举行。

9日　市委常委、区委书记王波，区委副书记、区长索朗罗布，区委副书记、常务副区长王富军，区委副书记、组织部部长刘云参加齐鲁幼儿园揭牌仪式。

同日　区委副书记、区人大常委会主任达洛到边雄乡、江当乡、年木乡、联乡调研人大换届工作。

10日　西藏自治区藏语委办（编译局）主任洛布一行到桑珠孜区检查指导工作。

同日　桑珠孜区委组织部建立发展党员联系制度，每名党委班子成员联系1各村（居）。

同日　西藏自治区纪委常委、监察厅副厅长、正厅级纪检员、监察专员巴桑卓玛到桑珠孜区纪委调研指导“四种形态”落实情况。

11日　区委副书记、常务副区长王富军迎接山东省委组织部考察组。

同日　桑珠孜区引进首家现代集约化养鸡设备，开展相关培训。

同日　农行桑珠孜支行因面临旧网点原址重建工程，搬迁至临时网点，在最短时间内完成网络终端测试等工作，于12日在临时网点正式对外营业。

12日　西藏自治区交通局工作组到甲措雄乡上强久村调研年楚河大桥修建相关事宜，甲措雄乡党委书记张广陪同。

同日　桑珠孜区人大常委会组织召开乡人大换届选举工作培训会。

13日　西藏自治区高级人民法院党组成员、副院长米玛次仁一行调研组在市中院党组成员、副院长康春生等领导的陪同下到桑珠孜区人民法院开展执行工作调研。

同日　桑珠孜区妇联联合区教育局开展到十乡两办，举办资助贫困大学生活动，共资助429名贫困大学生，资助金额为85.9万元。

同日 日喀则市水利厅建管中心工作人员到甲措雄乡联阿村调研灌渠运行情况。

13—17日 桑珠孜区委副书记、区人大常委会主任达洛带队成立四个督导组，前后分两次到10乡检查督导乡人大换届选民登记工作。

15日 桑珠孜区组织1008个村（居）干部进行模拟测试，同时进行测试改卷工作。

16日 区委常务副书记杨军到甲措雄乡、货运站、桑珠曲顶寺检查指导工作。

同日 日喀则市农牧局领导到桑珠孜区检查指导工作。

同日 曲布雄乡召开2015年村“两委”班子考核奖励资金兑现大会，参会人员有乡党政领导班子成员、乡纪委书记普布卓玛、乡纪检干事、财务人员及各村“两委”班子。此次兑现资金共计326000元，乡纪委全程监督发放。

17日 桑珠孜区委宣传部联合桑珠孜区团委、桑珠孜区文广局成功举办第二届青年歌手大赛。

同日 区委副书记、人大常委会主任达洛到边雄乡检查指导人大换届选举工作。

同日 日喀则市人大常委会副主任余德平为组长的调研组一行针对《西藏自治区湿地保护条例》在桑珠孜区贯彻执行情况进行调研，区委常委、副区长刘怀志，区人大常委会副主任尼玛仓木陪同并出席座谈会，区林业局、区环保局、区农牧局等单位负责人参加座谈会。

同日 根据上级部门要求开展宗教领域信息调查统计工作。

同日 桑珠孜区委宣传部联合桑珠孜区团委、桑珠孜区文广局成功举办第二届青年歌手大赛。

同日 日喀则市发改委联合桑珠孜区人民政府召集中节能公司相关专家组织召开桑珠孜区污水处理及收集系统工程技术论证推进会，认真听取了项目进度及存在问题、困难的情况汇报，专家组认真分析了存在的问题，就下一步工作提出了技术指导性建议。

18日 市委常委、区委书记王波，区委副书记、区长索朗罗布出席桑珠孜区第二届青年歌手大赛。

同日 桑珠孜区委成立区乡领导班子换届工作领导小组。

同日 农行桑珠孜支行在分行党委会议室集中召开“两学一做”专题教育学习会议，传达学习《农行日喀则分行“学党章党规、学系列讲话、做合格党员”学习专题教育工作方案》，集中学习党章内容。

19日 召开公检法系统90名调整干部任职大会，由区委副书记、组织部部长刘云对调整干部进行集体谈话。

同日 区委副书记、区长索朗罗布，区委副书记、人大常委会主任达洛，区委常务副书记杨军、区委副书记，纪委书记普布欧珠参加桑珠孜区创建全国文明城市动员大会。

同日 旅游局在珠峰路开展“中国旅游日”宣传活动。

20日 桑珠孜区委党校副校长次旦受城南办事处邀请到办事处开展社会主义核心价值观、精准扶贫等专题讲座，共计120人参加本次活动。

同日 组织部协助青岛市组织部完成对桑珠孜区9名援藏干部援藏期满考察工作。

22日 区纪委、区委组织部成立各乡领导班子换届风气督导工作领导小组。

同日 农行桑珠孜支行城区网点所有党员参加由日喀则分行组织的“知法、守法、敬法”案例警示教育活动动员会。

23日 桑珠孜区委组织部与城南办事处、边雄乡签订党员公益林维护管理责任书。

同日 西藏自治区林业厅党组副书记、副厅长云旦（正地级）、市林业局党组书记尼玛普赤、局长宋国军一行到桑珠孜区检查指导2016年度生态造林工作，副区长扎西罗布全程陪同。

24日 西藏自治区林业厅党组副书记、副厅长云旦，日喀则市林业局局长宋国军一行到桑珠孜区检查指导2016年“两江四河”流域造林绿化工作，副区长扎西罗布、林业局全体人员和聂日雄乡人民政府全体工作人员全程陪同。

同日 桑珠孜区委副书记、区人大常委会主任达洛到东嘎乡、甲措雄乡，检查指导乡人大换届选举工作。

25日　农行桑珠孜支行在日喀则分行党委会议室集中召开“两学一做”专题教育学习，共同学习《中国共产党纪律处分条例》内容。

同日　青岛市政协主席张少军一行到齐鲁幼儿园考察工作，市委常委、区委书记王波陪同。

26日　区委副书记、区长索朗罗布到卡热社区召开新农村建设工作推进会议。

同日　西藏自治区政协社会法制外事委员会副主任达吉带队的关于“改善司法执法环境、推进法制西藏建设”专题调研组到桑珠孜区检查指导工作。

同日　西藏自治区妇联副主席、妇儿工委领导小组成员张丽荣一行验收组到桑珠孜区妇儿工委进行（2010年—2015年妇女儿童发展规划纲要）终期评估验收，桑珠孜区顺利通过考核验收，并把桑珠孜区评选为“市级示范”单位。

27日　桑珠孜区委老干部开展全体干部保质量抄写“中国共产党章程”活动。

27—28日　农行桑珠孜支行辖属的扎西吉彩营业所在德勒林设立临时金融服务点，提供上门服务，吸收德勒林农户征地补偿费。

28—29日　召开中国共产党第二次桑珠孜区年木乡代表大会，依法选举产生新一届党委班子。

29日　完成桑珠孜区前进灌区边雄干渠续建改造工程技术交底。

同日　曲布雄乡召开党委换届选举大会，由乡党委副书记普布卓玛主持，282名中共党员参会。此外，区委副书记、人大常委会主任达洛，区纪委副书记、监察局局长惠建妮，区委换届办工作人员格桑旺堆及乡中心小学校长次旺顿珠列席。

29—30日　曲美乡召开中国共产党桑珠孜区曲美乡第一届党代会，会议29日开幕，30日顺利闭幕。

同日　完成各乡领导班子换届选举工作。

同日　中共聂日雄乡委员会第一次代表大会圆满召开。

同日　东嘎乡举行东嘎乡党委第一届第一次会议，全乡28个驻村工作队参加此次会议并见证了东嘎乡党委班子成员的诞生。

30日　甲措雄乡召开第一次全委会。

同日　中央换届风气监督巡回督导组一行在桑珠孜区开展督导工作，市委常委、区委书记王波陪同。

同日　区委副书记、纪委书记普布欧珠到东嘎乡检查换届选举工作。

31日　桑珠孜区消防大队圆满完成俄尔寺“卓确”佛事活动消防安保任务。

6 月

2日　日喀则市政法委副书记、综治办主任次旦到桑珠孜区政法委宣传点检查指导工作。

4日　农行桑珠孜支行组织所有党员继续学习《中国共产党纪律处分条例》第七章（对违反组织纪律行为的处分）之后的所有内容，由扎西次仁副行长带领全体城区网点党员逐条通读和学习违反相关行为所要承担的处分条例。

5日　区委副书记、人大常委会主任达洛到东嘎乡、边雄乡督导检查人大换届选举工作。

6日　桑珠孜区边雄乡召开第二届人民代表大会各选区代表大会。

同日　东嘎乡召开第二届人民代表大会各选区选举大会，共选出45名乡级人大代表。

同日　曲布雄乡人民代表大会第二届17个小选区换届选举大会在15个行政村村委会顺利召开，并圆满完成各项选举工作任务。

7日　曲布雄乡兑现2015年退伍军人（坚孜村）补助资金7.4万元。

同日　由国家林业局中南林业规划研究院规划人员一行到桑珠孜区，调研现有森林资源情况，桑珠孜区委、区政府领导高度重视，安排林业局工作人员全程陪同。

同日　区委副书记、纪委书记普布欧珠到城南街道办事处德勒社区、东嘎乡督导检查人大换届选举工作和“两学一做”活动开展情况。

8日　江当乡人民代表大会进行换届选举。

9日　召开桑珠孜区年木乡第二次人民代表大会，依法选举产生新一届人大、政府班子。

同日　第七批山东援藏小组为桑珠孜区五保集中供养服务中心捐赠现金10万元。

同日　迎接青岛市第八批援藏干部到达桑珠孜区工作。

10日　区委副书记、人大常委会主任达洛到曲美乡、聂日雄乡参加第二届人民代表大会第一次会议。

同日　桑珠孜区各乡依法召开第一届人民代表大会。

同日　桑珠孜区边雄乡第二届人民代表大会开幕。

同日　东嘎乡召开东嘎乡第二届人民代表大会第一次会议，会议审议和批准了乡人民政府工作报告、乡人大主席团工作报告，以举手表决的方式通过了大会选举办法，大会总监票人、监票人名单。

同日　甲措雄乡召开第二届人民代表大会第一次会议。

15日　西藏自治区农牧厅副厅长布琼到桑珠孜区督导调研农牧业生产及农机化工作。

同日　曲布雄乡兑现2015年中央专项残疾经费84000元。

同日　曲布雄乡根据上级安排部署为确保新区征地工作顺利推进，召开了曲布雄乡新区征地工作动员大会，并成立了以乡党委书记王晓兰为组长，政府乡长和班子成员为副组长，涉及6村“两委”负责人为成员的征地工作领导小组。

15—25日　桑珠孜区消防大队圆满完成《解放、解放！》大型话剧巡演消防安全保卫工作。

16日　桑珠孜区委党校副校长次旦受日喀则市委党校邀请，到市委党校组织的《2016年日喀则市第一期村干部文化素质提升工程示范培训班》授课。主要宣讲中共十八大精神精神，共有52名学员参加此次培训。

同日　国家林业局昆明勘察设计院党委书记（教授级高级工程师）周红斌、西藏自治区林业厅副厅长索朗旺堆、市林业局局长宋国军一行到桑珠孜区检查指导并考核“十二五”期间防沙治沙工程，副区长扎西罗布、林业局局长达次全程陪同。

同日　桑珠孜区总工会联合团委、妇联在山东北路开展安全生产法制宣传活动。

17日　桑珠孜区人大机关党支部传达学习《扎西泽仁在日喀则市第一届人民代表大会常务委员会第九次、第十次会议上的重要讲话》精神。

同日　日喀则市商务局副局长尼珍带领市商务局和市财政局联合验收组到桑珠孜区商务局检查验收商务综合行政执法大队设立情况。

18日　桑珠孜区委党校副校长次旦受城南办事处邀请，到波姆庆社区开展“两学一做”主题宣讲活动，社区共有300余人参加。

19日　市委常委、区委书记王波迎接上海市第八批援藏干部。

同日　山东省援藏中心管理组考察桑珠孜区相关工作，区委副书记、常务副区长王富军陪同。

同日　色多坚寺管委会“综合服务用房建设”项目主体验收工作。

21日　开展日喀则市人大常委会办公室印发《关于起草〈日喀则市市容与环境卫生管理条例（草案）〉的调研方案》的相关工作。

同日　桑珠孜区人力资源和社会保障局举行青岛市市北区人社局与桑珠孜区人社局友好单位共建仪式，标志着桑珠孜区在构建资源共享、优势互补、共同提高的开放式工作新格局方面迈出了新的重要一步。

22日　水利局通知各乡（街道）领取防汛物资，共发放8号铁丝32吨、铅丝笼200张，确保在抢险时能调得出、用得上，满足防汛救灾工作的需要。

同日　桑珠孜区综治办调研工作组到纳尔乡调研指导综治维稳、“双联户”工作。

23日　区委副书记、区政府区长索朗罗布同志参加卡热工作推进会议。

区委副书记、区长索朗罗布参加市政府第五次常务会议；参加第七批援藏干部欢送会议。

同日　桑珠孜区委组织部召开新选派大学生“村官”任职动员会，会议由区委组织部副部长罗桑多吉主持，正科级副部长格桑曲珍宣布“村官”任职文件并作动员讲话。

24日　共青团桑珠孜区委员会书记次央、副书记格桑卓嘎一行到江当乡开展留守儿童情况调研。

同日　日喀则市水利局综合监督检查东嘎灌区西干渠、前进灌区边雄干渠、2015年重点县水利工程。

26日　日喀则市常务副市长巴桑一行工作组到甲措雄乡岗苏家庭农村合作社考察。

同日　桑珠孜区教育局联合妇联组织开展书香飘城关读书进万家“全民阅读活动”。

27日　桑珠孜区召开区党委巡视二组进驻桑珠孜区巡视工作动员大会。

同日　联乡开展农村养老保险统计工作。

同日　西藏自治区财政厅国库处处长一行到桑珠孜区开展财政资金安全检查。

同日　桑珠孜区人民法院被确定为全国家事审判方式和工作机制改革试点单位。

28日　桑珠孜区委组织部主办的桑珠孜区“学党章党规、学系列讲话，做合格党员”知识竞赛顺利举行。

29日　召开桑珠孜区第一届人民代表大会常务委员会第九次会议。

同日　商务局局长米玛带队看望慰问8户结对帮扶户，并送去慰问金2400元。

同日　区委副书记、区长索朗罗布到甲措雄乡处理“6·29”洪灾。

30日　桑珠孜区“4·25”灾后恢复重建农村供水技术交底。

同日　曲布雄乡召开庆祝中国共产党建党95周年暨“七一”表彰大会。

同日　顺利完成桑珠孜区甲措雄乡小城镇建设一期范围内征地工作，征地历时15天。

7月

1日　桑珠孜区委老干部局在日喀则“七一”表彰大会上获评“日喀则市先进基层党组织”。

同日　桑珠孜区护路办与城北街道办事处岗多居委会联合举办《文明社区与护路卫士喜迎建党95周年心连心文艺表演。

同日　桑珠孜区国税局正式实施资源税改革工作，通过全面实施“清费立税”、从价计征改革，理清资源税费关系，建立规范公平、调控合理、征管高效的资源税制度。

同日　农行桑珠孜支行党总支书记扎西顿珠在农行西藏分行参加纪念中国共产党建党95周年暨“两学一做”学习教育推进会，获得“优秀基层党支部书记”的荣誉称号。

同日　桑珠孜区召开庆祝中国共产党建党95周年暨“七一”表彰会议。会议由区委常务副书记潘思晓主持，会上由区委副书记、人大常委会主任达洛宣读表彰决定，区委副书记、区长索朗罗布作重要讲话。

同日　桑珠孜区举办庆祝中国共产党建党95周年升旗仪式暨党员宣誓活动。会议由区委副书记、组织部部长刘云主持并讲话，区直机关各负责人及在岗县级领导参加活动。

4—10日　联乡组织辖区内16个行政村开展“六城共建”，环保、环卫相关工作，制作环卫宣传牌25个、宣传单300份、小型生活垃圾箱100个发放给大竹卡沿街商铺，并与各商铺签订门前“三包”相关责任书。

4日　区委副书记、常务副区长孙授宾参加“青岛啤酒节”旅游文化推介会。

5日　区委副书记、区长索朗罗布到边雄乡、江当乡、年木乡、联乡、城南街道办事处德勒社区调研。

同日　区委常务副书记潘思晓，区委副书记、常务副区长孙授宾到边雄乡、江当乡、年木乡、联乡调研。

6日　桑珠孜区委副书记、区长索朗罗布在副区长庞剑的陪同下，带领政府办、宣传部、环保局部门负责人及城南办事处、边雄乡、江当乡、年木乡、联乡党委书记和乡长（主任）对318国道沿线环境卫生综合整治工作进行实地检查，并对存在的问题逐一提出整改要求。

同日 区委常务副书记潘思晓、区委副书记、常务副区长孙授宾到曲美乡、纳尔乡调研。

7日 区委常务副书记潘思晓、区委副书记、区政府常务副区长孙授宾到聂日雄乡、东嘎乡调研。

同日 全国政协委员、中国侨联副主席乔卫一行到桑珠孜区政协调研考察。

同日 桑珠孜区食品流通许可证和餐饮服务许可证两证合一后的食品经营许可证正式启用。原食品流通许可证和餐饮服务许可证停止发放。

8日 中央政治局委员、中央书记处书记、中宣部部长刘奇葆及自治区调研组一行到城南街道办事处德勒社区考察，区委副书记、区长索朗罗布陪同。

同日 桑珠孜区委党校副校长次旦到白朗县组织的“自治区2016年第一期村（居）组织负责人示范班”授课，此次授课内容为中央第六次西藏工作会议精神，共有150多名村（居）负责人参加培训。

10日 区委副书记、区长索朗罗布到江当乡调研。

11日 在西藏自治区副主席、区政法委副书记何文浩的安排下，桑珠孜区边雄乡德珍带着塔玛村的三位小朋友（格桑德吉、格桑罗布、多吉玉珍）到北京参观学习。

同日 区委常务副书记潘思晓带队的桑珠孜区第八批援藏干部组一行到曲布雄乡调研指导工作。

同日 日喀则市扶贫办主任丹增及各县领导到桑珠孜区参观考察藏雄粉条扶贫产业项目。

12日 日喀则市副市长次仁央宗一行到桑珠孜区调研指导精准扶贫、精准脱贫工作开展情况。

同日 白朗县考察团到聂日雄乡参观指导基层党建工作。

同日 日喀则市妇联党组副书记、主席叶青莲率市妇女代表团一行到桑珠孜区城南办事处德勒社区就信访代理员示范点和藏圣阁妇女手工编织工作进行调研。

同日 桑珠孜区人大常委会副主任尼玛仓木到边雄乡加根村异地搬迁施工现场进行实地督导检查。

同日 日喀则市中院党组成员、副院长康春生，执行局副局长尼普拉一行工作组到桑珠孜区人民法院检查指导执行工作，院党组成员及执行局全体干警参加会议。

13日 西藏自治区林业厅副厅长索朗旺堆、造林处处长董益均、市林业局局长宋国军、副局长文明祥一行到桑珠孜区检查指导2016年造林情况，副区长扎西罗布、林业局局长达娃次仁全程陪同。

同日 日喀则市国家税务局党组下发文件，决定桑珠孜区国家税务局党组配备党组书记1名，党组成员3名。

14日 副区长庞剑在区公安局三楼会议室主持协调处理6月13日在日喀则市粮食局2015第二批粮食储备设施建设项目工地上发生事故的相关善后事宜，参加协调会议有：施工方和死者家属、区公安局干警李磊、以及区安监局局长旺丹等共计15人。

同日 桑珠孜区领业局协同区财政局、聂日雄乡人民政府到聂日雄乡帕冲村为参与“两江四河”造林工程群众现场兑现劳务工资，此次共计兑现民工工资2551940元。

15日 桑珠孜区财政局党支部组织党员，在岗干部职工做好“西藏党员教育网”“西藏党员教育”手机APP和“西藏先锋”微信公众号的宣传推广工作。

17日 西藏自治区人大常委会精准扶贫精准脱贫专题调研组一行到桑珠孜区调研指导。

18日 桑珠孜区委党校副校长次旦到城北办事处开展文明礼仪进社区宣讲活动，共计600多名群众聆听宣讲。

19日 江当乡异地扶贫搬迁户进行搬迁。

19—20日 桑珠孜区财政局落实甲措雄乡桑阿林征地补偿款，农行桑珠孜支行及时成立领导小组，由行领导牵头携甲措营业所业务人员到桑阿林村上门吸收储蓄存款，为农牧民提供了优质便捷的金融服务，此次工作得到桑珠孜区甲措雄乡人民政府、甲措雄乡派出所以及桑阿林村委会有关领导的大力支持和帮助。

20日 桑珠孜区人民政府因2015年环境保护考核中存在的污染减排设施建设缓慢等6项突出问题被自治区环保厅约谈。会议结束之后，区委副书记、区长索朗罗布就自治区环境保护约谈反馈精神第一时间做出指示，立即组织召开全区环保工作紧急会议，通报自治区环保厅约谈有关情况，对桑珠孜区当前环保工作进行安排部署。

21—24日 第十一世班禅额尔德尼·确吉杰布到日喀则班禅行宫，举行金刚灌顶仪式。

24日 联乡人社综合服务楼竣工。

25日 桑珠孜区商务局申报“万村千乡市场工程”项目工作，经上级业务部门审批后为桑珠孜区分配10个农家店。

同日 桑珠孜区人力资源和社会保障局完成2016年桑珠孜区城乡居民养老保险待遇领取人员资格认证工作，共认证7404人（含寺庙僧尼），清理死亡人员540人，退回基础养老金230040元。

26日 国土局配合桑珠孜区民政局完成救灾仓库项目选址确认工作。

同日 日喀则市政协副主席达娃占堆一行到桑珠孜区开展关于“草原生态保护奖励机制”调研。

同日 桑珠孜区人大常委会召开第十六次主任会议。

27日 日喀则市委宣传部宣讲组一行到桑珠孜区，就学习习近平总书记“七一”重要讲话精神进行宣讲报告。桑珠孜区在岗县级领导，区直各机关负责人，各乡办宣传委员以及区委宣传部干部职工参加宣讲报告会。

同日 日喀则市文明办和桑珠孜区委宣传部联合桑珠孜区第二中学在该校举行爱国主义教育专题讲座，并邀请岗巴县原统战部部长、经历新旧西藏对比生活的退休老干部阿旺曲尼为该校学生进行题为“社会主义核心价值观进学校、进课堂、进学生思想”的爱国主义教育专题讲座。

同日 日喀则市委宣传部宣讲组一行到桑珠孜区，就学习习近平总书记“七一”重要讲话精神进行宣讲报告。桑珠孜区在岗县级领导，区直各机关负责人，各乡办宣传委员以及区委宣传部干部职工参加宣讲报告会。

29日 日喀则市政协副主席松泽一行到桑珠孜区开展“环境监测和监管执法能力建设”专题调研。

同日 日喀则市政协调研组在市政协副主席松泽的带领下，对桑珠孜区环境监测和执法能力建设情况、雅江北岸沙场治理和城区市政市容管理的经验做法进行检查调研，调研组一行先后考察了城北沙场、江夏湿地和城区环境卫生治理情况。日喀则市环保局党组书记、副局长巴桑次仁，区政协主席、统战部长普布和副区长尼吉以及各相关单位负责人陪同调研。

30日 桑珠孜区政法委书记普布顿珠一行“八一”建军节前到消防大队慰问官兵。

31日 桑珠孜区妇联在行政中心七楼藏式会议室发放“两癌”妇女患者救助金2万元。

8月

2日 召开桑珠孜区第一届人民代表大会第二次会议。

同日 桑珠孜区扶贫办主任次旺石觉到聂日雄乡检查指导易地扶贫搬迁工作。

3日 桑珠孜区委常委、政法委书记普布顿珠到桑珠孜区人民法院主持召开案件分析会指导执行工作。

4日 日喀则市中院党组成员、副院长蒋克勤一行调研组到桑珠孜区人民法院开展司法体制改革试点工作调研。

同日 “桑珠孜区科技特派员之家”在桑珠孜区科技局办公室正式挂牌成立。

5日 2016届大学生西部计划志愿者西藏专项顺利抵达桑珠孜区。

同日 桑珠孜区人大常委会召开一届人大三次会议代表意见、建议督办推进会。

同日 中组部换届风气督察组一行到桑珠孜区检查换届人事调整全程纪实材料。

8日 组织桑珠孜区首次新型除草剂观摩交

流会。

同日 曲布雄乡兑现2015年—2016年6月村务监督委员会补助50400元。

10日 日喀则市委书记张延清一行到边雄乡调研指导扶贫攻坚工作。

同日 日喀则市委书记张延清到江当乡调研。

同日 桑珠孜区科技局邀请西藏自治区科技厅、日喀则市科技局工作人员一同到江当乡甲玛卡村检查脱毒马铃薯种植项目实施情况。

同日 召开政协第一届日喀则市桑珠孜区委员会第四次常委会议

11日 自治区纪委“三转”工作第三督导检查组到桑珠孜纪委检查“三转”工作落实情况。

同日 以自治区宣传部副部长、文明办主任仁青罗布为组长的督导调研组一行到桑珠孜区创城办检查指导工作。督导组通过现场查看、工作人员交流、听取汇报等形式，详细全面了解了桑珠孜区创城工作开展情况，并给予了充分的肯定。

12日 国土局足额兑现318国道绕城路建设项目剩余资金，共计6262176.35元，涉及刺柴地补偿剩余的30%和集体建设用地补偿。

同日 年木乡组织召开“人人懂法”法律进村活动。

同日 组织民宗局工作人员对辖区三座经济条件较差寺庙进行实地勘察，上报后解决改善资金46.8万元。

15日 桑珠孜区种植业科技项目顺利通过市级验收。

16日 农行桑珠孜支行在分行二楼会议室召集辖属13个营业网点主任及本部各部门负责人，利用将近两个小时时间集中学习和传达贯彻两级分行2016年党建和年中工作会议精神。会上党总支书记扎西顿珠全面总结上半年的党建工作、对公业务、零售业务、“三农”业务、“双基”管理、等方面取得的主要成绩，并安排部署下半年工作计划。

同日 日喀则市委常委、桑珠孜区委书记姚常雨到江当乡调研。

同日 日喀则市委常委、桑珠孜区委书记姚常雨，副区长穷次仁到边雄乡甲根村调研，乡党委书记扎西次仁，党委副书记、乡长杨国锋陪同。

18日 桑珠孜区委常委、副区长杨建明到城北街道办事处考察指导工作。杨建明对城北街道办事处的工作给予高度肯定，要求认真落实好桑珠孜区委、区政府的政策，再接再厉，依照原定计划有规划、有步骤的扎实开展街道各项工作。

同日 桑珠孜区委常委、副区长杨建明到聂日雄乡调研指导工作。

同日 上海市食品药品监督管理局张玉敏一行6位工作组到桑珠孜区食药局调研，专题听取了桑珠孜区食药局的工作汇报，了解桑珠孜区食品药品安全监督体制改革情况，剖析食品药品监督工作中的难题，探索为民监管、科学监督、有效监管的对策措施。

19日 召开政协第一届日喀则市桑珠孜区委员会第四次会议。

同日 水利局实地查看，调查摸底，建立水利基础设施建设项目库，储备各类水利基础设施项目122个，估算投资3000余万元。

20日 西藏自治区农牧厅工作组到甲措雄乡验收“千亩千斤”种子田。

同日 西藏自治区水利厅副厅长王及平、建管处主任江村督导检查组一行到桑珠孜区检查指导工作。

20—21日 由台盟中央、民建中央、民进中央、致公党中央组成的一行12人的中央党外人士考察组到桑珠孜区政协考察调研。

21日 日喀则市委常委、区委书记姚常雨到甲措雄乡岗苏家庭农场调研。

22日 西藏自治区农技推广中心主任黄秀霞检查2016年种植业科技项目，通过自治区验收。

同日 孜布拉河曲美段防洪女规定工程完成技术交底。

23日 桑珠孜区扶贫办主任次旺石觉、区发改委主任李家骅一行到纳尔乡芝萨村边琼安置点检查指导异地搬迁集中安置工作。

同日 日喀则市委常委、桑珠孜区委书记姚常雨一行到区人大常委会调研。

同日 桑珠孜区委常委、副区长杨建明到甲措雄乡调研。

24日 日喀则市妇联副主席刘伟华到桑珠孜区甲措雄乡联阿村“母亲水窖”水源点进行实地查看，桑珠孜区妇联副主席边巴央金陪同考察。

25日 桑珠孜区工商联顺利圆满完成自治区“五好”工商联观摩工作。

同日 桑珠孜区旅游局联合区安监局开展辖区内旅游行业“打非治违”安全工作。

26日 桑珠孜区政府部门权责清单编制“三上三下”环节完成，共梳理职权1578项，其中，行政许可103项，行政处罚1129项，行政强制61项，行政征收14项，行政给付12项，行政检查109项，行政确认30项，行政奖励16项，行政裁决4项，其他行政权力100项。

27日 中央统战部副部长、国家民委党组书记巴特尔在西藏自治区党委常委、自治区政协党组书记、自治区政协副主席、自治区党委统战部部长公保扎西，自治区人大常委会副主任嘎玛，日喀则市委书记张延清，日喀则市委常委、桑珠孜区委书记姚常雨的陪同下，到桑珠孜区城北街道办事处江洛社区检查指导民族工作。

28日 由市国土局、区住建局、区司法局组成的工作小组到卡热社区开展法制宣传，并对卡热社区的安居房进行分配。

30日 桑珠孜区商务局向全区12个乡（街道）170多个行政村农牧民群众配送碘盐390.6吨，实现100%推广率，完成年度配送任务。

9 月

1日 日喀则市人民检察院常务副检察长张诚一行到桑珠孜区人民检察院检查指导工作。

1—2日 曲布雄乡有力推进全乡防洪防汛工作开展，共用机械10台，人工150余人次，消耗铁丝网5吨，防汛应急编织袋2000条，成功排除曲布雄乡8个村的20余处冲沟及堤坝闲情和1处河堤坝险情。

3日 桑珠孜区开展“权责清单合法性审查”，邀请市法制办工作人员，逐项审查，补充完善法律依据不充分、职权依据不明确的职权项；理清职权级别界定不清、职权层级归属错误职权项；增减修改法律依据已经废除、法律条文已经修订职权项。

4日 市委常委、区委书记姚常雨到城南办事处噶玉林社区对4户精准扶贫结对帮扶贫困户进行走访慰问。

同日 市委常委、区委书记姚常雨，区委副书记、常务副区长孙授宾调研扶贫物流园项目。

5日 区委副书记、常务副区长孙授宾到工业园调研。

同日 曲布雄乡召开了地勘测量青苗补偿兑现专题会议。乡政府征迁负责人、涉及青苗补偿的14户代表、康萨村、班久伦布村负责人和工业西南勘察设计研究有限公司负责人参加了兑现会。在乡纪委的全程监督下向14户共发放青苗补偿金14583元。

6日 市委常委、区委书记姚常雨到城南街道办事处邦加孔社区、卡热社区及城北街道办事处彭确社区考察工作。

7日 市委常委、区委书记姚常雨，区委副书记、区长索朗罗布，区委副书记、常务副区长孙授宾参加桑珠孜区万亩光伏+“生态设施农业扶贫示范园”开工典礼。

同日 日喀则市中院审监庭副庭长达珍一行工作组到桑珠孜区人民法院考评2016年《工作目标责任书》半年完成情况。

同日 日喀则市副市长巴桑一行到桑珠孜区指导、交流及安排部署农牧业工作。

8日 桑珠孜区委老干部局组织开展离退休老干部职工“两学一做”学习教育知识竞赛。

同日 西藏自治区住建厅厅长斯朗尼玛带队，对桑珠孜区保障性住房建设项目进行质量安全督查工作。

同日 桑珠孜区第一届人民代表大会第四次会议召开预备会议；桑珠孜区第一届人民代表大会第四次会议召开党员干部大会；桑珠孜区第一届人民代表大会第四次会议举行主席团第一次会议。

9日 日喀则市委常委、桑珠孜区委书记姚常雨到嘎玉社区慰问贫困户。

同日 桑珠孜区全面启动“先进双联户”创建评选工作。

同日 桑珠孜区第一届人民代表第四次会议举行主席团第二次会议，桑珠孜区第一届人民代表大会第四次会议胜利闭幕。

10日 桑珠孜区全面开展2016年牲畜清点工作。

同日 日喀则军分区、第八医院军医到甲措雄乡义诊，并在中心小学参加教师节活动。

同日 中国灌排水发展中心第三党支部书记阎存立一行到桑珠孜区督导检查农业综合开发项目。

同日 由日喀则市旅发委局局长普布扎西带队，十八个县区旅游负责人到桑珠孜区甲措雄乡珠峰藏獒旅游城参观学习。

12日 昌都市政协副主席图嘎、扎西次仁率领的考察团一行19人到桑珠孜区考察学习新农村建设及本地产业发展、灾后恢复重建民房建设情况。

同日 曲布雄乡兑现2016年家电下乡资金12万元。

同日 市委常委、区委书记姚常雨，区委副书记、常务副区长孙授宾陪同国家扶贫办到江当乡万亩“光伏+生态设施农业扶贫示范园”调研。

13日 市委常委、区委书记姚常雨，区委副书记、组织部部长刘云到城南街道办事处教武场社区、城北街道办事处米日社区调研。

同日 日喀则市委巡察办刘志远一行对农林党支部党组织工作开展情况进行调研。

同日 日喀则市委常委、桑珠孜区委书记姚常雨到教武场社区调研，对社区环境整治工作提出意见。

14日 市委常委、区委书记姚常雨到曲美乡、纳尔乡调研。

15日 区委副书记、区政府常务副区长孙授宾出席西藏华美公司招商引资对接会。

同日 桑珠孜区首个“妇女儿童维权服务岗”在区司法局挂牌成立。

17日 区委组织部下发《桑珠孜区委组织部关于在基层党组织中实行党建工作纪实的通知》，全面推行党建工作全程纪实办法。

18日 日喀则市中院党组成员、副院长央珍，市中院行装处副处长陈炳兰一行考评组到桑珠孜区人民法院对2016年上半年《工作目标责任书》完成情况及计财装备工作进行综合考评。

同日 西藏自治区农牧厅党组书记高巴松到桑珠孜区督导调研“三秋工作”区委副书记、区长索朗罗布陪同。

同日 日喀则市人社局党组副书记、局长旦增加布一行工作组到桑珠孜区检查指导就业再就业服务工作和社会保障工作开展情况。

同日 西藏自治区农牧厅党委书记高巴松，桑珠孜区委副书记、区长索朗罗布，桑珠孜区农牧局长扎西一行到甲措雄乡岗苏家庭农场调研。

同日 区委副书记、常务副区长孙授宾主持召开扶贫援藏项目2017年计划会议。

19日 桑珠孜区委副书记、区人大常委会主任达洛一行到曲布雄乡加卡村开展结对帮扶调查工作。

同日 成立中管划拨党费使用和管理专项领导小组。

同日 桑珠孜区恩贡寺被评选为国家AAA级旅游景区。

20日 曲布雄乡兑现2015年退耕还林粮食补贴72125元。

同日 桑珠孜区委党校开展“六城共建”主题宣讲活动。活动当天，党校副校长次旦、讲师罗追次仁分别到扎西杰彩、吉培林、教务场、帮加孔社区进行宣讲，共计1300余人参加宣讲活动。

同日 农行桑珠孜支行所有员工积极响应日喀则市委、市政府及是脱贫攻坚指挥部关于全市精准扶贫，精准脱贫工作的统一安排，以及日喀则分行对“4321”结对包户亚木乡亚木村等74户贫困户的捐款倡议，共捐款21800元。

同日 中国劳动保障科学研究院副研究员徐惟奋、助理研究员孟续铎一行调研组在自治区人社厅就业促进处副处长李保荣，市人社局就业服务管理局负责人的陪同下到桑珠孜区调研扶贫攻坚和人社工作。

21日　桑珠孜召开2016年度基层党建工作推进会电视电话会议。会议由区委副书记、纪委书记郝信斌主持。会上，4个基层党组织书记结合自身实际情况作了交流汇报。区委副书记、组织部部长刘云对前三季度基层党建工作进行总结通报，安排部署第四季度党建工作重点任务。市委常委、区委书记姚常雨出席会议并作重要讲话。区委基层党建工作领导小组组长，副组长、成员以及乡（街道）党（工）委书记、副书记，各单位党组织负责人参加了主会场，各乡（街道）党（工）委班子成员、乡（街道）党群办成员、组织员、驻村工作队队长、大学生“村官”等参加了分会场会议。

同日　桑珠孜区春青稞绿色高产高效创建示范项目顺利通过省级交叉验收。

22日　召开珠峰创意产业旅游园区曲美乡涉及桑珠普村、夏瑞村的征地动员大会。桑珠孜区常务副区长卢阳，桑珠孜区国土局局长宁继武，副局长平旺，曲美乡党委书记李勇，及所涉及征地范围内的村委会班子成员及群众参加了此会议，桑珠孜区国土局副局长平旺主持。

同日　贵州省政协副主席蔡志君率领的一行8人调研组到桑珠孜区开展灾后重建工作调研考察。

同日　桑珠孜区委副书记、区长索朗罗布一行到曲布雄乡调研指导工作并组织召开工作座谈会，会上对曲布雄乡新区建设、物流公司管理、农业基础设施、精准扶贫及医疗教育等相关工作进行讨论研究。

同日　区委副书记、区长索朗罗布一行到纳尔乡调研指导工作。

23日　桑珠孜区基本草原划定工作顺利通过市级验收。

26日　市级综治考评小组第四组到桑珠孜区进行为期一天的综治工作考评。桑珠孜区委副书记、人大常委会主任达洛；市公安局党委委员、调研员、区委常委、区政法委书记、区公安局党委书记、局长、督察长普布顿珠等领导陪同。

27日　桑珠孜区委副书记、区长索朗罗布到甲措雄乡调研扶贫、民政、水利、交通、农牧等工作。

同日　由日喀则市安监局党组书记陈海英带队，日喀则市安监局执法支队和桑珠孜区安监局组成的联合检查组对辖区部分加油站进行安全隐患大排查大整治工作。

29日　桑珠孜区委常委、纪委书记郝信斌，桑珠孜区法院党组书记、院长边巴卓玛一行到联乡16个驻村点看望慰问驻村干部，并检查、督导各项驻村工作。

同日　召开2016年西藏自治区民族团结进步表彰大会视频会议。

30日　在国庆佳节来临之际，桑珠孜区委副书记、区人大常委会主任达洛到甲措雄乡夏鲁寺、东嘎乡帕热村、年木乡曲噶村看望慰问驻村工作队并检查指导驻村工作。

同日　桑珠孜区总工会开展国庆节慰问活动，慰问2016年新增的17名在档困难职工和一线维稳指挥部工作人员，共发放慰问金15600元。

同日　日喀则市工商行政管理局桑珠孜区分局颁发首张“五证合一、一照一码”营业执照。

同日　日喀则市东郊水厂仅存的一座水井出现井壁垮塌无法修复。至此，东郊水厂已无供水能力。

10月

2日　日喀则市委常委、桑珠孜区委书记姚常雨到东嘎乡普夏村看望慰问驻村工作队并走访看望困难户。

7日　日喀则市人民检察院和日喀则市委组织部组成的考评小组到桑珠孜区人民检察院对院4名正副检察长进行检察官首批入额民主测评。

8日　桑珠孜区商务局开展家电家具下乡补贴兑现工作，全区销售额为1857.1万元，实际补贴额为341.3万元。

9日　区委组织部协调区财政局、中国移动西藏日喀则分公司，做好2015年度远程教育设备租赁费的相关协调和请示工作，并拨付了每年远程教育租赁费19万元。

同日 桑珠孜区委常委、副区长杨建明一行到曲美乡调研。

同日 年木乡开展村党支部第一书记及驻村工作队队长扶贫开发工作考核。

同日 桑珠孜区妇联和区教育局在区第三中学举行“蓝天春蕾女童”资助发放仪式，为100名品学兼优的贫困女童发放120000元资助金。

同日 日喀则市工商行政管理局桑珠孜区分局组织干部代表、个体私营经济组织代表开展“重阳节”走访慰问送温暖活动，为日喀则市敬老院78名病残及生活困难老人送去了价值0.26万元的慰问品及0.05万元慰问金。

同日 桑珠孜区老年大学为寿星老人庆贺生日，市委常委、组织部部长杨昆，副市长罗布松拉，桑珠孜区委副书记、区长索朗罗布，市委组织部副部长、老干局局长贡桑，市民政局党组书记乔元杰，桑珠孜区委副书记、组织部部长刘云等领导率干部职工陪寿星度过了一个特别而难忘的生日宴。

同日 桑珠孜区委老干部局组织老年大学文艺队举办“九九”重阳节文艺汇演，市委组织部副部长、老干局局长贡桑，市民政局副局长赵承刚，区委副书记、组织部部长刘云等领导观看了汇演。

10日 针对日喀则市委副书记、市长刘虎山召开的采砂现场会议“科学选址、制定标准、严格管理、挂牌出让、明确职责、齐抓共管治理”的要求，水利局联合相关部门对砂场进行整治。

同日 曲布雄乡召集15个村驻村工作队长、村“两委”成员及74个“双联户长”召开2016年度先进“双联户创”建工作先进集体和先进“双联户”表彰大会。曲布雄乡党委书记王晓兰出席会议并讲话，会议由党委副书记强久主持。会上对塔杰村等6个先进集体和加卡村达瓦等32个先进家庭，予以了表彰。

同日 日喀则市工商行政管理局桑珠孜区分局开展“中秋”“十一”节日市场专项检查工作，检查市场主体137户次，受理投诉4起，为消费者挽回经济损失0.61万元。

11日 曲布雄乡兑现318国道（绕城路）政府补偿金1436743.22元。

同日 桑珠孜区委老干部局筹办主题为“歌颂祖国歌颂党”的13个离退休干部职工红歌比赛，区委副书记、组织部部长刘云，区委常委、宣传部部长部风琴观看比赛。

同日 召开全国社会治安综合治理创新工作视频会议。

12日 桑珠孜区圆满完成2016年度村、乡两级先进“双联户”及乡级创建评选工作先进村（居）表彰工作。

同日 年木乡召开2016年先进“双联户”表彰大会。

13日 曲布雄乡财务所牵头，组织召集15个行政村负责人、施工方负责人开展农村公路养护经费兑现资金工作。桑珠孜区交通局负责人伊斯玛依、乡纪委、乡农牧办工作人员出席兑现资金活动，共兑现资金1720783.33元。

同日 联乡位于318国道联乡辖区内，卓村、大竹卡沿线，实施造林面积1180亩，工程已全部实施完成，所有民工工资已全部结清。

同日 水利局检查东嘎乡砂场整改落实情况，修建网围栏6088米，安装警示公告牌15个，大型宣传牌4个，三角柱686个，拉线桩122个，总投资22万余元。

13—14日 区委组织部举办第二期组织员培训会，会议由组织部副部长罗桑多吉主持，邀请日喀则市委组织部组织员管理办公室主任贡布多杰为组织员讲解如何当好一名组织员，党建办全体成员按各自分工进行了讲解业务知识。

14日 桑珠孜区工青妇党支部联合区后勤服务中心举办“2016年桑珠孜区机关单位秋季趣味运动会”。活动设6个个人项目，4个团体项目。

同日 桑珠孜区总工会联合团委、妇联及后勤服务中心，在桑珠孜区政府大院联合举办“2016年桑珠孜区乡（街道）及机关单位秋季趣味运动会”。

同日　日喀则市住建局保障科副科长巴桑次仁，日喀则市住建局质监站苏强巴次仁，区人大常委会副主任边巴次仁、区住建局副局长及发改委、财政局、环保局、勘察、设计、施工、监理等相关单位人员对桑珠孜区2015年乡镇周转房、2014年公租房建设项目进行竣工验收。

同日　桑珠孜区委常委、宣传部部长郜风琴，副部长赵芳等一行到曲美乡检查曲美乡2016年精神文明创建工作。

15日　山南市洛扎县人大代表学习考察团到桑珠孜区学习考察。

16日　林芝市朗县政协主席李丰义一行到桑珠孜区考察脱贫攻坚工作。

17日　桑珠孜区纪委监察局“道德讲堂”活动在“道德讲堂”桑珠孜区纪委分堂正式拉开帷幕。

同日　桑珠孜区副区长尼吉带领政府办、宣传部、环保局工作人员和曲布雄乡等8个乡（街道）主要负责人，对曲布雄乡等乡（街道）环境卫生状况开展第二季度综合巡查工作。巡查组工作人员要本着“公平、公正、公开”的原则，对照巡查工作重点，认真查找被巡查区域内环境卫生存在的问题，并进行打分。

同日　区委组织部抽调专人深入各村（居）调查摸底村（居）“两委”班子运行情况，形成村（居）“两委”班子运行情况调研报告，并荣获“日喀则市委组织部优秀调研报告称号”。

同日　桑珠孜区委常委、副区长、曲布雄乡包乡领导杨建明到曲布雄乡检查指导工作，就汇报中涉及的工作尤其是产业发展方面的工作重点与乡领导干部做了交流。

17—18日　由桑珠孜区委宣传部牵头，联合区文广局、科技局、卫生局、司法局的“桑珠孜区纪念红军长征胜利80周年暨‘五下乡’活动”于17日、18日在桑珠孜区曲美乡、纳尔乡顺利开展。

18日　桑珠孜区委宣传部、网信办组织各乡（街道）、区直各单位76名网评工作人员举办网评员培训班，增强了做好网评工作的责任感和自觉性。

20日　西藏自治区团委领导一行到边雄乡检查指导乡、村两级团委工作。对边雄乡、村两级团委工作开展情况进行仔细询问和查阅相关资料，并对“1+100”“8+4”“4+1”等工作的开展情况进行详细了解。

24日　桑珠孜区农村土地承包经营权确权登记颁证试点工作正式启动。

25日　区委常委、副区长达娃率安监局、住建局、农牧局一行到纳尔乡指导农牧综合服务中心建设项目安全生产工作。

同日　新疆维吾尔自治区考察团到俄尔寺考察创新寺庙管理工作和到江洛康萨社区考察民族团结工作开展情况。

同日　曲布雄乡组织为加堆村32号村民达瓦献爱心捐款活动，此次捐款共计12400元。

同日　桑珠孜区人力资源和社会保障局城乡居民社会养老保险信息系统正式上线运行。

同日　《桑珠孜区村（居）干部目标管理办法（试行）的通知》《桑珠孜区委组织部关于进一步规范党费收缴管理工作的通知》，进一步规范村（居）干部管理和党费收缴使用管理。

同日　桑珠孜区人大常委会召开区第一届人民代表大会常务委员会第十七次主任会议。

26日　桑珠孜区副区长琼次仁、区农牧局局长，中国人民保险公司日喀则分公司主任次平、拉巴及工作人员一行到曲布雄乡塔杰村、聂康村兑现政策性农险理赔资金。参加此次活动的有乡纪委、财务所、农牧办、驻村工作队工作人员，此次主要理赔为2015年7月因冰雹灾害的理赔，共兑现1720783.33元。

27日　曲布雄乡农牧办牵头，组织各村驻村工作队、村两委开展兑现困难群众过渡时期季节性救济粮活动。此次对581名困难群众兑现34660斤救济粮，并在各村把分配发放情况进行公示并公示情况反馈到乡纪委。

同日　组织部下发《关于做好选派干部职工到村（社区）任党支部第一书记工作的通知》，进一步做好第一书记轮换工作奠定基础。

同日　桑珠孜区及时下达兑现2016年农业生

产支持保护补贴资金。

31日 曲布雄乡兑现2015年农作物良种补贴213880元。

同日 桑珠孜区动物卫生检疫监督检查工作顺利通过自治区验收。

同日 北郊水厂1号、2号两座深井竣工。

11月

1日 日喀则市委常委、桑珠孜区委书记姚常雨到甲措雄乡调研指导工作。

2日 桑珠孜区在区行政大楼二楼西侧会议室以电视电话会议的形式召开“讲学习、讲忠诚、正风纪、转作风、提效能”主题活动动员部署会，市委常委、区委书记姚常雨作动员讲话。

同日 农行桑珠孜支行召集城区网点全体员工（包括引导员）以及来城区办事的乡镇营业所员工召开贯彻落实三季度经营分析会以及规章制度执行情况大讨论暨2016年各项工作收官部署大会，会上通过公平公正公开方式按照10%和30%比例投票选举9名优秀员工和24名良好员工，顺利完成2016年度考评工作。

3日 西藏自治区人大财经委副主任王大海和商务厅副厅长王平到桑珠孜区调研商务工作。

6日 国土局召开主题为“查问题找不足”的“两学一做”主题组织生活会，会议由局长宁继武主持，区委常委、副区长卢阳出席。

7日 年木乡组织开展“讲学习、将忠诚、正风纪、转作风、提效能”主题活动。

同日 曲布雄乡班久伦布村驻村工作队与村“两委”班子成员一起商讨，决定使用一辆挖掘机及相关人力物力修建长3500余米、宽1.5米左右的水渠。此水渠最大限度解决了班久伦布村522余亩农田的灌溉难问题，使该村108户597名农牧民群众受益，有效改善班久伦布村群众生产生活条件，进一步提高粮食产量。

8日 日喀则市人大组织多部门部署《日喀则市城镇供水用水条例（草案）》立法座谈会。自来水公司总经理旺拉参加会议，并就城市供水现状、存在问题及条例起草的建议作发言。

同日 日喀则市人大立法调研组一行到自来水公司南郊水厂就《日喀则市城镇供水用水条例（草案）》进行立法前调研。

同日 日喀则市农牧局产业规划调研组到桑珠孜区调研有机种养产业发展状况。

11日 桑珠孜区住建局组织相关单位对污水处理厂进行最终竣工验收，并在桑珠孜区行政大楼7楼藏式会议室召开终验会议。

同日 桑珠孜区扶贫办副主任边多为组长的督导组一行到纳尔乡检查指导脱贫攻坚工作开展情况。

同日 西藏自治区副主席多吉次珠率考察组到曲布雄乡检查指导低保工作。多吉次珠一行采取走访调研和实地考察相结合的方式，对曲布雄乡低保工作开展和落实情况进行全面检查指导。

11—15日 区委组织部举办村（社区）党支部书记培训班，邀请区纪委、区委党校、区扶贫办业务骨干、桑珠孜区第一小学教师为村（社区）党支部书记授课。

14日 日喀则市中院党组副书记、副院长白玛仁增一行考评工作组到桑珠孜区人民法院考评2016年工作目标责任书完成情况。

同日 区委组织部召开基层党建工作调度会。区委组织部副部长罗桑多吉主持，各乡（街道）党工委书记汇报工作开展情况，区委副书记、组织部部长刘云总结前三季度工作，安排部署第四季度工作。各乡（街道）党工委书记、副书记、组织委员参加会议。

15日 日喀则市委第五巡察组巡察桑珠孜区林业局动员部署会在行政中心二楼西侧会议室召开。

同日 桑珠孜区委宣传部开展走访结对帮扶贫困户工作，共走访慰问贫困户20户，慰问物品和慰问金达6500元。

同日 桑珠孜区委宣传部开展走访结对帮扶贫困户工作，共走访慰问贫困户20户，慰问物品和慰问金达6500元。

17日 曲布雄乡兑现2015年科技特派员补助

180000元。

同日　年木乡开展“送政策、送法律、送文化、送卫生、送科技”五下乡活动。

18日　日喀则市中院民一庭副庭长益西多吉带领日喀则市两级法院民事干警到桑珠孜区人民法院进行审判执行工作交流和观摩学习。

同日　年木乡举行恰桑村贡巴扎“4·25”灾后恢复重建民房乔迁仪式。

同日　桑珠孜区农牧局骨干专业技术人员到青岛培训工作全面启动。

20—24日　举办桑珠孜区村（居）委会主任培训班，邀请日喀则市委党校、区委党校、区卫生服务中心、区财政局、区扶贫办、区重建办骨干人员及桑珠孜区第一小学教师为176个村（居）委会主任进行授课。

21日　桑珠孜区人力资源和社会保障局开展“4321”结对帮扶调研和慰问活动，涉及曲美乡、江当乡和年木乡3个乡22个村32户建档立卡贫困户。

同日　日喀则市委党建工作督导组一行在区委副书记、组织部部长刘云的陪同下到桑珠孜区人民法院督导检查党建工作、“两学一做”学习教育和“讲学习、讲忠诚、正风纪、转作风、提效能”主题活动的开展情况。

22日　日喀则市脱贫攻坚指挥部第一督查考核组一行到桑珠孜区检查考核脱贫攻坚工作开展情况。

23日　西藏自治区政法委副秘书长雷金昌，日喀则市政法委副书记、综治办主任次旦到桑珠孜区综治办检查指导工作。

25日　桑珠孜区委副书记、区人大常委会主任达洛到甲措雄乡希望小学调研。

同日　江当乡特色小城镇开工。

同日　桑珠孜区藏语文工作委员会办公室（编译局）开展结对帮扶，对结对帮扶的每户户主信息、家庭成员基本信息，耕地面积，劳动力，年均收入和主要经济来源等情况进行详细登记，并送去共计2340元物资。

27日　桑珠孜区委常务副书记潘思晓到聂日雄乡调研指导基础教育工作。

28日　日喀则市委常委、桑珠孜区委书记姚常雨一行到纳塘寺调研。

同日　桑珠孜区人大常委会副主任、年木乡党委书记边巴次仁到乡中心小学和贡巴扎进行检查指导工作。

同日　昌都市财政局、水利局工作组一行到桑珠孜区开展2015—2016年农田水利项目绩效考评工作。

同日　为进一步便捷信访举报渠道，拓宽问题线索来源，桑珠孜区纪委设立27个纪检监察信访举报箱，并公布举报专用电话。

29日　桑珠孜区纪委分三批对辖区161个行政村、15个社区“两委”班子成员共452人进行集中授课，给基层党员干部打好“预防针”，敲响“警钟”。

同日　西藏自治区食品药品监督管理局党组副书记格桑玉珍一行到桑珠孜区食药局考核指导工作。日喀则市食药局局长扎西顿珠，食品科科长普珍，桑珠孜副区长杨建明、食药局局长唐淑敏陪同。

同日　西藏自治区政协民族宗教委员会副主任，日喀则市政协党组副书记、副主席，市总工会党组副书记、主席索朗扎巴带领的市级督查组到桑珠孜区边雄乡普奴村督导灾后恢复民房重建项目，桑珠孜区副区长琼次仁以及区发改委、扶贫办、重建办负责人陪同。

30日　桑珠孜区人力资源和社会保障局开展“双拖欠”排查工作，共调处劳资纠纷案件38起，涉及人数433人，涉及金额达478.61万元。

同日　水利局派出5名负责人及雇用10名民工到东嘎砂场搭建脚手架、安装警示公告牌、三角柱等，防止偷采乱采行为。

12月

1日　桑珠孜区国税局按照总局要求，全面推行个体工商户“两证整合”工作。

同日 市委组织部副部长谭朴珍一行5人到边雄乡考核检查指导2016年党建工作，桑珠孜区委常委、纪委书记郝信斌、区委组织部负责人陪同。

同日 区委组织部迎接日喀则市委组织部年度绩效考核工作组（基层党建考核工作），并荣获全市党建工作第一名称号。

同日 西藏自治区环保厅副厅长巢哲雄一行到桑珠孜区俄尔寺考核环保工作。

2日 桑珠孜区委老干部局全体干部集中学习《王相民同志在“六城共建”第二次工作推进会上的讲话》。

4日 桑珠孜区总工会联合团委、妇联在珠峰路开展“12·4”全国法制宣传日宣传活动。

同日 桑珠孜区司法局组织12个乡（街道）及30余家区直单位在珠峰路开展法制宣传活动。日喀则市委常委、宣传部部长戎新龙，日喀则市委常委、组织部部长杨昆，市人大常委会副主任余德平、副区长庞剑等考察宣传点。

5日 农牧局骨干专业技术人员到青岛培训工作圆满完成。

同日 西藏自治区人民检察院考评组一行到桑珠孜区人民检察院验收2016年度检察长实绩工作。

11日 桑珠孜区安监局组织市区10家加油站负责人、油品监管员组长、区安监局干部职工召开“六城共建”安排部署会，会议由区安监局局长旺丹主持。

同日 阿里地区政协副主席洛桑次仁率领考察组一行17人考察调研桑珠孜区精准扶贫、精准脱贫工作。

12日 日喀则市委宣讲团到桑珠孜区宣讲中共十八届六中全会精神和西藏自治区第九次党代会精神。

同日 日喀则市委宣讲团一行到桑珠孜区宣讲十八届六中全会精神和西藏自治区第九次党代会精神。

14日 桑珠孜区党校驻年木乡德吉村工作队队长次旦组织全村党员、“双联户户长”、群众代表80多人开展十八届六中全会精神和自治区第九次党代会精神宣讲。

14—15日 统战部联合民宗局到各寺管会、乡（街道）开展统战民族工作考核。

15日 国家法官学院西藏分院党组书记拉吉一行在市中级人民法院党组成员、副院长央珍的陪同下到桑珠孜区人民法院检查指导工作。

同日 桑珠孜区纪委利用4天时间对全区12个乡（街道）、46家区直单位及3家企业的党风廉政建设进行督导检查。

16日 桑珠孜区召开日喀则市第六届后藏物资交流会桑珠孜区交易会安排部署会议。区委常委、副区长杨建明出席。

同日 桑珠孜区总工会依法推进基层工会组建和发展会员工作，给2016年新成立的9个便民警务站工会发放工会牌子及启动资金。

19日 日喀则市2016年度目标绩效争先进位考核组组长、市政协党组书记、主席普布到桑珠孜区政法委（综治办）检查指导综治、维稳工作。区委副书记、区长索朗罗布陪同。

同日 在日喀则市和桑珠孜区两级院刑事执行检察部门的全程监督下，关押在区看守所的30名在押人员全部安全顺利地换监转押至市看守所监区内。

20日 日喀则市副市长甘立泉、市商务局党组书记欧珠罗布、市商务局副局长尼珍等领导参加在珠峰会展中心举行的日喀则市第六届后藏物资交流会桑珠孜区交易会开幕仪式。

20—22日 由桑珠孜区委副书记、区人大常委会主任达洛带队的人大工作考核组到边雄乡、江当乡、年木乡、联乡、聂日雄乡考核2016年度人大工作。

同日 聂日雄乡党委书记王震主持贡村灾后重建整村推进搬迁入住仪式。

21日 日喀则市委常委、桑珠孜区委书记姚常雨到聂日雄乡调研。

24日 日喀则市卫生局副局长普次带领市局2016年度卫生目标考评组一行7人到桑珠孜区卫生局检查工作。

26日 桑珠孜区委、区政府召开2016年度先进“双联户”表彰大会。

27日 桑珠孜区总工会开展在档困难职工生活救助资金发放活动，给全区141名在档困难职工共发放114.1万元的生活救助资金。

28日 组织部完成全年编制调整统计，2016年共完成编制调整18批次，新入编150人、出编56人，区内调整384人。

同日 西藏自治区交通运输厅和日喀则市交通运输局以及拉日高速设计方组成工作组到拉日高速桑珠孜区段进行路线方案及现场地形勘察工作。

同日 农行桑珠孜支行正式发放首笔“连贷通”贷款，给存量客户日喀则市巴尔罗建筑队发放一笔金额300万元、期限9个月、利率2.35%的“连贷通”贷款，用于偿还原借款合同下的到期贷款300万元。

31日 农行西藏分行副行长次仁旺堆及日喀则分行党委书记、行长扎西到桑珠孜区支行进行年终决算。

政 治

中共桑珠孜区委员会

【概况】 2016年，桑珠孜区地区生产总值实现62.84亿元、同比增长6.1%（可比价），固定资产投资完成47.05亿元，地方财政一般预算收入达17059万元、同比增长22.05%，社会消费品总额达20.4亿元、同比增长18.08%，城镇居民人均可支配收入达28338元、同比增长13%，农村居民人均可支配收入达10738.2元、同比增长10%。全区呈现经济发展、社会稳定、党建加强、民族团结、宗教和睦、民生改善、生态良好的大好局面，实现了“十三五”开门红。

【党建工作】 2016年，桑珠孜区委始终坚持党要管党、从严治党，不断加强和创新党的建设。结合“两学一做”学习教育、“四讲四爱”“深化五项教育，增进五个意识”和“讲学习、讲忠诚、正风纪、转作风、提效能”等主题活动开展，健全和完善理论中心组学习制度，系统学习党内法规文件，学习习近平总书记系列重要讲话精神，发放新党章、影音学习资料等共2200余份。紧抓党员发展，坚持优中选优，严把党员入口关，培养发展党员157名。制订《桑珠孜区2016年干部教育培训办班计划表》，组织区内各级干部参加市委组织部、市委党校组织的培训班17期，培训人员62人。坚持干部向基层倾斜，科学调整干部2批234人，圆满完成10个乡领导班子换届工作，完成第二批176名第一书记和第六批704名驻村工作队员的选派工作。开设“1+1微讲堂”（每日学藏语+综合学习讲堂），加强学“双语”活动，累计编发各类信息4020条，关注人数将近达900余人，点击数达728910次，转发次数达679次。创新“支部+”载体，继续深化“万名村干部素质提升”工程，组织培训党员4000余人次，储备村（居）后备干部1346人。下发《桑珠孜区关于开展组织关系集中排查工作的通知》，抓好党员组织关系排查工作，对全区6677名党员自2008年4月以来缴纳党费情况进行检查，教育引导党员做好党费交纳工作。对党建基础薄弱或暂不具备建立党组织条件的32家非公有制企业，从区直机关和乡（街道）选派党建工作指导员，切实指导非公企业党建工作，初步实现党组织全覆盖。加强基层基础建设，建成并启用边雄塔玛、加瓦和江当弄日等4个村居标准化场所。设立150万元党建专项经费、130万人才项目资金、300万三级干部培训资金，确保了基层党建和党员教育培训工作落到实处。

【党风廉政建设】 2016年，桑珠孜区委共召开常委会议29次，其中涉及安排部署、研究解决党风廉政建设和反腐败工作共11次。建立健全由区委书记为第一责任人的党风廉政建设责任制工作领导小组，与全区12个乡（街道）党（工）

委、46个区直单位签订《党风廉政建设目标责任书》，各乡（街道）党（工）委按照分级负责的要求与所辖村（居）签订《党风廉政建设目标责任书》。结合工作实际制定完善了区委《反腐败工作协调领导小组工作规则（试行）》《桑珠孜区纪委监察局党风廉政建设和反腐败工作制度》《重申纪检干部工作纪律办法》《中共桑珠孜区纪委谈话函询办法（试行）》《中共桑珠孜区纪委诫勉谈话办法（试行）》等8项制度，并督促相关职能部门相继建立健全《村（居）务监督委员会成员工作考核及奖励办法》《车辆派遣管理制度》等8项制度。精心编制并印发《党的十八届六中全会资料汇编及党风廉政建设“两个责任”工作手册》《〈守纪律讲规矩〉党员领导干部学习资料汇编》和《纪律审查工作手册》廉政教育书籍1200余册，分级整理完善了全区副科级以上干部《廉政档案》和《廉政情况年度考核表》450余份，通过制作廉政画报、宣传栏、LED电子屏和手机短信等方式扩大廉政文化宣传面，累计向副科级以上干部发送廉政短信36210条（次）。对涉及岗位交流和提拔的234名干部进行廉政鉴定，并2次对提拔使用的干部进行集体任前廉政教育谈话。对全区229辆公务用车喷涂“公务用车”显著标识，并对2014—2016年行政事业单位房租收入情况进行了专项检查，共收缴应缴未缴房租费1719114.46元，有效防止了单位公车私用、私设“小金库”等现象。在区委、区政府的大力支持下，区纪检监察机关共取消或退出议事协调机构17个，受理问题线索45件（次），立案7件（次）（含同市纪委联合查办的甲措雄乡进京上访件），了结处理25件（次），其中谈话函询1件（次），诫勉谈话5人。全年共立案审查党员干部11人，给予党纪政纪处分8人，挽回经济损失1673794.7元。

【“两学一做”学习教育】 年内，桑珠孜区委高度重视“两学一做”学习教育，与全区中心工作同研究、同部署，成立专门领导小组，制定了全区学习教育实施方案及村（居）、机关事业单位、学校、非公企业和社会组织等5个领域子方案，建立“五个一”机制，确保“规定动作”落到实处。全区各党支部共开展“两学一做”集中学习1200余场次，撰写学习心得8000余篇，专题研讨1000余场次，撰写专题发言材料8000余篇。领导干部讲党课取得实效，年内，区级领导面向干部职工讲党课27场次，听课人员达3000余人次；全区12个乡（街道）党（工）委书记讲党课15场次，参与听课群众、党员达4500余人次。在学习教育中，深入实施“志愿创城”工程，建立27支区域服务队、8支机动服务队，吸纳党员6289名，服务区域涵盖176个村（居），累计组织服务200余次，服务群众7.5万人次，帮助群众解决普遍性诉求90余种，个性化诉求1263条，“点单”“派单”“接单”“评单”“核单”良性衔接率达到100%，群众公认度、满意度超过97%。深入实施村居“三联四建”工程，准确把握全区仍有2464户11530名贫困人口的实际，紧紧围绕创新“七个精准”“九个一批”“八个到位”的要求，积极开展扶贫帮困、慈善捐助等公益性活动，形成良好风气。深入实施“党员引路”工程，从党员干部中选派“第一书记”、驻村干部、大学生“村官”入驻村居团结带领群众脱贫致富，全区党员与群众结成2390个帮扶对子，为提前两年全面建成小康社会提供有力支撑。

【维护稳定】 桑珠孜区委推进依法治区战略，民主法治建设进程不断加快。广泛开展民族团结进步创建活动，民族通婚家庭达到546户。依法依规做好寺庙管理工作，积极推广“同心”工程。以网格化服务管理为载体，带动3069个“双联户”、74个大网格、529个小网格、3069名户长，不断创新社会服务管理模式。尤其是在“128法会”期间，区委、区政府坚决服从市委、市政府的统一指挥，保障了第一阶段4天近40万人次信教群众的接待服务和“第二阶段”各点、线、位安保服务工作，做到无一例外、无一事故，确保了活动的圆满成功。严格落实安全生产“党政同责”制度，切实加强安全生产监管力度，全年安全生产形势良好。

【经济建设】 2016年，桑珠孜区共实施新建、续建项目165项，实际完成投资47.05亿元。一产稳中有进。按照“良种+良田+良法”的生产模式，实播农作物21.06万亩，推广良种7.4万亩，高产田创建示范8.84万亩，良种覆盖率超过85%，机耕、机播和机收率分别达到80%、72%、60%，粮油总产量达1.69亿斤、同比增加550万斤。新生仔畜16万头（只、匹）、出栏12万头（只、匹）。二产持续向好。以“一园一镇”为平台，培育规模以上工业企业3家，落户建成企业4家，总投资9.1亿元，签约企业17家，意向投资83.11亿元。在第十四届珠峰旅游文化节上签约项目7个，协议投资12.55亿元，实现工业生产总值40309.53万元、同比增长16.94%。三产发展迅速。坚持加大公共性设施建设，提升公共服务水平，全年接待游客206.53万人次，旅游总收入9.29亿元，同比增长156.6%。

【精准扶贫】 年内，桑珠孜区委把精准扶贫、精准脱贫工作作为重大政治任务、发展任务、民生任务，迅速行动、精心部署、强化措施，扎实有序推进脱贫攻坚各项工作，取得了阶段性成效。2016年，整合资金1.2亿元，成立注册桑珠孜区娘麦扶贫开发公司。总投资8.6亿元的48个扶贫产业项目，完成前置手续86%，已完成评审报告13个，开工建设项目19个，完成投资43.07%。扶贫物流中心、易地搬迁和农业综合开发高标准农田等项目建设进展顺利。全年共完成脱贫794户3263人，超出原计划675户2721人目标的20%。

【灾后重建】 年内，桑珠孜区共实施灾后重建项目12个，总投资2.3亿元（概算批复2.25亿元）。建立“群众自建+政府补贴”重建模式，本级财政配套986.67万元用于灾后重建各项前期工作。309户受灾群众民房重建项目基本完工、部分群众已于年前乔迁入住。6个整村推进和甲措雄乡、江当乡特色小城镇项目进展顺利。

【民生工程】 2016年，桑珠孜区加快实施“科教兴区”战略和可持续发展战略，学前教育、贫困学生学段资助、“互联网+空中课堂”和寄宿制中小学生校车免费安全接送“四个全覆盖”持续深入，义务教育均衡发展成果不断巩固。筹资1000万元配置了首台64排螺旋CT，完成区卫生服务中心“二甲”创建工作。农村合作医疗参合率达96%，有意愿五保集中供养率达100%，城乡居民五大保险应保尽保，城镇新增稳定就业人员2926人（其中：建档立卡贫困户1832人），城镇登记失业率控制在2%以内。引导和转移富余劳动力5.3万人次，实现劳务收入1.54亿元。2475名60岁以上老年人实现在市区免费乘公交出行。市民服务中心共接受咨询2111件，受理业务26423件、办结25895件，办结率达98%。全面落实各项惠民政策，拨付和兑现资金10亿元。全区各族群众生产、生活环境进一步改善，生活水平稳步提升。

【援藏工作】 青岛市第八批援藏干部组9名人员于2016年6月下旬进驻桑珠孜区开启援藏之行。从7月5日开始，集中组织对全区12个乡（街道）进行了深入调研，跑遍了所有乡（街道）和50%以上的村庄，全面了解区情民情。引进青岛海藻肥500余吨，分别在聂日雄乡、边雄乡、甲措雄乡进行了青稞和土豆海藻生物肥示范推广。安排援藏资金80.32万元，购买13套农业信息化设备，实现了农业科技示范园内大棚蔬菜、花卉、自动化养鸡示范车间等全程自动化监控。组织开展“2016西藏文化齐鲁行”，接待游客3万余人次，展品交易额达30余万元，组织藏族文化演出20余场次。安排援藏资金130万元，组织桑珠孜区三级干部、农牧技术人员、农牧民致富带头人、扶贫开发企业代表等87人到青岛培训。投入援藏资金990万元，对桑珠孜区培强肉业、雅江源土豆淀粉加工企业、阿古刑巴农业合作社等给予扶持，并支持桑珠孜区金银铜器、藏香、藏毯、唐卡等非遗文化产业的传承保护和发展。同时，为助力桑珠孜区全面建成小康社会，第八批援藏干部组积极安排援藏资金和项目，全面开启精准扶贫、教育援藏、卫生援藏、城乡文化基础设施建设等工作。

（余加翎）

【领导名录】

市委常委、区委书记

王　波（青岛援藏，7月免）

姚常雨（8月任）

区委副书记、区长

索朗罗布（藏族）

区委副书记、人大常委会主任

达　洛（藏族）

区委常务副书记

杨　军（5月免）

潘思晓（青岛援藏，7月任）

区委副书记、常务副区长

王富军（青岛援藏，7月免）

孙授宾（青岛援藏，7月任）

区委副书记、纪委书记

普布欧珠（藏族，5月免）

区委副书记、组织部部长

刘　云

桑珠孜区人民政府

【概况】 桑珠孜区，是中国历史文化名城和历代班禅大师的驻锡地，是后藏政治、经济、文化、旅游中心，是日喀则市委、政府所在地，也是日喀则市唯一的市辖区。先后荣获“国家历史文化名城”“全国双拥模范城”“全国文明城市创建提名城市”和“全国粮食生产先进单位”荣誉称号。

2016年实现地区生产总值62.84亿元、同比增长6.1%（可比价），三产比例优化为8∶37∶55；固定资产投资完成47.05亿元、同比增长23.7%；地方财政一般预算收入完成17059万元、同比增长22.05%；社会消费品零售总额达20.4亿元、同比增长18.08%；城镇居民人均可支配收入实现28338元、同比增长13%，农村居民人均可支配收入实现10738.2元，同比增长10%，经济发展不断向好，社会局势持续稳定。

【农牧业】 年内，种养规模不断扩大，农牧总产稳中有升。继续推广“良种+良田+良法”的生产模式，推广青稞良种“喜马拉雅22号”7.4万亩，创建高产示范田8.84万亩，实播农作物21.06万亩，良种覆盖率超过85%，2016年粮油总产量达1.69亿斤，粮食产量实现“八连增”。年新生仔畜16万头（只、匹），成活率达到98.7%，牲畜出栏12万头（只、匹）。农牧产业化成效明显，品牌创建稳步推进。培育发展农机合作社5家，动力机械1.54万台，机耕、机播和机收率分别达到80%、72%、60%。加速推进马铃薯、绿色果蔬示范基地建设，累计实现土地流转3.85万亩。落实良种推广补贴、良种繁育基地建设补贴、农机补贴、草畜平衡奖励资金等各种惠农补贴1900.39万元。发展壮大农牧产业化龙头企业7家、国家级农牧民专业合作社4家，江洛康萨青稞藏白酒、娘麦青稞种子等4类产品通过国家有机产品认证。

【项目建设】 年内，集中力量抓建设，引建项目促发展，建立重大项目服务机制，制定重大项目领办制度，提高项目审批效率。“五证合一”“一照一码”改革成效明显，全年各类市场主体达10222户，注册资金达55.16亿元，同比分别增长17.9%、64.9%。深入推进服务型政府建设，市民服务中心2016年共接受咨询2111件，受理业务26423件、办结事项25895件，办结率达98%。全力开展项目建设领域突出问题专项整治，对重点区域、难点问题由区级领导蹲点攻坚、重拳出击，确保了珠峰二期、机场快速通道、吉林北路等多个建设项目顺利推进。实施新建、续建项目165项，实际完成固定资产投资47.05亿元，其中援藏项目11项，完成投资5770万元。总投资7亿元的德百年产30万吨天然饮用水厂项目进展顺利，完成九处水资源发展规划；投资1.09亿元的北郊水厂主体建设、管网铺设工程基本完工，预计2017年9月试运行；投资1.66亿元的污水处理和收集系统工程、江北灌区东嘎西干渠工程以及宜农宜草土地开发整治建设项目顺利竣工。

【旅游业】 深入挖掘历史文化名城核心区、扎什伦布寺、四世班禅出生地、德庆颇章、夏鲁寺等历史文化资源，依托雅鲁藏布江、年楚河湿地、千年核桃树、普嘎土林和普姆曲宗溶洞等丰富的自然景观，大力推进文旅联动。推进非遗文化保护传承工作，申报建设非遗传习基地3处。充分利用珠峰文化节展销文化旅游产品，促进文化旅游产业发展繁荣。东嘎乡生态林卡、年木乡罗林村、江当乡郭加村等生态游、家庭游持续升温，《好运·桑珠孜》《大美桑珠孜》等宣传片反响热烈，知名度进一步提升。2016年共接待游客206.53万人次，旅游总收入9.29亿元。餐饮、物流、金融等服务业发展迅速，全区现有商业网点9335个，物流配送、城镇快递营业网点30余家，金融机构各项存贷款余额分别达到33.5亿元和5亿元，分别比年初增加12.5亿元和7649万元。

【特色产业】 年内，以“两园一镇”为平台，培育规模以上工业企业3家，总投资9.1亿元，签约企业17家（其中工业园6家，光伏产业园区11家），意向投资83.11亿元。13家企业在自治区完成650兆瓦光伏指标备案工作，完成光伏特色小镇评审并开工建设。光伏园区道路建设等5个基础设施建设项目已上报自治区相关部门立项，总投资13.17亿元。第十四届珠峰文化节上签约项目7个，协议投资12.55亿元。2016年实现工业生产总值40309.53万元、同比增长16.94%。成立以区委书记为组长，政府区长为常务副组长，相关区级领导为副组长，各级各部门为成员的产业发展领导小组，下设珠峰有机种养加业等7个专项小组和办公室，召开全区产业发展大会，制定出台《2016—2020桑珠孜区“十三五”时期产业发展规划》，明确产业发展思路、目标、举措，将责任分解到部门，落实到责任人，压实到时间节点，动员全区各级各部门和各级干部加快推进“产业强区”建设。

【城乡建设】 年内，围绕“六城共建”活动，先后投入8000多万元，维修市政设施1850处，新建公共厕所10座，购置垃圾箱等设施4572个，城区路灯亮化率超过95%。进一步理顺城市管理体制，制定《桑珠孜区城市市容市貌管理实施方案》等十余项制度，完成区国有环卫、园林绿化公司组建工作，城市管理水平明显提升，城乡面貌明显改善。灾后重建全面开展，城乡建设统筹推进，实施灾后重建项目12个，总投资2.3亿元（概算批复投资2.25亿元），建立“群众自建+政府补贴”重建模式，截至年底，本级财政配套986.67万元用于灾后重建工作，民房重建项目已基本完成，整村推进项目完成70%。《桑珠孜区新型城镇化综合试点工作实施方案》已通过自治区发改委审核，灾后重建甲措雄乡、江当乡特色小城镇建设通过评审。大力推进土地资源管理，土地利用率不断提高，配合市委、市政府完成机场快速通道、珠峰开发开放实验区、珠峰文化创意示范园等9个项目共征地3.5万亩，兑现征地补偿款12.22亿元。完成永久基本农田划定资料收集工作，上报市国土局等待评审。投入1.54亿元，完成保障性住房建设948套，维修改造250套，新建144套。行政村、寺庙公路通达率100%。

【生态保护】 年内，大力加强生态文明建设，实施生态造林17367.7亩，树木成活率达到95%以上，积极申报甲措雄乡桑阿林村等6个村为自治区级生态村。投入3845.32万元推进节能环保、美丽乡村文化大院示范点建设、环境保护公益宣传牌、环境综合整治等工作，共计淘汰10蒸吨以下燃煤锅炉114台。出台《桑珠孜区乡（街道）环境保护工作目标考核奖惩办法（试行）》，从生态功能区转移支付资金中安排100万元作为乡（街道）环保专项资金，生态环境明显改善，圆满完成2016年度自治区环境保护考核自评及现场复核工作。

【精准扶贫】 2016年，以精准措施全力攻坚，精准识别并建档立卡贫困户2900户11530人，“九个一批”全面实施，完成脱贫794户3263人，超出原计划目标的20%。健全融资体系和平台，设立4800万元精准扶贫政府补偿基金，成立注册资金

1.2亿元的桑珠孜区娘麦扶贫开发公司。评审确定“十三五”产业扶贫项目91个，投资25.5亿元，2016年藏式窗业、唐卡产业园以及吉祥养殖等48个项目列入产业扶贫规划，计划投资8.6亿元。民生投入持续加大，社会保障水平不断提升，民生领域投入达14.25亿元，占全年财政总支出的80.3%。城乡居民五大保险应保尽保，兑现城乡低保金1632.25万元，落实各类救灾救助资金253.56万元。关心关注五保集中供养工作，将五保集中供养生活补助金从4400元提标到4740元，投入44.36万元改善五保集中供养服务中心编外困难群众和供养老人的生活。关心关爱护路队员，解决33.48万元资金配备服装装备，144名护路队员在原有工资基础上，每人每月增加300元。本级财政配套2400万元用于保障性住房附属工程建设，保障了300户低收入群体及时入住廉租房，为1153户1163人发放住房补贴496.8万元。受理劳动争议案件242件，追回民工工资581.92万元。城镇新增稳定就业人员2926人，城镇登记失业率控制在2%以内。引导和转移富余劳动力5.3万人次，实现劳务收入1.54亿元。

【教育事业】 2016年，加快实施“科教兴区”战略和可持续发展战略，继续推行学前教育、贫困学生学段资助、“互联网+空中课堂”和寄宿制中小学生校车免费安全接送“四个全覆盖”，义务教育均衡发展成果不断巩固，落实教育“三包”经费、营养改善计划专项资金3607万元，7所幼儿园、14所学校附属设施完工，教育发展水平和教育教学质量不断提升。

【医疗卫生】 2016年，医疗卫生水平逐步提高，筹资1000万元配置桑珠孜区首台64排螺旋CT，启用区卫生服务中心并完成“二甲”医院创建工作，社区、乡卫生院功能不断完善，农牧民合作医疗参合率达96%，农牧民健康体检4.72万人次，在编僧尼健康体检349人次。文化惠民工程深入推进，全年开展文艺下乡50场次，电影放映980场次，投入30余万元为文化大院和农家书屋免费发放图书21060册，免费发放卫星直播设备34套，广播电视村村通基本实现全覆盖。便民服务工作扎实有效，2475名60岁以上老年人实现在市区免费乘公交出行。

【援藏工作】 青岛市第七批援藏干部组，立足区情，真抓实干。三年来总计投入援藏资金2.39亿元，实施各类项目36个，解决1.9万人次就业。投资4600余万元建设文化大院四座，选派500余名干部、专业技术人员赴青岛培训，协调青岛市安排23个街道、乡镇与全区12个乡（街道）结对共建。招引项目30个，计划投资197.5亿元，累计纳税近2亿元。统筹做好了庆祝自治区成立50周年和“4·25”地震抗震救灾“两件大事”。青岛市第八批援藏干部2016年6月进藏以来，积极转变角色，履职尽责，扎实开展工作，预计“十三五”期间实施援藏项目25个，总投资达4亿元。

【维护稳定】 2016年，深入贯彻落实自治区“十项维稳措施”，积极推进网格化管理，不断创新管理模式和服务水平。精心服务“12·8”活动，保障了法会的绝对安全和顺利举办，达到了良好的政治效果、社会效果、宗教效果，得到了上级组织的充分肯定。依法依规做好寺庙管理工作，积极推广“同心”工程。广泛开展民族团结进步创建活动，民族通婚家庭达到546户。高度重视信访工作，全面排查和化解矛盾纠纷，共受理信访案件54件94人次，排查化解矛盾纠纷334起，办结率达92.6%。严格落实安全生产“党政同责”制度，切实加强安全生产监管力度，全年安全生产形势良好。

【廉洁建设】 年内，区政府深入开展“两学一做”学习教育和“讲学习、讲忠诚、正风纪、转作风、提效能”主题活动，围绕建设学习型、服务型、廉洁型、法治型政府，扎实推进政府自身建设。制定《桑珠孜区委桑珠孜区人民政府关于贯彻落实〈法治政府建设实施纲要（2015—2020）〉的实施意见》，细化工作措施，法治政府建设进一步深化。实行公车统一派单调度制度，深入推进公务接待、公务用车、办公用房改革，拍卖废旧公务用车13辆，“三公”经费支出较2015年下降144.22万元，同比下降9%，政府作风及效能建设取得明显成效。设立区长服务热线，全力解决群众关注问题，广泛征求社会各界意见建议，政府行政效能全面提升。继续实行政府办公会、政府常务会议邀请人大代表和法律顾问列席制度，研究解决214件请示事项。自觉接受区人大及其常委会的法律监督与工作监督、政协民主监督和社会舆论监督，办理人大议案58件，政协提案64件，办复率达到100%。审计监督、行政监察力度进一步加大，营造了风清气正、廉洁高效的政务环境。

（赤列顿珠）

【领导名录】

区委副书记、区长

索朗罗布（藏族）

区委副书记、政府党组副书记、常务副区长

王富军（山东援藏，5月免）

孙授宾（山东援藏，7月任）

区委常委、副区长

达　娃（藏族）

宋建青（山东援藏，5月免）

卢　阳（山东援藏，7月任）

杨建明（7月任）

副区长

欧　珠（藏族，6月免）

琼次仁（藏族）

扎西罗布（藏族）

尼　吉（女，藏族，6月任）

庞　剑（6月任）

边巴卓嘎（女，藏族，9月任）

桑珠孜区人民代表大会常务委员会

【概况】 1981年8月依法产生日喀则市第一届人大常委会，2014年撤市社区选举产生桑珠孜区第一届人大常委会。2016年，桑珠孜区人大常委会组成人员17名，其中，人大常委会主任1名，副主任4名，办公室工作人员3名，各乡人大主席10名，人大副主席2名，均配备人大专职工作人员2名，共有自治区十届人大代表5名、市级人大代表共23名、桑珠孜区级人大代表共127名、乡级人大代表共435名。2016年共召开常委会会议6次；听取和审议“一府两院”工作报告9个，开展执法检查7次，专题调研3次，集中视察3次，参与项目工程验收26次；作出决议决定9项，决定任免国家机关工作人员85人次，较好地完成桑珠孜区一届人大三次会议确定的各项任务，为坚持和完善人民代表大会制度，加快推进桑珠孜区长足发展和长治久安做出了积极贡献。

【重大事项决定】 年内，常委会坚持依法行使重大事项决定权与落实区委重大决策部署相结合，紧紧围绕全区改革发展稳定的重大问题和人民群众关注的热点问题，深入调查研究，广泛听取民意，汇集各方民智，先后做出《关于桑珠孜区2015年预算稳定调节基金安排的决定》《关于盘活财政存量资金统筹使用的决定》等9项决议决定，为推动区委重大决策部署贯彻落实，提供重要保障。

【人事任免】 年内，常委会始终坚持党管干部与人大依法任免的原则，认真行使人事任免权。在人事任免工作中，严格按照法定程序办事，同时实施国家机关工作人员向宪法宣誓仪式，增强任职人员的宪法意识和责任意识。全年共举行5次宪法宣誓活动，依法任免国家机关工作人员85人次。

【监督工作】 年内，常委会紧紧围绕区委决策部署，认真履行宪法和法律赋予的监督职权，完善监督方式、规范监督行为，着力增强监督实效，不断促进“一府两院”依法行政、公正司法。听取和审议国民经济和社会发展计划执行情况的报告、财政预算执行情况的报告、政府2016年上半年经济运行情况的报告，审查批准2015年财政决算和2016年财政预算。针对桑珠孜区农业、项目、财政等工作中存在的问题，建议区政府要抓好农业工作，夯实农民增收基础；抓好项目建设，保持投资持续增长；抓好增收节支，努力缓解收支矛盾；抓好民生工作，统筹发展民生事业，促进经济持续健康发展。坚持把法律法规的有效实施作为重点工作，加大监督力度，努力为全区经济社会发展创造良好的法治环境。积极配合上级人大常委会，先后对《中华人民共和国药品管理法》《中华人民共和国归侨侨眷权益保护法》《中华人民共和国公益事业捐赠法》等10余部法律法规的实施情况进行检查，依法对环境保护法、食品安全法、土地管理法、教师法、旅游条例等法律法规贯彻执行情况进行检查，针对法律实施中存在的问题和薄弱环节，提出解决问题、完善制度的意见建议，督促和推动执法部门改进工作，确保法律法规在桑珠孜区的有效实施。坚持把改善民生作为履职重点，围绕精准扶贫精准脱贫灾后重建工作，深入城南、甲措、边雄、江当、联乡开展专题调研，同时听取和审议区政府关于2016年精准扶贫精准脱贫灾后重建工作开展情况的报告，提出一些针对性的工作建议，推动相关问题的有效解决；积极配合自治区人大常委会开展精准扶贫精准脱贫专题调研，促进脱贫攻坚工作的有效开展。听取和审议“两院”工作报告和区人民法院关于陪审员工作情况的报告，参加“两院”相关会议和活动，推行重大事项向人大常委会报告制度，并对“两院”的专项工作进行监督，促进司法机关严格执法、公正司法，维护社会公平正义。

【代表工作】 年内，桑珠孜区人大常委会充分发挥人大代表的主体地位，不断提升代表履职能力、完善服务保障机制、创新服务载体，切实加强常委会组成人员与代表的联系、沟通，坚持邀请区级人大代表列席常委会会议，参加常委会组织的调研、视察、执法检查等活动，为代表知情知政、履行职责创造良好条件；组织人大代表与乡党委、政府工作人员一起深入各乡，查看安全生产设施配备、规章制度执行、人员队伍建设等方面的情况，督导各驻村工作队、村“两委”班子、交通协管员、护路办等联合开展安全生产工作，防范桑珠孜区辖区内发生各项生产事故；把充分发挥代表作用作为重要工作来抓。在区一届人大三次会议期间代表提出建议意见58件，常委会及时召开交办会、推进会、通报会及民主测评会议等方式，有力推进了代表建议意见办理工作，提高了办理质量和效率。

截至年底，58件建议意见已办理完毕，满意率95%。同时，常委会高度重视代表学习培训工作，通过开办专题讲座、以会代训、经验交流等方式积极组织人大代表参加人大各类业务培训，不断提高代表履职能力。年内，共举办培训会4次，累计培训人大代表130余人次，并组织农牧民代表学习《中国人民共和国宪法》《中华人民共和国全国人民代表大会和地方各级人民代表大会代表法》《中华人民共和国各级人民代表大会常务委员会监督法》及《中国人民共和国环境保护法》等相关法律知识；通过开展视察培训活动，进一步规范人大代表的工作程序，加强作风建设，提高代表的服务质量和办事能力。

【“人大代表之家”】 桑珠孜区机关及10个乡“人大代表之家”场所全部安排在业务用房会议室，均为56平方米大小，统一配备圆桌桌椅一整套、电视机、EVD等音响设备和文件柜、报刊架等设备。40个“代表小组活动室”均配备藏式床、木椅、文件柜等设备。截至年底，桑珠孜区人大共形成区人民代表大会常务委员会制度21条，区人民代表大会常务委员会办公室工作制度14条，各乡“人大代表之家”制度15条（三办法、四职责、八制度），乡人民代表大会制度15条，乡“人大代表之家”制度5条，并已汇编成册和公示上墙，切实提高人大制度的针对性、规范性、科学性和时效性。同时，坚持把改善民生作为履职重点，围绕精准扶贫、精准脱贫、灾后重建工作，为摸清桑珠孜区精准扶贫工作情况，总结经验，发现问题，不断探索助推精准脱贫的方法和途径，努力在打赢脱贫攻坚战中发挥积极作用，组织区乡两级人大代表对桑珠孜区12个乡（街道）、20余个村（社区）开展精准扶贫、精准脱贫工作，通过现场查看、入户交流、查阅资料、听取汇报、召开座谈会等形式，了解全区脱贫攻坚工作开展情况提出有针对性建议，形成工作报告，并报市委转政府，推动相关问题的有效解决，有效地促使“人大代表之家”的作用发挥。

【换届选举】 2016年，桑珠孜区乡级人大换届选举工作，涉及10个乡，161个行政村，188个选区。主要任务是：选举乡级人民代表大会代表435名；组织召开新一届乡人民代表大会，依法选举乡人大主席、副主席、政府乡长、副乡长。为顺利完成乡级人大换届选举工作，常委会高度重视，迅速行动，专题召开主任会议7场，科学制订《桑珠孜区人大常委会关于乡人大换届选举工作的实施方案》，成立3个督导指导组深入10个乡进行督导指导检查50多次，组织召开培训动员会、工作进展情况汇报会、阶段部署会议等5场次，转发上级文件7份，下发各类文件通知11份，印发大会样本材料18套，换届期间累计发放学习材料1400余份，提醒手册2000余份，编发短信160余条，播放纪律信息300余条，悬挂横幅700余条，张贴警示漫画2万余张，同时为进一步助推人大换届工作，创新工作举措，通过安排一批集中教育、开展一次警示教育、举办一期专题培训、树立一种严肃导向、开展一期心理讲座、抓好一次督导检查、营造一种社会效应，把“九个严禁”“五个责任主体”“十不准”的纪律要求宣传到位，确保桑珠孜区人大换届工作纪律严明、风清气正。

【党建工作】 年内，人大常委会始终把政治理论学习放在首位，以“两学一做”学习教育和“讲学习、讲忠诚、正风纪、转作风、提效能”主题活动为抓手，深入学习党的路线方针政策、法律法规和人大业务知识，以开展“两学一做”学习教育和“讲学习、讲忠诚、正风纪、转作风、提效能”主题活动为抓手，有效解决了常委会领导班子和机关干部在学习、思想、作风、纪律等方面存在的突出问题，有力推动常委会作风转变，进一步提高常委会组成人员依法履职的能力。全年，常委会党组共组织学习20次。

【党风廉政建设】 年内，加强党风廉政教育，认真贯彻执行《关于新形势下党内政治生活的若干准则》和《中国共产党党内监督条例》，开展批评与自我批评共计8人次，严格落实中央“八项规定”精神和区党委“约法十章”“九项要求”，形成人大机关风清气正、作风优良、干事创业的良好氛围。

【联系指导乡（街道）人大工作】 年内，常委会加大联系其他县（区）人大和联系指导乡（街道）人大工作力度，促进了人大工作交流，进一步规范了乡镇人大工作。2016年接待其他县（区）人大考察学习组8次，联系指导乡（街道）人大工作90余次。

【履行维稳职责】 年内，深入贯彻落实习近平总书记“治国必治边、治边先稳藏”的重要战略思想和中央、区党委、市委、区委关于反对分裂、维护稳定的一系列重要指示精神，严格执行区委、区维稳指挥部统一安排部署，在敏感时期和重要时段，常委会班子成员到联系乡（街道）、村（居）、寺庙、学校，督促指导维稳工作，及时排查和消除影响社会稳定的因素，维护稳定；充分发挥代表贴近群众的优势，积极开展宣传教育，在群众中筑牢“团结稳定是福、分裂动乱是祸”的思想基础。

（丹增赤列）

【领导名录】

区委副书记、人大常委会党组书记、主任
达　洛（藏族）
副主任尼玛　仓　木（女，藏族）
朱红霞（女）
边　巴（藏族）
边巴次仁（藏族，5月任）

中国人民政治协商会议桑珠孜区委员会

【概况】 桑珠孜区政协成立于2014年11月，由8个界别63名委员组成，其中中共党员人数22人，占委员总数的34.92%；非中共党员委员41人，占委员总数的65.08%。政协常委会委员共有13名，其中非中共党员常委占65%。在男女比例上，女委员14人，占委员总数的22.2%；在文化结构上，大专以上学历的13人，占委员总数的20.63%；有技术职称4人，占委员总数6.35%；此届委员中上届留任委员33人，占上届委员总数的50.77%。本届8个界别划分为：中共党员界10名，占委员总数的15.87%；工青妇界（工会、共青团、青年联合会）7名，占委员总数的11.11%；经济界9名，占委员总数的14.29%；农林界6名，占委员总数的9.25%；文化艺术界5名，占委员总数的7.94%；教育卫生界6名，占委员总数9.52%；少数民族界11名，占委员总数的17.46%；宗教界9名，占委员总数的14.29%。至桑珠孜区政协成立以来，由于3名委员退休、4名委员工作单位变动、2名委员去世等原因，现实有委员54人。其中：中共界委员7名，工青妇界5名，经济界9名，农业界6名，教育卫生界6人，少数民族界11人，宗教界8名，文化艺术、福利界2名。政协桑珠孜区委员会核定领导职数5名，设主席1名，副主席4名，实有主席1人、副主席3人（其中党内副主席兼任区财政局局长，党外副主席2人，分别兼任夏鲁寺、俄尔寺管委会第一主任）。桑珠孜区政协的工作机构设有一个办公室，核定编制4名，其中科级职数3名，工作人员1名。实有科级干部3人（办公室主任1名，办公室副主任2名），科员1名。

【政协第一届桑珠孜区委员会第四次主席会议】 2月5日，区政协主席、统战部部长普布主持召开日喀则市桑珠孜区第一届政协第四次主席会议，传达学习政协第一届日喀则市委员会第二次会议精神以及西藏自治区政协十届四次会议精神，研究部署了政协下一步工作。区政协副主席扎西、洛萨加措、土旦宁布以及办公室全体人员参加会议。

【政协第一届桑珠孜区委员会第五次主席会议】 3月22日，区政协召开一届五次主席会议，区政协主席普布主持会议，副主席洛萨加措、土旦宁布、杨秀梅参加会议，办公室负责人列席会议。会议建议，3月29日召开政协第一届桑珠孜区委员会第三次会议。会议决定，3月24日召开区政协一届三次常委会议。会议协商并原则通过《中国人民政治协商会议第一届桑珠孜区委员会常务委员会关于召开区政协一届三次会议的决定》（草案）；协商并原则通过政协第一届桑珠孜区委员会第三次会议议程（草案）、日程（草案）、委员提案截止时间；协商并原则通过政协第一届桑珠孜区委员会常务委员会工作报告及报告人（草案）；协商并原则通过政协第一届桑珠孜区委员会关于一届一次会议以来提案工作情况的报告及报告人（草案）；协商并原则通过政协第一届桑珠孜区委员会第三次会议委员分组及小组召集人名单（草案）。

【政协第一届桑珠孜区委员会第三次常委会议】 3月24日，区政协召开一届三次常委会议，区政协主席普布主持会议，区政协副主席洛萨加措、土旦宁布、杨秀梅参加会议，区政协常委姚长祥、卓尼次珍、白多、尼玛次仁、阿都热玛出席会议。会议协商通过了会议议程（草案）、日程安排、委员提案截止时间、委员分组、小组召集人及两个报告的报告人名单。会议原则通过政协第一届桑珠孜区委员会常务委员会工作报告，原则通过政协第一届桑珠孜区委员会常务委员会关于一届一次会议以来提案工作报告，同意提交大会审议。

【政协第一届桑珠孜区委员会第三次会议】 3月30日，政协桑珠孜区一届三次会议在区行政中心隆重开幕。会议应出席委员63人，因病因事请假11人，实到委员52人。洛萨加措副主席主持会议。普布主席代表政协第一届桑珠孜区委员会常务委员会向大会报告工作。杨秀梅副主席受区政协一届常委会的委托，向大会作一届一次会议以来提案工作情况报告。报告指出，2015年，共收到委员提案36件，经审查立案34件，占提案总数94.28%，未立案的2件已作为意见建议转相关部门工作参考。截至2015年11月30日，提案全部办复。市委常委、区委书记王波在区政协会议开幕式上作讲话。

【政协第一届桑珠孜区委员会第三次会议提案交办会】 6月20日，区政府、区政协联合召开桑珠孜区政协一届三次会议以来提案交办会。

【政协第一届桑珠孜区委员会第四次常委会】 8月10日，政协第一届桑珠孜区委员会常务委员会第四次会议在区政协常委会议室召开，会议由区政协党组书记、主席，统战部部长普布主持，副主席洛萨加措、土登宁布以及各位常务委员出席会议，区委组织部、统战部、民宗局负责同志应邀参加会议。会议应到常委12人，实到8人，符合《政协章程》规定。会议共有四项议程，审议通过政协第一届桑珠孜区委员会常务委员会第四次会议议程；审议通过相关人事事项；审议通过召开政协第一届日喀则市桑珠孜区委员会第四次全体会议相关事宜；传达学习习近平总书记在庆祝中国共产党成立95周年大会上的讲话精神。会议决定：政协第一届桑珠孜区委员会第四次会议将于2016年8月19日在桑珠孜区行政中心二楼会议室召开，会期一天。

【政协第一届桑珠孜区委员会第四次会议】 8月19日，中国人民政治协商会议第一届日喀则市桑珠孜区委员会第四次会议在区行政中心召开，本次会议应出席委员54人，实到43人，符合《政协章程》规定。会议由政协党组书记、主席、统战部部长普布主持。会议通过了大会议程，会议备案免去经组织部批准退休的一名副主席职务。表决通过了政协第一届日喀则市桑珠孜区委员会第四次会议选举办法和选举大会总监票人、监票人名单，以无记名的方式补选了杨志强为政协第一届日喀则市桑珠孜区委员会副主席。

【政协第一届桑珠孜区委员会提案办理专题协商推进会】 9月7日，区政协召开提案办理专题协商推进会，区政协主席普布，副主席洛萨加措、土旦宁布、杨志强参加。会议由普布主持，区政府副区长扎西罗布应邀出席会议并讲话。会上，各提案承办、协办单位与提案人认真协商交流，就提案办理情况进行了汇报；提案人就加快提案办理速度、落实提案办理效果提出了新的意见建议；各提案领衔督办副主席对提案办理工作进行了点评。

【政治理论学习】 年内，坚持以建设学习型政协组织为抓手，把学习教育摆在首位，贯穿始终。每年根据各级党委的要求，认真制定理论学习和专项教育活动方案。采取委员支部理论学习、常委以上轮流讲座等形式，及时传达党的十八大以来重大会议精神和三级“两会”精神，学习习近平总书记系列重要讲话，特别是关于人民政协的新思想、新论断、新要求，学习《中共中央关于加强人民政协协商民主建设的实施意见》，学习自治区党委、市委、区委的重要会议精神。通过学习，使政协新老委员和干部职工坚定了政治信念、共同理想、原则立场、宗旨意识，增强了协商为民、履职为民的责任感、荣誉感和使命感。

【围绕中心参政议政】 常委会坚决贯彻习近平总书记关于“懂政协、会协商、善议政”的重要指示和俞正声主席关于“政协不是靠说了算，而是靠说得对”的履职要求，以及对西藏政协工作提出的“把政协作为一个平台，大家共同商量，共同研讨，使民族团结搞得更好，藏传佛教发展得更好，老百姓的生活改善得更好”的要求。始终把助推发展作为政协履职的第一要务。以议政建言，献计出力，坚持用事实说话，用数据分析的工作原则，围绕“改善司法执法环境、推进法制西藏建设”“桑珠孜区草原生态保护奖励机制视察”“环境监测和监管执法能力建设”“精准扶贫提高西藏人均期望寿命”等，积极配合中央、自治区、市专题调研组，集中政协优势资源积极开展调研议政，形成调研报告10余篇，提出提案意见建议共64件，提案办复率达100%。

【履行政治责任】 年内，常委会坚持把维护社会稳定作为履职首要政治任务，坚决贯彻落实习近平总书记“治国必治边、治边先稳藏”的重要战略思想，坚持把维护社会稳定作为硬任务和第一政治责任，充分发挥政协联系范围广、基层委员多，特别是民族宗教界委员多的优势主动靠上、团结联合、凝心聚力，在反分裂斗争等大是大非面前，始终做到立场坚定、旗帜鲜明、态度坚决。在重大节庆期间和重大敏感节点班子成员深入各自联系乡（街道）、村（居）、学校、寺庙全程督导维稳工作，驻村工作队认真完成各项任务的同时，帮助村“两委”认真落实各项维稳措施，积极引导群众投身到先进“双联户”创建评选活动和群防群治队伍的建设中，为基层一线筑牢反分裂斗争和维护社会稳定的第一道防线起到了积极的作用。发挥政协委员联系范围广、在群众身边的优势，经常走访慰问各界代表人士，加强与社会不同阶层、不同群体的联系。坚持求同存异、体谅包容，协助县委做好协调关系、化解矛盾、增进团结、促进和谐的工作，扩大团结面、增强包容性。

【发挥团结统战功能】 加强团结联谊工作，通过政协平台联谊交友，增进各族各界的思想认同和政治认同。精心举办藏历新年政协委员、统战爱国人士、佛协理事和工商联会员喜迎藏历新年座谈会，增进了社会各界的团结联谊。加强与区内、外政协的交流合作，陪同全国政协委员、中国侨联副主席乔卫一行、中央非中共人士考察组、自治区政协副主席金世洵一行、贵州省政协副主席蔡志君一行以及昌都市、林芝市、阿里地区调研组一行深入研讨交流，相互学习借鉴，并与各级政协建立了对接友好关系。走访慰问政协老委员，在区委、区政府的大力支持下，2016年在“三大节日”期间对10名政协委员进行走访慰问，送去了节日祝福，使他们深切感受到党的关怀和政协的温暖。

【文史资料收集】 年内，在政协文史资料领导小组的精心安排部署下，广大委员积极收集整理各自辖区的历史人物、名胜古迹、寺庙历史、非遗文化、人文习俗、民歌等方面文史资料。截至年底，已收集整理桑珠孜区民族服饰、藏式骰子、克郎球、藏棋等民间娱乐游戏。

【党建工作】 年内，根据机关党建工作要求，区政协将党员教育与2016年开展的“两学一做”学习教育有机结合，制定《桑珠孜区政协2016年机关党的工作要点》《桑珠孜区政协“两学一做”学习教育实施方案》和《桑珠孜区政协2016年周学习计划》，对机关党员干部学习教育进行统筹安排部署。通过认真履行从严治党主体责任、压实各级党组织党建工作责任等方式，层层传导压力、抓好落实，不断强化党员干部学习教育工作。

【党风廉政建设】 加强委员履职能力。通过以会代训形式，加大委员培训力度，制定委员制度汇编，建立委员履职档案，提高委员的整体素质和履职能力。加强党风廉政和机关建设。政协党组十分重视党的建设和机关思想、组织、队伍、作风、制度建设，认真落实全面从严治党要求，坚决贯彻《中国共产党廉洁自律准则》和《中国共产党纪律处分条例》，坚决落实中央八项规定精神。开展“两学一做”学习教育，坚持问题导向、从严要求、以上率下、注重实效，突出“重点在学、关键在做”，使政协党的建设全面加强。

（才旦卓玛）

【领导名录】

党组书记、主席　普　布（藏族）
党组成员、副主席　扎　西（藏族，8月免）

杨 秀 梅（女，8月免）
杨 志 强（8月任）
洛萨加措（藏族）
土旦宁布（藏族）

中共桑珠孜区纪律检查委员会（监察局）

【概况】 桑珠孜区纪委监察局属正科级建制，内设无级别机构3个（纪委监察局综合室、党风政风监督室、案件检查室），派驻纪检组5个（党群组织纪检组、民生事业纪检组、维护稳定纪检组、经济发展纪检组、企业纪检组）；核定编制8名，核定科级职数5名，核定科级非领导职数3名。2016年，有纪检干部25名（含纪检组），其中委局干部13名，副县级1名，正科级1名，副科级2名，主任科员1名，副主任科员1名，科员7名；配备兼职纪检组长5名，组员10名；12个乡（街道）各配备专职纪委书记1名，纪检干事2名。

【党建工作】 年内，坚持“两手抓，两手硬”，主业主责与党的组织建设齐头并进。纪检干部，尤其是办案人员长期处于第一线，工作压力较大，再加上西藏处于反分裂斗争前沿，政治敏感，对工作要求较高，这就使得党支部的政治引领和组织保障作用显得尤为重要。多年来，桑珠孜区纪委监察局历任负责同志都高度重视抓支部建设，领导班子成员带头落实的“一岗双责”制，定期开展组织生活，认真落实“三会一课”制度，充分运用批评与自我批评这个武器，形成一手抓反腐倡廉、一手抓自身党建的工作机制和良好氛围。

【党风廉政建设】 年内，按照党风廉政建设责任制的要求，建立健全由区委书记为第一责任人的党风廉政建设责任制工作领导小组，并以年初召开的纪检工作会议为抓手，进一步明确责任，细化任务，全区12个乡（街道）党（工）委、46个区直单位与区委签订《党风廉政建设目标责任书》；各乡（街道）党（工）委按照分级负责的要求与所辖村（居）签订《党风廉政建设目标责任书》，真正形成横向到边，纵向到底的工作机制，实现党风廉政建设工作任务到部门、责任到领导、落实有保障的工作体系，深入扎实地推动了全区党风廉政建设和反腐败工作。2016年，桑珠孜区委共召开常委会议29次，其中涉及安排部署、研究解决党风廉政建设和反腐败工作共11次。

【信访案件工作】 年内，为充分发挥社会监督，方便干部群众参与党风廉政建设和反腐败工作，区纪委专门开通举报电话，在各乡（街道）和村（居）设立举报箱，并向全区12个乡（街道）、176个村（居）印发藏汉双语《通告》200余份，扩大了人民群众对信访举报程序和范围的知晓度。2016年，区纪委共受理问题线索45件（次），其中市纪委转办15件（次）（含自治区巡视二组转交2件）、区直其他部门移交6件（次）、自收件13件（次）、案件查办中发现1件（次）、专项检查中发现10件（次）。

【严肃执纪问责】 年内，围绕贯彻落实中央八项规定精神、自治区“约法十章”“九项要求”和市委《党员干部百项行为严禁规定》，区纪委坚持从群众最关心的热点、难点问题入手，抓住重要时间节点对公款吃喝、公车私用、违规发放节日福利等违反中央八项规定精神及“四风”问题进行明察暗访。对全区229辆公务用车喷涂“公务用车”显著标识，狠刹车轮上的腐败。在“三大节日”等重要节点期间，联合区委组织部、区政法委、区强基办组成督导检查组，分别对全区各级各单位的值班带班、驻村驻寺在岗情况进行督导检查。组织乡（街道）纪委联合区财政局对全区各乡（街道）、村（居）的灾后重建、精准扶贫、惠农涉农资金和村集体“三资”的管理使用情况进行了监督检查，对发现的一些苗头性问题早教育、早提醒，及时督促整改落实，有效防范了专项资金被挤占、挪用、截留等现象。2016年，共立案7件（次），了结处理25件（次），其中谈话函询1件（次），诫勉谈话5人。共立案审查党员干部11人，给予党纪政纪处分8人，挽回经济损失1673794.7元。

【组织协调工作】 年内，区纪委协助区委加强党风廉政建设和反腐败工作，主动向市纪委和区委报告工作开展情况和重大案件查办情况。在新常态下，紧密结合桑珠孜区反腐力量实际，把纪检监察机关的政治优势、组织优势和其他执纪执法机关的专业优势、职能优势结合起来，形成高效、优质、协同办案的格局，加大对“极极少数”的打击力度。2016年，区人民法院、人民检察院和区公安机关共向桑珠孜区纪检监察机关共移交问题线索6件。

【廉政文化宣传】 坚持把党风廉政建设和反腐败宣传教育工作纳入全年宣教计划，采取主要领导讲廉政党课、党员集中剖析等形式，开展理想信念教育、宗旨教育、党风党纪和廉洁从政教育，不断增强党员干部的廉政意识。坚持运用新媒体宣传平台，通过制作廉政画报、宣传栏、LED电子屏和手机短信等方式扩大廉政文化宣传面，宣传党的纪律要求。年内，共向副科级以上干部累计发送廉政短信36000余条（次）；撰写简报信息93期，其中被西藏纪检监察网采用29期。同时，抓好学习宣传载体，精心编制并印发《党的十八届六中全会资料汇编及党风廉政建设“两个责任”工作手册》《〈守纪律讲规矩〉党员领导干部学习资料汇编》和《纪律审查工作手册》廉政教育书籍1200余册。

【提升队伍素质】 年内，以“两学一做”学习教育活动为抓手，组织党员干部学习党章党规、系列讲话，学习业务知识，通过召开组织生活会，开展批评与自我批评，找准整改问题，增强党性修养。组织学习纪检干部违纪违法案件通报，集中组织收看《打铁还需自身硬》纪录片，进一步坚定了纪检干部忠诚干净担当的责任意识。积极参加上级部门举办的业务培训，力争把培训成效体现在工作方式的转变上、体现在履职能力的提升上、体现在重点工作的落实上。2016年，先后派出18名纪检干部参加区内外培训，有效提高了纪检干部自身素质和业务能力。

（周紫亮）

【领导名录】

区委副书记、纪委书记

普布欧珠（6月免）

区委常委、纪委书记

郝 信 斌（7月任）

副书记、监察局局长

惠 建 妮（女）

监察局副局长 旦增曲珍（女，藏族）

古桑多吉（藏族）

中共桑珠孜区委办公室

【概况】 2016年，桑珠孜区委办公室下设综合室、秘书室、政研室、档案局（馆）、机要局，共有27人，其中藏族9人、汉族18人，大专及以上学历20人。区委办公室紧紧围绕全区改革发展稳定中心任务，深入贯彻落实中央、区党委、市委、区委各项决策部署，牢固树立争先进位意识，转变工作作风、提高工作效能，协调推动全区各项工作开展。认真做好文件撰写、机要保密、文件收发、档案管理、会务安排工作。发挥好参谋助手作用，及时开展调研，认真收集信息，仔细撰写每一份文件。主动开展督查工作，对领导做出的决策部署进行督导办理，对工作不到位的单位开出督办单，督促办理，为桑珠孜区经济社会又好又快发展做出了积极贡献。

【干部队伍建设】 2016年，单位负责人切实履行管理职责，高度重视干部队伍建设。在办公室全体干部职工中深入开展“两学一做”学习教育，爱国主义教育，社会主义核心价值观教育，宗旨意识教育，党纪、廉政相关法规教育等，单位内部始终保持爱国守法、爱岗敬业、团结协作的氛围。全体办公室成员团结一致，立足岗位、相互协调配合，保证区委各项工作高效进行。利用党支部组织生活会、办公室工作例会等形式，组织办公室成员分享经验、交流心得，并本着对同事负责的态度，面对面提建议，共同提高。

【执行各项维稳工作部署】 2016年，及时传达落实自治区党委、政府、市委、市政府、区委、区政府关于维护社会稳定工作的各项安排部署，派出办公室督查人员配合相关部门开展维稳督查工作，督导各乡（街道）、区直各部门把维稳工作措施落到实处。落实节假日、敏感日期间值班制度，坚持24小时值班带班，工作人员保持24小时通信畅通，全年值班期间未发生1件脱岗、漏岗等维稳失职行为。深入开展反分裂斗争教育、民族团结教育，坚决反对任何分裂祖国的行为，不断增强干部职工维护祖国统一和民族团结的思想和行动自觉。加强对干部职工的安全教育，增强安全意识。定期开展安全设施检查排查，及时更换老化的线路和电器设备，干部职工下班自觉关闭电器设备，杜绝安全事故的发生。

【党建工作】 区委办公室隶属于党委支部，全体区委办公室党员积极参加党委支部学习讨论，推动学习型党组织建设，深入开展“两学一做”学习教育活动，安排专人负责组织集体学习，在学习中交流感悟，促进党员干部共同提高政策水平和理论素质。区委办主动对党员的组织关系、党代表和党员违纪情况、党费收缴、党组织换届、党员干部学习教育、抓党建促脱贫攻坚等七项重点任务开展自查。2016年，共召开组织生活会4次，发展党员1人，发展积极分子3人，开展集中学习40余次，开展“4321”结对帮扶走访慰问1次，送去慰问资金、物品总计8700余元。

【党风廉政建设】 2016年，区委办公室全体党员干部主动配合党委支部开展各项党风廉政建设活动，制订党风廉政建设工作计划、理清权责清单，参与党委支部党风廉政专题学习交流活动。全年共集中学习党风廉政建设、反腐败相关文件精神20余次，协助区委常委会先后8次研究部署全区党风廉政建设和反腐败工作，有力推动了全区的党风廉政建设和反腐败工作晋位升级。

【秘书工作】 2016年，坚持高标准、严要求做好文件撰写、印制、收发工作，认真撰写文件，仔细校核公文每一句话、每一处格式、每一个细节，确保文件中没有语法不通、格式错误、标点误用、错别字等；仔细印制文件，保证印制的每一份文件字迹清晰、规范、美观；从严收发文件，严格执行文件收发规定，收发过程中签字确认，对下发的秘密、机密类文件打码标明文件序号，登记文件序号和收件人，及时整理、归档各类文件，严防泄密事件发生。熟练掌握行文规则，确保对上、对下行文规范，保证行文的准确性。2016年，编印文件304份，其中以区委名义行文164份，以区党办名义行文82份，区委纪要40份，起草领导各类讲话18余篇。所有文件均做到了格式规范、内容准确。发挥办公室沟通协调职能作用，上传各乡（街道）、区直各部门工作开展情况、对区委工作的意见建议等，下达区委决策部署、主要领导指示精神，保证全区各项工作高效进行。主动与上级业务部门沟通交流，争取对桑珠孜区工作的了解与指导。加强与各乡（街道）、区直各部门沟通交流，协调各方推进区委重大决策和重要工作部署落实，并为其他单位工作提供力所能及的帮助和意见建议，促进共同提高。做好会务工作，在接到各类会议通知后，第一时间按照会议要求确定参会人员，及时通知参会人员会议时间、地点、内容，提前准备会议材料。会前，精心布置会场，严密确定参会人员座次排列、会场电子LED屏幕内容、会场环境卫生。会中，全力做好各项服务工作。会后，及时整理归档会议资料，总结本次会务工作中存在的问题与不足，根据会议内容整理形成会议纪要。

全年共组织大小会议300余场。

【信息工作】 2016年，坚持做好信息编写上报工作，仔细核对单位上报的各类信息，对动态性、综合性信息中，有价值、能准确反映桑珠孜区工作开展情况的信息，及时整理上报，使市委、市政府能准确了解桑珠孜区近期工作重点、工作动态。截至年底，已上报《桑珠孜区信息》1084期，共计被采纳195条，其中西藏自治区党委办公厅采用1条，日喀则市委办公室采用66条，日喀则市委信息科采用128条。

【突发事件应对处置】 2016年，在突发事件处理过程中，区委办公室迅速行动、快速出击，主动全面细致地做好事件调研，对事件发生原因、过程、情况进行收集整理、核实上报，确保各级领导在第一时间掌握最全面、最准确的资料，为科学应对、妥善处置提供决策基础。

【全面深化改革工作】 2016年，围绕制约桑珠孜区经济社会发展的问题，主动开展调研，寻求破解方法，制订相应方案，凝聚力量，统筹谋划、协同推进，有重点、有步骤地抓好各个方面的改革。下发《中共桑珠孜区委办公室关于调整充实区委全面深化改革领导小组专项小组的通知》《中共桑珠孜区委关于调整充实区委全面深化改革领导小组的通知》《桑珠孜区委全面深化改革领导小组2016—2017年度工作要点》等一系列文件，广泛开展调研，形成专题调研报告2篇，深入推进各专项领域深化改革，年底对工作开展情况进行总结，形成报告1篇、工作经验1篇、舆论宣传报道10篇。

【督查工作】 2016年，桑珠孜区委办公室紧紧围绕区委、区政府中心工作，认真履行督查工作职责，带头遵守各项规章制度，积极主动地开展督查督办工作，较好地完成了区委、区政府交办的各项督查工作任务。年内，共对27次区委常委会议、专题会议议定的242项任务进行了督导，已完成242件任务，办结率达到100%。

【机要密码工作】 2016年，严格按照上级要求及机要局实际情况进行密码设备的实战演练，保证密码通信服务畅通，打下坚实的通信基础。对常用设备定期进行维护和巡检工作，定期参照密码工作的各项年度考核项目进行自查，为机要密码工作起到保驾护航的作用。全年共计收到文件3305份，发文321份。

【保密工作】 严格涉密资料管理，坚决杜绝泄密发生。涉密文件资料发放实行文件编号、签收人登记，文件编号与签收人员一一对应制度。涉密文件资料整理完毕后及时归档、入柜，所有涉密电脑资料拷贝必须使用光盘。对涉密电脑进行不定期检查，日常工作中进行保密法律法规宣传教育，提高办公室干部职工保密意识。按照上级要求，积极配合开展全区涉密计算机设备配置检查工作，加强涉密计算机管理。全年对各乡（街道）、区直各部门进行2次涉密大检查，并提出具体整改要求。

【管理使用党政信息网】 主动作为，推进县乡党政信息网建设使用，推进政务电子化，提高办公效率。认真落实保密工作，要求使用单位严禁在党政信息网上传输涉密内容。全年，党政信息网正常使用的单位达90%以上，做到高效、节约成本办公，大大降低了行政成本。

【档案收集整理归档工作】 2016年，做好档案收集整理归档工作，做好档案管理、利用服务和保密工作。严格按照程序做好文件材料的鉴定、销毁、归档，加强档案馆硬件、消防设施配备，确保档案安全。桑珠孜区综合档案馆馆藏起于2016年，共有22个全宗，保存区委、人大、政府各类文书档案及资料。按永久、长期、短期三大期限分类，根据进馆时间对档案进行编号并编制卡片、归档目录、档案借阅登记表等以便查阅。截至年底，桑珠孜区档案馆保存文书档案2889卷、

16495件，照片档案138张，实物档案168个。现库房内各项防范设施齐全，配备了灭火器、温湿度计、加湿器、档案柜内放置长效驱虫药等，基本达到了防火、防潮、防尘、防鼠、防盗、防光、防虫、防高温、防污染九防要求。

（江白加措）

【领导名录】

区委常委、办公室主任

黄 应 胜（青岛援藏，7月免）

常务副主任

张　　宇（青岛援藏，7月免）

副主任 白玛普尺（女，藏族）

黄　　亮（6月免）

索　　多（藏族）

档案局（馆）长

兰 瑞 杰（6月免）

机要局长

德　　央（女，藏族）

档案局（馆）长

扎西央宗（女，藏族，6月任）

中共桑珠孜区委组织部

【概况】 2016年，中共桑珠孜区委组织部干部职工共计18名，负责专项工作的3名（其中档案专项审核1名，强基办1名，“两学一做”办1名）；县级领导干部1名，正科级领导干部1名，副科级领导干部3名，副主任科员1名；共设6个办公室：干部室、人才工作站、基层党建室、办公室、编制办、档案室。区委组织部属区委下辖机构，主要职能有：研究和指导党组织特别是党的基层组织的建设，组织开展新时期党的建设理论研究；负责干部宏观管理工作、抓好干部人事制度改革工作、贯彻执行和结合实际研究制定选拔任用干部的标准、程序、抓好干部双重管理工作；提出关于乡（街道）和区直副科级以上单位以及其他列入区委管理的领导班子调整、配备的意见和建议，并负责区委管理干部的考察及任免；负责干部监督工作的宏观指导，负责组织工作和干部工作的检查督促，同时抓好干部监督制度的落实和历史遗留问题的审查；制定干部教育规划，组织区委管理的干部和一定层次的中青年干部的培训；负责区直机关党的建设指导、监督及党员发展、教育与管理工作；培养和建设适应市场经济发展要求的人才队伍。

【干部工作】 年内，组织桑珠孜区各级干部参加市组织部、市党校组织的培训班共17期、62人次；积极为自愿留藏的同志办理手续，进一步加强桑珠孜区人才队伍的培养和建设。极力推进“组团式”援藏工作的开展，完成桑珠孜区10个乡换届人事调整安排，涉及调整人员共144人，调整90名公检法系统干部。协助市委组织部完成对6名正科级干部提任副县级干部，3名副县级干部进一步使用，3名副县级干部提任上一级职务，1名正县级干部进一步使用的推荐、考察工作；将2011年开始派驻寺庙的13名干部全部进行了轮换调整。完成第七批9名援藏干部援藏期满考核工作和第八批援藏干部轮换工作。组织开展“结对帮扶、定点帮扶、百企帮百村”等行之有效的活动，助力脱贫攻坚工作。组织全区正科级以上领导干部完成《领导干部个人有关事项报告》填报工作。

【乡领导班子换届】 年内，把换届工作作为年度首要政治任务，高度重视换届选举工作，严肃工作纪律，依法依规组织，压茬推进各个换届，圆满完成乡换届选举工作。4月初成立换届工作领导小组及专班，制订《桑珠孜区各乡领导班子换届工作方案》及4个工作预案，召开换届工作动员大会，组织培训，对换届的目标、责任、时限进行明确。抽调骨干人员组建巡回宣讲组和流动讲师团，注重在视觉感官、内涵意义方面强化宣传。以“12个1”为配套措施，印发《纪律的小船说翻就翻》、“九严禁”为主题的漫画，编制提醒卡，以《抉择》《镜鉴》为警示教育片，在全区分片组织观看20余场次，宣传宣讲工作全面覆盖。对工作程序细化每个环节，制定工作模板，签订《严守换届纪律承诺书》，严把人选关口，确保民生、民情、民意全面贯彻到整个换届工作中。各乡共产生党代表623名，选举产生各乡党委委员92名，纪委委员47名。其中党委委员中女性委员32名，占34.8%，比上届党委增长17%；汉族委员28名，占30%，比上届党委增长13.6%；“两委”平均年龄35.6岁，比上届党委降低3岁，基层干部当选委员73名。各乡共产生人大代表435名，其中女性代表85名，占20%，比上届增加3%；人大主席10名、副主席2名，其中女性4名；政府乡长10名、副乡长41名，其中汉族22名，女性21名。

【党建工作】 年内，及时调整充实三级党建工作领导小组，撰写《桑珠孜区2016年度基层党建工作要点》，将党建工作细化成“七大任务”，成立基层党建工作督查专项小组，召开基层党建工作联席会，参与人次达162人，解决突出问题5次，交流发言36次。出台基层党建全程纪实制度，大力实施“万名村（居）干部素质提升”工程，研究成立“流动讲师团”，深入村（居）24场次，参与群众达7240余名。继续抓好桑珠孜区基层党建微信公众平台，累计编发各类信息4020条，关注人数将近达900余人，点击数达728910次，转发次数达679次。围绕建立“1+3”（即理论学习+种植业、养殖业、手工业）培训点，建立5个桑珠孜区党员群众培训站点。组织50余人开设第一期村（居）干部、后备干部技能培训班。完善《关于在桑珠孜区乡（街道）建立组织员队伍工作方案》，健全组织员队伍，制定《发展党员规范化材料》《发展党员政治审查制度》《发展对象入党前集中培训制度》《发展党员公示制度》《发展党员预审制度》《发展党员票决制度》《村（社区）党员档案管理制度》《新党员跟踪考察制度》《村（居）“两委”负责人近亲属入党申报备案制度》等工作制度，严格执行《发展党员沟通制》，有效解决了发展党员不规范的问题。通过“五式培训法”（党课式、辅导式、情景式、交流式、竞赛式），开展培训工作。逐步推行党员志愿服务活动“社会化、专业化”相接轨，开展活动200余次。制订《桑珠孜区村（居）干部考核激励方案》《桑珠孜区村（居）干部激励资金兑现方案》，将村居干部提升待遇资金从180.5万元提标至392.6万元。

【权责清单制度建设】 2016年3月，制订并下发《桑珠孜区政府工作部门推行权责清单工作实施方案》，召集29家所涉政府职能部门工作人员开展权责清单工作培训会。3月20日，区审改办完成权责清单“一上一下”环节，共梳理职权755项。4—5月，完成权责清单“二上二下”环节，共梳理职权1331项；6—9月，完成“三上三下”“合法性审查”环节，共梳理职权1578项。10—11月，参加权责清单联审，最终确定桑珠孜区职权共计3139项。12月20日，桑珠孜区权责清单事项通过桑珠孜区政府网站全部向社会公示。

【机构编制实名制管理】 2016年2—4月，桑珠孜区编办对教育系统实名制管理中存在的问题进行集中整改；依托人员编制信息卡片、财政供养人员、单位实有人员，逐一核对，实现全区2964名干部职工“一人一账”规范化管理。全年共完成编制调整18批次，新入编150人、出编56人，区内调整384人。

【政府职能转变和机构改革】 年内，将深化行政审批制度改革与优化政府工作流程相结合，提高行政效能与服务水平，创新体制机制。区编办制定提交了机构改革方案，并根据各单位职责和工作开展实际，合理修改编制“三定”方案。

【档案专项核查工作】 桑珠孜区干部人事档案专项审核工作涉及全区12个乡（街道）和73个部门（包括所有行政及机关事业单位），共有个人档案1520卷，任务繁重，时间紧迫，档案工作人员通过专题培训，对不同类型档案进行分析和实际操作，结合桑珠孜区实际情况，建立健全五项档案管理制度，已完成干部档案专项审核、认定、目录编制工作共1369卷，审核时每卷档案进行初审、复审，逐卷逐页进行分类、编码，填写缺失材料、对“三龄两历一身份”审核信息前后记载不一致的一一进行登记，通知干部本人核对其全国干部人事档案专项审核工作专用《干部任免审批表》及《干部人事档案专项审核认定表》中的个人信息，确认无误后签字。

【“两学一做”学习教育】 2016年，按照中央、区党委、市委要求，结合实际制定学习教育实施方案及学习计划，认真学习贯彻党的十八届六中全会和自治区第九次党代会精神，深入学习领会习近平总书记系列重要讲话精神，重点学习《中国共产党章程》《中国共产党纪律处分条例》《中国共产党廉洁自律准则》等党内法规制度。全年共召开推进部署会2次；围绕区党委确定的“学党章党规”“学系列讲话”“党的治藏方略”“做合格党员”四个专题召开集中学习研讨会4次；结合“七一”庆祝活动，开展讲党课活动1次，开展知识竞赛1次；成立联合督导组10余个，对各乡（街道）、区直机关“两学一做”学习教育督导4次，形成督导报告4篇；按照“两学一做”要求，组织全区各级党组织召开民主（组织）生活会，“四套班子”梳理出集中整改任务25项，各级党组织确定整改任务126项，确保学习教育取得实效。

【强基惠民工作】 2016年，桑珠孜区共派驻村工作队176个、选派驻村干部704名（自治区级派驻19个工作队76名干部、市级派驻25个工作队100名干部、桑珠孜区派驻132个工作队528名干部）。年内，各驻村工作队共帮助培养入党积极分子310名，健全村规民约、党务、村务公开制度853条，开办夜校1100余场次；召开维稳宣讲大会824场次，排查和妥善处理各类矛盾72件；帮助村（居）理清发展思路316条，找准发展路子105个；为民办实事、好事920余件，投入资金183万元；开展慰问“五保户”、贫困户、困难群众等7560余人次，发放慰问金或慰问品价值113.4万元；组织群众劳务输出3830余人次，增加现金收入781万元；协助落实惠民政策12个，监督兑现惠民资金1996万元；开展各类宣讲会、新旧西藏对比1295场次，发放宣传资料9万余册（份）；协助落实精准扶贫工作，入户调研2万余次，建档立卡176册，形成精准扶贫方案、调研报告1000余份。

（肖映宝）

【领导名录】

区委副书记、组织部部长
　　刘　云
副部长　格桑曲珍（女，藏族，正科级）
　　罗桑多吉（藏族）

中共桑珠孜区委宣传部

【概况】 2016年，桑珠孜区委宣传部干部职工共计20名；县级领导干部1名，正科级领导干部1名，副科级领导干部3名，副主任科员1名；共设5个办公室：办公室、网信办、网评中心、文化执法大队、“六城共建”领导小组办公室。

【党建工作】 根据开展“两学一做”和“学讲话、找差距、转作风、抓落实”，学习活动的安排部署，桑珠孜区委宣传部高度重视，认真部署，结合工作实际制订“两学一做”和“学讲话、找差距、转作风、抓落实”的学习方案，成立领导小组，认真学习习近平总书记系列重要讲话，有重点地加强了习近平总书记关于宣传文化工作、意识形态领域的重要讲话精神，学习党章，特别是重点学习习近平总书记在新闻舆论工作座谈会上的重要讲话精神，宣传部的每位干部都撰写心得体会，进行专题讨论，认真做好笔记，熟记新闻舆论工作48字要求，通过学习增强了全体干部做好新闻舆论工作的使命感和责任意识。

【理论学习】 坚持把深化习近平总书记系列重要讲话精神的学习教育作为全区思想理论建设的首要任务。做好中心理论组学习。根据市委理论中心组的安排，宣传部结合实际及时制订桑珠孜区理论学习安排意见，把每季度的学习资料进行了资料汇编，方便中心组成员和各乡（街道）的理论学习，在2016年的中心组学习会上重点安排学习习近平总书记系列重要讲话精神、党的十八届六中全会精神、自治区第九次党代会精神以及自治区、全市重要会议精神的学习；为全区干部职工学习做好服务。为给全区干部职工提供学习服务，宣传部订购和下发《习近平总书记系列讲话2016年藏汉文版》《知之深、爱之切》《大讲堂》等学习书目，供干部职工学习；围绕党的十八届三中、四中、五中、六中全会精神、习近平总书记一系列讲话精神、自治区第九次党代会精神、民族团结教育和“六城共建”等为主题，制作学习读本，安排各乡（街道）、驻村工作队进行宣讲；以“三月敏感期”为重点，切实抓好反分裂斗争教育工作。结合实际，在学校、社区，对学生和群众进行了新旧西藏对比教育，在区、各乡办都开展了升国旗仪式，教育引导广大学生、群众牢记历史，珍惜现在。组织宣传工作组，到各乡办开展了民族团结教育知识、反分裂斗争知识的宣讲活动，全区36个便民警务站和其他商务LED电子屏均打上宣传标语。在全社会唱响了共产党好、社会主义好、改革开放好、伟大祖国好的时代主旋律。

【新闻工作】 年内，紧紧围绕区委、区政府的中心工作，做好新闻宣传工作，达到宣传桑珠孜、推介桑珠孜的效果。抓好专题宣传。做好全区灾后重建、扶贫攻坚、民生工作、安全生产、乡党委人大换届、“两学一做”“六城共建”等专题的宣传工作，制订宣传方案，在市区主要路段、区行政大楼大门左右两侧、办公楼内、公交车站台、便民警务站等地方及时制作和发布宣传标语200多幅，宣传横幅300多条，为各项活动的开展营造了良好的氛围。做好新闻宣传工作。紧紧围绕区委、区政府的战略部署、工作亮点以及灾后重建、脱贫攻坚、“六城共建”等活动开展新闻宣传工作。截至年底，桑珠孜区共上报新闻信息200余篇，采用140篇，其中西藏新闻及西藏电视台其他栏目播出47条，日喀则电视台播出视频93条。

【文化市场执法监督检查】 加强队伍建设。严格按照区市两级宣传思想工作精神和市委宣传部的要求，及时调整充实了文化市场综合执法领导小组，配备强有力的执法队伍，做到“三个到位”；根据实际制定《网吧安全经营目标责任书》《音像制品、户外广告安全经营目标责任书》《娱乐场所安全经营目标责任书》和《印刷企业安全经营目标责任书》并与全区所有的娱乐场所、网吧、打字复印店签订目标责任书；开展文化市场检查。加强对娱乐场所的管理力度，打击娱乐场所接纳未成年人、各类非法演出等违规行为；加大对互联网上网服务营业场所监管力度。重点排查安全隐患，确保桑珠孜区文化市场平安有序，加强对歌舞娱乐场所曲库监管，严防各类禁播曲目播出，严查网吧经营场所违规接纳未成年人行为。认真组织开展了出版物经营场所的检查。重点对校园周边、医院附近、车站广场等区域检查，主要检查进货台账，规范进货渠道，坚决查处危害未成年人身心健康的图书、报刊、游戏卡、贺卡等违法经营行为，重点查缴含有政治性、淫秽色情等内容的违禁及侵权盗版出版物；组织互联网服务业主、娱乐场所业主、打字复印店业主集中学习文化市场相关法律法规以及文化市场管理条例，进一步提高业主们依法经营和文明经营的服务水平。截至年底，桑珠孜区检查文化经营场所163次，出动检查63人次，责令停业整顿娱乐场所12家、互联网经营场所29家、音响制品经营单位3家。

【网信工作】 桑珠孜区网信工作着力提高以互联网传播为基础的新兴媒体传播能力，通过桑珠孜区政务网、桑珠孜区发布（新浪微博）、桑珠孜区发布（微信）等网络平台，大力加强桑珠孜区互联网传播工作，通过网络宣传、引导舆论推介桑珠孜区，塑造桑珠孜良好形象，为桑珠孜区经济社会跨越发展营造了良好舆论氛围。强化网络宣传、舆论引导工作。桑珠孜区互联网信息办公室始终始终坚持“忠诚、奉献、拼搏”的工作理念，围绕桑珠孜区工作重点，主动向各乡（街道）、各部门了解工作的进展情况，提高信息的及时性、可信度、准确度，坚决杜绝“坐等信息”现象的发生。通过桑珠孜区政务网、桑珠孜区发布（新浪微博）、桑珠孜区发布（微信）等网络平台及时宣传报道桑珠孜区在政治、经济、文化、社会、生态文明建设等各方面取得的成就和经验，主动占领网络舆论宣传阵地，营造良好的网络舆论氛围。截至年底，政务网站发布信息2326条，微博1770条，微信1241条；开展城市形象宣传。通过微信、微博、桑珠孜区政务网、优酷、土豆、新浪视频、腾讯视频、新华网、新华网山东频道、新华网广东频道等网络媒体发布《大美桑珠孜MV》城市形象宣传音乐MV，向社会大众展示和谐、繁荣、幸福桑珠孜区；快速反映、增强舆情监控工作。为应对网络信息的随意性和随时性，桑珠孜区网络信息办公室采取定时和随机检索相结合的办法，密切关注本区内的网站、微信微博发布、转发、评论等情况，并通过百度、好搜、有道、360综合搜索引擎检索等方式，检索桑珠孜区各类重大活动，重大事项，确保舆情早发现、早办理、早反馈。自工作开展以来，检测上报不良信息4条，发现并协调删除本区内网站被挂马不良信息11起；为营造和谐文明网络，提高网评员的业务水平，提升舆论引导能力，宣传部组织各乡（街道）、区直各单位76名网评工作人员开展系统培训。通过培训，大家表示将把学习成果积极运用到网评工作实践中，不断提升做好网评工作的能力和水平。

【举办第二届青年歌手大赛】 2016年5月，成功举办桑珠孜区第二届青年歌手大赛，吸引了各县的31名选手参加，丰富了全区干部职工的业余文化生活。

【举行纪念红军长征胜利80周年暨“五下乡”活动】 为纪念红军长征胜利80周年，提升群众对纪念红军长征胜利80周年系列活动的知晓率。2016年10月，联合区文广局、科技局、卫生局、司法局开展“五下乡”活动。活动中不仅为观众献上了一场精彩纷呈的文艺演出，还为学生、群众送上了宣传册、药品、书籍等物品，受到了群众的一致好评。

【创城工作】 加强组织领导，确保创城工作有序开展。为确保创城工作取得实效，强化领导，明确任务，狠抓落实，创城各项工作扎实有序推进。桑珠孜区及时成立创建全国文明城市工作领导小组负责落实日喀则创城办安排部署的各项工作任务宏观指导、督促检查与责任考核，成立了政务环境、法制环境、市场环境、人文环境、社会文化环境、生活环境、社会环境、生态环境8个工作组，明确工作目标、责任单位，制定出台《桑珠孜区创建全国文明城市工作实施方案》，并将创城各项工作任务层层分解，逐项落实责任单位、分管领导和责任人，做到目标任务明确、工作标准明确、责任人员明确；做好群众的宣传动员工作。层层召开创城动员大会。在桑珠孜区召开创城动员大会之后，两个街道办事处和各社区也相继召开创城工作动员大会。向社区居民宣传创建全国文明城市的重大意义；向社区居民发去一份号召信。为让社区群众知悉创城工作，支持创城工作，参与到创城工作中来，桑珠孜区创城办，制作15000份藏汉双语号召信，发放到了社区群众手中；做好落实督促工作。为使宣传动员落到实处，了解群众对创城工作的知悉率，桑珠孜创城办专门深入到社区群众家中、社区服务中心、茶馆、街头，对群众对创城工作的知悉率进行了询问；加强宣传，营造良好社会氛围。在各公交站台、珠峰路、各社区等位置设置和张贴和创城宣传标语，各社区还悬挂创城宣传标语；结合实际，开展工作。开展社会主义核心价值观宣讲活动。为社区群众代表、党员代表、社区干部从国家层面、社区层面、以传统美德典故，家庭生活变化，榜样人物等方式讲述了24字社会主义核心价值观；社区群众、全体党员志愿服务队开展“创建全国文明城市”志愿服务活动，每周组织社区群众对社区环境卫生进行清扫，社区的卫生面貌得到了有效的改观；开展文明礼仪进社区宣讲活动。社区群众纷纷表示，通过聆听宣讲学到了很多文明礼仪知识，对提高自身的文明素质素质很有帮助开展“六城共建”宣讲活动，活动涉及桑珠孜区15个社区，参与群众7500余名，发放《积极参与“六城共建”倡议书》约15000份，有效提升了市民群众对“六城共建”工作的知晓率、支持率，达到了预期效果，营造了良好的社会氛围。

【文化工作】 为全面推动综合文化站免费开放，青岛第七批援藏干部投资建设的文化大院作用日益显现，受到群众的欢迎与好评。2016年民间艺术团共创作各类节目5个，参加演出13场次，同时，桑珠孜区民间艺术团演员积极参加日喀则市元旦跨年晚会、总工会表彰颁奖大会、日喀则市唱红歌合唱活动、感党恩“3·28”文艺演出、第十四届珠峰文化旅游节等一系列活动，进一步提高了民间艺术团的业务水平和知名度。非物质文化遗产保护工作扎实开展，积极申报建设3个非遗传习基地。为认真开展农村电影放映工作，把农村电影放映工作作为当前新农村建设的一项重要的文化工作任务来抓，积极推动放映工作。桑珠孜区文广局现有6个放映队，2016年为广大农牧民群众免费放映电影411场次，观众达54668人，圆满完成上半年上级下达的放映指标任务。切实加加强“户户通”建设，截至年底，桑珠孜区辖区内171个行政村直播卫星实现全覆盖。

（贺　薇）

【领导名录】

部　长　部风琴（女）
副部长　扎西多杰（藏族）
　　　　赵　芳（女）
网信办副主任
　　　　刘百科

中共桑珠孜区委统战部

【概况】 2016年，桑珠孜区委统战部有办公室、宗教工作领导小组办公室和工商联3个机构；干部核定编制16名，实有14名。按照自治区、日喀则市、桑珠孜区党委、桑珠孜区政府的统一安排部署，2011年11月共成立1个片区管理委员会、8个寺庙管理委员会和4个寺庙专职特派机构。截至年底，全区驻寺干部共有47名。

【健全机制抓推动】 2016年，桑珠孜区调整充实统一战线工作领导小组，以区委书记为组长，有关部门主要领导为成员的领导小组，形成党委领导、统战牵头，有关部门各负其责的大统战格局。领导小组下设办公室，负责宗教工作领导小组日常工作，确保全区宗教工作有力推进。

【联系制度】 加强和创新寺庙管理工作是有力加强党对宗教工作的领导和维护宗教领域和谐稳定的重要体现。按照县级领导干部联系寺庙工作要求，制定区委、人大、政府、政协领导班子成员和其他县级领导干部联系寺庙的工作制度。联系人定期不定期深入寺庙，掌握第一手资料，并解决广大僧尼切实看得见、摸得着的实际困难，得到广大寺庙僧尼和信教群众的高度赞扬和一致好评。

【党建工作】 2016年，统战部党支部加强机关理论学习，认真学习贯彻习近平总书记系列重要讲话精神特别是治边稳藏重要战略思想，深入贯彻落实中央、区党委、市委、区委关于统战民族宗教工作系列决策部署，加强思想政治工作，积极开展“两学一做”活动，落实三会一课制度。年内，党支部成功发展入党积极分子1名，合格党员1名。

【党风廉政建设】 2016年，统战部的党风廉政建设和反腐败工作以“两学一做”学习教育和主题活动为指针，按照区纪委《2016年党风廉政建设和反腐败工作》责任任务，加强组织领导，狠抓干部管理，完善各项规章制度，认真贯彻落实党风廉政建设，切实将各项工作措施落到实处。

【落实创建活动】 年内，桑珠孜区开展寺庙法制宣传教育活动，实施“百名高僧大德培养工程”，规范了寺庙人财物和佛事活动管理，落实各项利寺惠僧政策，评选表彰和谐模范寺庙和爱国守法先进僧尼，2016年共兑现各项奖励资金96.3万元。协助寺管委机构对全区在编僧尼进行免费体检；为153名僧尼兑现农村最低生活保障金29.896万元，解决了寺庙“一覆盖”问题。通过系列利好政策和表彰评选活动的实施，切实让广大僧众感受到了党和政府的关爱与温暖，思想观念得到了较大转变。在区委、区政府关心支持下，寺庙公共服务设施投入有了较大提高，全年共投入资金147.3万元，其中为帕索寺安排资金30万元，用于院内地面硬化及排水系统设施建设；为俄尔寺安排专项资金60万元，对其寺院道路、围墙等进行修缮；为纳唐寺安排资金15万元，新建澡堂、购置设备、维修大门等；为塔杰珠德寺解决经费23.4万元，用于藏香厂启动资金、购买变压器、房屋维修等；为江洛寺、央曲寺解决12.1万元，用于更换老化线路；为桑珠曲顶寺塔巴分寺解决房屋维修经费6.8万元。以上项目的实施，切实帮助寺庙及其管理机构办了实事、解了难事、做了好事。

【落实“六建”政策】 年内，按照创新寺庙管理“六建”工作要求，坚持党的领导和依法管理原则，在全县寺管机构中成立13个寺庙管理机构党组织，建立起党和政府领导下的坚强有力、依法高效的寺庙管理体系，对全区17座寺庙实行规范化、科学化管理。

【落实“六个一”政策】 年内，按照寺庙“六个一”活动要求，本级财政预算安排“六个一”专项活动经费35万元，用于各管委会联系交朋友、走访慰问等活动。

【非公组织建设】 区工商联自2013年12月2日成立至今，选举产生1名专职主席，6名副主席，13名常委，25名执委，工商联班子90%为企业领头人。区工商联以教育培训为重点，积极做好新形势下非公有制经济人士思想教育工作，在促进“两个健康”发展方面取得了成效。加强非公企业党建工作，组织召开2016年非公组织党建工作会议，与非公企业党支部签订了党建目标责任书，在区委组织部的关心支持下，争取非公党建工作经费12万元，对16家非公企业进行了精准扶贫摸底调研工作，从而掌握了第一资料。积极开展“献爱心、送温暖”活动，先后走访慰问了西藏岗仁波切集团等10家企业，送去慰问礼金0.8万元，同时在迎“国庆”活动期间，组织召开非公企业党员座谈会，向非公企业党支部38名困难党员送去慰问礼金1.9万元，深得好评。为推进全国“五好”县级工商联创建工作，迎接自治区工作组的检查验收，及时成立“五好”县级工商联创建工作领导小组，制定了实施方案，制作了宣传专栏，建立和完善了相关工作制度及台账，得到了业务部门的工作肯定与好评，并荣获2016年度全国“五好”县级工商联建设示范点荣誉称号。

【参观培训】 年内，在区委组织部和业务部门关心关怀下，先后安排12人次涉宗干部参加自治区、日喀则社会主义学院和自治区、日喀则市党校举办的培训班，通过办班，切实提升了涉宗干部的政策理论水平、藏传佛教知识和管理工作能力，有5名僧尼顺利考入到了西藏佛学院进行学习深造。

【党外队伍建设】 培养和使用党外爱国人士是党的一贯政策，尤其是在藏传佛教爱国人士队伍建设中尤为重要。为便于开展工作，建立完善党外爱国人士信息管理档案，6月，安排专人对非中共爱国代表人士及其后代现状进行走访调研，形成了可行性专题调研报告；在“三大节日”期间，走访看望了生活较为困难的非中共爱国人士，送去慰问礼金3000余元，通过真情交往，彼此之间增进了互信，拉近了距离，切实将他们团结在了中国共产党和人民政府周围。

【境外藏胞管理服务】 年内，始终坚持“爱国一家、爱国不分先后”的方针，为进一步规范藏胞回国审批接待管理制度，争取更多藏胞心向祖国。年内，严把境外藏胞回国探亲、朝佛的审批关，在做好9名境外藏胞急需回国探亲人员个人身份信息等核实工作的同时，对探访即将到期的4名滞留藏胞人员进行了劝返。

【干部队伍建设】 2016年，统战部通过走访调研，全面了解掌握到桑珠孜区驻寺干部现状及存在问题，在区委重视和组织部门关心之下，有23名驻寺干部得到了提拔、交流，占驻寺干部总人数的35%，其中12人（含1人提升至上一级职务）调整交流到了区直机关和乡（街道）党工委政府重要岗位上，有3名同志（1名提升上一级职务、2名进一步使用）继续留任驻寺岗位，有力解决了驻寺干部提拔交流轮换难等问题。

【改善驻寺干部居住条件】 年内，根据部分寺庙管委会没有办公场所的情况，桑珠孜区涉宗部门积极想方设法，由政府垫资360万元，修建完成建筑面积为1142平方米的一个片区管委会和三个专职特派员机构综合服务用房，大力改善干部居住环境，提高了工作积极性。

【寺庙环境整治工程】 积极推进“同心林卡”工程，在区林业局大力支持下，全年安排绿化项目669.75万元，组织僧尼植树造林1283亩、94940株树。

（何 东）

【领导名录】

区政协党组书记、主席、统战部部长

普 布（藏族）

副部长 白 多（藏族，5月免）

米玛欧珠（藏族）

拉巴次仁（藏族）

工商联主席

白 珍（女，藏族）

宗教办主任

米玛卓玛（女，藏族，5月任）

宗教办副主任

王文孝

工商联副主席

德吉措姆（女，藏族）

中共桑珠孜区委政法委员会

【概况】 2016年，政法委编制16人，实有15人，人员结构为男性11人，女性4人，藏族7人，汉族7人，苗族1人；党员14人，平均年龄36岁，其中大学本科学历11人，大专学历4人.内设政法委办公室、综治办、维稳指挥部办公室、护路办，护路办下设铁路沿线护路大队。

【开展法制宣传】 年内，为提高广大干部群众积极参与政法、综治工作，形成人人关心政法、综治，人人参与政法、综治的良好氛围。桑珠孜区极力打造一支高水准的政法、综治宣传队伍，在负责收集、汇总、报送政法、综治信息的同时，结合各阶段政法、综治工作重点，开展反邪教、反走私、禁毒、禁赌、爱路护路、打击非法传销、增强国防意识等法制、政法、综治宣传教育。在“3·10”“3·14”“3·17”“3·28”、6月政法、综治宣传周、“9·16”平安建设宣传日、“9月”民族团结宣传月等活动中，坚持团结、稳定、鼓劲、正面宣传为主的方针，采取“摆摊设点”、制作展板、悬挂横幅、发放资料、法治宣传车、手机短信等丰富多彩的宣传形式，进一步加大宣传工作力度，提升宣传工作水平，增强宣传工作实效。年内，共开展宣传活动7场，发放各类宣传材料330余种，出动宣传车辆14台次，接受法律咨询150余人，共派出宣传人员230人（次），发放宣传材料4183份，贴挂宣传横幅50余条，展板37块，在此期间耐心解答群众咨询，同时区卫生部门组织义务诊疗活动，共发放各类药品18种价值8000元；区消防大队向群众发放印有消防安全知识的小礼品3种近500余个。同时，桑珠孜区充分利用便民警务站这个便利平台，滚动播出政法、综治及“双联户”宣传知识等，受到了良好社会效益。

【“双联户”工作】 加强组织领导。进一步更新完善基础台账，为确保“双联户”工作实现全覆盖，桑珠孜区从加强“双联户”基础信息工作抓起，对全区2016年“双联户”三册（格长信息、户长信息、家庭信息）进行更新完善，确保底数清、情况明。开展“双联户长”培训工作。为培养造就一支品德好、作风硬、能力强、业务精、会干事的“双联户长”队伍，提升桑珠孜区“先进双联户”创建评选水平。截至年底，桑珠孜区举办两期户长培训，讲解相关“双联户”知识；及时兑现奖励资金。2016年，桑珠孜区兑现市级先进集体奖励资金及四级“先进双联户”表彰资金共计174.43万元，完成发放2015年度“双联户长”补助资金344.344万元。同时2016年桑珠孜区专门解决“双联户”工作经费47.2万元；严格审批核查，落实优惠政策。认真落实自治区、市、区三级“先进双联户”各项优惠政策。

2016年，全区享受区级“先进双联户”家庭直系子女参加全区高校毕业公开考录考试的有20名；享受市级“先进双联户”家庭直系子女参加全区高校毕业公开考录考试的有2名；享受自治区级“先进双联户”家庭直系子女高考加分的有1名；做好“先进双联户”创建评选工作，2016年桑珠孜区共推荐36个县（区）级先进联户单位，374户，13个市级先进联户单位，150户；推选17个县（区）级“双联户”工作先进集体村（居），5个市级“双联户”工作先进集体村居，4个县（区）级“双联户”工作先进集体乡（街道）、1个市级“双联户”工作先进集体乡（街道）。在年度评先过程中，深入基层调研、摸底排查，以政法委名义下发通知，要求乡（街道）与其派出所联合入村进行摸底、排查，从源头严防存在上访、治安、刑事案件、矛盾纠纷等“带病”的村居、联户单位入选先进行列。同时将表彰名单征求组织、纪检、强基办等部门的意见后提交区长办公会和常委会。于12月26日召开桑珠孜区2016年“先进双联户”表彰大会。政法、综治办及时制定集体奖励资金使用办法，召集乡（街道）负责人和村（居）负责人传达资金使用办法及时兑现奖励资金。2016年，共兑现县（区）级奖励资金共计284000元。

【铁路护路联防工作】 年内，为使区、市两级关于铁路护路工作的决策和部署落地有声，确保拉日铁路桑珠孜区段绝对安全，桑珠孜区铁路护路联防工作领导小组高度重视，2016年，共召开铁路护路联防工作专题会议10余次，研究铁路护路工作动态，分析铁路护路工作形势、查找铁路护路工作漏洞。同时根据2016年铁路沿线维稳工作实际研究制定《桑珠孜区铁路护路联防应急处突预案》《桑珠孜区铁路护路联防防暴恐方案》《三月敏感期维稳工作方案》《“128”赴日喀则期间铁路沿线安保方案》《铁路沿线防汛抗洪应急工作方案》等各重要敏感节点维稳工作方案5份，确保各项铁路护路维稳工作能够有序开展。

【政法工作】 年内，桑珠孜区领导班子高度重视政法、综治工作，牢固树立“发展是硬道理，稳定是硬任务”的观念，认真履行“保一方平安”的政治责任，抓住落实政法、综治责任制这个龙头，统一思想，达成共识，凝聚合力。先后多次召开常委会、四套班子联席会议、政法、综治委联席会议，研究维护稳定问题和听取政法、综治部门工作汇报，认真分析桑珠孜区政法、综治工作形势，解决重大问题。主要做法是：实行“四个纳入”。即把政法、综治工作成效纳入各级各部门领导干部特别是党政主要领导年内岗位目标和政绩考核范畴；纳入区委考核、提拔、使用干部的必备条件；纳入全年目标管理考核的重要内容；纳入评先评优的重要依据。坚持“三个签状”。即年初区与乡（街道）、乡（街道）与村（居）、村（居）与户分别签订政法、综治目标责任书，形成了政法、综治工作分级管理、人人有责的责任体系和政法、综治工作纵向到底，责任到人的工作机制。为确保各项工作落到实处，加大对日常工作督促检查，组织“两次检查”，即半年检查和年度检查。检查中采取“听、查、看、议”等方式严格进行，对于督查中发现的问题及时予以指正。形成调研材料，为区委、区政府提供了决策依据，与此同时，把治安政法、综治工作与经济建设、党建工作紧密联系一起，2016年，区政法、综治委对于各项工作落实到位，取得优异成绩的乡（街道）和区直部门予以奖励，充分调动了各级各部门关心政法、综治、参与政法、综治的积极性。

【“两学一做”学习教育】 年内，采取集中学与个人自学、领导领学、座谈讨论、重点辅导相结合，系统地学习《党章》和习近平总书记的系列讲话，开展集中学习15次以上，个人自学每人每周不少于7个学时，通过做好学习笔记，撰写学习心得，突出重点、知识测试等载体，提高了学习效能。举办主题党课、辅导报告5次；组织党员观看警示教育电教片、视频讲座，开展党课教育，学习焦裕禄等优秀党员的先进事迹学习教育形式和活动，使全体党员深刻认识到新时期共产党员积极践行“三个代表”重要思想，要对党忠诚、牢记宗旨、无私奉献、笃定理想、永葆本色，要体现人民公仆为人民的本色，体现中国共产党“立党为公、执政为民”和“权为民所用，利为民所谋，情为民所系”的根本要求，进一步提高拒腐防变能力。通过学习，党员干部的政治敏锐性明显增强，政治素质、理论素养有了明显提高。

【党建工作】 年内，围绕“党员干部思想进一步提高，作风进一步转变，党群干群关系进一步密切，为民务实清廉的形象进一步树立”的目标，以党的群众路线教育实践活动为契机，广泛在党员干部职工中开展了理想信念教育，制定《党员干部理想信念教育计划》，开展党课教育，在干部职工中营造了学先进典型的浓厚氛围；通过学习教育与活动的开展进一步增强党员干部应用马克思主义的立场、观点、方法分析问题、解决问题的能力，增强了政治敏锐性和政治鉴别力，坚定了矢志不渝为中国特色社会主义共同理想而奋斗的信心。

【开展社会主义核心价值观教育活动】 年内，为深入贯彻中央《关于培育和践行社会主义核心价值观的意见》，围绕社会主义核心价值观教育，组织开展了“道德讲堂”、学习交流、撰写学习心得体会等活动，大力加强社会主义核心价值体系教育，培育机关核心价值理念，使“三个倡导”日益深入人心。强化机关干部职工文明道德意识，通过社会主义核心价值观主题教育活动的开展，使党员干部队伍的整体素质得到提高，履职和服务能力得到增强，对外的形象得到全面提升。

【开展“治庸治懒”治理活动】 年内，以解决“四风”问题为突破口，在党员干部中开展“治庸治懒”治理活动，针对“四风”中存在的突出问题，制定切实可行的严格的《整改措施和整改方案》，按照立查立改的要求，制定完善《首问责任制》《限时办结制》《责任追究制》和《机关工作人员行为规范》等制度。通过以上教育活动的开展，提高广大干部职工对慵懒行为危害的认识，强化“有错是过，无为也是过”的责任意识，激发了干部职工潜在动力，提升了执行力，促进了机关工作作风明显改进，服务能力明显增强，办事效率明显提高，发展环境明显优化。

【党风廉政建设】 年内，政法委充实党风廉政建设工作领导小组，进一步加强对党风廉政建设工作的领导，新成立的支部班子多次召开领导班子会议，专题研究党风廉政建设工作，制定和完善了工作计划和规章制度，要求全体干部必须结合政法工作实际，检验党风廉政工作的实效。

以中央八项规定为标准，严格自律；以中央八项规定为标准，从源头上杜绝腐败，实行以制度管人，通过警示教育，切实解决干部作风中存在慵懒散、办事效率低的情况，以签订承诺书、相互监督的形式，杜绝干部吃拿卡要的作风问题；以身作则，厉行勤俭节约，由单位主要领导带头，坚决遵守廉洁自律各项规定，大力倡导勤俭节约理念，反对各种奢侈浪费的行为，营造出以廉为荣、以贪为耻的良好氛围，严禁干部参加或组织各种形式的宴请和其他活动，领导班子带头严格执行财务入账、路费报销透明等，同时制定办公用品使用制度，杜绝由于个人失误给单位造成的不必要的财产浪费；对各乡（街道）每年综治经费和维稳经费使用情况进行指导检查，防止挪用乱用。2016年6月，政法委对全区12个乡办进行综治调研，调研过程中发现部分乡办存在经费使用不规范情况，及时进行指导纠错，并提出具体要求和经费使用标准，防止在经费使用过程中一错再错。

（刘　乐）

【领导名录】

书　记　汪志忠（9月免）

　　　　普布顿珠（藏族，9月任）

副书记　李清平（苗族，5月任）

综治办主任

　　　　次仁德吉（女，藏族，5月任）

副书记　普布次仁（藏族，9月任）

护路办主任

　　　　普　琼（藏族，12月免）

综治办副主任、维稳办负责人

　　　　杨晓云（女）

副主任科员

　　　　翟纯智

　　　　白马次珍（女，藏族）

桑珠孜区总工会

【概况】 2016年，桑珠孜区总工会行政编制4人，其中：1名副主席、1名副主任科员、1名科员，大专学历2人，本科学历1人，女性3人。全区共建有各类工会组织总数为170个，工会会员达8299名，其中，区直部门工会组织38个，国有企业工会组织2个，基层工会组织130个。桑珠孜区总工会会员中有劳模9人（全国劳模5人，全国五一劳动奖章2人，自治区级劳模3人，市级劳模2人，市级先进工作者1人），在档困难职工141户。

【政治理论学习】 年内，桑珠孜区总工会紧密结合“两学一做”和“讲学习、讲忠诚、正风纪、转作风、提效能”专题教育实践活动不断加强基层工会组织建设，进一步制定完善并执行学习制度，确定每周五下午为工会学习时间，采取集中学习与自学相结合的方式，深入学习中央、自治区、市、区有关的重要会议、文件精神及方针政策，学习习近平总书记在“党的群团工作会议”上的讲话精神。2016年，共组织学习30次，整理心得体会5份，养成了时刻保持努力学习的良好生活习惯，更好地统一了干部的思想，提升了政治理论水平，提高了与群众打交道的能力和综合业务素质。

【党建工作】 2016年，桑珠孜区总工会逐步完善“三会一课”制度，把“三会一课”制度和“两学一做”学习教育纳入支部党建工作内容。组织党员干部深入学习科学发展观，学习党的路线方针政策和学习党章党规。并结合相关党的群团工作意见，引导党员干部进一步解放思想，不忘初心，主动投身党的建设的实践中去。使基层党组织成为对党员干部进行理论武装和多方面知识培养的阵地；进一步加强基层党组织建设，充分发挥基层党组织的凝聚力和战斗力，推进党内民主，保障党员主体地位。2016年4月起全面学习《党章》，以落实党员知情权、参与权、选举权、监督权为重点，积极推进和完善党务公开，努力营造党内民主监督的环境；2016年，对支部班子不在岗的进行了暂时补充，确保支部工作运行照常，提高了基层党组织的合力，并通过认真考察新发展了1名党员，如期转正2名党员，增添了党的新鲜血液；健全落实党风廉洁制度，加强对《中国共产党廉政自律准则》和《中国共产党纪律处分条例》的学习，认真落实“两个责任”，践行“三严三实”。抓好工作作风，不定期开展反腐倡廉警示教育，在源头形成震慑，筑牢思想防线，引导树立底线思维，杜绝身边的违纪现象。

【党风廉政建设】 2016年，为把党风廉政建设和反腐败工作落到实处，结合工作实际制定《2016年桑珠孜区总工会党风廉政建设工作计划》，充实完善党风廉政建设工作领导小组，对党风廉政建设责任制任务进行分解，明确工会主席是党风廉政建设的第一责任人，对单位的党风廉政建设负总责，副主席对党风廉政建设负直接领导责任，成员在班子的统一领导下，各负其责，分工合作，协助班子抓具体工作。为深入开展反腐倡廉教育，进一步抓好干部廉洁自律工作，桑珠孜区委与桑珠孜区工会主席签订《桑珠孜区党风廉政建设责任书》，将党风廉政建设任务层层分解，落实到个人，把党风廉政建设工作与单位工作紧密结合，同部署、同落实、同检查。2016年，桑珠孜区总工会坚持干部职工个人自学与党支部组织学习和周五单位学习日制度相结合，自觉加强对党的理论、路线、方针和政策的学习，强化党风廉政建设教育，提升班子和队伍整体素质，把党风廉政建设纳入重要议事日程，做到年初有计划和方案，年末有总结和汇报材料。在干部职工中开展警示教育，观看学习警示教育宣传片，做到时刻“自律、自警、自醒”。结合“两学一做”活动，健全完善相关规章制度，坚持民主集中制，严格遵守组织人事纪律，对涉及单位的重大事项，坚持集体讨论决定，规范了领导干部的行为，进一步提高干部职工的政治敏锐力、政治鉴别力和理论水平，增强贯彻落实党的方针、政策的自觉性和坚定性，夯实自身的思想政治基础，筑牢拒腐防变思想防线，增强抵御各种腐朽思想侵蚀的免疫力。严格执行财务支出和经费管理规定，认真执行财经纪律，管好用好每一分钱，做到每张发票都有正当支出理由，财务审核把关、领导签字后方可报销。严格审计监督，定期对单位财务进行审计，发现问题及时整改。

【“两学一做”专题活动】 年内，桑珠孜区总工会在贯彻落实“三严三实”的基础上，落实好“两学一做”。开展“两学一做”学习教育，基础在学，关键在做。把党的思想建设放在首位，引导广大党员干部认真学习《中国共产党廉洁自律准则》和《中国共产党纪律处分条例》等，学习党的历史、革命先辈和先进典型，以习近平总书记的系列重要讲话为指导，促使党员干部内化于心，外化于形，争做合格党员。践行“两学一做”，通过制订专题学习方案，利用“三会一课”，为基层群众上好“两学一做”这堂党课，把群众的思想行动统一到党中央的高度上来。开展“我是谁、为了谁、依靠谁”主题大讨论，利用讲好创业致富故事、孝道文化故事、诚信故事等等，帮助广大基层党员干部树牢正确的权力、地位、利益观；克服消极、浮躁、投机、悲观等不良心态。

【开展“送温暖”活动】 2016年，桑珠孜区总工会投入资金总计521550元。开展“三大节日”慰问活动，切实把党的温暖送到困难职工、以及劳模的心坎上，投入资金148950元，走访慰问在档困难职工141户，劳模9人；实施困难职工大病医疗救助，发放大病救助金9000元；为困难职工实施生活救助，发放生活救助金161600元；发放区直机关及乡（街道办事处）活动经费115000元；为成立工会的单位，发放活动资金43000元；兑现2015年度符合“金秋助学”条件的15名大学生的帮扶资金，共计44000元。按照日喀则市总工会的通知要求，将12名符合条件的大学生，纳入“金秋助学”覆盖范围，其中8名学生被区外大学录取，4名被区内高等院校录取，12名学生中，困难职工子女8名，农民工子女4名，临时救助3名。大力开展慰问活动，为桑珠孜区困难职工排忧解难，切实做到把党和政府的温暖、工会组织的关心送到职工群众手中，当好职工群众信赖的“娘家人”。

【组织建设】 年内，桑珠孜区总工会依照自治区总工会《关于开展“农民工入会集中行动”实施方案》精神，重点围绕县（区）级工会“六有”，乡（街道）工会“八有”建设，实施工会组织标准化、规范化建设，通过政策宣传、入会引导、统计核准等措施，2016年，发展2个乡（街道）（曲美乡、年木乡），达到乡（街道）“八有”目标，达标补助为每个乡（街道）2万元，以更好地为广大干部职工和农牧民群众服务。

【财务管理】 年内，按照自治区、市两级有关文件要求，2015年度补交工会会费共计240000元。2015年桑珠孜区总工会在桑珠孜区财政局提取工会经费共计3126449.64元，按照相关文件要求，2015年度工会经费共442000元已经上缴。2016年在桑珠孜区财政局提取工会经费共计3202245.12元，工会经费共682000元已经上缴。除正常开支外，剩余资金将按照中央“八项规定”、自治区“约法十章”和“九项要求”严格管理使用。

【岗位技能培训】 2016年，在日喀则市总工会大力支持和帮助下，桑珠孜区总工会选派2名农民工进行汽车驾驶培训；选派1名工会干部到上海培训；安排1名基层干部去海南疗养。

【“桑珠孜区职工之家”项目】 2016年4月竣工的“桑珠孜区职工之家”，项目总投资100万元，全部为青岛市总工会援助。该项目占地300平方米（包括职工书屋、职工娱乐休闲场、职工健身房）。职工之家使桑珠孜区职工可以在闲暇之余，强身健体，劳逸结合，提高工作效率。

【法律宣传】 年内，桑珠孜区总工会为做好2016年“3·28”“安全生产月”“综治宣传月”等活动，在桑珠孜区悬挂宣传横幅、张贴宣传标语并发放宣传单页，大力宣传《中华人民共和国工会法》《中华人民共和国劳动法》《中华人民共和国劳动合同法》《中华人民共和国职业病防治法》《中华人民共和国女职工维权法》《中华人民共和国农民工援助服务手册》（藏汉双语）《农民工进城务工知识问答》（藏文版）等法律法规，积极开展法制、综治、平安建设等宣传教育工作，发放藏汉双语宣传资料共计2000余份，切实提高了广大职工群众的自我保护意识和法制意识。

【自身建设】 年内，以开展“两学一做”学习教育活动为契机，大力加强工会干部队伍自身建设。结合“两学一做”学习教育活动，全面提高干部职工的整体素质，着力加强干部队伍的自身建设，为进一步开创工会工作的新局面打下坚实的基础。组织干部职工深入学习贯彻党的十八大、十八届历次全会精神，学习习近平总书记在中共中央党的群团工作会议中的讲话精神以及自治区总工会八届六次全委会、自治区总工会九届三次全委（扩大）会议精神，学习《中国共产党廉政自律准则》《中国共产党纪律处分条例》《习近平总书记系列重要讲话读本》等材料，积极开展手抄党章活动。通过“两学一做”学习教育活动，工会干部职工进一步增强政治意识、大局意识、核心意识、看齐意识，提高党性觉悟，坚定理想信念，严守政治纪律和政治规矩，强化宗旨观念，在工作中勇于担当作为，团结动员各族干部职工群众为建设更加美丽和谐幸福社会主义新西藏做出新的更大贡献。

（洛　确）

【领导名录】

副　主　席　高　春（女，藏族）

副主任科员　汪秀丽（女）

共青团桑珠孜区委员会

【概况】 2016年，桑珠孜区14~25岁青少年人数为23675人，团员人数2687名，团青比例11.35%，设有193个团组织（1个机关团委、1个机关团支部；12个乡办团委、176个村团支部；3个学校团委），3家青年文明号单位，法制副校长校长23名，少先队辅导员17人，荣获日喀则市推优入党先进集体。

【**基层组织建设**】 2016年，全区12个乡（街道）和各支部共吸收320名团员，进一步发展和壮大了基层团组织力量；推优入党50名，进一步壮大党员队伍，为党组织输送新鲜血液；进一步健全和完善共青团组织建设。切实加强团干部思想政治教育。团区委以“两学一做”学习教育为契机，累计组织90余人次开展集中学习活动；学习党章党规和习总书记系列讲话精神，撰写个人心得体会12余篇，读书笔记10000字以上，开展专题组织研讨8次。为充分发挥西部计划志愿者的志愿服务和奉献敬业精神，增强桑珠孜区西部计划志愿者的凝聚力、影响力，有效地推动全区志愿者服务活动工作再上新台阶，全年由团区委主办，开展志愿服务活动6次，送行服务期满离岗人员4人，组织集中学习3次，参与人数共45余人次。截至年底，正在桑珠孜服务的西部计划大学生志愿者共有18人（其中2016年新分配12人），17名共青团员，1名党员。

【**党建带团工作**】 年内，结合全区实际情况，注意把握党建带团建工作的重点，通过完善工作机制，切实把团的思想建设、组织建设、班子建设、队伍建设统一纳入党的基层组织建设总体目标，形成党建带团建、党团同发展的良好格局。2016年，团区委按照党建带团建工作的原则，建立健全了全区的团支部，截至年底，全区共有12个乡办团委及基层团支部191个，其中团总支1个、机关团支部1个。截至年底，14—25岁青少年人数为23675人，团员人数2687名，以及3个青年文明号单位。

年内，建立健全党建带团建工作领导机制，党组织书记和领导班子树立抓党建必须抓团建，切实加强对基层党建带团建工作的领导，全区组建党建带团建领导小组，定期研究共青团工作，每年至少专题听取一次共青团工作汇报机制，及时帮助解决存在的困难和问题。各党组织负责人加强对团的重要工作的指导，参加团的重要会议和活动。建立领导干部党建带团建工作联系点制度，定期深入联系点指导检查工作，帮助总结推广经验，分析查找存在的困难和问题，协调有关部门采取有效措施切实帮助解决。

年内，各级党组织按照“五个衔接”（即党的思想教育工作与团的思想教育工作相衔接、党员队伍建设与团员队伍建设相衔接、党的干部队伍建设与团的干部队伍建设相衔接、基层党组织阵地建设与基层团组织阵地建设相衔接、党建与团建目标管理体系相衔接）的要求，将党建带团建工作职责任务和目标要求纳入党委领导班子党建工作目标考核体系，做到党团建设同研究、同部署、同推进、同考核。考核结果作为评定领导班子工作实绩的重要依据。团建不合格，党建不评优的工作方式跟各乡办团委、各团支部签订目标责任书。

【**学习型团组织建设**】 健全完善党团共同学习制度。机关、乡办、村委各组织党团共同学习制度。机关党团支部安排为每周星期五下午为学习时间，参加学习人员除本支部党员和团员以外同时参加本支部的三十五岁以下青年也要参加该支部学习；中学团总支组织全校团员每个月至少学习两次；村团支部要按每月一次学习制度，参加学习的人员为本村党员和团员；各级党组织在安排部署、组织落实中央和全区各类主题学习教育实践活动时，要对团组织和团员青年提出任务、明确要求、同步考核；要对共青团系统独立开展的集中主题学习教育实践活动给予指导和必要支持，实现党团组织学习教育实践活动同部署、同开展、同推进；各级党组织要指导、帮助和支持团组织以爱国主义、民族团结和反分裂斗争教育为重点，开展各类青少年喜闻乐见的主题教育活动，编译适合不同青少年群体的学习教育通俗读物，引导广大青少年坚定永远跟党走有中国特色、西藏特点发展路子的信念，坚定揭批达赖、反对分裂、维护祖国统一、加强民族团结的政治立场。

【团干部选拔配备】 年内，坚持党管干部原则，坚持德才兼备、以德为先的标准和“专兼职相结合”的方式，各乡（街道）党委召开党委会议已经选好配强了乡办团干部，团委书记由乡办党委副书记或乡办党政班子成员兼任，具体负责团的工作；村团支部书记由村“两委”班子成员兼任，已经配强了村团支部负责人和支部委员会。

强化传统领域团组织设置。着眼于扩大团的基层组织覆盖、强化团的工作活力，深入抓好中学、机关事业单位等领域团的基层组织建设。团员人数在3人以上的，都要建立团组织；团员人数少于3人但青年人数较多的，建立青年工作委员会的要求在中学建立团总支和年级团支3个；机关事业单位团支部1个。

【规范基层团组织换届选举】 各级党组织要指导团组织按照团章规定进行换届选举。在区、乡、村党组织换届选举的同时，统筹安排区、乡、村团组织换届选举工作。

【青年人才培养】 年内，把团干部教育培训纳入党的干部教育培训总体规划，建立分层教育培训制度，加强团干部特别是团组织书记培训。区委组织部和团委每年不定期选派优秀乡办团委和学校团支部负责人参加培训班。坚持理论武装、党性锻炼与技能培训并重，着力提高团干部服务跨越式发展和长治久安、保障和改善民生、加强和创新社会管理、应对突发事件、宣传动员群众和做好青年工作等能力。

【“推优入党”工作】 各级党组织要指导团组织进一步强化推优意识，规范推优程序，在教育、培养、考察、推荐等环节做好衔接工作，提高“推优”的质量和数量，为党源源不断的输送新鲜血液。加强与各党支部沟通衔接，以后28周岁以下青年入党原则上应从该团支部团员中发展，发展团员入党应征求团组织意见。深化拓展推广“三个培养”，指导团组织把各类青年能人培养成青年党团员，把青年党团员培养成青年能人，把党团员青年能人培养成基层党团组织干部，充分发挥基层团组织的战斗堡垒作用和团员青年的模范带头作用。团区委荣获日喀则市2016年度“推优入党”先进集体荣誉称号。

【创先争优同深化】 以党组织和党员深化创先争优带动团组织和团员青年创先争优。指导团组织把广大团员青年创先争优的积极性凝聚到做好本职工作、完成中心任务、服务人民群众上来，争科学发展之先、创社会和谐之优，以一流的态度、一流的作风、一流的工作，创造一流的业绩、树立一流的形象。支持团组织深化创先争优强基础惠民生活动，开展基层组织建设年，帮助解决实际困难，着力为团组织帮助青年做好事、办实事、解难事创造条件。

【树立先进个人典型】 年内，在创先争优强基础惠民生和“五四”表彰等一系列的评优活动中，评选出政治素质好、组织观念强、模范作用大、本职工作好、工作作风好的先进团员青年作为广大团员青年的表率，树立典型氛围，更好地促进共青团工作取得成效。

【党风廉政建设】 2016年，以邓小平理论、“三个代表”重要思想、科学发展观为指导，深入贯彻落实习近平总书记系列重要讲话精神，全面履行党章赋予的职责，坚持标本兼治、综合治理、惩防并举、注重预防的方针，结合工作实际，着力加强领导作风建设，不断提高班子成员的思想水平、政策水平、领导水平和廉政建设水平。

【做到“三个有”】 对党组班子严要求，班子人员严格执行领导干部廉洁自律的有关规定，公正、廉洁，做到“三个有”，即有宽阔的胸怀、有实干的精神、有清廉的形象，严格落实重大事项报告制度，狠抓干部的廉洁自律；领导干部做到讲党性、讲原则、守纪律，自觉作廉洁勤政的表率、遵纪守法的模范；要求全体干部职工做到“三要三不要”，即要学习、要敬业、要廉洁，不要伸手、不要计较、不要攀比；分解、细化责任，强化党风廉政建设工作责任性。明确谁主管、谁负责，谁承担责任的党风廉政建设责任机制，坚持党组统一领导，纪检监察组织协调，集体领导与个人分工负责相结合、一级抓一级、层层抓落实，形成“一岗双责”的工作机制，把党风廉政责任制工作与团支部工作同研究、同部署、同落实、同检查、同考核。

【深刻认识，认真自查】 在党风廉政教育上，团委做到反腐钟常敲，倡廉雨常下，通过积极探索建立科学有效的党风廉政教育机制，把党风廉政教育纳入干部职工日常学习之中，做到全局和局部相结合、长期计划和短期安排相结合，并将党风廉政教育充分融入团委工作中。通过组织开展各种形式的党纪政纪、法律法规和警示教育学习活动，进一步增强广大干部职工特别是领导干部廉洁从政和接受监督的意识，使党风廉政教育更为系统性，更具实效性，切实加强了对各种腐败现象的预防工作。加强党员干部廉政建设和反腐败工作的宣传教育，引导干部职工将反腐倡廉与提高自身素质有机地结合起来，不断强化党员的党性意识、政治意识、责任意识和纪律意识，有效防范和减少违纪违规问题的发生。

【制度建设】 年内，进一步加强制度建设，注重形成长效机制，增强落实制度、遵守制度的自觉性和主动性，有效地防止权利失控、决策失误和行为失范，使党员干部不犯错误或少犯错误；严格执行约谈制、追究制等，坚持依纪、依法、依规惩治腐败，切实发挥惩戒功能和治本功能；不断建立和健全党内外监督机制，强化领导集体内部的监督作用及舆论监督作用，把权力的运行置于有效的监督之下，从源头上筑起防腐防线，杜绝和防止腐败现象的滋生。

【作风建设】 年内，加强对各部门履行职责、执行制度、改进作风、办事效率等方面的效能督查，有力杜绝工作纪律涣散、作风粗暴等情形，形成行为规范、运转协调、廉洁高效的工作体制；牢固树立敬业勤业精神，创造性地开展工作，真正运用好手中的权力，切实为群众办实事、办好事；以勤俭节约为原则，防止“四风”问题反弹，狠刹奢侈享乐、铺张浪费歪风，有效禁止各种奢侈。

【实行“三负责”】 进一步完善制度建设，切实做到反腐倡廉程序化，活动内容规范化，以健全的制度保证党风廉政建设工作规范运作。同时，认真实行“三负责”，即真抓实干、常抓不懈，对党的事业负责；加强监督，防微杜渐，对班子成员负责；严管重教，关口前移，对全体党员干部负责。确保党风廉政建设工作做到党员干部认识到位、领导干部责任到位、机关科室落实到位。坚持领导干部述职述廉制度、个人收入和重大事项报告制度，认真落实中央八项规定。

【基层团建经费工作】 共青团桑珠孜区委员会严格按照《共青团中央、财政部关于进一步支持和推动共青团基层组织建设和基层工作的意见》，进一步明确经费的使用情况，严格经费审批程序，加大监督力度。深入基层检查及指导乡办基层团建工作开展情况，对边雄乡甲根村的青年活动中心提供活动经费3.6万元。对辖区内中小学提供活动经费1万~2万元不等。

【青少年维权】 深入开展预防青少年违法犯罪法制宣传和自救活动。2016年，团区委以“6・2”等各类法制宣传日为契机，积极与司法、法院、消防及乡办派出所等相关单位沟通协调，组织专门力量，深入乡办、学校开展了法制宣传活动和学生自救演练活动，使学生们对青少年犯罪有了更深的了解，有效促进了全区青年学生健康成长。全年共开展法制宣传活动7余次，张贴标语30余张，悬挂横幅7余幅，发放宣传资料4000余册，提供法律问询服务达500余人次。

【青年致富带头人外出学习考察】 2016年，在区团委、团市委的大力支持下，1名团区委书记参加全国新任区（区）团委书记培训；组织1名青年致富带头人到林芝参观考察和交流学习；1名团干部，到成都参加业务培训。

【开展慰问活动】 开展“善美家风”慰问活动。5月，组织10余名大学生志愿者，在区敬老院开展打扫房间、洗脚等慰问孤寡老人和文艺演出活动，为孤寡老人献上丰富多彩的文化大餐。11月，团区委按照脱贫攻坚“4321”行动方案，深入结对帮扶户进行走访慰问，了解贫困群众亟须解决的问题并尽全力提供帮助。12月，团区委组织15名品学兼优的贫困大学生来到团委办公室，团区委领导与他们谈心交流，并将15000元助学金发放给他们，鼓励他们不忘初心、继续梦想。

【举办体育竞技活动】 年内，成功举办“砥砺精神团结奋进”秋季趣味运动会。在国庆佳节之际，团区委在区直机关单位中开展趣味运动会，充分展现出桑珠孜区新时代机关青年干部的青春活力与激情。

【开展“减轻压力·笑迎中考”减压活动】 在一年一度的中考即将来临之际，团区委积极争取资金，与中学团支部联合开展以“减轻压力，笑迎中考”为主题的中考减压活动，切实鼓励迎考同学释放紧张心理压力，轻松备战中考，减压活动成效显著，收到广大师生一致好评。

（魏向北）

【领导名录】

书　记　旦增卓玛（女，藏族，5月免）
　　　　次　　央（女，藏族，5月任）
副书记　格桑卓嘎（女，藏族）

桑珠孜区妇女联合会

【概况】 2016年，妇联现有行政编制4人，其中本科学历1人，大专学历1人，中专学历2人。

【党建工作】 年内，按照“党建带妇建”的原则，开展思想建设、组织建设、队伍建设、阵地建设、作风建设、严格按照《中国共产党党和国家机关基层组织工作条例》和“两学一做”活动要求。年初制订支部工作学习计划、工作总结、活动安排，发展党员工作规范；提升素质，开展“两学一做”学习讨论落实活动。按照区委关于“两学一做”学习讨论落实活动的安排部署，认真开展学习讨论落实活动。一方面加强学习，组织全区妇女干部职工学习中央、区党委两级党的群团工作会议精神。在广大妇女群众中广泛深入开展中共十八大、十八届四中、五中全会，中央第六次西藏工作座谈会精神，习近平总书记系列重要讲话和全国两会精神，及时学习传达贯彻落实中央、区党委和全国妇联、区妇联市妇联重要文件和会议精神。认真记录学习笔记、撰写心得体会。主持工作的副主席带头为妇联全体党员讲党课，全面提升妇联工作整体水平。另一方面深刻开展反思剖析，紧密联系妇联工作实际和每位党员自身实际，全体党员之间开展思想交流，查找本单位存在的突出问题，查找自身存在的问题，认真剖析原因，制定切实可行的整改措施。通过学习讨论落实活动，全体同志在思想理论上有了明显提高，增强了妇联工作必须深入妇女群众的理念和意识；加强干部队伍建设，建立联系点，深入基层调研，撰写报告3篇。176个行政村的村妇代会主任在本村组织学习、活动、调解、入户1760余次，发挥好妇代会主任作用；发展女党员，建立女干部、女党员、妇联干部信息库。加大村妇代会主任培训工作力度，提高基层妇女工作者素质。在区行政楼多功能厅举办村妇代会主任及全区妇女党员培训班1期，培训人数880名。

【建设示范“妇女之家”】 2016年，桑珠孜区176个行政村全部建立“妇女之家”，各类“妇女之家”每年开展活动4次，每次参加数100人以上，主要在每年藏历新年、“三八”妇女节、“3·28”西藏百万农奴解放纪念日和“望果节”开展文体活动。做好“两新”组织建设，在桑珠孜区吉林路藏圣阁妇女传统民族服饰编织厂建立了妇联之家活动室。同年藏圣阁妇女传统民族服饰编织厂经理普普被评为市级“致富带头”先进个人。在东嘎乡央曲寺、年木乡江洛寺、江当乡桑旦日追尼姑寺建立妇女组织，延伸妇联工作手臂，并在三座尼姑寺中建立“妇女之家”。

“妇女之家”是基层妇联组织凝聚妇女、服务妇女的重要阵地，是妇联组织参与社会管理和公共服务的重要平台。妇联坚持资源共享，阵地共建，合力服务群众的原则，按照上级妇联的要求，乡（街道）共成立挂牌179个“妇女之家”，并对已挂牌的“妇女之家”进行规范、完善和提升，开展形式多样的活动。同时，妇联现已完成“妇女之家”全覆盖的任务。

【开展“平安家庭”创建宣传活动】 年内，妇联开展“不让黄、赌、毒、邪进我家”“预防和制止家庭暴力”等宣传教育活动，积极预防和有效化解各种家庭、社会矛盾，努力防控和杜绝家庭不安全隐患，使更多的家庭实现无毒品、无赌博、无暴力、无纠纷、无事故、无邪教、无犯罪，从而推动家庭成员更加充满活力，邻里更加和睦美满，社区更加优美文明，社会环境更加和谐稳定，通过这些有力的措施，给妇女儿童营造一个健康、文明、安全、和谐的成长环境。

【开展“最美家庭”创建】 年内，加强对“最美家庭”创建活动的宣传，提出方案、组建领导小组、并深化开展评选活动。妇联在一楼大厅公示宣传标语，将候选人名单也公示于大厅，实现人员选择上的公开公正，广泛听取群众的意见和建议，从而使全区广大妇女群众主动参与到全区的“最美家庭”创建活动中来，发挥妇女在家庭建设中的重要作用。

【实施“春蕾女童计划”】 如今频频发生的女童遭遇性侵、暴力等不和谐现象，就使保护女童显得尤为重要。为此，妇联累计在3所学校开展“春蕾女童计划”行动，意在让女童提高自我保护意识，让学校重视女童健康发展，也让家长关注女孩子，同时让社会各界懂得保护女童责任的重要性。此次活动受助学生共计100名、受助资金达1.2万余元，唤醒了广大群众关爱女童、保护女童的责任与意识。

【争取“两癌”经费】 年内，为了解决农村贫困妇女看病难、医疗费用庞大的问题向上级妇联组织积极申请，并争取到2万元的“两癌”经费，从而解决2位“两癌”患者看病难的问题。

【开展“创先争优强基惠民”活动】 年内，妇联按照“五项任务”的要求，抽调3名干部下乡联系驻村，在东嘎乡同热村、驻村同志察民情、听民声，送温暖、调纠纷，解决群众实际难题，争取落实的资金为26万元，实施项目1个，办实事好事5件。

【开展法制宣传活动】 在“三八”维权周活动开展以“深化妇女普法教育，促进构建和谐社会”为主题，以农村妇女、女性农民工为重点的“三八”妇女维权周活动，努力提高妇女自觉学法、守法、用法的意识和能力，共悬挂了宣传横幅10条，发放《中国人民共和国妇女权益保障法》宣传小册子500本，开展维护妇女儿童法律知识讲座1次。期间向群众发放藏汉宣传单，宣传《中国人民共和国妇女权益保障法》《中国人民共和国未成年人保护法》《中国人民共和国婚姻法》《中国人民共和国反家庭暴力法》等法律法规知识，进入乡村宣讲《农村妇女小额信贷财政贴息》政策；组织开展“三八维权周”“6·26”禁毒宣传和“12·4”法制宣传日等法制宣传活动，开展3月综治宣传月宣传教育活动，开展活动

8次，发放宣传资料2500份。开展男女平等基本国策和儿童优先原则及“两规”宣传活动3次。同时，认真做好信访接待工作。为贫困妇女儿童争取必要的法律帮助。2016年，妇联共接待来信来访来电共8件次，其中婚姻家庭类6件次，人身权益类2件次。“6·26”开展禁毒宣传活动。在活动期间，组织妇女干部以“珍爱生命、远离毒品”为主题，通过上街设点宣传咨询、发放宣传资料、对过往行人、临街店面及公共娱乐场所发放禁毒和节能减排宣传资料500余份。

【农村妇女技能培训】 年内，妇联把“巾帼建功、双学双比”活动作为抓手，充分利用传统的民族手工业优势，开展农牧区妇女传统编织技能培训，努力提升农牧区妇女的科技素质，引领农村妇女积极参与社会经济发展，实现增收致富。针对农牧区妇女就业难的问题，以培训为抓手，加大技能培训力度，提升妇女就业能力鼓励引导妇女参加各类职业技能培训，坚持男女平等，努力提高妇女就业竞争力。始终将转移就业脱贫工作作为重中之重，坚持外源输血与内生造血相结合、整体推进与分类施策相结合，着力提升贫困劳动力就业技能，帮助贫困群众实现稳定就业，桑珠孜区技能劳动者的女性比例也逐年提高，妇女就业率明显增长，2016年，桑珠孜区城镇新增就业人员2926人（其中妇女新增就业582人）。同时，完善社会保险制度，提高妇女社保水平扩大城镇职工基本养老、医疗保险覆盖面，妇女养老、医疗保险参保率明显提高；失业、工伤保险覆盖范围进一步扩大，有效保障了女性失业者的合法权益；健全完善生育保险制度，形成了覆盖城乡妇女的生育保障体系，女性社会保险参保率明显提高，有效保障了女性的合法权益。并加大宣传监察力度，维护妇女劳动权益，依托“三月宣传月”活动，向广大妇女群众发放劳动保障知识手册、社保宣传单等，为群众答疑解惑，耐心讲解社会保险、就业培训、劳动维权等法律法规知识，提高妇女群众对社会保险、劳动就业等政策的知晓度，提升妇女群众学法、守法、懂法、用法的维权意识，提升其维护自身合法权益的能力。大力开展查处违反女职工权益和禁止使用童工专项检查行动，严厉打击非法行为，有效杜绝了违反女职工特殊保护要求和违法使用童工现象的发生，营造了全社会共同维护妇女权益的良好氛围。

【推动妇女儿童发展规划实施】 突出重点，解决难题，以项目建设为抓手，以改善生活环境为目标，实施妇女系列工程。争取民生项目。以“大地之爱”“母亲水窖”项目为契机，2016年争取母亲水窖资金685149.67元，在甲措雄乡联阿村新建，解决该村90户，517人，1319头（只、匹）吃水困难问题，告别多年吃水靠人背的历史（注：此项工程于2017年开工）；实施“三八绿色工程”既是增强妇联组织服务实力，保持妇女工作持续运转的需要，也是促进农民增收，带领妇女参与社会主义新农村建设的有效手段。截至年底，建立示范基地2个，绿化面积124589.7亩，植树9219638棵，妇女参与人数共计3600人，带动家庭增收100元。通过妇联动员广大妇女群众积极参与，增强全社会“保护生态环境、共建绿色家园”的环保意识；创办巾帼示范基地。掌握收集了桑珠孜区十乡两办贫困妇女儿童的基本情况，并建立了贫困妇女儿童数据库。通过各种渠道，争取培训资金127000元，举办厨师、计算机、驾驶和创业培训共35人。2016年，桑珠孜区妇联申报“母亲邮包”100个、“母亲水窖”项目1个，资金73万元并且建立了各项目的数据库。累计在三所学校开展“春蕾女童计划”行动，受助学生共计100名，受助资金达120000余元。2016年计划免费筛查“两癌”500人，实际筛查3400人。为解决农村妇女看病难，积极申请并争取到20000元的“两癌”经费，从而减轻2位“两癌”患者看病难的困难。

【验收“两规”工作】 2016年5月，桑珠孜区迎接国家妇儿工委（2011—2015年妇女儿童发展规划）终期评估验收组，考评组一行听取工作汇报。深入桑珠孜区情馨幼儿园、甲措雄乡中心小学、乡卫生院等实地查看，了解妇儿工委工作开展情况，并就对区妇联办公室在2016年妇女儿童工委工作中的内容进行了逐项查阅资料、并提问相关业务工作方面的内容，妇联顺利通过了验收，得到考评组一致好评，并把桑珠孜区定为实施妇女儿童发展规划市级示范区。

【党风廉政建设】 年内，认真落实党风廉政建设有关规定、中央“八项规定”和区党委“约法十章”及实施细则各项要求，无违纪违法现象，认真撰写了党风廉政建设主体责任制落实情况汇报。

（边巴央金）

【领导名录】

副主席　边巴央金（女，藏族，主持工作）

桑珠孜区人民政府办公室

【概况】 2016年，桑珠孜区政府办公室编制10名，其中行政编制9名，事业编制1名，科级领导职数5名。挂人民防空办公室、政府法制办公室、信访局、政府政策研究室、政府应急管理办公室。主要职能有：负责组织起草区政府的文件、工作报告和领导讲话，以及市政府领导交办的其他文字综合材料。围绕桑珠孜区经济和社会发展及区政府的中心工作，深入基层、调查研究，掌握情况，为领导提供科学决策提供依据和建议；承办区政府党组会议、常务会议、专题会议的会务和重大活动的组织安排工作；负责区政府文电收发、机要保密工作；负责政府法制、人民防空、信访、应急管理工作。

【办文办会】 年内，牢固树立公文精品意识，进一步规范了发文程序，按照新标准重新制定了12个文种的公文格式，使公文印发和处理与市政府标准相统一。准确理解和掌握领导意图和领导决策的广度，做到想领导之所想、谋领导之所谋、办领导之所需。严把政策关、程序关、文字关，严格审签程序，认真执行审批制度，使公文办理更加规范化。以政府名义发文407件，以办公室名义发文84件，会议纪要65期，处理机要文件674件，处理各级电子公文580件。严格实行会议审签制度，大力精简各类会议，认真做好会务的统筹协调，提升会议的质量和效率，全年共承办各类会议348次。强化信息化建设，认真分析不同时间段的热点、难点、重点问题，为领导科学决策提供参考，信息服务水平不断提高，全年整理上报政务信息400期。

【督导检查】 年内，建立健全督查工作机制，加大督办检查落实力度，创新方式方法，促进各项决策和目标任务推进落实。对区委、区政府的重大决策和确定的重点工作进行重点督查，抓好跟踪调度，使领导在第一时间准确、直观、形象地掌握进展情况。对县长办公会、专题会议确定的事项，及时分解落实到相关领导和职能部门，及时督办汇总，限期落到实处。对领导批示文件，积极做好分办、转办、催办工作，下达督办通知，做好结果反馈，确保事事有回音、项项有交代、件件有着落。年内，共发放督办通知25份；坚持把人大代表建议、政协委员提案办理工作作为政府发扬民主、体察民情、联系群众、服务群众的大事、实事来抓，狠抓交办、督办两个环节，严格落实限时办结制，通过采取领导督办、重点催办、专人承办等措施，有效提高了办理时效和质量，办结率、答复率、满意率均为100%。年内，办公室承办政协委员提案73件，承办人大代表建议62件。围绕群众反映问题办理抓督查，加强网民留言督办力度，将答复工作与绩效考核挂钩，做到有件必答、限时办理，办结率、答复率100%。

【党风廉政建设】 年内，政府办公室以实施“党建珠峰”战略为统领，以开展“两学一做”教育学习活动、“讲学习、讲忠诚、正风纪、转作风、提效能”主题活动为契机，以党风廉政建设作为提升工作质量、打造整体形象的重要抓手，认真系统地学习《中国共产党廉洁自律准则》《中国共产党纪律处分条例》等有关党风廉政建设的法律法规和文件精神。严格对照《中国共产党廉洁自律准则》

和《中国共产党纪律处分条例》，认真贯彻中央八项规定精神和自治区“约法十章”“九项要求”，落实“两个责任”和“一岗双责”制度，严防“四风”现象出现，从细微之处筑牢思想道德防线，不断夯实作风建设基础。在严管干部、从严带队伍、从严抓作风等过程中，第一时间内予以纠正解决各类倾向性、苗头性的问题。在日常学习中，办公室全体干部认真撰写学习笔记，详细记录自学、集中学习、考察学习过程中的收获和体会，进一步促进了办公室党风廉政建设的规范化和常态化。进一步加强机关效能建设，建立健全各项相关规章制度，转变工作作风，提升服务水平，进一步严纪律、强约束、务实干，办公室形成风清气正、扬清激浊、团结向上、努力拼搏、廉洁实干的良好氛围。

【信访工作】 年内，坚持“发展是第一要务，稳定是第一责任”的工作准则和“三不出”的信访工作要求。以落实固本强基维稳工作为抓手，以实现信访“三无”为目标，牢固树立“稳定压倒一切”的思想，对每个问题进行分类，落实包案领导和责任单位，明确办结期限和相关工作要求，确保每个矛盾隐患做到案结事了、息诉罢诉或稳控到位。截至年底，共办理（接待）群众来信来访54批（件）94人次，其中：集体访10批50人次，个体访44批44人次；重复访16批27人次，来信2件2人次，妥善解决信访问题50件，办结率达92.6%。对全区40个政府部门成员单位逐一开展了西藏自治区网上信访系统培训，详细讲解了网上信访工作流程、办理时限、来信来访登记、办结答复等事项，实现了桑珠孜区网上信访信息系统已覆盖全区12个乡（街道）和20多个区直部门。共召开10余次现场调解会，信访案件办理效率明显提升。

【后勤保障】 年内，政府办公室把搞好后勤管理和服务工作作为本部门的重点工作，全力保障机关事务和各部门工作健康有效开展。不断完善《车辆使用管理制度》《车辆派车管理制度》《驾驶员管理制度》等各类公车管理制度。进一步加强驾驶员的责任意识、服务意识、安全意识，采取年初与驾驶员签订目标责任书，做到了无论是在休息日或节假日，只要工作需要，均能随叫随到，无条件出车，保证了各项工作的顺利开展和临时性任务的圆满完成。精心组织，会务服务工作水平显著提高，严格按照中央八项规定精神和自治区“约法十章”“九项要求”，圆满完成各项接待任务。坚持以优质高效的原则做好保洁服务工作，保洁人员努力、细致、圆满地完成了行政中心大楼的环境卫生打扫及送水工作，创造了舒适、优美、整洁的办公环境。

【市民服务中心】 桑珠孜区市民服务中心于2014年12月正式运行。第一批进驻市民服务中心的共有8个区直部门（民政局、卫生局、人社局、住建局、国土局、商务局、教育局、财政局），18个服务窗口岗位，32名工作人员；2016年11月，第二批进驻市民服务中心的为24个市直部门，24个服务窗口岗位，24名工作人员，同时编印《服务项目办事指南》将业务名称、设立依据、申请条件、申报材料、办理程序、承诺时限、收费标准及联系电话等对外公开，方便服务对象查询。本着“便民、规范、高效、廉洁”的宗旨，实行“一站式受理，一条龙服务”，中心自运行两年来，平均每年接受咨询件数2055件，受理件数25723件，办结件数：25145件，办结率达到98%。

（杨　波）

【领导名录】

主　任　杜旭林

副主任　格桑梅朵（女，藏族）

　　　　马　琼（女）

　　　　史光丽

桑珠孜区人民代表大会常务委员会办公室

【概况】 2016年，桑珠孜区人大常委会下设1个办事机构—人大办公室，现有主任1名，主任科员

1名，科员1名，缺编1名。平均年龄为34岁，学历本科以上3名。2016年，桑珠孜区人大常委会办公室牢固建立政治意识和大局意识，自觉把办公室工作放到全区经济社会发展全局和区委重大决策部署去思考、去谋划，紧扣常委会年初确定的工作目标，充分发挥参谋助手作用。

【文秘工作】 年内，人大常委会办公室高度重视文字服务工作，认真把好文字服务的起草、审核关，努力提高文字的思想性、理论性、政策性和可操纵性，通过文字服务，发挥人大办公室的参谋助手作用。认真起草好常委会年度工作计划；力求使常委会的工作紧扣全县发展大局和全县中心工作，并按月份排好工作，推动了常委会办公室有条不紊地实施，为常委会充分行使监督、决定、任免等各项职权提供服务。认真起草好常委会工作报告；全面客观正确反映常委会过去一年所做的工作及提出今后一年工作思路，为常委会总结工作经验和谋划2017年工作提供有益参考。认真做好常委会举行的各项重要会议、重大活动的文稿起草。在起草进程中，重视早谋划、早安排、早落实，加强学习，深入研究，努力提升文稿起草质量，使文稿更加紧密结合市委和县委重大决策部署，更加符合常委会工作实际，充分发挥了“以文辅政”的重要作用。

【会议服务工作】 人大会议、人大常委会会议和常委会主任会议服务（简称“三会”）是人大常委会办公室工作的履职职责的重要形式。2016年，共筹备大型会议（人民代表大会）两次，召开人大常委会议 6 次，主任会议16次，人大常委会党组会议11次。指导联系乡（街道）人大工作127余次，决定人事任免事项85人次，完成调研报告8篇。办公室从文稿的起草、会议议程策划及筹备安排等方面入手，对每项工作都进行具体分工细化，明确责任，力求依法有序和细致周到。在开展换届工作中，提前准备好各个节点的会议材料、通知、培训材料，大会各项样本材料、选票等工作，并及时下发给各乡；同时，结合桑珠孜区工作实际，做好工作要点、学习计划、调研视察安排意见，坚持做好每次会议召开前的通知、材料准备、会场布置等工作，确保各乡会议顺利进行。

【督办代表建议】 年内，人大常委会办公室紧紧围绕区委决策部署，认真履行宪法和法律赋予的监督职权，完善监督方式、规范监督行为，着力增强监督实效，不断促进“一府两院”依法行政、公正司法。召开代表意见建议督办会3次，代表所提的58件建议、批评和意见已全部在规定的时限内办理答复代表，代表们对办理结果比较满意。

【内部管理】 年内，人大常委会办公室认真组织工作人员进行业务学习，狠抓公文处理，不断加强办文质量。坚持公文处理的规范化，明确公文制发各个环节的责任，保证公文印制的质量和运转效力。对所有来文来电都能及时正确地签收办理，未发生耽搁送阅、影响工作的现象。同时，坚持建立“优质服务、综合保障”理念，办公室的后勤保障功能不断增强，为常委会提供优质高效的后勤保障。

【理论学习】 年内，常委会办公室始终把政治理论学习放在首位，以“两学一做”学习教育和“讲学习、讲忠诚、正风纪、转作风、提效能”主题活动为抓手，认真学习党的十八大和十八届三中、四中、五中、六中全会、第六次西藏工作座谈会和习近平总书记一系列重要讲话精神，学习自治区党委、市委和桑珠孜区委出台的相关文件精神实施办法，深入学习党的路线方针政策、法律法规和人大业务知识，把思想和行动统一到自治区党委、市委、区委的决策部署上来，切实转变工作作风，不断提升政治理论水平和业务水平。

【“人大代表之家”】 年内，桑珠孜区严格按照相关工作要求，规范“代表之家”的规章制度和档案管理，给各乡统一制作“八簿、一册、一表”的登记本，要求以此为平台，组织好“代表之家”活动，活动有体现“家”和代表工作动态的会议、代表意见建议办理、接待选民来信来访、联系选民为选民办实事的各类代表活动记录，并确定专人负责记载，规范台账填写，“代表之家”开展的有关活动都有文字记录，真正做到痕迹管理，有据可查。在推进“人大代表之家”建设过程中，各乡人大“代表之家”“代表小组活动室”之间形成相互学习、相互赶超的良好氛围，同时做到总结经验、推广典型，加大宣传力度。同时，利用人大代表之家的平台，把人大代表之家作为一个联系群众的平台桥梁，在“学习培训、履职行权、服务群众、督促保障、树立形象”等方面发挥积极的作用，并依托“人大代表之家”的平台，了解群众的热点、难点问题，掌握范围广、在群众中反映大的重点民生问题，充分发挥代表的依法监督作用，赢得了广大群众的认可和好评，促进了闭会期间各级人大代表活动的正常开展，更好的发挥人大代表的作用。

【开展执法检查】 年内，常委会办公室做好各类会议后勤保障工作。全面协助上级人大对桑珠孜区的各乡调研、执法监督工作。2016年，常委会办公室开展执法检查7次，专题调研3次，集中视察3次，参与项目工程验收26次；较好地完成区一届人大三次会议确定的各项任务，为坚持和完善人民代表大会制度，加快推进桑珠孜区长足发展和长治久安做出了积极贡献。

【党风廉政建设】 年内，人大常委会办公室明确以支部书记为机关党风廉政建设第一责任人的责任。加强党风廉政教育，认真贯彻执行《关于新形势下党内政治生活的若干准则》和《中国共产党党内监督条例》，严格落实中央“八项规定”精神和区党委“约法十章”“九项要求”，形成人大机关风清气正、作风优良、干事创业的良好氛围。2016年，结合“两学一做”主题教育和“四讲四爱”主题教育活动，深入开展理想信念和廉洁从政教育，集中学习43次，使干部职工明确廉政要求和相关纪律，支部成员相互监督，不断改进“四风”建设，不断提高干部职工抵御腐败作风的能力，不断增强党员干部党性休养、提升政治素养。

【精神文明创建】 年内，进一步推进城乡环卫一体化，提高垃圾收集率，提高居民环境保护的意识，鼓励发展“绿色农业”“生态农业”，强化农村污染防治。结合实际大力发展乡镇植树造林事业，大力推动建设生态文明新农村。同时在招商引资工作中坚持深入调研，严格审批程序，对环境有污染的企业和项目坚决不引进、不办理，从源头把好环境保护的审批关。为使办公室文明创建活动有人管、有落实，促进文明创建活动深入开展，有力地促进办公室工作再上新台阶，及时成立人大办公室文明创建活动领导小组，制定办公室请假考勤制度、办公室卫生管理制度；同时，组织全体办公室干部每周2次打扫卫生区域，清理小广告、白色垃圾等，为创建和谐美丽桑珠孜区贡献一份力量。

【社会综合治理】 年内，人大常委会办公室做好敏感节点维稳工作有部署、有计划、有总结，各项维稳工作有序推进。同时，全面传达学习中央和自治区、市、区关于维稳工作的系列方针政策，毫不放松地坚持开展“团结稳定是福、分裂动乱是祸”“治国先治边、治边先稳藏”“依法治藏，长期建藏”的思想教育，牢牢把握反分裂斗争的主动权。严格执行维稳值班制度，确保“三不出”。

（丹增赤列）

【领导名录】

主　　任　卓　　玛（女，藏族）
主任科员　边巴次仁（藏族）

中国人民政治协商会议桑珠区委员会办公室

【概况】 2016年，政协党组县级领导因岗位调整等原因，截至8月，政协共有5人（其中，党组3

人，党外2人）主席1名，副主席4名；截至12月，政协共有4人（其中，党组2名，党外2名），主席1名，副主席3名；办公室截至4月，共计5人（其中，正主任1名，副主任3名，科员1名），截至12月，办公室共有4人（其中，正主任1名，副主任2名，科员1名）。

【办好各种例会】 政协办公室在政协党组的正确领导下，围绕政协中心工作，精心组织，周密安排。年内，完成政协一届三次、四次会议，历次常委会议、主席会议、提案交办会和支部学习会议的筹备工作。

【综合协调】 年内，政协办公室注重加强与各单位的工作协调与协作，在机关全面推进首问责负制，确保各项工作件件有着落、件件有结果、确保了政协工作的圆满完成。

【委员学习】 年内，注重将委员学习培训放在突出位置，制定委员学习培训计划，着力提升委员综合素质。建立和完善学习制度。坚持每月20日委员学习日和列席党组中心组学习制度，认真学习贯彻习近平总书记关于人民政协工作的重要讲话、重要指示和《中共中央关于加强社会主义协商民主建设的意见》、中办《关于加强人民政协协商民主建设的实施意见》以及全区各级党委、政协重要会议精神、领导讲话、重大工作安排部署，学习统战及人民政协理论业务知识，增强委员整体素质，不断提高委员参政议政水平；精心组织，对委员以会代训。从如何加强委员反映社情民意，丰富委员提案内容，提高委员履职能力等作为重要内容进行培训。通过培训增强了委员搞好政协工作的使命感和责任感，提高了委员履职参政的能力和水平；视察调研，了解桑珠孜区经济社会发展现状。通过组织各界委员开展专题视察和调研活动，深入基层，深入实际，体察民意，让委员结合桑珠孜区经济社会发展现状建言献策；组织委员在学习考察中开阔视野，增长见识。组织区政协委员在本辖区内认真开展委员学习、考察、调研活动，做好经验交流，更好地推进政协工作的协商合作机制，不断提高政协工作水平。实践证明，委员“知情”多了，也达到了“四通”，即政协文件学通、业务做到精通、统战理论弄通、与党政部门加强沟通，全方位提高了委员的综合素质。

【提案督办工作】 政协第一届桑珠孜区委员会第三次会议以来，委员共提出提案64件，提案审查小组根据《政协西藏自治区委员会提案工作条例》进行立案审查，经立案审查56件，立案率为87.5%，对未立案的8件提案，作为委员意见、建议交由相关部门解释答复或参阅工作。提案涉及桑珠孜区社会、经济、文化、生态环境和民生民计等各个方面，提案主题鲜明、内容丰富、针对性和操作性强，通过提案办理，许多意见和建议被采纳，并落实或体现到相关部门工作中，促进了党政决策部署的科学化、民主化，产生了明显成效，为推进桑珠孜区跨越式发展和长治久安发挥了积极作用，展现了政协委员的履职能力和水平。

【完成各项专题调研】 以议政建言，献计出力，坚持用事实说话，用数据分析的工作原则，围绕“改善司法执法环境、推进法制西藏建设”“桑珠孜区草原生态保护奖励机制视察”“环境监测和监管执法能力建设”“精准扶贫提高西藏人均期望寿命”“精准扶贫精准脱贫专项调研”等，积极配合中央、自治区、各地（市）专题调研组，集中政协优势资源积极开展调研议政，形成调研报告10余篇。

【完成文史资料整理工作】 年内，在政协文史资料领导小组的精心安排部署下，广大委员积极收集整理各自辖区的历史人物、名胜古迹、寺庙历史、非遗文化、人文习俗、民歌等方面文史资料。截至年底，已收集整理桑珠孜区民族服饰及藏式骰子、克郎球、藏棋等民间娱乐游戏。

【党建工作】 年内，认真落实全面从严治党要求，坚决贯彻《中国共产党廉洁自律准则》和《中国共产党纪律处分条例》，坚决落实中央八项规定精神。开展“两学一做”学习教育，坚持问题导向、从严要求、以上率下、注重实效，突出“重点在学、关键在做”，使政协党的建设全面加强。

【党风廉政建设】 加强委员履职能力。通过以会代训形式，加大委员培训力度，制定委员制度汇编，建立委员履职档案，提高委员的整体素质和履职能力。加强党风廉政和机关建设。政协党组十分重视党的建设和机关思想、组织、队伍、作风、制度建设，认真落实全面从严治党要求，坚决贯彻《中国共产党廉洁自律准则》和《中国共产党纪律处分条例》，坚决落实中央八项规定精神。开展“两学一做”学习教育，坚持问题导向、从严要求、以上率下、注重实效，突出“重点在学、关键在做”，使政协党的建设全面加强。

（才旦卓玛）

【领导名录】

主　任　姚长祥

副主任　次　珍（女，藏族，4月免）

格桑德吉（女，藏族）

才旦卓玛（女，藏族）

中共桑珠孜区委党校

【概况】 2016年，桑珠孜区党校共有教职工5人，其中1名副校长，1名工作人员，3名专职教师。教师人员结构为讲师2人（藏族），助讲1人（汉族），教师学历资质为函授本科学历2人，函授专科学历1人。桑珠孜区委党校作为桑珠孜区的一个科级单位，培训面广，任务重。承担10个乡（2个办事处）176个行政村的宣讲任务，同时还承担着宣传部，组织部，人社局等各单位的培训工作。年内，共参训人数12000余人次。其中联合办班3期，培训学员1564人次；“流动党校”送教上门9次，共培训农牧民群众14360人次。

【联合办班】 2016年，桑珠孜区党校进一步加大联合办班力度和办班模式，突破以往只与区直单位联合办班模式，采用与上级党校、同级党校共同授课交流方式。6月，派出讲师到市委党校组织的《2016年日喀则市第一期村干部文化素质提升工程示范培训班》进行授课。7月，派出讲师到白朗县组织的“自治区2016年第一期村（居）组织负责人示范培训班进行授课。同时，联合区直其他部门共同办学，分别联合区强基惠民办公室举办“抓党建、促脱贫”专题培训班，联合老年大会开展“两会精神”培训班、联合司法局开展社区矫正人员教育公益培训班，联合科技局开展社区科普益民活动，联合组织部开展村（居）党支部书记培训班等班次。另外与区扶贫办、区卫生局等单位达成培训宣讲协议，此举进一步扩大了区委党校对外的影响力。

【“流动党校”宣讲形成常态】 年内，围绕中共十八届三中、四中、五中、六中全会精神等内容，精选“十八届五中全会精神、十八届六中全会精神、第六次西藏工作座谈会精神、习近平总书记系列重要讲话精神、西藏自治区第九次党代会精神，精准扶贫政策解读、社会主义核心价值观体系解读、新旧西藏对比、“六城共建”等9个精品专题，组织党校教师到街道社区、乡（街道）村（居）做专题流动宣讲，2016年，流动宣讲11场次，覆盖全区10个乡2个办事处176个行政村，参训人数超过10000人次。

【党校自身硬件设施】 年内，根据《中共西藏自治区委员会关于贯彻落实〈中共中央关于进一步加强和改进新形势下党校工作的意见〉的实施意见》和西藏自治区党委书记陈全国提出的“重点支持办好自治区党校和七地市党校，补齐县级党校短板”的重要指示要求，以及桑珠孜区委组织部、区委办，领导批示、拟办意见要求。党校接此通知后，高度重视，立即行动组织副校长次旦，教师罗追次仁到白朗县党校，实地观摩了解办学场所及软硬件设施设备情况。结合桑珠孜区委党校实际，根据全区党校系统“十三五”项目规划要求，组织专人编写了新建桑珠孜区委党校项目建议书及项目估算，项目规划图纸等已报送至相关单位。

【领导班子自身建设】 年内，区委党校班子成员带头落实党校姓党的基本原则，坚定正确办学方向，党校综合培训能力进一步提升；班子成员积极参加区委中心组学习12次；校委会坚持民主集中制，积极推进党务、政务公开，主动听取意见、接受监督，促进科学决策民主决策依法决策。党支部带头守纪律、讲规矩，落实“三会一课”制度，党组织生活严格规范，班子凝聚力战斗力进一步增强。

【党风廉政建设】 2016年，桑珠孜区委党校坚持标本兼治、综合治理、惩防并举、注重预防的方针，以落实党风廉政建设责任制为抓手，以推进惩防体系建设为关键，坚决落实中央“八项规定”及自治区、市、桑珠孜区改进工作作风密切联系群众的实施办法等有关规定，全面落实领导干部党风廉政建设“一岗双责”制度，深入开展党风廉政建设和反腐倡廉教育，切实加强干部职工作风建设，坚持厉行节约、反对铺张浪费，自觉接受党员群众的监督，从主要领导做起，从班子成员做起，从党员干部做起，时时处处从严要求，率先垂范，促使党风廉政建设迈向制度化、规范化轨道。

【“两学一做”专题教育】 自“两学一做”学习教育工作以来，党校支部和党员坚持“学”与“做”相结合，通过“学”打牢基础，突出“做”这个关键，把解决问题作为重点，有效提升了党员队伍的思想政治素质和履职尽责水平。在“两学一做”学习教育启动后，按照桑珠孜区“两学一做”活动办要求，制订党校“两学一做”教育活动方案，并安排专用时间组织党员教师学习党廉洁自律准则和纪律处分条例、同时结合每个专题的要求，每一名党员干部撰写心得体会4篇，学习讨论交流会4次，领导干部上党课2次，手抄党章5本，四个专题学习教育研讨不仅提升了党员队伍思想政治素质，也在立足本职工作的同时充分发挥好党员的先锋模范作用，确保“两学一做”能够落到实处，同时为此后党校党建工作奠定了坚实的基础。

【干部职工队伍建设】 年内，1名助理讲师成功评选为中级讲师，分别选送3名教职员工到西藏自治区委党校、日喀则市委党校等地“学习充电”。

【培养教学能手】 组织教师开展集体备课、青年教师试讲试练等活动，同时结合教师队伍知识面实际，按照“请进来，走出去”的方法拓展教师理论知识水平，以达到互相学习、共同提高。

【党校内部管理】 年内，严明政治纪律政治规矩，坚持用纪律束人、用规矩管事。严格按照上级党委政府要求，认真落实财务关、机关作风建设，同时积极发挥党员志愿者活动。2016年日喀则市创建文明城市，为全面提升城市卫生环境和文明程度，全校教职工结合工作实际，不仅多次深入社区开展环境卫生和文明礼仪宣讲活动，同时安排教职工于每周星期六上午开展街道卫生大扫除志愿活动。

【教学和学风建设】 年内，按照讲纪律、守规矩要求，探索制定教师授课规则；为提高教学科研水准和培训质效的要求，建立专兼职教师课件、讲义把关制度，推行教师校外授课报批制度，同时完善学风、学纪和学员管理制度。

【精准扶贫】 年内，按照桑珠孜区扶贫办要求，党校干部职工帮扶贫困户5名，为进一步落实好精准扶贫措施，桑珠孜区委党校多次深入贫困户家中了解情况、商讨扶贫措施，同时结合工作实际就桑珠孜区脱贫攻坚政策进行宣传讲解，通过宣传扶贫政策积极引导贫困户转变“等、靠、要”观念，把“要我脱贫”变成“我要脱贫”。从思想观念上开启贫困群众参与扶贫开发、增收致富奔小康的原动力。

【驻村工作】2016年，桑珠孜区委党校驻年木乡德吉村工作队紧紧围绕强基惠民“5+3”工作任务开展各项驻村工作，驻村期间始终立足于强基础、惠民生、办实事、办好事，急群众之所急，想群众之所想，从人力、物力、智力方面全力开展驻村各项工作。驻村结合党校工作性质，多次深入宣讲党的富民惠民政策，宣讲党的光辉历史，引导广大党员干部、群众把思想和行动统一到中央和区党委的决策部署上来，落实到强基惠民各项任务中。驻村期间工作队积极发挥传、帮、带作用，协助村委会班子健全村规民约1条，更新党务、政务以及各类宣传3条，调解矛盾纠纷5起。

（刘　艳）

【领导名录】

区委常务副书记、组织部部长、校长
刘　云

党校副校长　次　旦（藏族，正科级）

中共桑珠孜区委老干部局

【概况】2016年，桑珠孜区委老干部局管理的离退休干部共518人（含代管的其他17个县离退休干部，不含易地安置的85人），下设13个离退休党支部，共有党员342人，占总人数的66%，每个党支部均配备支部书记1名、副书记1名、组织委员1名，为更好地服务老干部提供了保障。建有占地面积达2200平方米的老年大学，可同时为100人提供学习和娱乐服务。

【落实老干部政治待遇】2016年，桑珠孜区委老干部局严格按照相关工作要求，以“正常化、制度化、规范化、科学化”为工作标准，累计提供一般业务性文件40余份供老干部阅读，指定专人及时传达中央、自治区、市、区有关文件，保证离退休干部能够及时阅读文件、了解政策，确保老干部阅文制度落实到位；坚持每月召开离退休党支部书记（管委会主任）会议，向离退休干部通报本单位工作情况和本区发展形势，听取老同志们的意见和建议，确保老干部情况通报制度落实到位；“三大节日”期间，以召开座谈会、走访看望等形式慰问老干部707人次（含异地安置的85人），发放慰问物资累计47.29万元。全年走访慰问长期病号、老干部遗属、贫困老干部31人次，发放慰问物资10400元，并根据实际情况为他们解决生活困难，确保重大节日慰问老干部制度落实到位；本着就近、便利、安全原则，组织70余名老干部到桑珠孜区工业园区、日喀则市宗山博物馆、桑珠孜区江洛康萨社区参观本区工业生产建设、文化传承保护、基层党支部建设等工作情况，确保老干部参观考察建设成果制度落实到位；着重加强老干部时事、形势教育，累计开展集体学习20次，支部学习300余次，发放学习资料12类170余份，为各离退休党支部订阅刊物500余本，确保老干部学习制度落实到位，老干部不断思想建设水平不断提升。

【落实老干部生活待遇】年内，坚持以社会保障为基础，以成果共享为原则，以绝大多数老同志满意为准绳，在按时足额发放“两费”基础上，充分考虑提升老同志的生活质量。9月，老干部局沟通人社局、财政局等单位，严格按照上级要求，为桑珠孜区符合条件的517名离退休干部职工发放3150元的养老金部分调整金额，共计发放162.855万元；向2016年过世的10位老干部遗属发放丧葬费、抚恤金共计165.42万元；以“服务亲情化”为工作标准，重点关注高龄、独居、失能老干部，组织专人定期走访慰问桑珠孜区安置在乡村的离退休干部职工42人，为老同志送米赠面、诊病送药、洗衣做饭，为他们解决生活困难；全年共开展“寿星老人集体生日宴”2次，参与活动的80岁以上离退休干部职工达40余人；年内，多次举办健康知识讲座，邀请市藏医院、萨迦县医院专家为老同志们讲解普及重大疾病和老年多发病的成因与防治知识，并教授“养身保健操”。

【离退休党建工作】 年内，为保证13个离退休党支部设置合理、运转正常，老干部局及时采集汇总各支部班子成员的个人信息，于2016年2月对部分年老体衰或号召力不强、作用发挥不明显的支部班子成员进行改选，以支部民主推荐、老干部局考察的形式重新选出相对年轻、能力强、干劲足的离退休干部任职。年内，先后两次组织开展离退休党支部党建工作培训会，邀请区委组织部负责人及党校教师讲党课，指导大家正确把握新时期离退休党支部建设的规律及特点，坚持理论联系实际，做好当前离退休党支部建设工作。做好离退休党员组织关系排查管理工作，重点核查党员名册、党员档案、党员党费缴纳情况及党员现实表现情况等，建立失联党员情况登记表和汇总表等相关簿册，确保信息准、情况明、底数清，确保桑珠孜区342名离退休党员中，没有失联党员、“口袋”党员或违法违纪党员；将党费收缴、使用和管理工作相关的文件、规定等列入“两学一做”学习教育重要内容，强化老干部依规缴纳党费的意识，同时安排专人重新核算桑珠孜区离退休党员缴费明细，及时将结果向13个离退休党支部进行通报；各离退休党支部全年累计召开专题组织生活会13次，班子成员对照职能职责，进行党性分析，查摆在思想、作风、纪律等方面存在的问题，严肃认真开展批评和自我批评，针对突出问题和薄弱环节提出整改措施，并组织支部全体党员进行民主评议；“七一”前后，结合开展纪念建党95周年活动，组织慰问困难老党员6名；9月，组织开展“离退休党员‘两学一做’知识竞赛”，以考促学，在老同志中形成主动学习的良好风气；先后于3月、10月举办“寿星老人集体生日会”，为40余名80岁以上的老同志庆生，表达党和政府对他们的诚挚谢意和真切祝福。

【老干部“文化养老”工作】 老干局注重发挥老年大学文化主阵地作用，年内，多次精心组织开展健康向上的文娱活动，进一步丰富老同志的文娱生活，活动成效显著。2016年1月，老年大学文艺队以歌曲《复兴之路》代表桑珠孜区参加市委宣传部主办的红歌比赛，荣获全市二等奖；春节和藏历年前夕，参与自治区电视台《后藏离退休干部风采》系列节目拍摄；10月，参与“桑珠孜区离退休党支部红歌赛”，勇拔头筹。7月底，老干局支出活动经费2万余元，组织举办为期8天的离退休干部职工文体比赛。活动坚持“重在参与、友谊第一、健康为重、乐在其中”原则，兼具趣味性与安全性，达到让老干部们强身健体、展现风采的良好目的。围绕“七一”建党节、“十一”国庆节、“两学一做”学习教育等政治思想性主题，老干部局先后组织开展“两学一做”知识竞赛、“歌颂祖国歌颂党”红歌比赛、“庆国庆·迎重阳”文艺汇演等兼具政治性和趣味性的活动；围绕老干部日常生活，选取桑珠孜区旺堆、旺加两位老人家庭为“敬老爱老典型户”，由日喀则市电视台取材拍摄，在重阳节前后以宣传片形式面向全市播出，充分体现了离退休干部爱国爱党、睦邻友好，年轻人尊老敬老、孝亲奉亲的优秀品质。

【老干部发挥余热】 2016年，老干局按照“取其所好，尽其所长”原则，多次组织老干部走上舞台、走进街头、走近基层，多领域、多渠道发挥作用。全年组织“欢庆旺果节”“庆九九重阳节”等文艺汇演4场，为群众送祝福，向祖国表情意；自9月起，长期开展离退休干部卫生监督志愿活动，参与老干部逾1000人次；开展“科技、卫生、文化送基层”活动16次，为广大群众送文艺演出、送农牧知识、送免费义诊、送书籍药品；各离退休党支部积极与辖区困难党员、困难退休干部结对子，不定期开展帮扶活动，为他们排忧解难；成立多个老干部宣讲团，深入村居开展习近平总书记系列讲话精神、党的惠民利民政策、十八届六中全会精神、自治区九次党代会精神等宣讲30余场；组织部分老干部担任桑珠孜区委督查暗访组成员，帮助区委察民生、访民情、问民愿、纠风气；270余名老干部主动报名，担任城市卫生监督员，为日喀则创建卫生城市、文明城市起到了积极作用，进一步彰显了桑珠孜区老干部永葆党员本色、乐于奉献余热的精神风貌。

【党建工作】 年内，老干部局先后制定局党员学习制度、“三会一课”制度等，坚持“每周一学”，不断提高干部自身素质，把新指示、新要求贯穿于工作中，准确把握方向，促进老干部事业健康发展；根据干部能力实际，合理分工，确保各项工作方向明确、职责清晰，提高机关工作效能；认真贯彻落实党风廉政建设有关规定，将干部个人行为置于党内监督、群众监督、舆论监督之中，做到自重、自省、自警、自励、自律，以强烈的政治使命感、依法行政意识、责任效能意识、竞争意识、公仆意识和协作意识，努力实现桑珠孜区老干部事业又好又快发展。

（蒋　丽）

【领导名录】

局　长　查　玉（女，藏族）

副局长　仓卓玛（女，藏族）

武 装

桑珠孜区人民武装部

【概况】 2016年，桑珠孜区人民武装部坚持以中共十八大和十八届三中、四中、五中、六中全会精神为指导，紧紧围绕习近平主席国防和军队建设一系列重要决策指示，深入贯彻落实改革强军和民兵工作会议精神，扎实开展军地联创共建活动，按照抓基层标准，较好地完成了上级赋予的各项任务。

【班子建设】 年内，认真学习《党委工作条例》，坚决落实民主集中制“十六字”原则，不断提高党委民主决策、科学决策和依法决策的水平；党委一班人结合党委中心组理论学习，坚持带领所属干部加强理论和专业基础知识学习，强化在学中干、干中学的良好氛围，努力培养“九会”（会民兵整组、会组织民兵教育训练、会带领民兵遂行任务、会发动民兵参建治建、会组织民兵救灾处突、会国防动员、会做征兵工作、会使用自动化器材、会用藏语简单对话）专武干部；开展“两学一做”专项教育活动，参加党课辅导，开展专题民主生活会，查找问题，制定整改措施；对照工作实际，开展党员承诺践诺活动，定期汇报思想；突出抓好上级党委书记会议精神和十八届六中全会精神学习，进一步巩固和深化整风整改，强化政治意识和政治规矩，始终保持走正道、听党话。

【军事工作】 年内，深化民兵调整改革，不断调整结构、改进编组。6月，完成全区民兵组织调整，并对新入队民兵进行训练。落实民兵训练内容，重点对民兵军事理论、基本技能、战备常识、高技术兵器常识、警棍盾牌术、双37高炮进行训练考核。突出专业对口训练，6月，对民兵进行维稳处突训练；7月，组织民兵骨干和应急民兵进行训练并完成实弹射击。高质量完成征兵工作，无退兵问题和征兵违规操作问题。

【正规化建设】 年内，严格按人武部经常性八项工作扎实打基础、反复抓落实，把人武部当基层来建，坚持好一日生活制度，严格早操课工作和学习，落实教育、会议和讲评制度，坚持请销假、查铺查哨、驻库、巡视等制度，正规“四个秩序”；作为分区人武部正规化建设观摩单位，桑珠孜区人武部进一步规范设计荣誉室，制作“争创先进人武部、争当优秀人武干部”评比栏，统一各类教案、预案、会议登记格式，始终保持正规化建设的良好势头；严格落实党管武装八项工作制度（双重领导制度、双向兼职制度、人民武装委员会制度、党委议军制度、述职制度、到军事机关办公制度、过军事日制度、学习培训制度），充分发挥地方党委、政府在国防动员和后备力量建设中把关定向、组织领导和服务保障作用，为桑珠孜区人武部全面建设发挥重要作用。

【后装工作】 年内，加大经费管理力度，坚持党委集体理财、经费集体审签制度，无论是分区下核经费，还是向区政府申请经费，都需党委会研究通过，确保经费收支的透明度；严格伙食管理，及时调节食谱，确保官兵吃饱吃好；加强基础设施整治和营院绿化、美化工作，自筹资金对营院进行绿化，种植花草树木，维修干部宿舍楼、办公室和食堂，更换下水管道；加强武器装备管理，结合民兵武器仓库整治活动，请领和上报民兵武器数质量，做到账、物、卡相符；及时对双37高炮进行维护保养并进行封存；更新监控、报警、消防设施，确保民兵武器仓库枪支弹药绝对安全。

【拥政爱民】 年内，开展军地联创共建活动，通过规范支部议事程序、帮助召开党支部会等；按照上级十三五扶贫计划，制订《桑珠孜区人武部打赢脱贫攻坚战方案》，完善桑珠孜区五保集中供养中心结对共建措施；开展爱民和“1+1”助学帮扶活动，“八一”期间走访慰问部分困难复员军人，定期为帮扶对象送物；针对东嘎乡雪冲村和雪冲村三户精准扶贫结对帮扶对象，及时入户了解掌握基本情况并建立扶贫档案，制订脱贫方案，定期联系，指导致富门路；发动属地民兵参加辖区植树造林、环境整治、农田基本设施建设等活动，为“六城共建”做贡献。

（王清明）

【领导名录】

部　长　王　凡

政　委　宁焱华（5月免）

副部长　尼玛次仁（藏族）

桑珠孜区公安消防大队

【概况】 桑珠孜区公安消防大队位于桑珠孜区珠峰路，大队主要担负着全区10个乡、2个街道办事处的消防安全保卫任务，并全权负责辖区内灭火、社会救援、社会面火灾防控等工作，另在重特大节日负责消防安保工作。2016年，消防大队党委始终坚持把班子自身建设作为头等大事，坚持以中共十八大精神为指引，抓学习、讲团结、求实效、转作风，不断提升党委班子的创造力、凝聚力、执行力和公信力，铸就学习、团结、务实、廉洁的坚强领导集体。

【政令警令畅通】 年内，消防大队不断强化官兵服从命令、听从指挥意识，坚决维护区公安局管理指挥权威，严格执行区委、区政府及区政法委、区公安局的各种指令和工作指示要求，认真履职尽责，不负重托。

【经费投入】 年内，大队预算经费为166.65万余元，为顺利开展各项工作奠定了坚实的后勤保障。基层消防力量进一步加强，2016年全区根据消防工作实际和火灾防控工作需要，投入320万元专项经费购置一台奔驰32米举高喷射消防车，投入45万元专项经费进一步完善了全区微型消防站建设。

【维护社会稳定】 桑珠孜区宗教佛事活动及重要节点较多，大队紧紧围绕区维稳指挥部及区公安局的要求，做好相关执勤安保工作。大队按照常态化和等级战备勤务要求进行了科学调配，分别做好了社会面定点执勤和敏感节点在队备战的两种模式，全面维护社会稳定。高压态势整治火患；落实社会面管控和定点执勤“四个到位”（战斗准备到位、现场排查到位、全程监控到位、应急处置到位），确保各加油（气）站、老城区、寺庙要害部位的消防安全，圆满完成“两节”、三月份重要时期、展佛节、“时轮金刚”法会以及第十四届珠峰文化旅游节等重要活动消防安全保卫任务。

【消防安全隐患排查整治】 2016年，消防大队盯死看牢“三类场所”“四个类区”，紧紧依靠“五大主体”，积极应对消防勤务“五大风险”，实行“六个重处”，深入推进今冬明春和夏季消防检查专项行动。大队共计排查重点单位1145家次，九小场所906家次，督改火患650处，罚款67000元。大队积极应对“五大风险”，深入发动“五个主体”。大队在开展各类消防安全专项检查的基础上，自主增设消防产品、装修材料等专项行动，系统化应对“五大风险”。并积极协调各级党委政府，加强组织保障、政策保障，年内，大队积极向区政府汇报请示，政府先后召开“2016年度消防工作会议”“迎接国务院消防工作考核联席会议”“2016年第二季度消防工作联席会议暨夏季消防检查推进会”“2016年冬春火灾防控工作动员部署会议”四次联席会议，明确工作责任、细化工作措施，推动落实政府及各职能部门消防工作职责。区政府主要领导亲率公安、安监等职能部门，先后3次深入十乡两办，密集督导消防安全工作；辖区4个公安派出所、36个便民警务站落实消防安全“四个类区”网格化治理职责；消防安全重点单位加强“四个能力”建设，全民消防体系得到巩固。

【岗位练兵重实战】 年内，为进一步深化和提高部队防火灭火、应急救援和维稳处突能力，根据市消防支队“冬训工作实施方案”“执勤岗位练兵方案”“2016年度灭火救援业务训练”等活动要求，结合桑珠孜区消防大队实际制订方案，积极开展灭火及应急救援业务训练。全年大队共组织官兵对辖区重点单位开展六熟悉工作90余次，对辖区易燃易爆场所加油站、液化气站进行24次联合演练；人员密集场所进行30次演练。重大节假日和重要敏感时期（时段）执勤30余次，出动消防车50余辆次，消防官兵300余人次。

【党建工作】 为健全完善基层党建工作，切实强化战斗堡垒作用，夯实党建工作，2016年桑珠孜区消防大队党委以围绕中心、突出重点，为抓手，深入推进基层党建工作落到实处。抓书记履职。坚持和落实“书记抓、抓书记”工作机制，推动党建工作；抓党员教育。加强党员干部思想政治教育，做到党员干部学习“制度化、规范化、常态化”，深入开展党的理想信念教育，深入学习党章、党规等内容，推动党建工作。

【反腐倡廉】 为深入贯彻中共十八大精神，积极构建惩治和预防腐败体系，全面推进党风廉政建设工作，2016年，桑珠孜区消防大队积极谋划，精心组织，创新举措，稳步推进反腐倡廉工作。通过有效手段，积极引导广大官兵打牢为民务实清廉的思想政治基础，树立官兵全心全意为人民服务的宗旨意识，进一步提高了党员干部党性修养、法纪意识和廉洁从警意识，切实增强了部队纪律作风建设，确保了部队高度纯洁稳定和集中统一，推动了日喀则消防工作和消防事业持续健康发展。

【召开消防工作联席会】 年内，大队积极向区政府汇报请示，政府先后召开“2016年度消防工作会议”“迎接国务院消防工作考核联席会议”“2016年第二季度消防工作联席会议暨夏季消防检查推进会”“2016年冬春火灾防控工作动员部署会议”四次联席会议，明确工作责任、细化工作措施，推动落实政府及各职能部门消防工作职责。

【“微型消防站”建设】 年内，为认真贯彻落实公安部、自治区、日喀则市的决策部署，全面做好微型消防站建设工作，桑珠孜区人民政府高度重视、周密部署、结合各类型微型消防站建设标准、全区消防工作实际和火灾防控工作需要共落实45万元建设经费，购置各类消防器材，进一步完善全区67个微型消防站建设，其中包含10个乡、9个社区、7个重点单位、36个便民警务站、5个寺庙文物保护单位微型消防站。

【消防宣传】 年内，共出动人员达150余人次、车辆50余台次，开展大小定点宣传30余次，入户宣传20余次，共发放各类宣传资料3万余份，播放公益广告20余条，设置两处公路告示栏进行消防宣传，有效地促进了宣传效果，提升了辖区民众消防安全意识；积极拓展新《中华人民共和国消防法》《西藏自治区消防条例》及其配套规章等消防安全知识教育培训工作力度。分别在各单位（乡、镇）企业和一中、福利院集中举办了消防安全知识培训班和消防演练。通过培训演练，切实提增强广大群众的消防法制观念，提高了灭火自救基本技能。

（赵爱辉）

【领导名录】

大队长　蒲　斌（8月免）
　　　　方晓东（8月任）

一中队政治指导员
　　　　刘　焯

二中队政治指导员
　　　　任志远

一中队中队长
　　　　陈　军

二中队中队长
　　　　曾　云

武警桑珠孜区中队

【概况】 2016年，武警桑珠孜区中队坚持以党在新形势下的强军目标为引领，深入学习贯彻习近平总书记系列重要讲话精神，按照总部、总队党委全会部署要求，着力强化核心看齐追随，着力推动调整改革落地，着力提高综合维稳力量，着力稳固部队建设基础，着力深化整风整改成效，稳步推进部队建设向上向好向强发展。立足中队建设实际，树牢科学发展、安全发展理念，一手抓任务，一手抓建设，不断提高工作标准和质量，高标准实现“四个确保”。

【提高军事训练质量】 年内，坚持以中心工作为牵引。严格落实新《大纲》，按纲施训，循序渐进，不断提高军事训练质量。坚持支部议训制度，认真制定各类训练计划和教员分课表，扎实开展军事训练。结合实际主要对队列、擒敌、器械、体能和执勤动作及情况处置等基础科目进行训练，加强对班组战斗行动，捕歼战斗、抢险救灾等训练，组建应急班，加强对教练员组训力度，结合任务的实际进行方案演练。训练中，坚持每周进行一次军事会操，不断激发官兵训练热情，训练明显进步。

【专勤专训】 年内，以三班四哨为基本内容，情况处置为重点，规范三班四哨动作，重点对哨兵防袭击、哨兵应急动作连贯操、哨兵情况处置等基础性科目进行训练。突出对应急小分队体能和快速领取武器、更换弹匣等内容的训练，缩短反应时间，增强处突能力，提高应急质量。同时，积极开展“五小练兵”活动，对薄弱科目、人员和漏训人员进行补训，提高了训练，有效地解决了勤训矛盾问题。

【抓好适应性训练】 针对高原缺氧、日照强烈、空气干燥、昼夜温差大的特点，积极开展体能训练，本着循序渐进、安全有效的原则，科学组织。

【安全防事故措施】 年内，坚持严格正规施训、干部跟班作业制度，严格要求严格训练，强化安全意识，训练中严格保护措施、严密组训，严防训练事故发生，确保了训练安全。

【思想政治教育】 年内，中队党支部高度重视对官兵的思想政治教育，牢固树立政治作首位意识，为加强中队全面建设和圆满完成镇守维稳任务奠定了坚实的思想基础。加强干部的学习和教育，官兵思想稳定。按照干部教育计划，认真抓好干部思想教育，通过教育，增强干部的使命感、责任感和自率意识，使干部自觉树立反腐倡廉思想，帮助干部认清当前形势，正确的面对走留，进一步提高干部队伍的能力和素质，使各级干部都能胜任本职工作，为圆满完成任务奠定坚实的基础。根据支队下发的教育内容，结合中队实际认真编写和完善各类教案，确保教育质量落实。认真落实每月执勤教育和法纪教育，充分利用展板、墙报等手段营造学习氛围，采取多媒体教学、讲授、辅导、讨论等多种形式调动官兵的学习兴趣，让内容切实进入官兵头脑。强化了官兵职能意识，鼓舞了士气，增强了官兵忠于职守爱岗敬业的责任感和使命感，为中队全面建设奠定了坚实的思想基础；同时中队立足现有条件，丰富官兵的课余文化生活，根据中队实际，利用节假日，开展文体活动，丰富官兵文化生活。

【党风廉政建设】 年内，成立思想工作骨干队伍、心理工作骨干队伍，划分“三互小组”，认真做好经常性思想工作。认真开展干部学习研究日制度和研究士兵活动，建立研究士兵活动档案。注重做好战士经常性思想工作，每月定期分析人员思想及现实表现情况，针对不同时期、不同人员，加强了随机教育力度；抽选心理素质好的骨干参加培训，解决官兵出现的心理问题。

【后勤工作】 年内，中队狠抓后勤制度落实，搞好后勤经费和物资、库室管理。在伙食管理方面，落实伙食管理五项制度，落实签字制度和公布账目及财务公开，有效地纠正管理不规范的现象；在营房管理方面，严格落实营产营具管理责任制，规范后勤库室。根据营房和营具损坏现状，积极做好维修工作。对破损的瓷砖和墙裙进行更换，对球场及各种标牌进行刷新。对营区进行清理整治，创造拴心留人的良好环境。中队加大力度提高后勤人员的炊事技能而创造条件，提供各类菜肴的制作方法，确保了中队战士能够吃饱、吃好。

【“六共”活动】 年内，成立中队长赵超、政治指导员邓攀为组长，副队长龙胤、各班长、司务长为成员的活动领导小组。负责维护社会稳定群众工作“六共”活动的组织、开展、协调工作。中队支部在充分研究、积极协调相关单位了解情况的基础上制定中队开展维稳群众工作“六共”活动实施计划。配合桑珠孜区相关部门，利用“五四”“七一”“八一”“十一”等时机，深入街道、社区、学校、乡村、寺庙等场所进行宣讲、教育。按照硬化、绿化、净化、美化的乡村文明建设标准，定期协调村（寺）委会组织治理村（寺）脏乱差，组织官兵开展“大扫除”活动、清除卫生死角，美化军警民生活环境，营造良好的共建氛围。配合区公安局严厉打击各类违法犯罪，协助地方党委、政府搞好安全隐患排查、矛盾纠纷化解、突发事件应对、流动人口管控等工作，有效净化社会环境，把各种影响社会稳定的因素消灭在萌芽状态。指导帮助村级组织活动场所及配套设施建设，实现有党旗团旗、有领袖像、有牌子、有人员、有场所、有制度、有活动；坚持每季共同开展一次党日活动和思想互助，帮助基层党组织加强自身建设、解决自身问题，充分带动基层党组织和党员队伍发挥堡垒和旗帜作用，增强党组织的凝聚力战斗力。

（黄振毅）

【领导名录】

队　长　王忠彬（5月免）
　　　　赵　超（5月任）
指导员　汪昌毅（5月免）
　　　　邓　攀（5月任）
副队长　龙　胤
副指导员
　　　　陈学明（5月免）
　　　　蔡迎春（5月任，5月免）
　　　　石楚滨（6月任）

法 治

桑珠孜区公安局

【概况】 1959年5月，建立日喀则县人民政府，下设县公安局。2016年，桑珠孜区公安局下设64个部门，其中：局机关内设13个部门、1个看守所、14个派出所（城区4个、乡镇10个），便民警务站36个、开发区派出所和曲夏检查站已批复暂未设立。公安局民警编制191人，现有民警520人（其中驻寺民警19人、驻村民警29人），工人3名，治安协勤力量221名，共745人。辖区常住人口11.89万余人；年平均流动人口80万人（次），高峰期达到105万人（次）；刑事、治安案件发案数占全市发案总数的85%以上。

【基层党建工作】 年内，充分发挥各党支部战斗堡垒作用，进一步完善《桑珠孜区公安局2016年党建工作计划》，完善健全5个党总支、53个党支部的学习、培训及党员生活制度，规范发展党员、建档流程等支部基础工作，发展新党员53名，吸收积极分子41名，优化党员结构并带动发挥工青妇工作职能；组织开展党建工作信息化建设培训，按期完成410名党员信息录入工作；查漏补缺治安辅警档案资料，完成全局治安辅警档案信息录入工作；深入有序开展“两学一做”“公安机关纪律作风整治”“讲学习，讲忠诚，正风纪，转作风、提效能”“忠诚教育”“重温领导讲话”等一系列主题教育活动，深入学习领会中共十八大、十八届三中、四中、五中、六中全会、中央第六次西藏工作座谈会精神和习近平总书记系列重要讲话精神，2016年局党委带头组织局属部门负责人，召开理论中心组学习会17次、工作会议32次，先后组织1020余人（次）开展上党课、观看警示教育片、党章党规知识考试等活动，上报学习简报220余篇；局党委和各（总）支部坚持和健全党支部集体领导下的行政领导负责制度、民主议事决策制度和民主生活会制度，做到决策科学高效、办事公平公正。进一步完善选人用人机制。在区委、区政府和区委组织部的高度重视和关心支持下，调整54名民警职级待遇和工作岗位，并由区委召开公安局干部调整集体谈话会，深入讲解干部选拔调整工作动议及相关程序，同时就加强和改进队伍建设方面提出具体要求，使全体民警深切体会到区委、区政府对基层公安民警的关心关爱和有力指导，充分调动了全局民警的工作积极性。坚持不懈地抓好纪律作风整治工作。围绕执法为民、公平正义、服务大局、提高执法服务能力等方面进行相互交流、查摆，研究分析相关工作意见和建议，努力做到学以致用，用以促学，改进了局属个别部门和民警纪律作风松弛，警容风貌不整，担当意识不强，对待群众态度生硬，执法服务效率不高等突出问题，养成良好的作风建设新常态。跟进督导检查工作。共出动警力560人次，开展督导检查176

次，下发督办通知23份，全局范围内通报批评6人。查办维权案件14起、检举控告案件7起。加大学习培训力度。组织188名治安辅（协）警举办4期教育培训，评选优秀学员22名；选派12名民警参加上级业务部门举办的业务培训；组建政工宣教科，边学边提升部门工作效率，制作《和谐桑珠孜区》宣传片。

【深化改革，理顺职责】 年内，公安局党委以深化公安改革和日喀则撤地设市工作为契机，对辖区维稳和业务工作需要组织专人开展多次专项调研，学习借鉴拉萨市基层公安机关职责权限划分、工作流程及运行情况，并立足本部门实际和当前工作中不足和突出问题，研究制定并上报《桑珠孜公安局相关本门职责权限划分情况调研报告》《呈请理顺相关业务部门责权请示》《设立特警大队请示》等相关报告，同时，以市公安局党委关于“三大防控体系”建设的总体部署为指导，建立健全维稳工作机制，明确相关部门职责划分；理顺网络管理权限，由市公安局网安支队将网络舆论导控、案件“落地查人”处罚权限下放公安局网安大队，有效解决了管理工作脱节而“只查不罚”打击不力等问题，同时协调理顺城区娱乐场所监控调取权限等问题；提高便民利民举措，规范了输入型人员管理和旅馆业行业秩序发展。

【深化户籍改革及一系列便民、利民、惠民新举措】 2016年5月，局治安大队将旅馆业信息系统管理权限、信息查询权限下放至36个便民警务站，为丢失或未携带身份证件的外来人员审核身份信息，开具旅馆住宿证明，截至年底，审核并开具证明44100余份，这一举措，既方便了群众，又强化了旅馆业治安管理和流动人员管理服务效率，特别是输入型人员管控实现“近距离”管控，直至离开本辖区。

进一步畅通临时身份证办证服务渠道，服务百姓暖人心。原先临时身份证受理、签发、制证工作流程相对繁琐一定程度上影响基层公安机关办事服务效率。对此，局领导积极协调上级业务部门，2016年7月，投入经费167万，强化信息化应用水平，简化审批流程，优化服务举措，由局治安大队全面负责临时身份证制证签发工作，方便群众，提高办事效率，已办理临时居民身份证900余张。

突破传统办证模式，暂住证居住证办证权限下放至一线部门，根据市委书记张延清在考察调研公安局派出所工作时指出的关于做好新形势下的流动人口服务管理工作的相关指示精神，局党委认真研究对策，缜密安排部署，积极向公安厅汇报暂住证、居住证改革工作，得到了公安厅的大力支持，及时调配44套居住证采集设备，购置4台制证设备，迅速推动辖区便民警务站办理暂住证、派出所办理居住证工作机制。权限下放至今，办理居住证3292张，暂住证3436张，赢得了广大群众的一致好评。通过上述举措，区公安局一步一个脚印努力实现“春风细雨润万家，便民举措暖人心，春风行动和万家，便民服务悦人心”这一郑重承诺，同时，开拓创新，多措并举，力争实现便民利民与治安管理工作的“零缝隙”对接，减轻基层负担，提升整体效率，实现科技强警。

【健全执法规范化建设体制】 建章立制抓规范管理。为进一步规范民警的执法行为，不断提高执法工作的标准化和精细化水平，桑珠孜区公安局先后制定出台《桑珠孜区公安局综合执法考评方案》《区公安局专兼职法制员制度》《区公安局办案场所使用管理规定》《涉案财物管理制度》等一系列规章制度，构建了较为完备的执法制度体系；创新机制抓效能提升。桑珠孜区公安局在全市创新推出“兼职法制员”机制，从各执法部门确定19名兼职法制员以便及时收集基层执法情况，发现执法问题，观测执法走向，规范执法活动；狠抓考评监督工作。将日常案件审核工作（含信访案件承办情况）纳入执法监督考评工作，坚持开展“执法办案情况每月一考”，每月对执法状况进行一次综合分析研判，并通过下发

《执法考评通报》《执法整改建议书》等强有力的措施，切实加大执法监督考评力度，实现有问必改，有责必究，全面提升了执法办案质量和法制建设效能。

【执法场所规范化建设】 根据公安部《公安机关执法办案场所设置规范》、公安厅《2014—2016年西藏公安机关执法规范建设规划》《公安机关执法办案场所办案区使用管理规定》和日喀则市公安局相关工作要求，积极请示，多方争取，加紧推进全局执法办案场所规范化改造。自2015年以来，先后投入资金122.4万余元，分批完成城区4个派出所和甲措雄乡派出所执法办案场所规范化建设，设置“办案区、办公区、生活区”，办案区内设置“询问室5间，醒酒室、信息采集室、物证室、调解室、涉案财物保管室、消防治安室、备勤室各1间，安装了高清视频监控系统探头，达到“四个一律”基本要求，已全部投入使用。2016年，学习借鉴区内兄弟部门成功经验，多次修改施工规划图纸，完成“区公安局业务技术用房”新建项目，总投资1448万余元（其中本局自筹经费40万余元），进一步推进落实局机关各业务部门规范化建设。请示协调区政府解决区看守所项目征地补偿费73.45万余元，截至年底，“桑珠孜区看守所”“区公安局拘留所改扩建”项目正在实施，推动本局执法规范化建设向纵深发展，提升公安机关执法公信力。

【推进联勤联动机制】 年内，始终坚持应急与常态结合、全局与重点结合的工作模式，认真分析桑珠孜区社会治安形势和维稳工作面临的新情况、新问题，狠抓安全隐患风险评估，健全安全措施体系，科学处理维稳工作与日常业务、专项工作之间的关系，完善制订各阶段、各领域维稳安保方案和处突工作预案。期间，投入经费481万元，更新一线实战部门警用装备和勤务车辆，由青岛市第七批援藏领导小组为乡派出所配备执法勤务车辆7台，充实完善警务装备。投入经费167万元，购置一套数字集群基站和350兆数字集群对讲机320台，更新全局通信设备，截至年底，对讲机配发使用率90%左右，有效加强了日常勤务和重大安保通信保障水平，确保警令畅通。

【夺取各项安保战役全面胜利】 年内，开展民（辅）警警务技能训练、打靶射击训练13次，全局参训民警率达到80%；积极选派30余名民警参加上级业务部门举办的跟班培训；积极参与两级公安机关组织的“高原1号”反恐维稳实战演练，提升了整体作战能力水平。同时，借助智能化警用无人机在实战中的应用，在重大活动安保中充分发挥无人机的“千里眼、顺风耳”的作用，为方案制作、警力部署和实战应用提供有效服务。先后圆满完成了各敏感节点和“128”时轮金刚法会日喀则市历届珠峰文化旅游节以及“G20杭州峰会”“中国西藏旅游文化国际藏博会”“自治区第九次党代会”期间维稳安保任务。

【专项整治行动】 根据不同的实战需要，集中优势兵力，成立专案专班，先后开展市区两级公安机关打击侵财案件专项行动、项目建设领域突出问题打击整治行动、整治寄递物流行业管理突出问题专项行动、“两清一排”“雷霆行动”清查整治行动、“百日道路交通安全生产工作攻坚战”“九小场所”消防安全监督检查专项行动，成功破获了强迫交易、故意伤害致死、系列盗抢骗侵财、组织容留卖淫等恶性案件，在一系列专项行动中，“打防控管”多路出击，不断提高打击犯罪的能力和水平。

【教育培训】 年内，通过邀请专业教官授课、各警种业务能手上讲台授课，组织256名基层一线民辅警开展技能培训，实战训练，不断提升广大民（辅）警法律素养，执法水平和安全防护意识，有效防控基层民辅警伤亡风险，在日喀则市公安机关首届警务技能比武活动中公安局代表荣获三等奖。组建政工宣教科，边学边提升部门工作效率，制作《和谐桑珠孜区》宣传片和《桑警在线》微信公众平台，加大桑珠孜区警务工作宣传力度。截至年底，正在深入开展“强素质、讲文明、树形象、创满意”主题教育活动。

【从优待警】 年内，协调解放军第八医院组织民辅警免费体检458人；新的业务楼、礼堂、机关食堂竣工投入使用，协调解决民警住房120余套；成功举办桑珠孜区公安局首届“歌颂珠峰警魂创建平安桑珠孜”为主题的文艺晚会。努力做到政治上的激励，工作上的支持、待遇上的保障、健康上关心民警，不断增强广大民警的职业认同感、归属感和荣誉感，进一步提升公安队伍的创造力、凝聚力、向心力和战斗力。

（次仁普赤）

【领导名录】

日喀则市公安局党委委员、调研员、桑珠孜区委常委、政法委书记、公安局党委书记、局长、督察长　普布顿珠（藏族）

党委副书记、政委

边　巴（藏族）

党委委员

巴桑多吉（藏族）

副局长

唐清泉

巴桑次仁（藏族）

桑珠孜区人民检察院

【概况】 桑珠孜区人民检察院1979年恢复建院，为日喀则县人民检察院，1986年更名为日喀则市人民检察院，2014年12月正式更名为日喀则市桑珠孜区人民检察院。2016年，实有58人，中共党员44人，检察官20人，检察官助理13人，书记员18人，行政人员7人，内设10个科室，分别为办公室、公诉科、侦查监督科、反贪污贿赂局、民事行政检察科、刑事执行局、检察技术科、反渎职侵权检察局、控告申诉检察科、案件管理中心。高检院授予“全国模范基层检察院”，荣获全国文明单位等荣誉称号。

【维护社会和谐稳定】 2016年，桑珠孜区人民检察院按照自治区党委维稳工作目标，牢固树立稳定压倒一切的思想，把维护社会和谐稳定作为首要工作任务，深入开展反对分裂、维护稳定各项工作，勇于担当政治责任，牢记使命，自觉肩负社会责任，全力维护敏感时段和重大活动期间的社会稳定。

年内，与公安、法院等部门密切配合，严密防范，依法严厉打击达赖集团的各种分裂破坏活动，努力实现政治效果、法律效果和社会效果的有机统一，确保全市社会大局持续稳定。在春节、藏历新年和三月份展佛节重要时期广大干警能够自觉配合有关部门，严厉打击和防范分裂破坏活动，坚持领导带班、24小时巡逻值班和“零报告”制度。主要领导在维稳指挥部带班人8（次），同时，进行维稳演练，提高干警维稳处突能力，确保社会及单位内部安全稳定。

【依法打击各类刑事犯罪】 2016年，侦查监督方面，共受理公安机关提请批准逮捕的各类刑事案件85件119人；批准逮捕70件91人、不（不予）批准逮捕决定18件28人，批准逮捕后作出不起诉处理为2件3人；诉讼方面，共受理各类刑事案件81件108人。经审查提起公诉64件94人（含上年积案），相对不起诉5件5人（盗窃、交通肇事），存疑不诉2件2人（诈骗、故意伤害），绝对不诉3件5人（强迫交易、拐卖妇女/收买被拐卖的妇女）。有罪判决率达到100%，发出《检察建议》2件3人，改变定性2件2人。

【查办和预防职务犯罪】 年内，桑珠孜区人民检察院采取“打防结合”的方式，紧紧围绕“坚决惩治和有效预防腐败”的要求，不断完善案件线索管理机制和侦查指挥协作机制，加强与执法执纪部门的配合，提高发现犯罪、侦破案件的能力，建成了以举报箱、举报热线为“点”，以反贪干警主动寻找线索机制为“线”，以各部门联动为“面”，以坚持区委纪检委统一领导为“体”的综合性、立体防控体系，大大加强了桑珠孜区查办职务犯罪案件工作力度。通过开展这项活动，为乡（镇）干部带上了紧箍咒，也为群众反映相关违法违纪问题，提供了有效途径。2016年受理职务犯罪案件5件9人，初查5件9人，立案3件2人（1件以事立案），起诉2件2人，终止侦查1件1人；反渎职侵权案件初查1件3人。年内，桑珠孜区人民检察院加大了预防职务犯罪工作的力度，在遏制和减少职务犯罪方面取得了一定的实效。桑珠孜区人民检察院特别注重案件办到哪儿预防工作做到哪儿，注重以桑珠孜区人民检察院查办的每名干部身边的反面案例有针对性地进行预防教育。以曲布雄乡村委书记仓某挪用公款等案件对各乡（街道）和各村（居）干部进行了预防教育；群众反映强烈问题较多的，财务账目混乱的，乡镇、企业、村（居），深入了解情况查找线索。桑珠孜区人民检察院根据桑珠孜区反贪工作的重点，深入各村（居），对村（居）的土地提留款、"双联户"户长津贴补助发放情况等账目进行初查，同时开展职务犯罪宣传教育，共开展宣传4次，散发宣传资料600余份，向区政府有关部门提出检察建议3份，为党委、政府提供决策依据。

【法律监督职责】 2016年，民事行政方面，与区法院积极协调，审查民事判决书44份、民事裁定书15份、民事调解书25份，执行监督3起桑珠孜区法院的执行案件，口头建议2件；控告申诉方面，为确保群众的诉求能够及时、准确地表达，桑珠孜区人民检察院投入资金，全面更新桑珠孜区的控告申诉举报箱，累计更新举报箱达15个，全面覆盖全区各乡、街道办事处、居委会及人流量大的地点，确保群众投诉有门，申诉有路，受理来信来访5件，处理来访2件（其中一起移交区信访局），另2件为无价值类线索信件，均做出了相关处理；严格执行检察长接待日制度，2016年，检察长亲自接待来访群众15人次。坚持日常宣传和集中宣传相结合的原则，在日常接待工作中向来访者宣传、在办案工作中向当事人和办案单位宣传，在举报宣传周和综治宣传月中设点进行集中宣传，增强举报宣传效果，促进举报宣传制度化、常态化、多样化。依托驻村工作队结合下访巡访，进乡村、进企业、进社区，最大限度地扩大宣传受众面，激发群众举报热情，共开展法制宣传7次，散发宣传资料3000余份，受教育群众达3000余人。按照中央司改办、中央政法委、高检院有关文件要求，积极探索律师参与化解和代理涉法涉诉信访案件的工作方法和保障机制。监所检察方面，共开展监所检察30余次，社区矫正专项检察1次，联合区司法局开展社区矫正安全大检查3次，开展社区矫正人员集中法制宣传教育1次，社区矫正临场监督5次，发出书面检察建议7份。同时，推进集中清理判处实刑未执行刑罚专项活动，初步摸查出符合清理条件的罪犯3名，为督促相关责任部门落实清理纠正措施奠定坚实的基础。为顺利推进此次专项活动，桑珠孜区人民检察院成立以院主要领导为组长，以刑事执行检察局干警为主要力量的核查小组，对2006年以来，共10年850多名刑事案件被告人生效判决书、裁定书进行逐一清查，共查阅卷宗700余卷，案件620余件，筛查出暂予监外执行条件尚未收监执行的罪犯3人。

【党风廉政建设】 年内，坚持从严治检，严格执行各项办案安全防范制度和纪律作风制度。全面落实党风廉政建设"两个责任"制，加大对班子成员履行"一岗双责"的监督力度，真正做到全面从严治党治检人人有责、人人抓落实。在全院推行中层干部述职述廉制度以及岗位目标责任制度，切实加强干警党风廉政教育，有效增强干警特别是领导干部的廉洁自律意识和拒腐防变能力。加强自身廉政风险防控管理工作，结合自身岗位职责，建立风险评估卡，杜绝人情案、关系案及违法办案等情况的发生。深入推行检务督察制度，通过明察暗访等形式，对检察干警履行职责、遵章守纪等情况进行监督检查，确保良好的检察队伍形象。2016年，检察院队伍建设取得明显成效，各项工作得到组织的充分肯定，集体受奖3次，个人受奖18人次，科员提拔副科14人。

【党建工作】 年内，在充分做好检察院日常工作的前提下，加大学习力度，围绕“团结、民主、和谐、务实”的目标，强化班子能力建设，形成党组垂范，全院上下齐心协力、齐抓共管的工作格局。坚持党组理论中心学习制度。落实“每周一学”模式，在学习上级文件精神的同时，结合“两学一做”专题教育等，以党组学习带动全院学习方针，定期开展学习讨论会，坚持一切从实际出发的原则，更加注意学以致用，努力解决当前部分干警作风散漫、办事拖沓、学习滞后的现状。全年共召开党组会议12次，理论学习中心组会议22次，民主生活会2次。向党委、人大专题汇报2015年检察工作情况、“两学一做”、党建、党风廉政建设实施情况；严格落实民主集中制原则。评选先进、推荐提拔任用干部、重大资金落实决策等都经由院党组成员充分讨论决定。大宗经费开支、重大事项，提交党组会、检察长办公会研究决定，提高了决策的民主性、科学性，增强了班子的团结。

【以专项活动促思想进步】 年内，根据日喀则市桑珠孜区创先争优强基惠民活动领导小组的安排，桑珠孜区检察院全年共派出12名干警、4名村（居）第一书记深入甲措雄乡的联阿、聪堆、桑阿林、城南街道邦加孔社区等村（居），开展“强基础、惠民生”活动。院聪堆村驻村工作队帮助聪堆村成立桑珠孜区甲措雄乡聪堆村旺财农机租赁专业合作社，同时争取到价值100余万元的农机；院驻联阿村工作队帮助村民争取太阳灶发放到每户村民（价值9万余元）；院驻桑阿林村工作队帮助村民争取了农机具（价值18万余元）。三个驻村工作队开展新旧对比教育和“知党恩、跟党走”爱国教育等活动7次；帮助制定村务公开、民主管理、乡规民约等制度7项；帮助培养入党积极分子19名，发展党员13名；排查调处矛盾纠纷45件；解决项目3个，已落实资金127万余元；同时，驻村干警将反分裂斗争教育工作开展到所在村庄。2016年，以党的宗旨和民族政策，国家意识为中心内容向驻村点群众进行爱国宣传教育，受教育人数达到2000余人次，收到良好的政治效果和社会效果。

（方 林）

【领导名录】

党组书记、检察长
　　格桑次仁（藏族）
党组副书记、副检察长
　　扎 西（藏族）
副检察长 胡聪丛
　　次 央（女，藏族）

桑珠孜区人民法院

【概况】 2016年，桑珠孜区人民法院下设办公室、政工人事科、行政装备管理科、审判委员会管理办公室、刑事审判庭、民事审判一庭、民事审判二庭、立案庭、审监庭、执行局、法警大队共11个内设副科级机构。核定编制为69名，实有干警56人；领导班子编制职数为1正4副，实配1正3副。内设机构中，编制职数11名，实有10名；法官19名；审委会成员8名。实有人员中，干部50名，工人4名，其中汉族13名，藏族43名；男干警29名，女干警27名；全院干警平均年龄为35岁。具有研究生学历的1名、本科学历的40名，具有大专学历的13名，中专学历3名，于2009年成立党组，党组成员共5名，下设4个党支部。现有党员41名，占全院干警总数的73.2%。

【党建工作】 2016年，按照“抓党建带队建促审判”的工作思路，全面加强党的建设，站在维护党的执政地位、确保司法工作正确方向的高度，以改革创新的精神，积极推进司法体制改革，主动争取当地党委的支持，不断加强基层党组织规范化建设，建立健全工作机制，大力推进“支部建在庭上”工程，党组织的战斗堡垒作用和党员干部的先锋模范作用得到明显加强，争先创优的氛围进一步浓厚，有力地促进了法院队伍建设水平。

【党风廉政建设】 2016年，在区委和市中院党组、区委政法委的监督指导下，在院党组班子成员和全体干警的支持配合下，坚持以习近平总书记系列重要讲话精神和各级党委的重要会议精神为指导，坚持公开、公平、公正、平等司法审判原则。坚持制度管理，民主集中，坚持弘扬正气，反对歪风邪气，尽全力发挥领导干部应有的模范带头作用；坚持党要管党、从严治党，坚定不移严明党的纪律，坚定不移整治“四风”，反对腐败，党风廉政建设和反腐败工作成效明显。

【推进司法改革】 年内，桑珠孜区人民法院自被列为全区司法体制改革首批试点单位以来，按照各级党委、政法委和自治区高级人民法院的决策部署，以实现让人民群众在每一个司法案件中感受到公平正义为目标，坚持顶层设计、分步实施、试点先行、依法稳妥的原则，有重点、有步骤、有秩序地开展司法体制改革试点各项工作。

【信息化建设】 2016年，按照自治区高院“天平工程”的要求，将信息化建设的综合布线、科技法庭的布局、远程视频会议线路预留等与实际运用相结合，提前进行统筹、科学规划、具体实施，实现信息化前期准备工作就绪，为审判工作构建了高标准的信息化工作平台。于2015年开始，在区高院人力、物力的全面保障下，建设完善了科技法庭、办公大楼、围墙监控系统的改造，实现三级法院网络互联。按照相关规定，审判管理系统供全院业务部门办公使用和院领导监控管理及案件流程节点审批使用。办案系统功能基本能满足办案全程运用，加大案件信息录入的准确性，电子卷子提交归档的完整性，进一步提升相关数据管理工作。科技法庭系统，能满足庭审同步录音录像，证据展示，网上庭审直播和事后点播功能，庭审信息可以同步存储在中心机房审判管理系统。安全视频监控系统，监控信息可随时查看留存。实现了2016全年司法统计并轨工作，完成三大系统的数据核对一致，确认案件诉讼标的，进一步同最高法院智能化建设同步到位。

在立案大厅设有LED电子显示屏，滚动显示诉讼文书样式、诉讼费收费标准、诉讼（执行）风险告知、法律法规等内容，当事人通过触摸屏，可以查询到法院受案范围、诉讼指南、办案流程等内容。室外电子显示屏显示开庭公告，最新的法院工作动态等。开通官方公众微信，进一步拓宽群众监督渠道，更多地了解社会对法院各项工作的印象和评价，从而提升司法公信、促进司法公开，借助信息科技化来实现审判、执行的公开、透明，打造“阳光诉讼”。

【履行“三大职责”】 年内，维护社会大局稳定，开展反分裂斗争，以确保重要节点和大局平安稳定为重点，响应号召，开展驻村工作，选派12名干警进驻联乡3个行政村，落实“5+3”重点任务，落实办实事经费30万元，自行投入经费3.5万元，自筹资金10万元，为民办实事2件，惠及群众达400人次。判处5年以上有期徒刑的10人，落实宽严相济刑事政策，依法判处3名被告人缓刑、拘役、管制。加大审理判决群众关注度高、社会影响力大的组织、协助组织卖淫案件及涉毒品案件，净化了社会风气，彰显了法治威慑力。

【促进社会公平正义】 年内，抓住当前经济社会发展的特点，不断提升司法服务保障的针对性、实效性，全力促进桑珠孜经济更好发展，以全区民商事审判工作会议精神为指导，充分发挥民事审判职能，受理各类民商事案件499件，审结399件，结案率79.96%。坚持“调判结合、案结事了”的民事审判原则，促进邻里和睦、家庭和睦、社会协调发展，调撤案件271件，调撤率达67.91%。立足于提升妇女群众法治观念，结合全国家事审判方式和工作机制改革试点工作，组织开展反家庭暴力维护妇女儿童合法权益法制宣传8场次，发放宣传资料2000余份，受教育群众达1.2万余人。成功以调解、撤诉方式处理了47起房屋租赁纠纷系列案件，获得群众高度赞誉，确保了社会和谐稳定。本着“群众利益无小事”，以“便民”为民事审判工作的原则，充分发挥“车载流动法庭”的便利作用，深入一线及时解决群众生产生活中的矛盾纠纷，把便民之举的社会主义司法为民理念落到实处，通过巡回办案，把大量可能发生的矛盾化解在当事人家门口，全力维护当事人的合法权益，以“车载流动法庭”进村进乡进牧区，巡回办案56件，着力把矛盾化解在基层，解决在萌芽状态。

【民生司法保障】 2016年，落实最高院、自治区高院关于“基本解决执行难”的部署要求，与桑珠孜区直属30家单位贯彻落实《健全和完善执行联动机制的实施细则》，并制定实施方案，全力维护司法权威，促进桑珠孜社会诚信。坚持执行工作“一性三化”，推进“一打三反”常态化，强化失信被执行人信用惩戒，受理各类执行案件164件，执结145件，执结率达88.41%。执结案件中和解69件，公开曝光7名失信被执行人，强制拘留4件5人。落实司法服务宗旨，大力推进“三位一体”诉讼服务中心建设，建立健全诉调对接机制，落实立案登记制，不断畅通利益诉讼表达渠道，立案率达100%；落实便民利民为民措施，制作警务站案件移送登记本、涉诉涉法登记本等12本台账，充分发挥调解机制，诉前调解矛盾纠纷案件56件，立案调解115件，为经济确有困难的当事人减交诉讼费12243.5元、免交13693.37元、缓交15560.3元。

【实施“四项工程”】 年内，健全和落实主审法官、合议庭办案责任制，确保实现“让审理者裁判，由裁判者负责”，完善院、庭长担任审判长、参加合议庭审理案件的工作机制，确保优质审判资源回归一线。有序落实办案质量终身负责制和错案责任倒查问责制，确保办理的每一起案件都经得起法律和历史的检验。抓规范促公正，开展“规范司法行为年”活动，着力解决群众反映强烈的执法司法不严格、不公正、不文明、不作为等问题，确保司法权依法规范行使。严格贯彻“两个规定”及实施办法，全面、如实、及时记录相关情况，留存相关材料，做到全程留痕、有据可查。改进审判权运行模式，严格控制案件请示汇报范围，大幅度减少审判委员会讨论案件数量。全面推行量刑规范化工作。制定案件质量评查办法和评查标准，加强审判执行工作监督，对落实随案发放廉政监督卡制度的效果进行抽查回访，确保司法廉洁公正。

【“两学一做”学习教育活动】 2016年，开展“两学一做”学习教育活动，牢固树立干警的大局意识、政治意识、核心意识、看齐意识，坚决做到忠诚、干净、担当。加强人才队伍建设，为加强与上级法院的沟通协调，培养锻炼干警，提高干警的业务素质，2016年，选派5名干警到高院跟案学习锻炼。坚持一手抓反分裂斗争、一手抓党风廉政建设和反腐败斗争，开展院党组班子、党组书记和党组成员述责述廉活动，确保法官清廉、法院清明、司法清正。

【抓基础、固根基】 年内，桑珠孜区人民法院把抓基础作为长远之计和固本之举，把人力、物力、财力、精力更多地投到基建项目和为干警解决后顾之忧中。着力提升干警职级待遇，在区委组织部和上级法院的关心支持下，2016年，通过民主测评、择优选拔的方式，15人提职提级，使院领导班子和中层干部力量进一步充实壮大，有力地促进了各项工作的深入开展。加快“十三五”项目建设。年内，全院干警深深地体会到，坚持党的领导是做好法院工作的根本保证。把认真贯彻落实中央系列方针政策、习近平总书记系列重要讲话精神和各级党委重大决策部署作为首要政治任务，教育引导干警在思想上、政治上、行动上拥戴信赖捍卫核心，坚决做中央、区党委、市委、区委决策部署的坚定执行者、模范实践者、忠诚捍卫者，确保法院工作正确政治方向。自觉接受监督做好法院工作。自觉主动接受人大监督，完善向人大报告工作、加强代表联络等工作机制，自觉接受政协民主监督，依法接受检察机关诉讼监督，广泛听取社情民意，确保最大限度地满足人民群众对法院工作的知情权、参与权、表达权和监督权，使宪法法律赋予的各项审判权在阳光下运行。上级人民法院关怀指导和区委政府大力支持是做好法院工作的坚强后盾：自治区高院、日喀则市中院等领导亲临调研，区委主要领导到院沟通协调法院工作，在业务指导、人才培养、资金项目等方面支持，为全院做好工作提供有力支持；在法院工作不断取得发展进步的同时，也清醒地认识到，桑珠孜区人民法院工作还存在许多问题和不足：随着桑珠孜区经济社会发展，新情况新问题明显增多，依法运用“五大发展理念”审理各类案件的司法能力有待进一步加强；执行难问题未得到完全解决，司法机制的健全和司法的权威有待加强；案件数量逐年递增，办理难度不断加大，干警办案压力剧增，案多人少、事多人少矛盾愈加突显；缺员、人才流失的问题依然存在；健全完善规章制度工作需进一步加强。

（罗　畅）

【领导名录】

党组书记、院长

边巴卓玛（女，藏族）

党组副书记、副院长

杨　健

党组成员、副院长

宗　吉（女，藏族）

米玛扎西（藏族）

党组成员、办公室主任

陈　霖

桑珠孜区司法局

【概况】 2016年，桑珠孜区司法局核定政法编制为12个（含乡镇司法助理员编制7个）。截至年底，局机关实有7人，其中科级4人，司法助理员实有5人，均为科员。开展社区矫正、安置帮教、法律援助、人民调解、普法宣传、法制办工作。

【社区矫正】 年内，桑珠孜区司法局以社区矫正工作为重心，在法制不健全、机构不健全、身份不明确等的情况下，认真谋划，仔细研究，落实“五重”，力争取得攥指成拳的合力，将此项工作做好。4月，与各乡（街道）、相关单位签订2016年社区矫正工作目标责任书，层层落实责任，加强监管；立足没有单独办公的现状，与文广局协调，落实社区服刑人员集中教育学习基地；与民政局五保集中供养中心联系落实矫正公益劳动基地，实现集中教育、公益劳动非敏感期常态化；2016年，先后邀请检察院监所科、党校老师、援藏律师授课，组织参观市法制宣传集中教育基地，集中观看新旧西藏对比宣传片、集体参观区看守所等，同时为每名社区服刑人员发放学习资料（如宪法、民族区域自治法等）和笔记本，要求除集中学习外，加强自学；在走访中，发现社区服刑人员洛某、达某生活困难，生活态度消极，在思想上帮教的同时，向民政部门申请了临时救助，虽然资金不多，但是让他们充分感受到政府的关心。并组织党员为困难社区服刑人员捐款；社区矫正工作是一项新型社会管理工作，面对局机关80%为新到任人员，业务不熟悉的现状，组织全局到江孜县司法局学习。2016年，共接收社区服刑人员13人，解除9人，托管1人，居住地变更1人。共开展社区服刑人员集中教育8次，集中公益劳动7次，书面警告3人，实地家访600余人次，电话回访845余人次，接受本人报到411余人次。

【安置帮教】 年内，为将安置帮教工作做好，桑珠孜区司法局机关以“四强”为载体，做细相关工作。按照凡出必接，做好必接必送工作，认真做好刑满释放人员与乡（街道）、派出所、村（居）、“双联户长”、亲属、派出所的衔接工作，与乡（街道）、派出所、村（居）、“双联户长”、亲属签订帮教责任书；建立健全刑满释放人员档案，对以前的帮教小组进行调整，做好首次谈话，教育引导其对生活充满信心，坚持三个月内刑满释放人员电话回访；做好安置帮教信息平台各项录入工作。包括解除人员、新接人员、家庭信息比对、每月信息核查等；根据自治区司法厅重新制作下发的档案，组织人员进行学习、研究，积极做好档案归档、整理工作。

2016年，共衔接31人，其中到拉萨衔接刑满释放人员18人，桑珠孜区看守所衔接8人，社区矫正转入5人，解除5人，组织查找1人，外地转入2人，日常排查遗漏4人，核实在监服刑人员基本信息46人次。在“三大节日”、三月敏感期、“萨嘎达瓦”、法会、中秋节、国庆等期间，随机抽查家访20次，电话回访70次，了解情况及思想动态。

【人民调解】 4月，桑珠孜区司法局与各乡（街道）、区直各单位签订责任书，做到分工明确。5月，召开各乡人民调解推进会，就基层人民调委会规范化建设情况再次动员部署，兑现2015年人民调解经费；与法院协调，利用四天时间在各乡（街道）、企业调委会开展人民调委会人员轮训，提高法律素质，促进档案规范；根据自治区下发相关整改文件，为各基层调委会共印制调解墙贴标语620张、规范档案1000份及座签等，促进基层调委会不断规范化；每月按时梳理、网上填报基层人民调解数字。

2016年，有基层调委会191个，乡（街道）调委会12个，企业调委会3个，调委会人员1428人（其中含调委会主任、委员、调解员）。2016年，各基层人民调委会共调解案件242件，调解成功215件，调解成功率88%，其中家庭婚姻88件，邻里纠纷52件，合同纠纷21件，山林土地纠纷12件，其他纠纷69件。

【法律援助】 年内，桑珠孜区司法局加大宣传力度，利用各类法治宣传活动，让律师走上街头，走进社区，开展现场咨询及送法下乡活动；利用援助律师的专业优势，为政府部门提供咨询建议，促进法治政府建设。主动参与信访事件，积极化解，避免群体性事件的发生；健全档案，加强法律援助规范化建设；争取援藏资源，经积极争取，全国“1+1”援助律师王忠线到局开展一年的法援工作，专业律师的传帮带将极大促进司法局法援工作提质增效，加快规范化。

2016年，共受理案件9件，办结7件，在办2件，诉前民事调解1件，代写文书71件，出具各类意见书7份。

【普法宣传】 年内，桑珠孜区司法局开展强基惠民法律讲座。176个驻村工作队队长、副队长、各乡（街道）强基惠民活动办主要负责人参加。主要围绕驻村工作“5+3”任务讲解了《中华人民共和国刑法》《中华人民共和国劳动合同法》《中华人民共和国婚姻法》《中华人民共和国担保法》《中华人民共和国侵权责任法》《中华人民共和国道路交通安全法》《中华人民共和国民事诉讼法》等；联合法院到各乡（街道）、企业开展为期4天的人民调解员业务轮训，重点讲解人民调解法、婚姻法、民法、劳动法等；为了给“创城”工作营造良好的法制氛围，司法局牵头公检法、卫生、环保、交通等多家单位，在多个社区开展基本法律宣传、咨询系列活动。为做好综治宣传月期间的六次宣传工作，桑珠孜区司法局安排专人，及早准备宣传展板、资料、横幅等，确保宣传效果。在六次法制宣传期间安排律师随行，现场接受群众面对面咨询，得到群众好评。在市区繁华路段珠峰路围栏设置45处法制宣传标语，在亮化城市环境的同时，充分营造了法治社会建设的良好氛围。为充实普法队伍，根据各单位推荐组建桑珠孜区普法讲师团，壮大普法宣传队伍，促进普法工作行业化、规范化建设。

2016年，桑珠孜区司法局共开展各类法制讲座28次、专题宣传12次，受教育群众7100人，接受群众咨询21件，发放各类法制宣传资料5200份。

【法制办工作】 桑珠孜区司法局法治办设在政府办，为副科级建制，无专职、专业工作人员。法制办主任暂时挂靠司法局。鉴于此，虽然面临重重困难，桑珠孜区司法局尽量协调政府法律顾问、援藏律师参与工作，为工作提供专业保障。2016年，先后制定《桑珠孜区委员会桑珠孜区人民政府关于贯彻落实〈法治政府建设实施纲要（2015—2020年）〉的实施意见》（意见征求稿）、关于《日喀则市人民政府拟定地方性法规草案和制定规章办法（征求意见稿）》的反馈意见等，同时审核政府部门合同、列席区长办公会。

【党建工作】 年内，桑珠孜区司法局将党建工作作为重心工作，定期召开会议，安排部署工作，研究解决工作中存在的问题；健全党建各项制度，确保有章可循；深入开展“两学一做”活动，加强支部学习，提升党员理论水平；开展支部成员讲党课活动，充分营造理论学习的良好氛围；丰富支部活动，开展驻点村群众送温暖、与驻村点党支部共庆“七一”、党员奉献日活动等，面对社区服刑人员生活困难组织党员捐款，让其充分感受到社会温暖，促进自身思想转化。2016年，预备党员转正1人，吸收积极分子1人。

【党风廉政建设】 年内，桑珠孜区司法局教育引导干部职工坚持廉洁自律，不仅做“勤政”的干部，还坚持做“廉政”的干部。始终坚持认真学习党员干部廉洁从政的有关规定及法律、法规，定期组织班子成员与干部职工一同观看反腐倡廉警示教育片，以生动、直观的案例，教育干部职工特别是领导干部要自觉加强自身理想信念教育、党风党纪教育、廉洁从政教育和优良传统教育，做到廉洁自律；从不搞“一言堂”，做到公正办事，公正处事，敢于讲真话，敢于承担责任；严格遵守党纪国法、政纪条规，依法行政，秉公办事，不滥用职权，不玩忽职守，不弄虚作假，时刻以廉洁自律为行动指南。

（曹文娜）

【领导名录】

局　长　曹 文 娜（女）

副局长　洛　　桑（藏族，6月任）

　　　　巴桑次仁（藏族）

经济管理

桑珠孜区发展和改革委员会

【概况】 桑珠孜区发展和改革委员会（简称区发改委）属政府系统正科级国家机关，下设工信局、粮食局、物价局、统计局，主要负责经济综合管理工作。粮食局负责粮食流通统计工作及粮油市场监督检查工作。物价局主要负责市场价格监督管理工作及主要商品价格监测工作。工信局主要负责企业备案工作及相关数据收集、材料汇报工作。统计局负责国民经济统计工作，承担着为区委、区政府及有关部门制定促进经济发展和社会进步的决策提供准确、详实数据的重大任务等。2016年，实有人数19人，行政编制15人。

【发挥参谋作用】 发展改革委作为经济综合管理、政府参谋部门，出战略、出思路是其职责所在，也是发挥经济综合管理作用的重要渠道。区发展改革委参谋作用发挥得如何，直接关系到区委、区政府重大经济决策的水平和经济运行状况的好坏，也关系到发展改革委在区域经济发展中的作用和地位。当前，区域经济发展中存在许多迫切需要解决的问题，区发改委充分发挥政府智囊作用。把握全区宏观经济运行动态，做好监测工作，及时对经济运行进行调控；围绕区委、区政府中心工作，敏锐抓住区域经济发展中出现的热点、难点问题，深入企业、乡村调研，掌握第一手资料，认真分析，寻找规律，及时拿出有价值、有份量、能解决实际问题的对策措施和建议。

【发挥协调作用】 发展改革部门是推进经济体制改革，促进经济社会协调发展的部门，具有协调各部门之间关系的职责，尤其是在部门职责分工、任务分解、各项工作分别推进的条件下，发改委做好各部门间综合协调工作更是责无旁贷。区发改委主动适应职能转变的要求，创新协调方式，积极探索并建立统筹协调的工作机制，重视发改委协调作用的发挥。区发改委在全区宏观经济运行和经济体制改革的重点、难点问题的协调工作中，不断总结，不断创新，探索行之有效的协调方式，并积极争取区党委、区政府以及相关部门的支持，将发改委协调职责和协调范围以政府文件的形式明确下来，形成制度，建立了长效协调机制。

【全区项目总体建设情况】 2016年，桑珠孜区社会固定资产投资完成47.05亿元。其中2016年续建项目17个，完成投资2.47亿元；新建项目148个，开工建设104个，完成投资28.23亿元（其中：计划内新建项目99个，完成12.41亿元、计划外新增项目49个，完成投资15.82亿元）。

【在建项目建设管理情况】 桑珠孜区发展和改革委员会严格按照基本建设程序和条例，从工程质量、资金控制、安全监督、资料汇总、环境保护、预防“拖欠”和后期交接等方面加强了管理力度。不断完善和补充项目建设资金审批制度，规范拨款程序，严格按照施工进度拨款；拨款时附民工工资兑现表和使用单位意见证明，杜绝了拖欠民工工资现象的出现；在各部门实施项目过程中，桑珠孜区发展和改革委员会始终积极与各部门协调沟通，保证桑珠孜区整体项目进展顺利；为保证区委、区政府主要领导及时掌握项目进展情况，提供有效的决策依据，桑珠孜区发展和改革委员会每月开展一次项目进展情况统计和通报工作。

【项目前期工作开展情况】 2016年，桑珠孜区发展和改革委员会积牵头极策划和着手开展了一批重点项目前期工作，主要包括桑珠孜区农牧区生活垃圾无害化处理设施建设项目、学前教育及卫生均衡发展项目、特色小城镇项目及文化旅游基础设施类项目等，共约45项，涉及投资约6亿元。年内重点实施了桑珠孜区北郊水厂建设项目、嘎久美达路市政工程建设项目等重点项目及推进灾后重建项目全面铺开。

【项目储备情况】 年内，为进一步充实和完善全区项目储备工作，桑珠孜区发改委配合各单位积极推进项目的前期沟通、协调、推进和申报工作，督促开展项目前期工作，增加项目储备，搞好项目库建设，优化项目结构，广开渠道筹措项目资金。2016年，桑珠孜区发展和改革委员会全面在广泛争取各单位意见的基础上完善了桑珠孜区投资项目库信息采集表，共涵盖各类项目263项，涉及资金41.59亿元。

【灾后重建】 桑珠孜区灾后恢复重建工作主要围绕实施城镇建设、产业发展、整村推进等项目开展。批准实施的灾后恢复重建项目共13个，概算批复总投资为2.33亿元。其中，桑珠孜区发展和改革委员会下设的“4·25”灾后重建领导小组办公室负责开展桑珠孜区整村推进等5个项目的实施，概算批复总投资1.38亿元。其中，2016年已开工建设4个项目，完成投资9556.01万元，截至年底，已完成投资1541.75万元。2017年新实施1个项目，已完成办理该项目相关前置手续，项目已开工建设。由桑珠孜区发展改革委员会负责实施的甲根村村级组织活动场所建设项目，总投资620万元，其中，国家投资220万元，援藏投资400万元，现正在办理前置手续。

【易地扶贫搬迁】 2016年，桑珠孜区易地扶贫搬迁方面已完成75户、306人的安置搬迁房屋建设任务，并在联乡迟雄村、曲布雄乡仁噶村和塔杰村集中安置21户135人。

【物价局工作】 年内，桑珠孜区物价局每月对明码实价情况进行一次检查。重大敏感节日期间随时对物价进行监控。在施工期内重点检查《桑珠孜区关于砂石资源和运输指导价格管理办法》执行情况，对出现的问题及时处理。对日喀则市所有停车场进行调研，合理规定停车收费价格，对违规、违法收费进行查处。加强对出租车监管，严肃处理出租车违法、违规行为。为维护法制公平，促进社会稳定，区物价工作人员对公检法受理的13起案件进行价格认定，涉案物品价值78016.65元。

【粮食局工作】 年内，进一步加强桑珠孜区粮食流通监督检查工作，规范粮食流通秩序，维护生产者、经营者、消费者的权益，落实国家粮食收购政策及市场调控政策，稳步推进粮食流通监督检查行政执法工作。

加强粮食安全检查。桑珠孜区发展和改革委员会物价工作人员会同粮食局检查组对区国有和大型粮食企业粮库、区内各粮油加工厂和糌粑加工厂，仓储设施设备安全性能进行了全面细致地安全生产检查，同时将各项报表按时上报市粮食局；对区内定点的的12户农户口粮情况进行调查，并上报市粮食局。积极进行粮食相关统计。粮食局累计上报粮食周报52期，十日报9期，半月报104期，月报12期，季报4期，半年报2期，年报1期。落实汛期安全制度。区粮食局在汛期不定时对区内所有粮库进行检查，排查安全隐患。进行季度存储质量安全检查。区粮食局坚持每个季度对所属粮库进行粮食存储质量和消防安全检查。做好粮食收购保护价工作。每年在采购季节进行粮食收购保护价宣传，做好粮食收购工作，确保粮农利益。

【工信局工作】 2016年，工信局按时上报桑珠孜区规上企业、规下企业的相关数据，年内，规模以上企业完成产值8000万元。完成25个企业的投资备案工作，加大企业定期对企业技术员工进行培训。完成2016年西藏自治区工艺美术大师评选上报工作，大力传承了非物质文化遗产的发展。完成市工信局下达的各项任务。上报自治区工信厅规材处关于日喀则市工业园经济运行情况。组织技术人员对108个农村综合信息服务站进行维修保养，并发放108套办公耗材，与日喀则市培强生态肉业等5家企业达成网络销售平台初步意见。国电龙源一期30兆瓦光伏电站，总投资4亿元，该项目2016年6月已竣工并网发电。成功引进投资7亿元德朗玛天然饮用水项目。

【经济综合管理】 桑珠孜区发改委在区委、区政府主要领导的安排部署下，完成主要经济指标的计划和分解工作，进一步做好了国家投资项目和援藏项目的衔接工作，及时反馈经济发展方面的信息数据，反馈全区固定资产投资信息。

【国民经济统计工作】 统计工作是一项严肃而认真地工作，承担着为区委、区政府及有关部门制定促进经济发展和社会进步的决策提供准确、详实数据的重大任务。

2016年，桑珠孜区统计局坚持以提升数据质量为中心，全力夯实统计基础工作。扎实做好各类专项调查和报表工作，按照工作进度及时统计上报地区生产总值、工业、能源、固定资产投资、交通、劳动工资、批零贸易、服务业、农业、畜禽监测等年报、定报。其中：工业、批零贸易和农业报表已经实行联网直报；做好各类第三次全国农业普查工作和农村住户基本情况调查工作；注重资料归纳整理工作，坚持每年按时编印当期统计年鉴。同时，认真整理和归纳1965年至今的各类统计资料，编印《辉煌50年—桑珠孜区统计资料1965—2015》，为区委、区政府提供了坚实的数据支撑；深入分析普查资料和日常数据，及时为区委、区政府提供决策依据。

【党风廉政建设】 年内，根据区委、区政府的统一安排和部署，开展“两学一做”专题教育活动，在新形势、新任务下，联系发改委工作职能安排学习内容、学习时间，全面提升干部的思想理论素质和工作水平。根据工作要求和自身实际，找准自身在思想作风、学风等方面存在的问题，认真剖析和整改。认真贯彻落实《中国共产党党员领导干部廉洁从政若干准则》《中央纪委关于严格禁止利用职务上的便利谋取不正当利益的若干规定》《中国共产党廉洁自律准则》《中国共产党纪律处分条例》和中央、自治区、市关于反腐倡廉建设的一系列重大部署及相关规定要求。使干部职工切实做到了不插手工程建设领域的招投标活动，不参与赌博。着力打造了一支政治坚定、作风廉洁、勤政为民的干部队伍。

进一步完善机关管理各项制度，改善机关服务质量，提高服务效能。根据区委、区政府统一安排部署及时组织全委干部深入到联乡达庆村开展看望慰问结对帮扶对象。

【启动全国第三次农业普查】 2016年年底启动全国第三次农业普查。2016年年底统计局权责清单工作全面完成；2016年底全国第三次农业普查前期工作内容：第三次全国农业普查是在全面建成小康社会进入决胜阶段进行的一项重大调查，为确保桑珠孜区第三次全国农业普查各项工作任务落到实处，1月5日，召集12个乡（街道）的专职普查人员开展动员部署大会。桑珠孜统计局及时关注第三次农业普查相关动态，及时成立以副区长尼吉为组长的桑珠孜区农业普查领导小组，并利用一周的时间深入各乡街道办事处对全部176个普查小区的普查员及各乡办农普负责人员讲解此次普查的内容（农业普查表、农业经营单位普查表、规模户普查表、行政村普查表和乡镇普查表）同时认真学习上级文件精神，切实把握文件精神实质，做到心中有数，切实做好辖区内的农业普查组织实施工作，确保桑珠孜区农业普查工作顺利开展。为在正式入户登记前营造良好宣传氛围，凝聚斗志，鼓舞干劲，扎实做好农业普查的各项工作，区统计局牵头于12月26日在桑珠孜区聂日雄乡帕冲村开展“农业普查福到农家、依法普查利国利家”农普主题宣传活动。日喀则市农普办、桑珠孜区农普办和聂日雄乡农普办领导成员参加，聂日雄乡16个行政村驻村工作队、村“两委”和帕冲村120余户户主参加宣传活动，现场发放《致普查对象一封信》130余张，悬挂横幅6条，张贴宣传海报10张。通过此次宣传活动，广泛的动员了桑珠孜区农业普查工作，为农业普查正式入户登记奠定了坚实的基础。桑珠孜区统计局采取宣传标语、横幅√宣传栏、一封信等形式，向广大群众宣传农业普查的目的、意义、方法、内容、义务和责任等，促使农业普查家喻户晓，深入人心，切实为开展农业普查工作营造良好的社会氛围。

（温　敏）

【领导名录】

主　任　扎西顿珠（藏族，5月免）
　　　　李 家 骅（6月任）
副主任　许　　峰（山东援藏，7月任）
　　　　格桑欧珠（藏族）
　　　　索朗多杰（藏族，6月任）

桑珠孜区财政局

【概况】 2016年，桑珠孜区财政局核定编制10名，其中：行政编制9名，事业编制1名。在职干部职工21名，超编11名，其中：行政人员19名（含：借调市财政局1名），机关后勤工人1名，公益性岗位1名。职能：在区委、区政府的领导下，编制桑珠孜区的预算和决算，办理预算执行业务；根据国家的财政法令和财政政策制定各项财政业务规章制度、法规条例、管理各部门、行政事业单位等部门的财务；制度财务会计制度和管理法规条例，管理各乡办、事业和行政单位的会计工作；进行财政监督、检查、执行财经纪律；管理各项财政收入、预算外资金和财政专户以及政府性基金和行政事业性收费；区委、区政府交办的事项等。

【党建工作】 根据2016年党建检查量化考核表的考核标准，党支部进行逐项自评，进一步推动党组织建设，强化党风廉政建设，结合实际，坚持标本兼治、综合治理的方针，立足教育，着眼防范，大力推进党风廉政建设，做到党风廉政建设与行政业务同时抓，自觉把党风监督、法律监督、群众监督结合起来，在党员领导干部中开展“党员廉政教育学习教育活动”，保证党的路线方针政策和国家的法律法规在本系统内得到落实。同时加强党员干部建设，将工作能力强、业务强、品德优秀的干部吸收到党组织中，使党组织能够得到新鲜的血液补充。

【“两学一做”学习教育活动】 2016年，财政局认真践行“两学一做”学习教育活动，将“学”与“做”充分结合，贯穿于区委、区政府的决策和部署中，开展“手抄党章100天”活动，采取集体学习与个人自学的形式，深入学习习近平总书记系列讲话精神。

【党风廉政建设】 2016年，财政局党支部按照区委、区纪委的统一部署，全面落实党风廉政建设主体责任制。坚持“一岗双责”，严格执行“三公”经费预算控制，按照区委、区政府要求执行公务接待管理要求，认真落实中央“八项规定”，严控“三公”经费支出。实行“重大事项报告”制度，在重要经费支出时，班子集中研究、集体决定，该请示就请示。防止多头审批、权利失控；严格按照区委、区政府有关规定控制各项费用，杜绝奢侈浪费现象发生。

【编制预算】 2016年，是“十三五”开局之年，也是全面深化预算管理体制改革的关键一年，财政局以“依法理财，打造阳光财政”作为财政工作总基调，紧紧围绕区委、区政府中心工作，高举中国特色社会主义伟大旗帜，以邓小平理论、“三个代表”重要思想、科学发展观为指导，认真贯彻落实党的十八大、十八届三中、四中、五中、六中全会精神，深入贯彻落实中央第六次西藏工作座谈会精神；根据《中华人民共和国预算法》，结合桑珠孜区实际，编制完成2016年桑珠孜区财政收支预算草案。严格按照《中华人民共和国预算法》和区、市两级财政工作要求，以本级的实际财力为准，坚持统筹兼顾、量入为出的原则，在“保工资、保运转、保民生、保稳定”的前提下，注重改善民生和社会和谐稳定，确保精准扶贫、维护稳定等重点工作资金需求。

【收支完成情况】 2016年，桑珠孜区经济社会持续发展，财政运行情况良好。一般公共预算总财力达到177558万元，比2015年决算数增长（以下简称“同比”）12%，全年支出177558万元，同比增长15%，收支平衡；政府性基金预算收入为3495万元，同比下降6%，全年支出3495万元，同比下降6%，收支平衡。

【完成固定资产清查】 2016年，为进一步规范和加强固定资产管理，维护固定资产使用和管理的安全，桑珠孜区财政局根据《日喀则市财政局关于开展2016年全市行政事业单位国有资产清查工作的通知》要求，成立固定资产清查转向领导小组，指派专人开展2016年全区的固定资产清查情况。截至2015年12月31日的资产清查上报数据：行政单位资产合计288827529.31元，事业单位资产合计404459591.27元；截至2015年12月31日的负债清查结果情况：行政单位负债合计0元，事业单位负债合计为15523443.19元；截至2015年12月31日的净资产清查结果情况：行政单位净资产合计283408197.27元，事业单位净资产合计为405566667.27元。

【民生投入】 2016年，继续加大对民生领域的投入，社会保障水平不断提升，民生领域投入达到14.25亿元，占全年财政总支出的80.3%；兑现城乡居民低保金1632.25万元，落实各类救灾救助资金253.56万元；投入44.36万元改善五保户集中供养服务中心编外困难群众和供养老人的生活；“4·25”灾后重建方面投入19954万元，保障性安居工程建设、棚户区改造项目投入资金10730万元。

【精准扶贫资金保障】 根据《国务院办公厅关于支持扶贫县开展统筹整合使用财政涉农资金试点的意见》和《中共西藏自治区委员会、西藏自治区人民政府贯彻落实〈中共中央、国务院关于打赢脱贫攻坚战的决定〉的实施意见》要求，坚持精准扶贫、精准脱贫基本方略，按照“整合项目、聚焦资金、集中投放、精准扶持”的总体思路，2016年清理和整合财政资金4141.71万元，其中3600万元用于精准扶贫工作。

【“三公”经费管理】 为进一步推进公务接待、公务用车、办公用房改革，实行公车集中和派单管理制度。2016年“三公”经费支出1458.86万元，同比下降9%，其中公务接待费60.24万元，下降13%，公务用车购置及运行经费1398.62万元，下降9%。

【房屋出租管理】 2016年，为使政府商品房和厂房规范化管理，财政局把全区行政单位的商品房和政府厂房交由桑珠孜区城发投资有限公司进行管理。区检察院商品房11间，全年租金237600元；区水利局商品房14间，全年租金241200元；城南办事处商品房8间，全年租金378000元；青岛路原建设局9间，全年租金133200元；民政局商品房5间，全年租金35160元；精神文明中心商品房7

间，全年租金31500元；拉萨商品房5间，全年租金54000元；仁布路商品房3间，全年租金26400元；政府出租厂房4间，全年租金401339元。2016年所有商品房、厂房租金已全部上缴国库。

【完成住房补贴资金发放】 根据《关于预发放退休人员基本养老金部分调整金额的通知》的要求，桑珠孜区财政局按时足额发放退休人员基本养老金预发部分216.72万元；根据文件《关于机关事业单位干部职工住房补贴调标增资的通知》的要求，县财政局按时足额发放资金共657.87万元。

（陈　楠）

【领导名录】

局　长　杨志强

副局长　达娃普赤（女，藏族）

　　　　次仁普赤（女，藏族）

国资委主任

　　　　琼　拉（女，藏族）

桑珠孜区国土资源局

【概况】 2016年，桑珠孜区国土资源局现有工作人员11人其中正科级1人；副科级3人；科员5人，公益性岗位1人，工人1人。国土局主要负责桑珠孜区土地管理，地籍管理和地质灾害防治等工作。

2016年，桑珠孜区耕地保有量为42.53857万亩，基本农田面积为34.934115万亩，基本农田保护率为82.12%，达到“耕地总量不减少，质量有提高”的目标要求。主要做法是：加大宣传耕地保护力度，努力提高全民耕地保护意识，利用“4·22”世界地球日“5·12”防灾减灾日“6·25”全国土地日，通过多种形式宣传耕地保护的重要性和必要性；落实责任，严格检查执法，桑珠孜区人民政府每年都与各乡（街道）、各乡（街道）与各村民委员会、各村委会与农户层层签订《耕地保护责任书》和《基本农田保护责任书》，做到面积、制度、责任、标志“四落实”，桑珠孜区国土资源局负责对全区耕地保护工作进行动态执法检查。

【基本农田保护率】 年内，为认真贯彻落实“十分珍惜和合理利用土地和切实保护耕地”的基本国策，落实最严格的耕地保护制度和最严格的节约集约用地制度，严守桑珠孜区区耕地和基本农田红线，确保基本农田数量不减少、用途不改变、质量有提高，在全区开展了永久基本农田划定工作。2016年年底，已基本完成永久基本农田划定资料收集工作，并上报市国土局评审通过。

【征地拆迁】 年内，为保证征地拆迁工作顺利开展，确保社会和谐稳定。桑珠孜区国土局负责做好群众思想工作、征地前的土地测量、补偿计算及兑现等一切前期工作。在工作中以群众利益为着眼点，充分维护被征地群众的正常利益，及时足额兑现相关征地费用，及时向各用地单位和上级业务主管部门汇报相关工作开展情况。2016年，已完成江当光伏特色小城镇、“4·25”灾后恢复重建江当乡特色小城镇、甲措特色小城镇、珠峰文化旅游创意园区、那曲路等建设项目征地测量宣传及足额兑现征地费用工作，征地拆迁面积为35095.176余亩，足额兑现征地补偿费约12.224亿元，为项目的落地实施提供了有力保障。

【土地卫片执法】 2016年，从自治区国土资源厅下发的影像资料看，桑珠孜区共涉及200个疑似违法图斑。通过对图斑的实地调查核实、收集相关材料，判定165宗地为合法用地（其中临时用地32宗、设施农用地52宗、其他图斑71宗）并已完善用地审批手续。35宗存在违法违规用地现象，针对不同的违法用地情况，制订相对应得整改落实方式。对手续不完善未报件的用地，督促用地单位及时走报件；对于租赁的违法用地，已收集农民出租合同，合同到期后恢复土地原貌，现已全部整改到位。

【矿产执法】 2016年，桑珠孜区国土局对2015年度矿产卫片执法的62个矿产疑似违法图斑进行一一核实。经核查，其中违法图斑7个，合法图斑55个。违法图斑中，5个位于东嘎乡藏东村、2个位于城南办事处曲夏社区，属于经营性质的私人采砂企业，无采矿许可证，属于违法采矿，现已全部停工。

【地质灾害防治】 年内，全面开展地质灾害隐患排查鉴定工作，对全区范围内的地质灾害隐患点进行一次全面排查，摸清了全区地质灾害分布、类型和数量。结合桑珠孜区实际情况，制定《2016年度桑珠孜区地质灾害防灾方案》，明确桑珠孜区防治灾害要求及措施、法律责任、应急保障等相关工作要求。

2016年，桑珠孜区辖区内地质灾害隐患点共77处，建立地质灾害群防群测网点，每个隐患点确立监测人员2名。安排专人负责群防群测人员管理，切实督促各乡（街道）地质灾害隐患监测点防灾责任人和监测责任人认真履行职责，严格执行汛期值守、强降雨期巡查、灾情速报等制度，确保信息通畅，应对及时，防患于未然，增强全员防范意识，严密防范地质灾害，确保安全度汛。

【建立汛期24小时值班制度】 年内，实行汛期24小时值班报平安制度和领导带班制度，要求每日下午4：00前，各乡（街道）向桑珠孜区国土局报平安。同时要求各乡要根据本乡具体情况制定地质灾害防治应急预案，对最易发生地质灾害的地方设立警戒标志，组织一场地质灾害应急演练，增强地质灾害点群众预防地质灾害的意识和应急避险能力，做到早准备、早预警、早行动，切实把地质灾害防治工作落到实处，切实保护人民群众的生命财产安全。

【地质灾害治理工程项目】 年内，桑珠孜区共开展地质灾害治理工程6处（应急治理工程1处，应急排危除险工程5处），涉及1000余人。桑珠孜区联乡尺加嘎泥石流治理项目、江当乡嘎日普沟、当库约拉沟、那琼普沟泥石流应急排危工程，曲美乡次清沟泥石流应急排危工程。

【矛盾纠纷排查化解】 年内，认真排查违规建设用地、证件不齐全的采砂采石和临时用地租让合同等矛盾方面坚持“保持稳定、依法规范、确地为主、民主协商、因地制宜”，对有据可依的矛盾问题依法依规调节处理，对没有明确依据的问题参照相关法律法规和政策精神，秉持“尊重历史、面对现实、平等协商”的原则妥善解决确保国土工作平稳有序发展。

【党建工作】 2016年，桑珠孜区国土局党支部共有党员8人，局长为党支部书记。在桑珠孜区委、组织部的具体指导下，桑珠孜区国土局始终抓住三个“制高点”展开工作，始终把学习党章、遵守党章、贯彻党章、维护党章，作为党的思想、组织、作风和制度建设的重要理论基础；保持共产党先进性与树立科学发展观密切结合起来；树立身边优秀共产党员形象，发挥典型引路作用。抓学习、练内功，抓作风、促廉政，抓工作、强保障，各方面工作都取得了较大成绩。

【党风廉政建设】 年内，为进一步提高干部职工的政策理论水平和业务能力，桑珠孜区国土局深入贯彻党的十八大、十八届三中、四中、五中、六中全会和中央第六次西藏工作座谈会精神，西藏自治区第九次党代会精神，贯彻落实习近平总书记系列重要讲话精神特别是“治国必治边、治边先稳藏”的重要战略思想和“加强民族团结、建设美丽西藏”的重要指示，坚持“五位一体”总体布局和“四个全面”战略布局，坚持党的治藏方略，坚持依法治藏、富民兴藏、长期建藏、凝聚人心、夯实基础的重要原则，扎实开展党的群众路线教育实践活动、“三严三实”“两学一做”学习教育和“讲学习、讲忠诚、正风纪、转作风、提效能”主题活动，全面增强国土局党员干部的党性意识和责任意识，以学促做、学用结合，更好推进新启动的不动产登记和桑珠孜区国土实事等工作。

（颜 颖）

【领导名录】

局 长 宁继武

副局长 平 旺（藏族）

尼玛巴珠（藏族）

不动产登记中心副主任

次仁卓嘎（女，藏族，5月任）

桑珠孜区国家税务局

【概况】 2016年，桑珠孜区国家税务局共有干部18名，平均年龄36岁，下设企业税源管理科、个体税源管理科、建安科、办公室及办税服务大厅。

【税收征管】 截至年底，累计组织各项税收收入19610万元，比2015年同期增收4656万元，增长31.13%，其中增值税、营业税、企业所得税和个人所得税分别完成9482万元、2599万元、3606万元、790万元，比2015年同期分别增长132%、-58%、73%、23%。

【党建工作】 年内，桑珠孜区国税局将“依法治税”作为干部教育的重中之重，加强以税收法律法规为核心内容的学习教育，努力增强税务干部的依法治税意识，提高税务人员的执法水平和执法能力。以“两学一做”为契机，认真贯彻落实中央第六次西藏工作座谈会精神和国家税务总局、自治区国税局、市国税局税务工作会议精神，开展“手抄党章一百天”活动，通过抄写党章，让党的各项规章制度、组织纪律、党员权利义务等入脑入心；通过抄写党章，对照日常行为规范，做合格党员，引导税务干部进一步坚定政治立场、牢固政治信念、严明政治纪律，加强基层党组织建设。

【优化服务提品质】 年内，深刻认识进一步开展“春风行动”是巩固税务系统教育实践活动成果的内在要求，是深化减负提升服务质量的必然选择。严格贯彻落实《全国县级税务机关纳税服务规范》，严格按照权力清单行使权力，全面贯彻落实税务行政审批制度，认真纠正工作中存在的方法简单、效率低下的问题，确保各项工作保质保量、不折不扣地稳步推进。2016年10月，桑珠孜区国税局全面升级办税大厅功能结构，上线自助办税终端，开通“自主办税超市”，让纳税人享受到更加便捷、满意的办税服务体验，为推进效能建设跨出了重要一步。

【税源管理】 年内，把握组织收入原则，做好税收收入分析，加强税收分析，强化税源分析力度，税源管控力度，分析增长点，找准发力点，提高税收收入质量，确保组织收入工作科学有序推进，完成好税收收入目标任务；以第25个全国税收宣传月为契机，开展“聚焦营改增试点，助力供给侧改革”为主题的宣传；通过沟通协调，建立“政府领导、税务主管、部门配合、司法保障、信息支撑、社会参与”的综合治税机制，推动政府部门信息互联互通、强化税源管控、积极探索以大数据提升税收治理能力。

【减税效果明显】 年内，加大对国家各项税收优惠政策的宣传，落实支持小微企业、保障和改善民生等结构性减税政策，让纳税人及时享受到各项税收优惠，防止出现越权减免和落实不到位现象，提高税收政策的公信力，为经济和社会发展创造宽松的税收政策环境。年内，累计享受减免税优惠政策共有101623户次，享受税收优惠4462万元，其中：增值税免征额2，316万元；营业税免征额359万元；企业所得税免征额1，257万元；个人所得税免征额9万元；其他税费免征额521万元。

【全面助力“营改增”】 5月1日，全面推开“营改增”，桑珠孜区国税局严格按照市国税局“营改增”工作总体部署，统一思想认识，强化组织分工，发扬日喀则国税“攀登”精神，以“5+2”“白+黑”工作模式，克服时间紧、任务重等诸多实际困难，圆满完成全市全面推开营业税改征增值税的税制改革目标。在大家的努力下，数据清洗按照既定时间节点完成，并开展“营改增”一对一下户宣传、纳税人培训及预约工作。在5月1日当天圆满完成“营改增”零点行动，确保“营改增”顺利落地实施，让辖区纳税人尽享改革红利，各行业税负基本做到只减不增，同时，也标志着在新中国税制中有着66年历史的营业税结束历史使命，圆满落下帷幕。

【党风廉政建设】 年内，以谈心、提醒的方式，对干部职工进行廉洁预警，从源头遏制不廉洁的想法、行为，层层签订廉政责任状，落实两个主题责任，强化专职纪检监察员的监督管理工作，杜绝“吃、拿、卡、要、报”等违反税收规定和中央八项规定的行为，要求干部职工干干净净做人、干干净净做事。

（王　云）

【领导名录】

局　　长　张林莉（女，9月免）
　　　　　巴　桑（藏族，9月任）
副 局 长　次　旦（藏族，7月任）
　　　　　旦增次央（女，藏族，7月任）
纪检组长　次　曲（女，藏族）

桑珠孜区商务局

【概况】 桑珠孜区商务局为区行政管理部门，行政编制5人，其中正科级1人，副科级1人，工作人员3人。具体职能为推进商贸流通业、商贸服务业发展，拟订开拓市场、促进消费的政策措施；组织实施重要商品市场调控和流通管理；负责城乡商贸统筹发展工作，拟订商贸流通发展中长期规划、商品市场规划和城乡商业网点规划，承担城乡统筹商贸网络体系建设工作，推进城乡市场体系建设；牵头协调整顿和规范市场经济秩序；负责商贸流通业监督管理；承办上级业务部门及区政府交办的其他事项。

【建立健全加油站档案】 年内，桑珠孜区商务局严格执行《桑珠孜区零散成品油销售管理办法》，严格审批程序，杜绝无证加油、一卡两用加油，严禁违规携带汽油，严禁用塑料桶装零散成品油，杜绝非法改装油罐车加油，并对加油站提出具体要求，严禁超量违规加油。桑珠孜区商务局工作人员实行定期或不定期对加油站进行检查，确保节假日、敏感时期加油站值班不空岗、不缺岗、不漏岗。2016年3月，桑珠孜区商务局按照上级要求认真审核，完成对中石油日喀则分公司桑珠孜区加油站和3家社会油站的年检（初验）工作，并按照一站一档的要求，对加油站登记造册，建立加油站档案，各项资料整理完善。

【商贸领域安全监管】 年内，桑珠孜区商务局把安全监管工作摆在重要的议事日程，抓好工作方案落实。实行不定期不打招呼直奔现场的方式对加油站、农贸市场、超市等商贸领域进行安全检查，确保商贸领域安全。按照相关要求，着重对加油站《西藏自治区零散成品油管理办法》落实情况、相关证照手续、实名制登记执行情况、驻站民警在岗情况等九项内容进行检查。2016年共进行各类安全检查30多次，将安全隐患基本扼杀在萌芽状态，排查出的安全隐患也完成整改；重大节假日期间，桑珠孜区商务局组成检查组进入超市、批发部、农贸市场等物资集散地检查市场商品供应情况，确保存货充足，保证节日期间市场供应保质保量，保障食品安全；制定自然灾害应急预案，以建立完善指挥、救助体系，处置应对突发安全事故，进一步完善安全应急体系建设。

【碘盐推广】 年内，桑珠孜区商务局为实现“普及碘盐，消除碘缺乏病”的目标，继续加大碘盐推广力度，按每人每年5.5公斤，每公斤0.5元的标准，共向全区12个乡（街道）170多个行政村71018名农牧民群众配送碘盐390.6吨，实现100%推广率，完成年度配送任务的100%，食用率和覆盖率达到100%。

【促流通，稳物价】 年内，桑珠孜区商务局努力提升城乡居民消费能力，培育消费热点，引导大众消费；加强“万村千乡市场工程”项目申报，经上级业务部门审批后，共为桑珠孜区分配10个农家店；加强对农家店存活情况盘查，了解商品配送率，以及有无销售假冒伪劣商品和过期食品等不良行为，确保农家店商品质量合格。

【家电家具补贴】 桑珠孜区商务局全力开展家电家具补贴工作。2016年，桑珠孜区家电家具销售额为1857.1万元，实际补贴额为341.3万元。

【结对帮扶】 桑珠孜区商务局于3月、5月分别对精准扶贫结对帮扶对象桑珠孜区东嘎乡普奴村、嘎吾村、卡达村、雪冲村村民边巴仓决、顿珠多吉、扎西次仁、央宗、加布、欧珠、索朗央金等进行帮扶慰问，为这些贫困家庭带来大米、面粉、糌粑、砖茶及现金等生活必需品，了解到贫困主要原因是家庭人口多，劳动力比较少，无一技之长等，并为贫困人员出谋划策，受到帮扶对象的感谢以及肯定。

【电子商务进农村】 年内，桑珠孜区商务局紧紧围绕自治区商务厅及市商务局的决策部署，认真筹备电子商务进农村示范县工作。

【党建工作】 年内，桑珠孜区商务局支部委员会坚持以邓小平理论和“三个代表”重要思想为指导，深入落实科学发展观，在认真学习、宣传、贯彻党的十八大精神的基础上，认真践行党的群众路线教育实践活动，加强党的执政能力建设和先进性建设，促进党建工作科学化、制度化和规范化，不断增强党组织的创造力、凝聚力和战斗力。

【党风廉政建设】 年内，桑珠孜区商务局按照年初的安排部署，围绕桑珠孜区党风廉政责任制，健全“一把手负总责，党员干部各负其责，班子成员齐抓共管、纪委协调督查”的领导体制和工作机制，突出工作重点，加大工作力度，抓好桑珠孜区商务局各项工作任务的落实，不断推进反腐倡廉工作的深入开展，不断加强商务局党员干部的党风廉政学习，始终保持清醒的头脑，与时俱进，恪尽职守，廉政自律，确保党风廉政建设工作的落实。

（杨留彦）

【领导名录】

局　长　次旺石觉（藏族，6月免）
　　　　米　　玛（藏族，6月任）
副局长　李　　丽（女，9月免）
　　　　拉巴顿珠（藏族，6月任）

日喀则市工商行政管理局桑珠孜区分局

【概况】 2016年，日喀则市工商行政管理局桑珠孜区分局共有干部职工46人（包括驻村8人、借调2人），党员29人，副县级干部1名，正科级干部（含主任科员）12名，副科级（含副主任科员）12名，科员10名，工人11名，文化程度大专以上31名（占总人数的71%），平均年龄为38岁。截至2016年10月，共有各类市场主体9947户，注册资金522854.83万元，从业人员72871人。

【登记制度改革】 2016年，日喀则市工商行政管理局桑珠孜区分局按照国务院、国家工商总局、西藏自治区工商局安排部署，坚持以“放、管、服”相结合，深入贯彻落实商事制度改革各项工作，全力推动“大众创业、万众创新”，为市场主体发展营造了宽松快捷、优质高效、公平公正的准入环境，为桑珠孜区经济发展做出了突出贡献。按照区局、市局关于做好“五证合一、一照一码、两证整合”的安排部署，深入推进“五证合一、一照一码、两证整合”工作，通过向市局上报“两证整合”工作周报（月报），及时反馈“两证整合”相关信息。根据“宽进严管”的工作要求，积极贯彻落实国家、自治区、日喀则市、桑珠孜区关于支持特色产业发展、招商引资项目的相关文件精神，通过优化服务质量、开通绿色通道、减少审批程序、提高办事效率，进一步降低了市场主体准入门槛、激发了市场活力，促进各类市场主体迅速发展。通过成立市场主体年报信息公示工作领导小组、开展《年报信息公示制度》法律法规宣传、发放《年报信息提示书》、设立年报服务窗口等方式，同时通过经营者签署“承诺书”、向经营者发放《告知函》、向许可部门抄送“告知单”的形式继续推行“双告知”“一承诺”，加强事中事后监管。2016年新增各类市场主体1912户（包括注销433户），注册资金210873.1万元，从业人员11123人；积极引导8410（应报市场主体8468户）户市场主体完成年报信息公示工作，年报率达99.3%；发放“一照一码”营业执照1430份、“五证合一”营业执照50份。

【规范市场秩序】 年内，日喀则市工商行政管理局桑珠孜区分局按照“宽进严管”的工作要求，坚持以维秩序、治无照、保安全、反垄断、打欺诈、为重点，开展以节日用品、肉类禽类、加油加气站、烟花爆竹、成品油、高浓度酒精等为重点对象，以主体资格是否合法、行政许可是否有效、物品摆放是否规范、制度建立是否完善、设备是否齐全为重点内容的专项检查工作，并对相关行业信息及检查情况进行登记造册。年内，共开展各类专项检查（抽查）48次，检查市场主体8865户次，出动执法665人次，出动执法车辆226台次，查处各类违法违规案件74件，案值18.43万元，罚没款41.22万元。

【广告市场监管】 年内，深入开展广告市场专项整治工作，严厉打击广告内容无藏汉互译、夸大产品功效、虚假宣传及整治广告脏乱、广告牌倒挂、脱落、悬挂等不规范行为。同时加大对广告市场主体的指导服务，强化广告登记备案制度的执行。2016年，共开展广告市场专项检查3次，查处各类广告违法违规案件5起，罚款0.025万元。

【惠农护农行动】 年内，为切实保障农牧民群众利益不受侵害，分局要求分管副局长亲自带队，会同农科所、安监、质检等部门深入农资市场、农牧区开展以种子、农药、农膜、农机具、配件、农用车辆为重点对象的农资市场专项检查工作，重点检查农资经营主体的主体资格、农资产品的合格证明和检验报告，严厉打击坑农损农害农行为。同时指导西藏雅江源农业科技开发有限公司签订《马铃薯收购合同》5份、《农牧区土地承包经营权转包（出租）合同》12份，出租土地共计7349.2亩，年现金收入239.5万元，切实维护了农牧民利益。

【消费维权调解】 年内，继续把消费维权作为加强社会管理、依法履职、服务群众的民心工程，通过开展法律法规宣传、编写基层工商部门执法办案法制交流、开放消费维权微信公众号、畅通消费维权渠道（维权人员实行24小时值班制）、聘请消费维权联络员等措施，及时排解消费维权矛盾纠纷，真正做到把矛盾化解在基层、消除在萌芽。同时与市局一同开展以“网络诚信、消费无忧”为主题的“3·15”法律法规宣传活动。2016年共受理消费者申诉103件，调解101件、移交食药部门2件，调节率100%，为消费者挽回经济损失30.9万元人民币。

【社会综合治理】 年内，通过签订综治责任书，成立打击传销规范直销领导小组、与各乡（街道办）签订打击传销规范直销工作目标责任书、建立涉传人员与“双联户户长”结对子的帮扶机制、制定外出务工人员信息登记台账、打击传销工作台账和涉传人员信息台账等措施，继续保持打击传销高压态势，及时掌握外出务工人员动态，强化涉传人员管控。截至年底，共发现涉传人员52人（2016年新增涉传人员1人）。

【商标战略实施】 年内，以服务三农、服务企业为导向，以“抓宣传、抓引导、促规范、促发展”为手段，认真贯彻落实新《中华人民共和国商标法》和《自治区人民政府关于加快推进实施商标战略的意见》，深入市场、农牧区、企业做好商标品牌战略的跟踪指导和服务工作，深挖民族手工业、藏香、特色养殖、种植业及农副食品加工业商标发展潜力，推进商标注册总量稳步增长，努力打造后藏特色品牌。截至年底，在分局注册的有效共商标72件（其中：自治区著名商标8件，一季度新增注册商标7件）。

【队伍建设】 年内，日喀则市工商行政管理局桑珠孜区分局将学习教育和业务工作相结合，同安排同部署，结合日喀则市工商局《关于开展“两学一做”教育活动实施方案》，制定《桑珠孜区分局关于开展“两学一做”教育活动实施方案》，及时组织干部召开“两学一做”教育活动动员会议，加强《中国共产党党员领导干部廉洁从政若干准则》《日喀则市工商局关于党风廉政建设和反腐倡廉工作指导意见》《中国共产党廉洁自律准则》《中国共产党纪律处分条例》《两个主体责任》《问责条例》的学习，积极引导干部树立坚定理想信念、提高思想觉悟、坚定政治立场、牢固宗旨意识、提高业务技能，着力改造干部的世界观、加强干部队伍建设、切实提高干部素质能力的针对性和实效性，形成了经常学、加班学、持之以恒、久久为功的良好氛围，营造了人人学习的浓厚学习环境。

【党风廉政建设】 年内，以开展“两学一做”学习教育活动为契机，以创建“党员先锋岗”“青年文明岗”活动为抓手，以建立“廉政工商”为目的，分局通过成立党风廉政建设领导小组、制定党风廉洁建设（党建）工作计划、签订党风廉政建设责任书、签署廉洁承诺责任状、选派党建工作指导员纪检监察员、评选“优秀共产党员”“党员先锋岗”“青年文明岗”、发放家庭廉洁倡议书、落实廉政建设月报告制度、等形式积极教育引导党员干部牢固树立廉洁自律意识、养成崇尚勤俭节约的良好习惯，营造了“崇廉尚洁”的良好氛围。

【法制工商建设】 年内，为确保“领导干部学法用法”工作取得实效，有效推进法治工商建设，分局按照市局开展“一月一法一考”活动的安排部署，成立领导干部学法用法领导小组、制定分局“学法用法”活动方案，积极组织干部对《网络购买商品七日无理由退货暂行办法》《广告发布登记管理条例》等法律法规进行了系统的学习，并组织考试，有效提高了干部学法知法懂法用法水平和执法技能，营造了学法用法的良好氛围，为推进法制工商建设奠定了坚实的基础。

【规范制度建设】 年内，建立健全党员干部学习制度、民主生活会制度、民主评议制度、述职述廉制度、保密工作制度、案件审查等十多项制度，进一步丰富了党员干部党内生活，增强了干部保密意识，规范了案件审查程序。

（阳　燕）

【领导名录】

局　长　格桑平措（藏族，副县级）

副局长　高　龙

办公室主任

罗智平

综合执法科科长

巴桑次仁（藏族）

注册登记科科长

扎西卓玛（女，藏族）

桑珠孜区安全生产监督管理局

【概况】 2016年，桑珠孜区安全生产监督管理局编制3人，实有7人，其中领导职数4名，科员2名，公益性1名。结合桑珠孜区实际，目标责任落实、安全生产大检查、事故隐患排查整改，安全生产宣传教育，职业健康培训以及安全专项整治等方面开展大量的工作，实际监督监察生产经营单位908次，出动执法车辆800台次、人员1081人次，下发现场检查记录404份，12份责令限期整改指令书，21份整改复查意见书，顺利完成全年各项工作任务。

【党风廉政建设】 2016年，桑珠孜区安监局围绕区委、区政府工作部署，贯彻落实中共十八大、十八届三、四中全会和中央、自治区、区委、区党风廉政建设和反腐败工作会议精神，全面落实好党风廉政建设责任制的各项工作。按照党风廉政建设责任制的规定，认真落实“一岗双责”。继续强化在反腐倡廉建设中的责任主体地位，定期开展党风廉政建设分析会，专题听取党风廉政工作汇报，坚持把党风廉政建设和反腐败工作纳入重要议事日程，与其他重要工作同研究、同部署、同落实、同检查；结合年度工作安排和上级党风廉政实施方案，制定《桑珠孜区安监局党风廉政建设工作实施方案》，并根据区委对桑珠孜区安监局下达的反腐倡廉建设年度重点工作任务，全面分解、细化、落实，明确分管领导、办公室工作人员职责，确保工作落实到人、不留死角；抓好领导班子廉洁自律工作。在领导班子中强化《廉政准则》的贯彻落实，督促党员干部严格执行廉洁从政各项规定。坚决整治领导干部以各种名义接受管理和服务对象以及其他与行使职权有关系的单位或个人的礼金、有价证券、支付凭证和收受干股，以及以赌博和交易等形式收受财物，利用婚丧嫁娶等事宜收钱敛财等现象。认真治理利用职务之便接受可能影响公正执行公务的宴请以及旅游、健身、娱乐安排等问题。通过民主生活会等形式加强领导班子内部监督，认真贯彻党内监督条例。

【安全生产宣传教育】 年内，加大学习宣传力度，推动安全生产工作。利用电视台、乡村广播、短信平台等宣传工具，发挥开大会、驻村工作队、“双联户户长”等方面作用，广泛深入宣传《中华人民共和国安全生产法》《生产安全事故报告调查处理条例》和“公共安全和安全生产知识”，努力提高全民安全意识和安全文化水平，营造人人参与安全生产的良好氛围，使安全生产工作成为人人关心，共同参与的社会系统工程；制定“安全生产月”工作方案。利用“安全生产月”牵头组织区工会，妇联、信访、药监、教育、交通、公安、人社、商务、环保、科技、住建、国土、宣传等30多家安委会成员单位，在区主要街道集中举办“6·16”安全生产宣传咨询日活动，深入10乡2个（街道）开展安全生产流动宣传，将“安全生产月”宣传活动引向深入，做到家喻户晓、人人皆知。在安全生产宣传教育活动中各单位利用宣传画册，展板、宣传单等各类宣传载体和现场讲解等方式，面向社会公众宣传安全生产红线意识、法律法规知识和安全常识。各单位共出动宣传公众人员271人次，悬挂宣传标语共计100余条，发放各类宣传资料25000余份，活动累计接受群众2000余人。

【危险化学品】 年内，根据季节特点，重点强化危险化学品储存、经营、运输安全监管，积极联合公安、商务、消防等部门，以危化经营场所为主线，加强对危险化学品经营单位的监督检查，治理和打击非法运输活动，强化源头管理。截至年底，共检查加油站388余家次，下发安全生产行政执法文书103余份，排查隐患157余处。

【开展烟花爆竹销售专项行动】 2016年，桑珠孜区组织开展烟花爆竹安全专项整治工作，从1月起，特别是“元旦、春节、藏历新年”期间，深入各经营网点开展联合执法检查，集中查处打击非法生产、经营、运输行为。通过专项整治行动，查处无证经营烟花爆竹企业1家，罚款20000元，查封烟花爆竹成品4件，有效地遏制了违规经营行为，检查烟花爆竹企业106家/次，下发执法文书21份，查出隐患58处，消除了一大批事故隐患。

【建筑工地监督检查】 年内，桑珠孜区住建局、发改委、重建办、安监局多次开展建筑领域安全大检查，重点加强对建筑施工现场脚手架搭设、施工用电、塔吊和施工电梯、施工机械及安全管理的监督检查，全面落实建设、监理、施工单位的安全责任，共检查建筑施工企业40余家/次，下发整改通知书26份，查出隐患73处，现已全部整改完毕。

【道路交通】 3月，桑珠孜区公安局、交通局、安监等部门深入开展“百日道路交通安全生产工作攻坚战”，依法严厉打击非法运营、违法载人、客运超载、机动车超速和疲劳驾驶等行为；加强对道路运输企业的安全监管，累计抽查各类运输车辆20余辆、拖拉机70余台、摩托车驾驶员60余人、电动三轮车30余辆。

【安全培训】 年内，加强对生产经营单位主要负责人、安全管理人员的培训，逐步提高他们的安全管理水平；加强企业新进人员和重点行业和领域农民工的培训，全面提高从业人员的安全素质和安全操作技能；落实特殊工种法定培训，做到特种作业人员持证上岗。初步统计，共培训各类人员399余人/次。其中：组织特种作业人员参加培训354人/次；生产经营单位主要负责人、安全管理人员45人/次。安监工作人员参加上级组织的业务培训14人/次。

【安全隐患排查治理】 年内，加大事故隐患自查自报信息系统的行业领域和企业覆盖面，督促企业做好隐患自查自报信息及治理动态信息及时更新，形成政府、部门、企业之间紧密配合的长效机制。

【安全生产责任落实情况】 2016年，桑珠孜区召开安全生产工作大会，区政府与各乡（街道）、区直有关单位签订安全生产目标管理责任书，分解下达各项安全生产工作目标。乡（街道）与村（居）委会、部门与下属机构和单位，签订安全生产责任书。各乡（街道）、区直各部门也完善了各自的安全生产责任制度，将责任分解到岗，明确到人，区委组织部将安全生产纳入干部年度目标管理考评，极大地增强了干部职工的安全生产工作责任心和紧迫感。同时，桑珠孜区安监局与辖区9家加油站签订安全生产目标责任书，年初对15家烟花爆竹零售点收取安全生产风险抵押金，并定期检查，有效强化企业的安全生产主体责任意识。根据区、乡（街道）两级人事调整，及时调整充实安委会领导小组成员，实实在在地将安全责任落实到人头。

【指标控制情况】 2016年，桑珠孜区共发生各类生产安全事故11起，死亡1人，未发生较大以上和危及社会稳定的安全事故，安全生产总体形势良好。其中道路交通事故2起，无人员伤亡，经济损失0.2万元；消防火灾事故8起，无人员伤亡，经济损失62.0827万元；其他事故（触电事故）1起，死亡1人。与2015年同期比较，事故总起数下降21.4%，死亡总人数下降50%。其中道路交通事故起数与2015年同期持平，死亡人数减少2人。

（次仁旺拉）

【领导名录】

局　长　旺　　丹（藏族）

副局长　罗　　布（藏族）

　　　　赵　　芳（女，6月免）

　　　　次仁旺拉（藏族，6月任）

桑珠孜区食品药品监督管理局

【概况】 桑珠孜区食品药品监督管理局成立于2015年5月，为政府行政部门，属正科级单位，核定行政编制2名，机关事业编制1名，实有在职干部8人，科级领导职数4名，汉族干部职工5人，藏族干部职工3人，干部平均年龄33岁，其中：2人派驻到东嘎乡巴油村，承担着驻村任务。内设食品流通和餐饮监管科，药品化妆品医疗器械科，综合办公室，食品生产科；另加挂桑珠孜区食品安全委员会牌子，并承担相应职责。

【食品安全综合协调】 年内，食品药品监督管理局认真履行食品安全综合协调职责，当好政府的食品安全的“抓手”，按照日喀则市食品安全委员会办公室的工作部署和相关文件精神，桑珠孜区食品安全委员会办公室及时转达上级主管部门的文件精神，进一步加强与食品安全委员会各成员的沟通联系，重点针对“三大节日”、三考考试期间、“珠峰文化节”、中秋、迎接援藏人员、国庆、党代会、“128佛事”活动期间的食品安全保障，组织各成员单位开展各类专项整治，特别开展与群众息息相关的米、面、食用油、肉制品及食用农产品等重点食品的监管工作。

【餐饮服务食品安全监管】 年内，针对“违禁超限”和“假冒伪劣”两大突出问题，深入开展隐患大排查、大治理集中执法行动。重点排查整治带有行业共性的隐患和“潜规则”，清理整顿不符合食品安全条件的餐饮服务单位，切实净化餐饮消费环境；开展春秋学校食堂食品安全专项检查工作，落实学校食堂食品安全管理员主体责任。并于年初与各乡镇学校食堂、东嘎林卡帐篷经营者、贡觉林卡帐篷经营者签订《2016年食品安全工作责任书》。指导和督促学校食堂食品安全管理员落实晨检制度、进货查验台账制度、食品采购索证索票制度、餐饮具的消毒制度、食品留样制度、食品储存制度、餐厨垃圾处理制度以及从业人员的健康管理培训制度等进一步保障师生在校期间饮食安全，确保校园食品安全水平，不断加强信息沟通与上级及其他部门的工作联系协作；加强日常监管，落实监管责任，日常监管工作实行“四化”即“网格化、格式化、痕迹化、信息化”，做到监管工作责任到人，监管标准统一，监管工作有记录；逐步推进餐饮服务单位食品安全量化分级管理工作，将监督量化分级管理作为日常监督检查的重要手段，大力推广阳光厨房、明厨亮灶工程、文明餐桌创建活动。

【生产流通环节食品安全监管】 年内，桑珠孜区食品药品监督管理局加强农村食品市场监管，开展农村食品安全治理和“扫雷”行动。以城乡结合部、乡（村）镇、批发市场、集贸市场、超市、校园周边食品小卖部等为重点区域，以消费者申诉举报集中的五毛辣条食品和食品添加剂为重点品种，杜绝不合格食品、过期食品、“三无”食品和假冒、仿冒食品进入农村市场，取缔无照经营，切实维护农村食品市场秩序；开展超过保质期食品整治工作。要求每个食品经营户必须建立食品下架退市记录台账，做好不合格食品、临界期食品的退市下架登记，加大对销售过期食品的查处力度。并对销售过期食品的行为实行“零容忍”，要求发现一起查处一起；整顿校园周边、凉菜卤肉专营店、打击销售病死猪肉、畜禽水产品质量安全等专项整治工作。2016年，重点对群众举报的雪顿牛奶进行稽查，协调西安有关部门对生产厂家进行稽查，结果显示雪顿牛奶无不良食源性疾患。吉林北路存在大量腐烂西瓜和黄河密销售并占道经营，严重影响了桑珠孜区创建全国卫生城市的形象，对广大群众的饮食安全存在很大的隐患，根据工作人员与商家协商，并在工作人员的监督下将变质的500公斤西瓜运到垃圾处理场进行现场销毁；查封无证经营黑作坊，接到“12331”举报电话，在26号警务站附近的老城区一所旧民宅里，发现无证生产加工挂面的黑作坊，接到消息后协调有关部门，联合对黑作坊做出立即查封、限期整改的处罚决定。为了维护社会稳定，同时减少经营者的损失，在工作人员的监督下将查封的550公斤货物全部用于养猪场的生猪养殖，不再进入市场流通与销售。

全年共出动执法人员175人次，出动执法车辆59车次，协同市食品药品监督管理局对4家次生产企业进行督导检查，摸底登记辖区内小作坊共57户；检查食品经营户、市场摊点、超市等153户，发出责令整改和监督意见书31份，下达催办食品经营许可证通知68张。

【药品经营企业监管】 年内，桑珠孜区食品药品监督管理局加强宣传培训，新修订《药品经营质量管理规范》贯彻实施工作。加强辖区内药品经营企业监管发现辖区内9家药品经营企业存在问题。如武汉五景有限药业的氧氟沙星滴眼液，已售出201盒，剩余209盒。对不符合规定的药品做出了立即下架，等待召回的处理。严格协查药品供货商资质证件，共对11家供货商资质进行了协查，其中5家代理商的资质或药品清单与公司不符合，桑珠孜区食品药品监督管理局严格按照法律法规进行了处理。

【疫苗监督】 年内，桑珠孜区食品药品监督管理局严格按照《中华人民共和国药品管理法》《疫苗流通和预防接种管理条例》和疫苗储存和运输等规定，对疫苗在储存、运输、供应、销售、分发和使用等环节中的质量加强监督检查，全年检查疾病预防控制中心3次，检查疫苗使用单位3家次，未发现从非正规渠道购进疫苗等违法行为。

【专项检查】 年内，桑珠孜区食品药品监督管理局核查药品经营使用单位药品供货商资质证照的专项整治；开展药品流通领域挂靠经营走票等违法违规行为专项整治；开展个体诊所药械安全专项整治；集中整治医疗器械流通领域违法经营行为；化妆品经营单位专项检查等各项专项整治工作，进一步规范药械化购进、储存、销售和使用行为，切实提高本部门第一责任人的责任，确保药械化供应和公众用药安全。

【基层藏药制剂监管】 2016年，根据《西藏自治区基层藏药制剂监督管理办法（试行）》及《基层藏药制剂配制现场检查方案》要求，年内，在市食品药品监督管理局工作人员的指导下，桑珠孜区食品药品监督管理局对桑珠孜区藏医院的藏药制剂室和皓寺藏药制剂室从藏药制剂申请备案到收集文献材料、厂房布局、设施设备、文件管理等方面持续进行多次业务指导和监督协助，待自治区审批。对19家医疗机构、4家药品零售店共出动执法人员152人次，出动车辆43车次。协助市食品药品监督管理局抽验“一次性空针”150支，经检验均符合规定要求。

【依法行政审批、简化审批】 7月7日，桑珠孜区食药局率先正式启动食品流通许可证和餐饮服务许可证两证合一后的食品经营许可证的发放工作。“两证合一”是落实简政放权、放管结合、优化服务、减少重复监管的重要举措，有利于减轻企业负担，激发市场活力。进一步规范并简化餐饮服务和食品流通许可的申请受理、现场核查、资料收集、审批签字、证件发放、意见反馈等工作，及时组织执法人员对新开办食品经营企业进行现场检查验收工作，严格许可标准，严守验收纪律，对不符合标准的坚决不予发证。

【开展宣传活动】 年内，随着政府职能的转变和食品药品机构改革的不断深入，桑珠孜区食品药品监督管理局主动转变工作方式方法，变被动监管为主动服务，切实提升服务能力。除了在法定的宣传日开展设点宣传外，还充分利用开展“全国安全用药月”、综治宣传活动等有利契机，组织和带动涉药单位尤其是药品经营单位一起广泛开展宣传活动，把食品药品法律法规、安全知识深入人心，切实增强人民群众维护自身饮食用药安全的法治水平和维权意识，使广大群众自觉抵制假劣食品、药品、医疗器械，形成人人关注食品药品安全的新景象。并率先开通微信公众平台，微信用户选择“关注”后，就可以获取食品药品安全科普知识、警示信息、监管动态、办事指南等。具有参与范围广、带动力大、服务功能全等特点，通过搭建食品药品安全微信公众交流平台，广区域、高效率、强带动助推食药监管更上新台阶。年内，共出动宣传30余次，制作宣传展板19幅，发放宣传资料5200余份，发放宣传围裙5162条，宣传门帘5120条。

【党风廉政建设】 年内，桑珠孜区食品药品监督管理局将党风廉政建设作为一项重要工作来抓，开展纪律作风教育、执业执法纪律教育和党风廉政警示教育系列活动，着力加强执业执法活动的事前教育预防、事中督促检查和事后跟踪问效，通过观看警示片严格执行和落实党风廉政建设相关规定和内部管理各项规章制度做到预警在前，警钟常敲，防患于未然，全体干部职工在工作中，没有发现违法违纪和违规的情况，没有接到群众的投诉和不良反应。

（赵明华）

【领导名录】

局　长　唐淑敏（女）

副局长　央金卓嘎（女，藏族）

桑珠孜区旅游局

【概况】 桑珠孜区旅游局为行政管理部门，2016年，行政编制4人。其中正科级1人，副科级1人，科员2人。具体职能为负责桑珠孜区辖区的旅游规划、管理和监督工作。2016年，共接待游客206.53万人次，旅游收入92938万元。

【开展“两学一做”专题学习】 年内，旅游局开展“两学一做”学习教育，以夯实“学”为基础。“学党章党规”，明确基本标准、树立行为规范。以学习《中国共产党廉洁自律准则》《中国共产党纪律处分条例》等党内法规，学习党的历史，学习革命先辈和先进典型，从周永康、薄熙来、徐才厚、郭伯雄、令计划等违纪违法案件中汲取教训，发挥正面典型的激励作用和反面典型的警示作用，引导党员牢记党规党纪，牢记党的优良传统和作风，引导党员尊崇党章、遵守党章、维护党章，坚定理想信念，对党绝对忠诚，树立崇高道德追求，养成纪律自觉，守住为人、做事的基准和底线。“学系列讲话”，深刻认识习近平总书记系列重要讲话，以中国特色社会主义理论体系的最新发展，深入领会其丰富内涵和核心要义，科学把握贯穿其中的马克思主义立场观点方法。

旅游局全程树立问题导向，着力解决好党员对共产主义缺乏信仰，对中国特色社会主义缺乏信心，精神空虚，推崇西方价值观念，热衷于组织、参加封建迷信活动等理想信念模糊动摇；党员看齐意识不强，不守政治纪律政治规矩，在党不言党、不爱党、不护党、不为党，组织纪律散漫，不按规定参加党的组织生活，不按时交纳党费，不完成党组织分配的任务，不按党的组织原则办事等党的意识淡化；党员利己主义严重，漠视群众疾苦、与民争利、执法不公、吃拿卡要、假公济私、损害群众利益，在人民群众生命财产安全受到威胁时临危退缩等宗旨观念淡薄；党员工作消极懈怠，不作为、不会为、不善为，逃避责任，不起先锋模范作用等精神不振；党员违反社会公德、职业道德、家庭美德，不注意个人品德，贪图享受、奢侈浪费等道德行为不端等六个方面的问题，旅游局党支部结合实际，深入对照查摆本单位党员队伍建设和党性党风方面存在的问题，持之以恒纠正“四风”，抓好不严不实突出问题整改，切实推动党员干部作风不断好转。

【党风廉政建设】 制度建设。切实加强教育、监督、纠风、惩治等方面的反腐倡廉制度建设；结合2016年党的群众路线教育实践活动，认真落实中央八项规定等纪律要求，营造风清气正的工作氛围；严格执行并完善民主集中制、民主生活会、述职述廉、领导班子议事规则等各项党内监督制度；积极推进党的基层组织党务公开工作，全面推进权力公开透明运行。加大廉政督查力度。全面推行基层干部廉政督查制度。督查的主要内容包括居委会的主要本年度办实事情况，受责任追究情况，奖惩情况等方面，并将督查结果纳入村干部个人廉政档案，作为其选拔任用、评先主评优、考核奖惩的重要依据。严格执行领导干部述廉述职制度。开展好领导干部廉洁自律工作。全面落实《中国共产党廉洁自律准则》和领导干部廉洁自律各项规定。年内，领导班子成员中未发生违反《中国共产党纪律处分条例》的行为，无因违纪受党政纪处分的人员。坚持领导干部个人事项报告制度。认真执行领导干部个人事项报告制度。严格落实厉行勤俭节约、反对铺张浪费的相关规定。在公务接待方面，各社区实行零招待，实行严格控制陪同、陪餐人员，严格按接待标准执行，违反规定或超标接待的不予报销。

【打造特色景观区】 根据“以商带动厕所”“以景区带动厕所”的形式，旅游局为整治318国道沿线的旅游厕所管理不善情况，通过招商引资的形式租赁珠峰神雄残疾劳务慈善责任有限公司。打造桑珠孜区雅江观景台。已初具规模，景区集藏獒展示厅、日喀则特色展厅；雅江观景台，大型旅游超市（出售亚东木耳、天麻、藏红花以及各类零食、饮料等），自愿缴费的旅游厕所。同时租用该村10亩荒地，每年租金为350元/亩。当地老百姓在旅游旺季可以向游客出售特色食品、民族手工艺品，拓宽增收渠道。

【罗林村、郭加村“藏家乐”】 为改变桑珠孜区范围内318国道沿线无旅游看点的情况。2014年开始年木乡罗林村招商引资形式由善美公司承办罗林村藏家乐。该项目集租用36户农家客厅、锅庄表演场、银饰产品加工销售及农牧民特色产品销售点、停车、办公、娱乐、卫生间等场所，形成观赏后藏家庭民俗风貌、藏式银饰及特色产品采购为一体的休闲旅游模式，让本地村民就地就业、就地增收。2016年公司继续实施农家乐项目就业群众37人。使罗林村增加了农牧民的现金收入。该经营模式于2016年4月在江当乡郭加村运营。依托2015年建好的郭加新村，文化大院、停车场，形成观赏后藏家庭民俗风貌、藏式银饰及特色产品采购为一体的休闲旅游模式，让本地村民就地就业、就地增收，更使旅游行业提升了第三产业的增加值。

【申报项目】 年内，旅游局先后上报十三五规划；《桑珠孜区旅游局关于边雄乡色多坚寺景区基础设施建设项目的可研报告》《夏鲁日浦旅游基础设施建设项目》《俄尔寺旅游基础设施建设项目》《桑珠孜区城南办事处贡觉林卡旅游厕所建设项目》；并办理项目的前置手续；协同市旅发委开展在建项目的督导工作。随着精准扶贫工作的开展协调扶贫办完成了旅游产业扶持项目的建档立卡工作；积极实施项目落地工作。2016年建设实施联乡大竹卡旅游厕所；年木乡罗林村旅游厕所；城南办事处曲夏居委会尼仓村旅游厕所、甲措雄乡塔康村旅游厕所；夏鲁寺旅游厕所及停车场项目：扎寺旅游厕所及停车场项目；建设实施投资490万元纳唐景区基础设施建设项目等。随着精准扶贫工作的开展，协调扶贫办上报了旅游产业项目“十三五”以及2016年产业扶贫项目，聂日乡楚松村雪域诺亚方舟全民健生中心项目总投资350万元，城南办金塔餐饮娱乐中心改造项目总投资994万元，联乡大竹卡康德便民招待所项目总投资300万元、做好了旅游产业规划项目计划工作。

【创建文明城市】 在桑珠孜区甲措雄乡珠峰神雄藏獒旅游城、年木乡罗林村藏家乐、东嘎乡色定村、夏鲁民俗旅游手工艺中心等设立旅游标示标牌（因冬季停工，标牌于2017年开春完成建设）；制作桑珠孜区旅游宣传大册子、小册子、折页宣传册子等；与市旅游局联合到各景点及宾馆进行宣传督导发放宣传单等，为创城打造了良好的氛围。提供和收集了市旅发委编制《旅游自由行手册》中桑珠孜区旅游的相关手册内容、积极配合完成相关珠峰文化节的协助工作。

（杨红玉）

【领导名录】

副局长、主任科员

梅　珍（女，藏族，主持工作）

副主任科员　杨红玉（女）

日喀则市自来水公司

【概况】 西藏日喀则市自来水公司属桑珠孜区区属国有企业，公司成立于1982年，主要从事水的生产、供应、管网安装、维修等经营项目。2016年，公司实有员工95名，其中正式工87名，临时工8名。男职工42人，女职工53人。公司设党支部一个，有中共党员24名，积极分子4名。公司设团支部一个，团员5名。公司职代会成员5名。公司还设工会组织、妇女小组。自来水公司在1998年8月之前为事业单位性质，1998年8月改为国有企业。

【水厂建设】 日喀则市自来水公司现有一个供

水保障点，即南郊水厂（包括西郊泵站和高位水池）。

【南郊水厂】 日喀则市南郊水厂项目是西藏自治区四十大庆项目，也是日喀则市“十一五”期间实施改善给水条件的一项民生工程，项目总投资9800万元，建设内容包括南郊水厂、西郊泵站、高位水池建设以及老城区管网改造等，项目于2005年9月动工修建。

南郊水厂总占地面积为52亩，日供水能力为44000吨/日，南郊水厂于2007年4月起开始对设备进行试运行，2007年7月开始向城区管网实施补充供水，2009年6月22日，南郊水厂全面启动，完全承担起全市生活、生产、建设用水的保障工作。由于南郊水厂项目还未完全收尾，因此南郊水厂还未正式向公司进行交接。

【东郊水厂】 东郊水厂地处日喀则市青岛路1号，该水厂建设于1995年，属国家计委62项援藏项目之一，由上海市人民政府投资援助建设，项目总投资4350万元，东郊水厂设计供水能力20000吨/日，东郊水厂现占地85亩。

2007年，中华环保世纪行组织在检查中提出东郊水厂存在水污染隐患，要求进行治理，2009年，公司东郊水厂水污染隐患问题被区人民政府列为挂牌督办项目，要求限期整改，经行署专员办公会议研究后，通过市政府的支持协调。2009年6月22日，东郊水厂存在污染隐患的一口深井，两口大口径进行了关闭，当时东郊水厂仅保留一口深井，作为全市补充用水和城市备用水源地。2016年9月，东郊水厂仅存的一座水井出现井壁垮塌无法修复，东郊水厂已无供水能力。

【北郊水厂】 根据城市发展和人民群众生产、生活需求情况，日喀则市北郊水厂建设工作已提上议事日程，截至年底，此项工程正在开工建设当中。经了解，北郊水厂净水区（除外电网安装外）已基本建设完成，取水区建成的有三口深井，两座辐射井还在建设之中，外管网敷设已经全部就绪。

日喀则市自来水公司日均供水能力为4.4万吨，日均实际供水量为3.88万吨，2016年供水量1417万吨左右，水质达标率100%，供水覆盖高达95%以上，全市装表入户率达到96%以上，城市供水管网总长约90公里。2016年，公司提供的自来水均为地下水，出厂水只经过滤，定期不定期会安排管网消毒（添加消毒液），不加其他药剂，公司水质化验室每日对出厂水水质进行检测，出厂水水质完全有保障。经防疫部门的水质检验，公司的出厂水质完全符合国家饮用水标准。

【经营情况】 2016年，自来水公司共完成经营收入2693.69万元，其中水费收入2125.62万元、材料收入69.46万元（含四号管井材料款40.06万元），工时费收入278.41万元（含四号管井及土地补偿收入215.61万元），租赁收入30.57万元、利息收入37.92万元，其他收入0.96万元，营业外收入150.75万元。

2016年，企业总成本费用支出2762.02万元，其中电费支出471.24万元，工资性支出791.32万元，各项统筹支出158.31万元，福利性支出10.72万元，折旧摊销支出283.62万元，材料成本支出101.64万元，设备维护支出2.73万元，部门费用6.26万元，车辆支出10.16万元，电话费支出3.67万元，修缮费3万元，接待支出0.36万元，工会经费2.91万元，驻村慰问等费用1.41万元，差旅休假费支出16.33万元，财务费用0.07万元，办公费用3.48万元。其他支出0.38万元，营业外支出771.8万元。

2016年，企业共上交各种税金122.61万元，其中增值税73.16万元、营业税0.27万元、城建税5.14万元、教育附加税2.2万元，地方教育附加税1.47万元，企业所得税40.37万元。2016年，企业总费用支出同比2015年的1817.52万元，增长944.5万元，增长率为51.97%。2016年共实现利润68.37万元。

【企业资产、负债】 截至年底，企业总资产为

12729.28万元，其中流动资产4550.18万元，固定资产5332.27万元、无形资产及其他资产3846.83万元。企业总资产同比2015年的12861.69万元减少132.41万元，减少1.03%。

企业总负债为273.99万元，全部为流动负债。企业总负债同比2015年的338.03万元，减少64.04万元，减少18.95%。企业所有者权益总额为12455.29万元。企业所有者权益同比2015年的12523.66万元，减少68.37万元，减少0.545%。

【供水情况】 2016年，自来水公司共实现总供水量为1417.63万吨，增长12.63万吨，增长率0.9%。日供水量为3.88万吨，平均供水压力为0.48兆帕，同比2015年下降0.01兆帕。

截至年底，全市用水户达到11086户，其中居民用户达到10570户，单位用户达到516户。2016年全年实际售水量约为1049万吨（其中居民用户用水量约216万吨，单位用户用水量约为833万吨）。

【党建、党风廉政建设】 2016年，自来水公司围绕桑珠孜区的中心工作，以保障城市供水安全工作为己任，以加强“两学一做”和党风廉政建设为重点，大力改善供水环境，服务城市发展。按照上级要求认真学习党章及系列重要讲话和会议精神，并结合工作实际认真贯彻落实；坚持求真务实，努力形成开拓进取，奋发有为的领导集体，公司班子能够坚持正确的权力观，政绩观；加强企业作风建设，不断完善各项工作制度，增强干部职工的责任感和紧迫感，严格按照中央“八项规定”和自治区“九项要求”的要求规范公司人员的言行。在认真开展党风廉政建设的同时，严格按照中央各有关重要文件精神，不请客送礼，不接受任何有关工作之便的请吃行为，不铺张浪费；严格控制单位“三公”经费支出的规定，从领导自身做起，廉洁自律，洁身自好。

（王金树）

【领导名录】

总经理、党支部副书记
旺　拉（藏族）

党支部书记、副总经理
达　娃（藏族）

副总经理　巴桑次仁（藏族）
达娃扎西（藏族）
王金树

桑珠孜区粮食公司

【概况】 桑珠孜区粮食公司于1962年成立，位于桑珠孜区雪强路25号。2016年，公司共有干部职工70人（在职职工13人，离退休工28人，长期临时工25人，聘请人员4人）。在职职工中，中共党员7名，中专（高中）文化程度6人，初中文化程度1人，小学文化程度4人，文盲2人。

桑珠孜区粮食公司是独立成立的基层党支部之一，下设有工会、妇联、共青团等组织机构，单位性质是国有粮食购销企业，下设有5所粮库，其中4个粮库，分别在日喀则市桑珠孜区有关主产乡，桑珠孜区粮食公司经营粮食收购、销售、储存，加工和多种经营业务等一体较全面的企业之一。企业注册资金为1278万元，总资产为3135万元，其中固定资产为1438万元，流动资产为1697万元。桑珠孜区粮食公司先后开发后藏“联嘎姆”糌粑项目，并针对本单位现有地理优势和当今旅游业的迅速发展，改造招待所住宿条件。同时，延伸和扩大房屋出租和停车场等多元化经营项目，提高企业的经济效益。

【经营范围与职责】 负责粮食公司资产的经营管理，负责桑珠孜区农民余粮收购，粮食市场稳定，保证粮油供应。

【粮油收购与销售】 年内，在粮食市场化，市场主体多元化的新形势下，粮食企业实行“自主经营、自负盈亏”，作为国有粮食企业，在粮食流通市场发挥主渠道作用。具体工作中，抓粮源，充实库存；抓销售，争创效益，在粮食购销量上取得实质性突破。桑珠孜区粮食公司按照国家粮食部门相关收购政策，充分认识秋粮收购对管理通胀预期、保持价格总体水平稳定的重要性。在保护农民利益的前提下，增强政府宏观调控能力、稳定市场价格，促进国家和西藏粮食安全的高度，坚持“多收粮、收好粮、防风险”和“购得进、销得出、有效益”的原则，认真处理好保收购与防风险的关系，切实防止“打白条”现象。为农民增收，企业增效，从农户手中收购余粮青稞451万公斤，收购价高于市场价，向农民支付款达1713.8万元。其中桑珠孜区粮食公司“联嘎姆”糌粑青稞加工转化和销售125万公斤，销售收入636万元，企业创利17万元。除优势品牌“联嘎姆”糌粑销售外，招待所、房租业，批零粮食销售收入达2973万元，实现创利20万元，近三年上缴税为110万元。桑珠孜区粮食公司，按照粮食流通体制改革的新政策和新措施，向桑珠孜区救济粮和“三包”学生的粮油供应量而出发，进一步扩大销售渠道。

【改革成效】 年内，通过粮改，不仅是国有资产保值增值，又能解决职工最关心、最直接、最现实的利益问题。根据现行全区工资水平及社保部门的相关规定，企业不间断按时足额缴纳职工“五险一金”等各项社会保险金。针对职工工资低的实际，按照工效挂钩的办法，在2009年开始，在原有档案工资基础上，每人每月平均增资3000元，截至年底，职工月平均工资达到4600元以上，从而解决职工的后顾之忧，激发了职工的工作积极性。

【“两学一做”学习教育活动】 2016年，桑珠孜区粮食公司深入开展“三严三实”和“两学一做”学习教育活动，认真组织公司员工重点学习宪法、党章、党的十八大和十八届三中、四中、五中全会精神。学习习近平总书记系列重要讲话精神，以及、市、区委统一部署要求，加强学习，不断提高自己的思想道德情操，坚定信念、坚于职守。

【党建工作】 2016年，根据区委的安排部署，贯彻落实“两学一做”学习教育实践活动，深入学习习近平总书记的重要讲话精神，签订践行“四讲四有”公开承诺书。通过集中学习，交流思想，增进共识，进一步教育引导党员干部带头奉献、做合格党员。

【安全生产】 年内，桑珠孜区粮食公司始终坚持“安全第一、预防为主、综合治理”的方针，落实安全生产工作会议精神，为做好安全生产工作，加强安全规范化管理，开展“安全生产年”“安全警示日”和“安全生产月”活动。切实把安全生产工作落实到生产、建设、经营、管理等各个方面，确保安全生产局面的持续稳定。

（巴桑顿珠）

【领导名录】

总经理　普　　穷（藏族）

副经理　巴桑顿珠（藏族）

社会事业

桑珠孜区民政局

【概况】 桑珠孜区民政局作为政府主管社会行政事务的职能部门，属于正科级单位，核定行政编制5人，事业编制5人，领导职数5人。2016年，有干部职工29人，其中正科级干部3人，副科级2人，科员7人，事业人员6人，公益性岗位11人（“五保”集中供养中心公益性岗位9人）。桑珠孜区民政局负责全区城乡低保、城乡医疗救助、社会福利、老龄，双拥优抚安置、残疾人事业、救灾救济、婚姻登记管理、基层政权建设、勘界、区域地名管理等工作。

【党风廉政建设】 2016年，桑珠孜区民政局深入贯彻落实中共十八大、十八届三中、四中、五中、六中全会以及习近平总书记系列讲话精神，坚持标本兼治、综合治理、惩防并举、注重预防的方针，坚持“以民为本、为民解困、为民服务”宗旨，强化纪律建设和作风建设，认真履行党章赋予的职责，切实维护党的纪律，充分发挥职能作用，推进惩治和预防腐败体系建设，规范民政权力运行，推进全市民政事业科学发展，党风廉政建设和反腐败工作取得明显成效。

【城乡低保】 2016年，桑珠孜区共有城市低保263户613人；农村低保700户2089人。为进一步规范城乡低保工作，桑珠孜区民政局进一步细化了最低生活保障政策落实相关工作，并组织召开桑珠孜区践行“两学一做”规范最低生活保障政策落实专题业务培训会，强化培训乡（街道）一级低保工作操作人员，全面提升全区规范最低生活保障政策落实整体步骤和水平。同时从局机关中指派1名副局长、4名工作人员组成入户调查组，对各乡（街道）审核情况进行督导检查，切实做到“底数清、情况明”；从强化政策宣传、完善制度、分类施保、核查清退、动态管理、业务培训、全程监督、严格追责等方面进行全程跟踪，进一步细化了措施落实。工作开展中，要求明确各乡（街道）主要领导为第一责任人，落实“谁调（核）查、谁签字、谁负责”制度，解决审核把关不严、不力的问题。各乡（街道）完成村、乡两级公示和入户核查等工作，区民政局审批公示建档工作。区民政局工作人员已深入全区12个乡街道176个村（居）、2947户进行跟踪核查和指导。

【城乡医疗救助】 年内，以民政部门牵头负责，财政、卫生、人社等相关部门密切协作的工作机制，城乡医疗救助与新型农村合作医疗、城镇居民基本医疗保险制度同步结算工作，做好农村困难群众医疗救助制度与农村新型合作医疗制度的衔接，本着为民便民的原则，简化工作程序，方便了救助对象，使“看病难”问题有所缓解。在卫生局及医保中心报销后，桑珠孜区民政局按规定、按比例给予救助。使他们因病致贫、因病返贫、看病难的问题得到了有效缓解。2016年落实449名城乡医疗救助对象救助金额143.82万元。

【临时救助】 年内，突出临时救助“救急救难”原则，为城乡贫困居民家庭生活中遇到的突发性、特殊性困难而给予的一次性应急性救助，2016年，落实40人临时救助资金6.65万元。

【残疾人福利事业】 2016年，桑珠孜区有残疾人员2714人，发放残疾人困难残疾人生活、重度残疾人护理两项补贴资金2715240元，有效改善残疾人家庭的生活质量。

【高龄老人服务工作】 年内，协同桑珠孜区老干局、老年大学举办重阳节座谈会和重阳节文艺汇演，关心慰问老干部和老年群众，形成关心老年人、爱护老年人的浓厚氛围。同时，认真组织开展桑珠孜区老年人统计工作，2016年为全区667名80岁以上的老年人发放健康补贴21.12万元，经济困难的高龄、失能老人241人落实“两项补贴”资金14.46万元。

【社会组织】 2016年，桑珠孜区现有6个社会组织。全区社会组织继续保持健康有序发展，为桑珠孜区的经济社会发展做出了积极贡献。

【城市社区建设】 桑珠孜区民政局起草制定《桑珠孜区城市社区建设经费使用管理办法》，并经桑珠孜区人民政府第九次区长办公会议讨论通过后出台，有效确保城市社区建设经费管理，规范支出，提高经费使用效益，促进全区城市社区建设工作持续健康发展。

【双拥优抚安置】 “八一”建军节期间，民政局对辖区驻军警部队、部分重点优抚对象进行慰问，发放8万元慰问金；落实50名重点优抚对象发放定期抚恤金48.06万元；完成2015年退伍士官（士兵）档案登记、接收各项工作；足额兑现19名2015年义务兵家属优待金及自主就业一次性经济补助140.6万元；组织人员参加烈士纪念日公祭活动，深切缅怀革命先烈的丰功伟绩，进一步继承好先烈遗志、弘扬先烈精神，有效推进桑珠孜区干部群众爱国主义教育的常态化；坚持把双拥宣传、国防教育作为双拥工作的“基础工程”“固本工程”，开展“弘扬我军优良传统、宣传双拥先进典型”系列活动，做到软件硬抓，形成以全民教育、基地教育、媒体宣传“三位一体”国防教育模式；深入开展双拥工作进机关、进乡村、进社区、进军营、进企业的“六进”活动，进一步提高双拥基本知识知晓率和群众参与率；积极申报推荐桑珠孜区江当乡郭加村党支部书记旺珍为全国爱国拥军模范、拥政爱民模范个人，有效宣扬典型，激发广大军民爱国拥军、爱民奉献的政治热情。

【防灾救灾体系】 年内，桑珠孜区民政局坚持进一步完善救灾防灾减灾监督检查和灾情信息联络员报告制度，确保自然灾害处置体制机制建设逐步完善。同时，针对汛期较猛的事态，桑珠孜区民政局下发专门通知要求各乡（街道）坚持执行自然灾害“零报告”制度，确保一旦发生灾情、第一时间参与救援；强化灾害易发地区及乡（街道）自然灾害救助应急机制，加强村（居）灾情信息员队伍和应急避难体系建设，确保桑珠孜区自然灾害应急救援能力不断提升，逐步形成政府主导、分级管理、社会互助、生产自救的综合救灾工作格局；开展自然灾害应急处置，坚持第一时间赶赴受灾地，并根据实际状况共发放了被褥、被子、毛毯、被套各22套、帐篷17顶，为6841人发放救济粮70.9万斤，折款96.79万元。

【婚姻登记】 年内，桑珠孜区民政局婚姻登记处在自治区、市民政部门的大力支持和关心帮助下，坚持以“依法行政、为民服务”为宗旨，以创建文明窗口为载体，以优质文明服务为目标，依法依规完成婚姻登记的各项工作，2016年办理结婚登记1435对，离婚登记255对，补领结婚证

264对。

（李 云）

【领导名录】

局　　长　周小华

副 局 长　李　云（女）

　　　　　德　旦（女，藏族，5月任）

残联主席　达　珍（女，藏族）

副主任科员

　　　　　刘成刚

桑珠孜区人力资源和社会保障局

【概况】 2010年3月，因机构改革原市人事局和市劳动和社会保障局组建成日喀则市人力资源和社会保障局（公务员局），2014年12月，撤市设区后又更名为日喀则市桑珠孜区人力资源和社会保障局（公务员局），内设公务员局、社会保障中心、劳动人事争议仲裁院。桑珠孜区人力资源和社会保障局有行政编制7名，参公编制10名，事业编制8名。2016年全局干部职工共28人，其中：正科级1人，副科级5人，科员7人，参公人员4人，专业技术人员6人，工人1人，公益性岗位4人；共产党员19人，预备党员1人。

【转移就业脱贫】 年内，桑珠孜区人力资源和社会保障局通过加强供需信息对接和开展“两送一核”（即送政策、送培训、核信息）活动，助推转移就业脱贫工作。向扎西吉彩金银铜器加工厂、日喀则友谊公交公司、德勒潘德藏式卡垫加工合作社等13家企业争取就业岗位203个，同等条件下优先推荐建档立卡贫困户，初步达成就业意向的有37个。2016年，桑珠孜区城镇新增就业人员2926人（其中建档立卡贫困户1832人），培训转移就业对象809人（其中建档立卡贫困人员352人），动态消除零就业家庭44户。

【提升基层服务】 年内，桑珠孜区人力资源和社会保障局加强人社基层服务平台建设，从优化基层业务能力、人员配备、硬件设施等方面入手，切实提升人社基层服务能力和宣传能力，实现人社服务窗口向一线拓展和经办服务向基层延伸。加强项目跟踪管理，10个乡人社服务中心项目如期竣工并验收通过。鼓励居家灵活就业和劳务能人带动就业，2016年，共选送118名学员参加创业培训，桑珠孜区实现劳务输出56380人次，实现劳务收入16428.9万元。

【开展技能培训】 年内，桑珠孜区人力资源和社会保障局大力推行“订单式”“以岗代训”“储备式”培训模式，2016年，共组织培训转移就业对象809人（包括向市人社局输送培训人员354人），完成全年目标任务的133%，其中包括建档立卡贫困人员352人，涉及汽车驾驶、装载机、挖掘机、电工、厨师等多个工种，培训合格率均达到95%以上，已有468名建档立卡贫困人员实现就业。

【公益性岗位管理】 年内，桑珠孜区人力资源和社会保障局按照“谁用人、谁管理、谁考勤、谁负责”的原则，促进公益性岗位人员管理工作规范化、制度化。2016年，新（续）签公益性岗位劳动合同424人。

【社会保险】 年内，桑珠孜区人力资源和社会保障局做好“四险合一”信息系统和城乡居民社会养老保险信息系统上线前期各类数据核查、比对、修改工作和系统基础操作培训活动。规范社保基金管理，率先制定出台《桑珠孜区城乡居民基本养老保险基金管理办法（试行）》，认真开展养老保险待遇领取人员资格认证，共认证7404人（含寺庙僧尼），清理死亡人员540人。2016年，桑珠孜区企业职工养老保险参保1014人，城乡居民养老保险参保47229人（包括60周岁以上人员），城镇职工医疗保险参保4085人，城镇居民医疗保险参保9505户17597人，失业保险参保1880人，工伤保险参保3730人，生育保险参保3263人。

【深化改革】 年内，桑珠孜区人力资源和社会保障局开展机关事业单位科员和员级及以下人员工资审批权限下放试点工作，理顺工作关系，优化工作流程，实行定人定岗、定岗定责，增强工资工作透明度；稳妥推进事业单位人事制度改革，严格岗位设置程序和岗位结构比例，指导25家事业单位完成61份岗位设置方案；严格执行县级以下职务与职级并行制度，做好27名符合职级晋升条件人员的考核、公示及工作套改工作。及时兑现农业、畜牧、林业、环境保护等行业有毒有害岗位津贴调整政策，2016年申报有毒有害岗位津贴412人。

【队伍提升】 2016年，桑珠孜区人力资源和社会保障局聘任17名初级专业技术职务，其中农牧初级专技人员6名、卫生初级专技人员6名、文化初级专技人员5名。2016年工人技术等级考试35人报名，符合申报条件人员有31人，其中：报考高级工21人、中级工9人、初级工1人。

【退休申报】 年内，桑珠孜区人力资源和社会保障局严格按照上级相关文件要求，做好退休申报工作，2016年，共有11名工人退休审批通过；按比例申报符合文件提前退休条件37人通过上级审批。

【举报投诉案件处理】 年内，按照“受理规范、程序简便、限时办结”的要求，精简优化办案流程，注重调解新方法，2016年，共受理劳动争议案件264起，成功调解264起，结案率达100%，涉及农牧民工1098人，涉及金额745.54万元。

【开展劳动保障监察活动】 年内，桑珠孜区人力资源和社会保障局变“事后”被动调解为“事前”主动预防，加强劳动保障监察力度。2016年，共开展日常巡查2次，专项检查2次，共检查各类用工单位4517家，依法下发询问通知书425份，收到询问反馈247份；督促182家建筑企业缴纳民工工资保证金1543.33万元。

【贯彻落实工资保证金制度】 年内，桑珠孜区人力资源和社会保障局加强与工资保证金监督管理委员会成员单位间的沟通与协调，做好辖区内开工建设项目的统计工作，确保各建设项目都及时足额缴存民工工资保证金；设立民工工资保证金专户，在人员和制度上严格按照规定履职尽责。建立缴存、退还明细账目，保证每一笔保证金都收缴、退还都都有账可查，心中有数。2016年，共督促182家建筑企业缴纳民工工资保证金1543.33万元。

【“两学一做”学习教育】 年内，桑珠孜区人力资源和社会保障局开展“两学一做”学习教育和“讲学习、讲忠诚、正风纪、转作风、提效能”主题活动，紧扣活动总体要求，及时做好动员部署，抓好集中学习，并坚持问题导向，深入开展调研和征求意见建议活动，分类分层梳理问题，查找剖析原因，查漏补缺，强化措施，抓好问题整改落实。活动开展以来，组织集中学习20余次，开展专题讨论3次，讲专题党课1次，观看爱国教育影片3次，形成个人心得体会63份。

【落实党建责任】 年内，桑珠孜区人力资源和社会保障局以加强党的执政能力建设为主线，以创建“学习型”“阳光型”“服务型”三型组织为载体，全面落实党建工作责任制和“三会一课”制度，抓好领导班子建设和党员队伍建设，严格党员发展标准，合理发展党员。

【党风廉政建设】 年内，桑珠孜区人力资源和社会保障局把党风廉政建设和反腐败工作放在全局工作中统筹谋划、整体推进，重点抓好《中国共产党纪律处分条例》《中国共产党廉洁自律准则》等学习教育，抓好领导干部履职，按照“一岗双责”要求，切实做到管人与管事相结合，抓业务与抓廉政建设相结合，统筹推进反腐倡廉各项工作。

（曾　侦）

【领导名录】
局　长　唐　川

副局长、主任科员
达瓦平措（藏族）
副局长 次仁顿珠（藏族）
劳动人事争议仲裁院院长
白玛措姆（女，藏族）
副主任科员
米玛仓决（女，藏族）
姜 燕（女）
副科级干部
曾 侦（女）

桑珠孜区民族宗教事务局

【**概况**】 2016年，民宗局编制10人，现有编制8人，正科1名，主任科员1名，副主任科员3名，科员3名，其中藏族6名，汉族2名。

桑珠孜区位于日喀则东部，本区辖12个乡（街道），共计176个村（居），13万余人。辖区内有17座寺庙，350名僧尼。

【**党风廉政建设**】 2016年，民宗局领导班子带头，结合民族宗教工作实际，规范党支部学习制度，加强自身建设，加大加强理论知识和相关民族政策法规的学习，不断提高自身的政治理论水平和处理民族宗教方面突发事件的能力和管理民族宗教事务的水平。在日常工作中紧紧围绕保持党的纯洁性，按照“严以用权、严以修身、严以律己和谋事要实、创业要实、做人要实”的总体要求，做到为民务实清廉，坚决反对“四风”、认真解决形式主义、官僚主义、享乐主义和奢靡之风方面存在的薄弱环节。结合单位实际，细化责任制，进一步完善党风廉政建设的各项规章制度，严格规范领导班子成员和局党员干部的廉洁从政；遵守财经纪律，不乱开支，严格执行厉行节约的八项要求，不铺张浪费；严格遵守民主集中制原则，充分发扬民主，倾听不同意见，不搞“一言堂”，与班子成员做到和谐相处，精诚团结，重大问题、重要事项，班子成员集体讨论决定；生活上，时刻牢记区委廉洁自律规定，严以律己，做到不公款大吃大喝；不用公款请客送礼；狠抓局班子成员和党员干部的廉政自律。认真学习、宣传、贯彻中央关于党风廉政建设有关文件、规定等，修订完善单位党风廉政各项规章制度，进一步加大从源头预防和治理腐败的力度，确保了全局无一腐败现象发生。

【**实施兴边富民行动**】 2016年，少数民族发展资金项目与精准扶贫整合以后，少数民族发展资金暂归区扶贫办管理。

【**开展民族团结宣传活动**】 2016年内，根据中央第六次西藏工作座谈会精神，中央民族工作会议和习近平总书记系列讲话精神，特别是习近平总书记在西藏自治区成立五十周年大庆活动提出的“加强民族团结、建设美丽西藏”题词精神，充分利用3月综治宣传月和9月民族团结宣传月契机，在全区范围内开展民族团结“七进”等一系列民族团结宣传活动，使“三个离不开”的思想深入人心，截至年底，共印发民族团结“七进”藏汉双语宣传单8000余份，民族团结宣传资料9000余份，在城区主要路口设立1个高炮、1个中炮、4个低炮宣传栏并在街道长期宣传民族团结口号，营造良好的宣传气氛。

【**开展民族团结创建活动**】 年内，民宗局紧紧围绕“共同团结奋斗共同繁荣发展”的民族工作奋斗目标，创新工作方式方法、丰富内容，创新载体，严格按照评选办法，采取自上而下、逐级推荐、好中选优、综合平衡的办法评选模范集体、个人和通婚家庭。2016年，区委、区政府表彰的模范集体17个和模范个人32名，模范通婚家庭25户，共发放表彰奖金199000元，并有7人被评为市级模范个人。

【**灾后重建**】 因“4·25”地震影响，桑珠孜区4座寺庙受到不同程度的损害，其修缮补助资金为346万元。截至年底，都已完工。

【开展法制进寺活动】 年内，为进一步提升广大僧人的民族意识、公民意识、法制意识，祖国意识，推进社会主义法制社会步伐，结合桑珠孜区法律“七进”和“六五普法”活动，在全区17座寺庙中开展多次法律进寺庙活动，重点学习宣传党的民族政策和宗教政策、民族自治政策，党的利寺惠僧政策，关于加强和创新寺庙管理及利寺惠僧政策措施等。2016年，民宗局协同区公检法各寺庙开展17次寺庙法制宣传教育活动（各寺管机构法制宣传）。

【落实“九有”“六建”政策】 年内，民宗局协同区委统战部和相关部门，深入开展寺庙“九有”“六建”“六个一”等工作，及时调整充实驻寺干部，建立健全工作制度，“九有”“六建”“六个一”等工作持续深入推进。桑珠孜区17座寺庙，“九有”“六建”覆盖率基本上达到100%。5月，对所有在编僧尼进行免费健康体检，建立健康档案，体检率达99%。截至年底，广大僧尼参加养老保险率达100%，54%已列入城镇低保。

（吴鑫浩）

【领导名录】

局　长　仓木决（女，藏族，5月免）
　　　　白　多（藏族，5月任）
副局长　历　茗（女，6月免）
　　　　普　珍（女，藏族，6月任）
副主任科员
　　　　徐　涛
　　　　英　久（女，藏族）

桑珠孜区卫生局

【概况】 桑珠孜区卫生局位于琴岛路1号。2016年，共有1所卫生服务中心、1所疾控中心、10所乡办卫生院、2所社区卫生服务中心。161所行政村卫生室。现桑珠孜区卫生服务中心有职工128名（正式职工88名）。实有专业技术人员107名，其中：医务人员47名、护理人员58名；高级职称2名、中级职称16名，初级及以下89名；行政后勤人员21名。本科23名、大专33名、中专及中专以下72名。卫生服务中心设有床位120多张。10个乡卫生院和2个社区卫生服务中心共有医护人员97人，其中正式员工55人，公益性岗位31人，临时工8人，聘用村医3人。设有床位约30张。现区卫生局共有工作人员11人，其中局长1人、副局长1人、计生委主任1人、办公室主任1人、科员3人、借调3人、志愿者1人。负责协调全区的卫生综合工作。

【农牧区合作医疗】 年内，桑珠孜区卫生局积极探索完善合作医疗管理制度，在总结试点经验、科学测算基础上，合理调整新型农村合作医疗管理办法，桑珠孜区卫生局对报销程序严格把关，认真执行有关报销政策，严格报销管理，统一报销票据，逐项审核。全年参合人数69551人，参合率达到98%，截至年底，报销补偿152679人次，累计报销支出29434317.72元。申请大病医疗保险34例，申请商业保险59人次（后退出12人次）。桑珠孜区卫生局按照要求，完成农牧区合作医疗相关业务，并及时足额落实中央、自治区、市、县四级免费医疗经费，专款专用、专户储存，并严格落实各类报销比例。

【妇幼卫生工作】 年内，桑珠孜区卫生局为了农牧区夫妇降低出生缺陷发生风险，提高出生人口素质，使家庭更加幸福和谐，强化妇幼保健服务工作。桑珠孜区卫生局认真组织实施降低孕产妇死亡和婴儿死亡行动计划，规范母婴保健技术服务行为，加强孕产妇和儿童系统化管理，做好产前诊断和疾病筛查工作，努力降低孕产妇死亡率、婴儿死亡率。落实免费孕检工作。做好农村已婚育龄妇女的妇科疾病普查普治工作，建立育龄妇女健康档案，为育龄妇女健康提供优质服务，提高农村妇女健康水平，对计划怀孕的农村夫妇提供免费孕前优生健康检查。截至年底，已对10乡2办452对夫妇进行免费孕前检查，并已全部完成对夫妇的网上建档录入工作。桑珠孜区卫生局按照相关要求完成妇幼工作相关内容。住院分娩率达到95%以上，孕产妇无死亡，婴儿死亡率控制在16‰以内。为进一步加强孕产妇及儿童系统管理工作桑珠孜区卫生局统一给乡卫生院下发自治区下发的《儿童保健手册》《孕产妇保健手册》等。桑珠孜区卫生局及时落实农牧民孕产妇住院分娩政策，住院分娩营养费奖励1000元，待产费30元/天，住院分娩奖励50元，护送人员（村医、家属）50元/人。2016年，桑珠孜区卫生局共兑现住院分娩费用116万余元。

【计划生育】 年内，桑珠孜区卫生局始终将实施三项制度作为落实基本国策，为民办实事工程。通过广泛宣传、完善制度、强化监督，奖扶政策的实施规范有序，充分体现了以人为本、为民办实事的指导思想，做到扶助对象一个不漏，不应享受一个不进、资金到人一分不少的原则，受到广大群众的拥护和赞誉。2016年新增奖励扶助对象35人，退出12人；新增特扶对象1人，退出3人。享受奖励扶助制度对象624人，半边户对象12人、特别扶助制度对象115人。2016年补助资金发放59.904万元。2016年流动人口动态监测共采集600人次的问卷调查，并完成流动人口信息网络录入640份问卷工作。桑珠孜区卫生局超额完成452对孕妇孕前优生健康检查。大力开展优生优育技术服务和宣传，得到了良好的反馈效果。截至年底，计生委共有683人办理生育证，180人办理独生子女证。

【疾病预防控制】 年内，桑珠孜区卫生局按照上级业务部门要求，各县区以乡为单位国家免疫规划疫苗接种率达90%，传染病总发病率控制在300/10万以内，健康教育普及率达100%。为加强卫生应急保障，桑珠孜区卫生局及以下卫生院制订卫生应急预案，完善应急机制。在学校等人员密集处，若发生疫情，及时发现、及时处理、及时结案。切实贯彻落实了卫生应急保障，有效地应对了突发性疾病的情况。

【结核病筛查】 2016年，共有195例结核病人，其中初治涂阳31例，初治涂阴115例，复治涂阳6例，复治涂阴18例，结核性胸膜炎10例，其他肺外结核15例。

【疫苗接种】 2016年，桑珠孜区共115名流动儿童到桑珠孜区卫生局疾控中心接种疫苗，应种115人次，实种110人次，接种率达到90%以上。

【传染病筛查】 2016年，桑珠孜区卫生局共上报83例传染病，其中无甲类传染病，乙类60例，丙类11例，其他传染病12例。

【慢性病健康教育宣传】 2016年，制作慢性病相关宣传折页及海报7种，结合各类慢性病宣传日（通过进社区宣传和市区公共场所宣传等方式）共发放宣传手册30000余份。

【成人慢病与营养监测】 年内，共调查录入593份个人问卷调查、351份家庭问卷调查、血样采集病录入423人、尿样录入60人、盐样30份。

【重性精神病现场筛查】 8月，在山东省援藏精神卫生专家的指导下筛查了桑珠孜区10乡共76名精神病患者。

【艾滋病相关工作】 2016年，开展培训7次（机关企事业单位、驾校学员、乡村医生、公安司法干警、职业暴露人群、社区健康知识大讲堂、村级干部）。健康教育宣传17次（外出务工人群、羁押人群、一妻多夫、驾校学员、社区宣传、KTV、娱乐场所、十乡、两办、学校、重大宣传日、高危人群、乡村医生、司法干警、干部职工、妇女面对面）。总共覆盖人数：7400余人。发放宣传折页20000余、宣传册子20000余、宣传海报2000张，宣传用品：扑克牌3000盒、宣传壶500个、宣传水杯1000个、洗漱包300个、宣传口袋4000个、安全套发放25000个。设艾滋病专属宣传栏10个，均设在各乡卫生院。

【卫生监督】 2016年，监督体检706人，办健康证706人，新发许可证18个。

【鼠疫工作】 鼠疫是严重危害人类健康的烈性传染病，截至年底，桑珠孜区卫生局鼠疫防控工作小组及各乡卫生院共进村宣传42次，召开村民动员大会7次，发放宣传资料800余册，受教育达4300余人次。投药堵洞1309个，非投药堵洞1849个，用药数15890片，灭獭面积在79公顷左右，有效地防止了传染鼠疫。

【健康体检】 年内，桑珠孜区卫生局积极开展居民及在编僧尼健康普查和健康档案工作。截至年底，农牧民体检人数共105582人并建立农牧民健康档案。农牧民免费体检率年内达95%以上（体检档案在乡卫生院存档）。在编僧尼健康体检达到100%，已圆满完成健康体检工作。

【乡村卫生院管理】 年内，桑珠孜区卫生局按照自治区、地区加强社区卫生发展的一系列文件精神，在充分调研和学习借鉴外地经验基础上，结合桑珠孜区实际，理清了发展思路，本着严格准入、规范设置的原则，积极推进社区医疗卫生资源合理配置，加快社区卫生服务体系建设。逐步完善城南、城北两个社区卫生服务中心服务功能，已完成2个社区卫生服务站建设，并投入使用。社区服务机构积极为社区居民开展基本医疗和预防保健等服务工作，为社区居民搞好健康查体，健全居民健康档案。加快农村卫生室规范化建设，推进农村卫生服务体系建设。截至年底，夏鲁村村卫生院投入33万元新建，曲布雄乡岗西村标准化村卫生室已建设完毕，该村卫生室投入资金约11万元，2个卫生室于2016年6月正式投入使用。卫生室建成并投入使用后，将极大的改善桑珠孜区农村落后的卫生事业发展现状，使之成为一个布局合理、功能齐全的标准化卫生室，满足了农村人民群众就近看病的需求，实现“常见病、多发病不出村卫生室”的就近治疗的目标。

【人才队伍建设】 年内，桑珠孜区卫生局根据年初与市卫计委制定的培训计划，已全部完成。还定期或不定期举办相关业务知识讲座，学习培训、岗位练兵等。2016年，桑珠孜区卫生局工作人员在内地参加培训学习5次；拉萨等省市培训学习达2次以上；市卫计委培训6次；共累计7人，累计天数36天。桑珠孜区卫生局为乡、村医培训2期，第一期培训226人次；第二期培训88人次。10乡2办累计培训19项，累计培训天数337天。桑珠孜区卫生局在日喀则市2016年基层岗位练兵和技能竞赛活动中，荣获精神文明奖；日喀则市2016年基层岗位练兵和技能竞赛活动先进个人名单（社区护理）荣获第一名；日喀则市2016年基层岗位练兵和技能竞赛活动先进个人名单（全科医疗）荣获第一名的好成绩。

【健康扶贫】 年内，桑珠孜区卫生局按照上级业务部门的要求对1075人进行因病返贫、因病致贫摸底调查，最终确定有疾病人数为199人，对目标人群制订了医疗救助方案，并免费为目标人群进行免费健康体检。

【卫生服务中心工作】 年内，为不断提高护理质量，保障护理安全，努力为患者提供全程、全面、优质的护理服务，在桑珠孜区卫生局卫生服务中心推行了责任制护理，住院病人满意率≥96%、基础护理合格率≥90%、危重患者护理合格率≥90%；健康教育覆盖率≥95%、护理措施到位率≥90%。截至年底，门诊就诊病人52216人次，住院病人1882人次，其中：儿科住院病人440人次，内科住院病人467人次，妇产科住院病人671人次（剖腹产手术37例，住院分娩634例），外科住院病人199人次（大型手术106例、小手术312例），急诊住院105人次（其中骨科手术22例），床位使用率92%，床位周转率8次；临床医技科“X”光机拍片4167人次，CT检查1315人次，“彩超”检查1792人次、“B超”检查3736人次；检验科检查11155人次，心电图检查1282人次，幽门螺杆菌115人次，实现业务毛收入达到人民币1437万元，比2015年同期增长了25%。

【卫生服务中心建设】 年内，卫生服务中心自2013年被市卫计委列为创二级甲等卫生服务中心以来，多方面吸取在创评方面的好经验，好做法。成立以院长为组长，副院长为副组长的创评领导小组，成立创评办公室，并严格按照卫生部《创二级综合性卫生服务中心评审标准（2012版）》逐条进行资料的准备和整改、制度职责的完善、卫生服务中心环境整治等工作。进一步加强了卫生服务中心内含建设及科室管理，不断提高各项医疗质量，并于2016年9月底进行终评，而且顺利通过二级甲等卫生服务中心的等级评审。桑珠孜区卫生服务中心将继续巩固现有建设成果，完善科室布局，强化服务管理，优质服务，文明行医。注重规章制度的建立健全，加强对医院职工的管理、规范职工文明行医，争取再创佳绩。

【发展藏医药事业】 2016年，桑珠孜区卫生局大力发展藏医药事业，举办基层藏医培训多次，对桑珠孜区藏医药服务能力情况进行了督导检查。积极推广藏医药技术，加大乡村藏医药普及力度，在桑珠孜区卫生局10乡2办卫生院普及藏医药，并大力支持藏医药发展，用藏医药发展资金在部分乡办设立藏医药文化室。极大的方便了老百姓看病需求。

【免费体检】 年内，根据卫生部《创二级综合性医疗标准》中县级卫生服务中心必备CT设备和进一步加快卫生服务中心标准化、规模化建设需要，符合国家医疗卫生体制改革和自治区卫生厅、市卫生局关于加强和发展县级卫生服务中心建设和三级医疗网络建设的总体思路和目标。由山东省青岛市第七批援藏小组投资1000万元为卫生服务中心采购一台在西藏乃至全国都较为先进的64排128层自由心率螺旋CT，于5月26日正式投入使用。截至年底，已完成CT检查1315人次，其中：桑珠孜区干部职工及孤寡老人免费体检815人次，患者检查500人次。

【党风廉政建设】 年内，桑珠孜卫生局始终坚持把落实党风廉政建设责任制作为党支部的重点工作来抓，纳入重要议事日程，与业务工作同安排、同部署、同检查、同落实。2016年，卫生局领导班子在区委、区政府的领导下，积极履行党风廉政建设主体责任，以改进工作作风、密切联系群众为重点推进作风建设，以“把权力关进制度的笼子里”为要求推进制度建设，以完善惩防体系为抓手推进党风廉政建设，较好地完成了党风廉政建设各项任务。以践行“两学一做”教育实践活动，转变机关作风为动力，认真学习贯彻落实中央、区、市、区党风廉政建设和反腐败工作会议精神，狠抓干部廉洁自律，注重纠正不正之风，持之以恒地纠正“四风”，结合工作实际，对作风纪律规定特别是“五个严禁”的执行情况进行了认真自查，并就如何贯彻落实“五个严禁”进行了认真研究和部署。

【党建工作】 2016，桑珠孜区卫生局始终以高度的政治责任感、强烈的事业心和饱满的工作热情，全面贯彻中共十八大、十八届历次会议精神和中央第六次西藏工作座谈会精神等一系列决策部署，紧紧围绕全区卫生事业发展的中心工作，团结带领广大党员干部职工，抓班子带队伍，抓基层打基础，抓载体增活力，扎实推进基层党建工作，推动全区卫生事业发展迈上了新台阶。

【精神文明建设】 年内，桑珠孜区卫生局紧紧围绕政府工作大局为中心，以文明创建为重点，以公民思想道德建设为基础，全面提升文明程度，高度重视，把精神文明建设活动纳入到年度工作目标管理之中，为保证社会精神文明建设各项工作真正落到实处，桑珠孜区卫生局与单位全体干部职工签订了2016年精神文明建设目标责任书作为年底考核的一项工作。

（李文璐）

【领导名录】

局　长　索朗白珍（女，藏族）

副局长　金　　措（女，藏族）

办公室主任

向 文 娟（女）

计生委主任

拉　　珍（女，藏族，5月任）

桑珠孜区文化广播电影电视局

【概况】 桑珠孜区文化广播电影电视局属于国家行政（事业）单位，成立于2013年2月27日。2016年，文广局核定行政编制5人，现有人员5人，其中：局长1人，副局长2人，办公室主任1人，科员1人。广播影视服务中心核定编制28人，实有在岗人员17人，其中干部6名，学历为大专以上文凭；其他人员均为工勤人员，学历偏低，普遍均为初中以下学历，仅有2人持有中专文凭。

【党风廉政建设】 2016年，桑珠孜区文广局认真落实党风廉政建设责任制党组主体责任，按照党中央、自治区、桑珠孜区委、区政府和各级纪委的有关部署，坚持党要管党，从严治党，严明党的纪律，狠抓中央“八项规定”，狠杀“四风”，切实改进作风，定期召开党支部会议、民主生活会，开展“两学一做”学习教育主题活动，在重大节日及三月敏感期间，做好宣传教育工作，扎实推进党风廉政建设，以“精准扶贫、对口帮扶”为切入点，着力解决群众反映强烈的突出问题。

【党建工作】 2016年，文广局积极贯彻落实相关文件、会议及指示精神，在桑珠孜区宣传支部的领导下，组织全体干部职工开展“两学一做”学习教育活动，制订“两学一做”学习教育活动实施方案和年度学习计划，每周定期组织党员干部学习党章党规和习近平总书记系列讲话，2016年12月31日前全部党员完成手抄党章活动。

【公共文化服务体系建设】 文广局派遣格桑花艺术团演职人员开展“文艺演出下乡”活动，2016年，文艺演出下乡50场次；利用文广局电影队开展“电影放映下乡”活动，积极宣传党的民族政策、惠农政策，电影年放映980场次；广电“户户通”工作：维修电视收转站5次，升级高频头8207个，机顶盒8207个，接收器2255个，发放634套直播卫星设备，维修6325套直播卫星设备，维修高频头2180个，更换信号转接头6050个。

【文化市场执法监督】 2016年，在春节、藏历新年、“五一”劳动节、“林卡节”、国庆节等，由日喀则市文化市场综合执法支队牵头，在桑珠孜区文化综合执法大队带领下，文广局协同开展联合文化执法，共计开展文化执法约为16次，检查经营单位54次，出动车辆63次。各部门派遣文化执法人员，到市区内的KTV、洗浴中心等娱乐场所，以及广告店、音响文具店、网吧等地点开展文化执法，对于违法违规经营的商户，已责令相关负责人整改，对于情节严重的超过文广局管辖范围的，已移交公安司法部门处理。联合文化执法行动的开展，确保各大节日期间市区内文化市场的正常运转，保障民众在节日期间能够享受到精神文化乐趣的同时，也能平安顺利度过节日。

【文物普查】 2016年，文广局多次邀请自治区博物馆首席研究员、日喀则市文物局专家，并组织文广局工作人员，前往桑珠孜区下辖的文物保护单位——夏鲁寺、皓寺、色多坚寺、塔杰寺、恩贡寺、帕索寺等寺庙开展全国文物普查工作。在此期间，文广局工作人员加强与各寺庙间、寺管会的沟通，对佛像、唐卡、石刻及其他可移动文物进行定级、造册、归档，并对文物一一编号拍摄，收集储存了大量影像、文字资料，从而确保文物保护传承工作的顺利进行。

【非遗申报】 3月25日，西藏自治区文化厅办公室印发《关于申报第二批自治区非物质文化遗产项目传习基地的通知》，文广局积极贯彻落实文件精神，开展非遗项目申报工作，与非遗项目传承人多次沟通接洽，协助准备相关申报材料，已为江洛德庆曲林寺（江洛尼姑羌姆）、日喀则市正堂食品综合有限公司（江洛康萨青稞酒酿制技艺）、日喀则朋必制作技艺申报建设非遗传习基地。

根据日喀则市文化局《关于推荐第五批自治区级非物质文化遗产项目的通知》精神，文广局结合桑珠孜区非物质文化遗产工作实际，组织工作人员对桑珠孜区的文化遗产进行实地考察、筛选，已申请将珠堆铜铁工艺技艺、吉祥福德夏鲁寺泥塑工艺、藏豌豆粉丝粉条、甲措雄乡夏鲁村玉章家族裁缝手工艺、皓寺嘎尔等非物质文化遗产项目列入日喀则市桑珠孜区第二批非物质文化遗产名录中。

（徐　江）

【领导名录】

区委宣传部副部长、文广局局长

巴桑欧珠（藏族，5月免）

旦增卓玛（女，藏族，5月任）

副局长　罗　　宗（女，藏族）

副局长、文物局局长

巴桑次仁（藏族）

办公室主任

次仁德吉（女，藏族，主任科员）

桑珠孜区农牧局

【概况】 桑珠孜区农牧局为正科级单位，下辖区农牧综合服务中心。农牧局现有行政人员9名，其中正科3名（局长1名，副局长、主任科员2名），副科1名，科员5名；农牧中心现有23名技术人员，工人4人，公益性岗位5人，临时工2人；其中农业技术人员8名（2名农艺师、1名助理农艺师、5名员级农业技术人员），畜牧兽医技术人员15名（副高级兽医师2名、兽医师3名、助理兽医师7名、3名员级畜牧兽医技术员），技术援藏干部1名，担任农牧中心副主任。

2016年，桑珠孜区农牧局高度重视“三农”工作，按照市政府、市农牧局的总体部署和桑珠孜区农牧业发展各项目标责任书的具体要求，对桑珠孜区农牧业生产总体目标任务进行细化分解，明确奖惩机制和考核办法，使各乡（街道）、涉农部门工作年初有目标、年终要达标，为完成农牧业各项工作任务提供组织保障。贯彻落实各项支农、惠农举措，促进农牧业的稳定发展、农牧区的全面进步、农牧民的持续增收。

【党建工作】 2016年，开展“两学一做”教育活动，对党员提出新要求，做合格党员，发挥党员应有的作用，尤其是如何在农牧区做好党员的本职工作；开展“两学一做”教育活动，就是要破解桑珠孜区农牧业发展难题。如何迅速提升农牧干部职工的素质，增强全区农牧业的“造血”功能，真正发挥农牧系统的作用。切实解决农牧业工作者素质提高的问题；开展“两学一做”教育实践活动。就是要切实解决自身存在的“四风”问题。让全体干部职工轻装上阵，以崭新的作风和面貌迎接新的挑战。

【党风廉政建设】 年内，始终坚持把党风廉政教育作为一项基础性工作来抓，着力引导党员干部牢固树立理想信念和宗旨观念，做到廉洁自律、干净干事。坚持抓好理论学习，落实每周党日制度，组织党员干部精研细读十八届六中全会精神和习近平总书记的一系列重要讲话，组织全体干部集中学习了《中国共产党廉洁自律准则》，传达全市、全区反腐倡廉建设、政府廉政工作会议精神以及纪委会议精神，及时通报全国、省、自治区查处的党员领导干部违法违纪典型案件，增强党员干部依法行政意识，绷紧反腐倡廉这根弦，提高自我约束能力；开展专题学习，结合“两学一做”教育实践活动，专题学习党章党规和“讲学习、讲忠诚、正风纪、转作风、提效能”主题活动以及“深化五项教育、增进五个意识”主题活动，筑牢思想防线，提升服务水平；开展经常性廉洁教育，坚持“五必讲”：在党支部会、党小组会、全局大会、党员大会中、讲党课上必讲廉政建设，给广大干部职工注射“防腐疫苗”；积极推进“廉洁文化进机关”，利用党小组学习、领导讲廉洁党课、读书会、报告会、座谈会等形式开展宣教活动，努力营造以廉为荣，以贪为耻的氛围。

【种植业】 2016年，完成农作物种植面积21.06万亩，粮经饲三元结构进一步调整优化为65∶25∶10。为做好粮食生产，桑珠孜区加大投入力度和科技含量水平，落实2015年良种推广补贴224.351万元、良种繁育基地建设补贴76.05万元，落实农机补贴1000万元；完成种子田建设2.12万亩（其中一级种子田0.22万亩、二级种子田1.9万亩）；推广青稞良种“喜拉22号”7.4万亩；高产田创建示范8.84万亩，测土配方13万亩，“千亩千斤”“百亩千斤”高产示范0.28万亩，开展海藻生物肥示范种植0.8万亩；施用化肥4610吨、农药116.45吨、海藻肥996吨。为提高群众良种种植积极性，按照每亩用种30斤，每斤种子补贴1元（无种子农户）或0.5元（有种子农户）的标准和为因灾缺种农户等申请本级财政资金190余万元用于良种推广补贴。同时向周边10个县调运“喜拉22号”良种176.548万斤，为群众带来565万元收入。2016年，通过积极开展种植精选包衣、筹备农用物资、适时播种、开展机械化操作、及时举办培训班、加强技术指导和田间管理等一系列举措，有效保证了2016年粮食丰产丰收。2016年粮油总产达16884.63万斤，其中粮食产量15979.66万斤；较2015年粮油总产增加549.98万斤，粮食产量增加412.48万斤。

【畜牧业】 草补工作顺利通过验收。2016年，共发放2015年草畜平衡奖励资金599.98万元，天然草原监督员绩效考评奖励资金5.4万元，牧草良种补贴33万元，牧民生产资料综合补贴2.6万元。并以94.61分的优秀成绩通过自治区验收；基本草原划定工作顺利通过市级验收。按照自治区、日喀则市相关要求，2016年桑珠孜区较好完成基本草原划定工作，并通过市级验收，共划定重要放牧场所378万亩，人工草地1.6万亩、草原科研基地0.02万亩、湿地1.5万亩；顺利完成春秋季动物疫病防控工作。为做好春、秋季重大动物疫病防控工作，农牧局严格按照“四不漏”的方针，及时完成春秋两季牲畜的疫苗接种工作，免疫率均达到100%。确保畜牧业生产健康稳定发展；开展羊链球菌预防接种工作。2016年在桑珠孜区曲布雄、东嘎等4个乡的9个村发生羊链球菌并发腹泻、口腔炎等病，病情发生后，农牧局及时组织兽医工作人员实地开展预防、救治和接种工作，并积极与市兽防总站沟通协调，及时调运31箱链球菌疫苗，发放青霉素293盒，磺胺嘧啶针剂1320盒、片剂280瓶、痢菌净针剂420盒、庆大霉素600盒、消毒药19箱，期间因治疗无效陆续死亡396只、治疗2896只、紧急接种3万余只。同时，积极向桑珠孜区政府申请解决3万元的兽药防治资金，有效制止了羊链球菌病的传播；接羔育幼、黄改、动物检疫等常规工作正常开展。桑珠孜区新生仔畜160425头（只、匹），成活仔畜162538头（只、匹），成活率达到98.7%。切实做好黄改工作，2016年桑珠孜区黄改任务为5000头，已完成4300头。加强屠宰检疫、市场检疫工作力度，截至年底，检疫牛5740头、猪11470头、活禽68787羽、各类动物产品914.5吨，对检疫出的不合格328头猪进行了无害化处理。

【农业机械化】 近年来，桑珠孜区紧紧抓住国家农机购置补贴的机遇，整个桑珠孜区范围内农机、农机合作社数量不断增加，发展速度迅速，形势喜人。截至年底，桑珠孜区共有农机合作社5家；动力机械15383台，其中大中型拖拉机461台；耕地机械14991台；播种机械14709台，其中大中型播种机122台；收割机械11674台，其中联合收割机100台；脱粒机械5380台；种子加工机械383台；农用运输车3571辆。农机合作社的发展和大中型农机具的增加，有效促进了桑珠孜区农机化发展。同时，利用大中型农机具统一作业大大地提高了农业作业效率，更是在加快农机化进程，带动土地流转、土地托管等方面起到了积极的推动作用，截至年底，桑珠孜区土地流转面积38525亩，占农作物实播面积的18%。

【项目建设】 2016年，农牧局农牧业项目实施进展顺利，进度良好，主要实施的项目有：完成“十二五”期间总投资为6437.38万元的5个收尾项目的建设；重点实施总投资为4352.28万的4个灾后重建项目。截至年底，投资595.9万元的岗巴羊规模化养殖场建设项目进度已达到50%；投资110.98万元的马铃薯合作社项目进度达50%；投资1150万元的马铃薯生产基地项目，种植1万亩马铃薯基地已完成收获，项目建设的525.57平方米的马铃薯仓库进度已达到50%，整个项目建设进度已达到75%；投资2495.4万元的马铃薯万吨储藏建设项目已完成前期准备工作，正在开展招投标工作，预计2017年开工建设；开始实施“十三五”规划项目，其中纳尔乡基层农技推广项目已开工，进度达50%；申报总投资4450.92万元的8个2017年项目和总投资为2800万元的3个高原特色项目。截至年底，申报的项目已完成文本、前置手续等前期准备工作。

【开展各类培训】 年内，为促进科技转化率、贡献率，提升农牧民的生产技能，桑珠孜区实施“科技兴农”战略：依托农牧综合服务中心的技术力量，及时在关键农时开始前开展培训；并下派技术人员到重点乡村开展培训；依托桑珠孜区科技农业精品示范园的优势和技术力量，在园区培训中心组织各类农牧民培训，已举办培训班6期，培训农牧民200余人次；依托援藏干部力量，利用建成的多媒体互动平台，邀请内地专家开展“空中课堂+”面对面的培训模式和播放现代化农业生产的视频来提升生产技能和拓宽视野，增加创新意识。共计开展3次“空中课堂+”培训，培训150余人次。同时，在援藏干部组的精心组织下，选派骨干农牧业专业技术人员、相关企业负责人等6人到青岛进行培训。

【引进海藻生物肥开展试验示范推广】 2016年根据桑珠孜区试验示范推广需求，共计引进海藻生物肥996吨，开展马铃薯种植5000多亩、青稞种植3000多亩，大大促进了桑珠孜区生态农业的发展，对桑珠孜区下一步大面积推广海藻肥和粮食单产的增加具有较强的示范作用。

【开展有机产品认证】 桑珠孜区一直注重有机品牌建设，将此项工作放在做大做强特色产业的重要位置。在黑龙江援藏干部组的帮助下，桑珠孜区雅江源农业综合开发有限公司的“雅江源”土豆淀粉和水晶粉丝，日喀则市正堂食品有限公司的“江洛康萨”青稞藏白酒，“娘麦”青稞种子合作社的“娘麦”青稞种子，共计3家企业（合作社）的4类产品成功通过了国家有机产品认证。同时日喀则市正堂食品有限公司正在积极申报国家地理标志产品。

（梁肖伟）

【领导名录】

局　长　扎　　西（藏族）

副局长　旦增卓嘎（女，藏族）

　　　　顿　　珠（藏族）

农牧综合服务中心副主任

　　　　边巴穷达（女，藏族）

　　　　李 金 山（山东援藏）

桑珠孜区扶贫开发领导小组办公室（农发办）

【概况】 2016年，桑珠孜区扶贫（农发）办实有干部12人（在编10人、抽调1人、援藏干部1人），脱贫攻坚指挥部实有干部8人（在编2人、抽调3人、志愿者3人）。2016年，结合桑珠孜区实际制订《桑珠孜区脱贫攻坚实施方案》《桑珠孜区“十三五”脱贫攻坚规划》《2016年度脱贫计划》，明确了打赢脱贫攻坚战的重大意义、指导思想、总体要求、总体目标、脱贫计划、基本原则、脱贫任务；成立桑珠孜区脱贫攻坚指挥部，下设11个专项组，由各行业部门主要负责人担任各小组组长，各乡（街道）相继成立脱贫攻坚办公室，同时与各乡办签订脱贫攻坚目标责任书，严格实行领导责任制，层层压实区、乡、村“一把手”责任，形成党委领导、政府主导、上下联动、齐抓共管的良好格局。

【宣传引导】 2016年，桑珠孜区在西藏电视台、日喀则电视台、日喀则报社等媒体报道、刊发精准扶贫信息32篇，在桑珠孜区政务网、微信公众号、微博发布精准扶贫信息共计293篇，为桑珠孜区营造了良好的脱贫攻坚工作社会舆论氛围。

【精准识别】 2016年，通过开展建档立卡“回头看”工作，进行逐户、逐人再识别、再分析，全面核清贫困户基本情况及致贫原因，确保基础数据真实准确，及时更新动态管理系统，确保数据上下一致。最终确定桑珠孜区建档立卡贫困人口2900户、11530人。

【农发项目】 2016年，桑珠孜区江当乡农业综合开发高标准农田建设项目：农业措施：荒地治理1247亩、客土改良1590亩、土地平整4419亩，新建机耕道10条，长18.285公里；水利措施：干渠6条，长11034米。支渠18条，长15344米。斗渠20条，长10991米。防洪堤2处，长7.113公里。改扩建水塘2座。增设水机井3座；林业措施：种植农田林网13409株，树种为新疆杨；科技措施：科技示范推广1.44万亩。本项目总投资为3600万元，申请国家投资3600万元。

【实现精准脱贫】 2016年，按照实现“三不愁”“三有”“三保障”及人均年纯收入达3311元的脱贫标准，桑珠孜区共有794户、3263人实现脱贫（2016年完成脱贫任务675户、2721人），实现首战告捷。为确保建档立卡贫困系统数据及时更新，切实做到动态管理，2016年脱贫人口将退出建档立卡系统。

【产业脱贫】 产业脱贫专项组充分论证项目可行性和必要性，以市场前景好、处于空白状态的项目为抓手，联合相关部门编制《桑珠孜区十三五扶贫产业发展规划》。2016年实施48个扶贫产业项目，覆盖6大产业，总投资为86079万元，完成投资17416.1万元。该48个产业项目前置手续办理进度已达96%；项目实施方案（代可研）均已编制完成，并委托第三方进行评审；政府风险补偿基金落实4800万元，其中市级下拨资金1200万元、区财政配套3600万元，根据与各大银行签订的“政府风险补偿基金+银行信贷”战略合作协议，现已向邮储西藏分行、农行桑珠孜区支行、西藏银行日喀则分行、中国银行日喀则分行，分别注入政府风险补偿基金1000万元、1400万元、1200万元、1200万元。

【易地搬迁】 2016年，桑珠孜区共计实施易地搬迁358户1237人（2016年搬迁107户435人，提前实施搬迁251户、802人），截至年底，358户1237人全部开工，按照年初计划的107户435人，开工率达近300%，现已竣工95户387人，竣工率达88.8%。2016年完成易地搬迁资金6334.5万元。截至年底，“十三五”期间易地扶贫搬迁资金到位30%，共计10565.55万元，已拨付资金共计约8799.82万元。

【娘麦扶贫开发公司】 《光伏特色小镇总体规划》经日喀则市人民政府评审通过并向桑珠孜区下达批复，光伏小镇的环评、水土保持批复已完成；光伏小镇道路、管网、自来水厂、污水处理厂、垃圾转运站、安置房和土石填方等已完成设计和造价咨询，现已全面开工建设，填方工作即将进入收尾完成阶段，第一批343户民房建设基础工作已完成，主体工程已全面开工建设；光伏特色小镇总体规划已完成了占用林地事宜的协调并已上报国家林业总局。并根据部队提供的图纸、机场周边建设影响的征求意见、污水排放的影响，避开了与部队用地的冲突；由宝钢集团建设的钢结构试点房已经完成基础工作，建设4套样板房（120平方米的三套，200平方米一套），已完成建设任务。同时，在“一园一镇”建设过程中，当地群众在土地供应、参与建设等方面始终给予了大力支持；光伏特色小镇建设资金融资一事已通过了中国银行贷款审核批准，2017年共批准贷款资金3亿元，截至年底，已确定三个光伏产业项目共有80兆瓦的光伏发电站项目列入扶贫产业项目，投产后将在带动当地贫困户的基础上为扶贫公司每年赢利800万。

【对口援藏项目建设情况】 年内，桑珠孜区积极抓好青岛市对口援藏扶贫项目建设。大力支持脱贫攻坚事业，实施精准脱贫美丽乡村建设项目，现已确定建设4个（年木乡罗林村、曲美乡曲美村、东嘎乡曲瓦村、纳尔乡芝萨村）美丽乡村点，按照相关程序进行项目实施方案审批。支持发展“一乡一业”“一村一品”，发展有机种植业，培育“萝卜小镇”（边雄乡）、“土豆小镇”（东嘎乡）、“西瓜新村”（年木乡罗林村），该项目实施方案已完成，正在审批过程中。培育发展东嘎乡土豆特色种植业，重点支持东嘎乡合作联社建设。发展品牌农业、有机绿色无公害农产品，为农户提供产+销一体化服务，将全乡建档立卡贫困户全部纳入合作联社，带动贫困户种植土豆、务工服务等，提高农民组织化水平，农业规模化、机械化、科技化水平，引导带动农、牧分家，人、畜分离，实现整乡整村精准脱贫。

【结对帮扶】 按照“4321”结对帮扶工程，2016年桑珠孜区共安排地厅级干部帮扶12户、县处级干部帮扶147户、乡科级（科办员）帮扶1907户、专技人员帮扶491户、学校干部帮扶423户、驻军部队帮扶29户、企业管理人员106户，共计2900户、11530人（其中有215户为多对一帮扶）。

【医疗救助】 2016年，桑珠孜区共计对建档立卡系统内175户199人进行全项医疗体检，共落实体检帮扶资金31840元。

【生态补偿】 现按一人一岗原则，截至年底，各类生态岗位落实安排10385人，按每人3000元补助标准，2016年，共计落实兑现享受生态岗位补助资金3115.5万元。

【转移就业】 2016年，桑珠孜区通过转移就业培训脱贫409人。2016年，共举办转移就业技能培训14期，共组织809名就业困难人员参加培训（含向市人社局输送参加培训人员383人，其中建档立卡贫困户352人），现已有468名建档立卡贫困人员实现就业。

【教育脱贫】 2016年，桑珠孜区共有建档立卡贫困家庭在校大学生48名得到帮扶，按每人2000至4000元不等标准，共落实教育帮扶资金106000元，发展“两后生”教育共计9人，现已全部入校就读。此外，整个“十三五”期间桑珠孜区社保兜底贫困人口336户、936人。

【党风廉政建设】 2016年，桑珠孜区扶贫办严格按照中央、自治区、日喀则市及桑珠孜区关于党风廉政建设工作的总体部署和要求，以落实“两个责任”为统领，以深入开展“两学一做”为契机，以推进扶贫科学管理为基线，坚持“预防为主、惩防并举”的方针，紧紧围绕资金安全和干部安全这一目标，将党风廉政建设与扶贫各项工作紧密结合，争取扶贫业务工作和党风廉政建设工作齐头并进。抓好思想政治建设工作。认真组织学习贯彻中共十八大系列会议精神，使党员干部牢固树立“党员、党性、党纪”意识，进一步增强党员干部的先进性；学习典型案例受警醒学榜样。通过反面典型警示，警示党员干部防微杜渐拒腐防变，加强主观世界改造，主动在思想上划出红线、在行动上明确底线；学习党章党规，加强党性教育。党性是党员干部立身、立业、立德的基石。不断深化学习习近平总书记系列重要讲话精神，以理论武装头脑、指导实践、推动工作。桑珠孜区扶贫办通过积极开展“两学一做”、党风廉政建设工作，使党员干部更好地坚定理想信念、增强看齐意识、做到修身律己。

（张远稿）

【领导名录】

主　任　米　　玛（藏族，5月免）

　　　　次旺石觉（藏族，5月任）

副主任 赵　　瑞（青岛援藏）
边巴多吉（藏族）
郭 晓 霞（女）

桑珠孜区教育（体育）局

【概况】 2016年，桑珠孜区教育（体育）局始终坚持党的教育方针和社会主义办学方向。桑珠孜区辖2个街道办事处、10个乡、176个村（社区），有489个自然村，11.8万人口。共有各级各类学校（幼儿园）30所，其中，小学17所，初级中学3所，公办幼儿园10所；在校生共15769人，其中初中在校生3980人、小学在校生8644人、市区三所幼儿园在园幼儿1025人、农村幼儿园在园幼儿302人、乡小学附设学前教育点幼儿1818人；全区进城务工人员随迁子女人，647留守儿童571人，残疾儿童少年随班就读114人。初中毛入学率98.2%、城区幼儿入园率100%，农村幼儿园入园率68%；全区在职教职工1008人，其中初中教职工367人、小学教职工544人、幼儿园教职工76人、教育局机关工作人员21人；在职教职工1008人中专任教师930人，其中初中专任教师342人、小学专任教师528人、幼儿专任教师60人。

【办学条件】 年内，全区小学教学及辅助用房面积平均4.84平方米；体育运动场馆面积平均9.03平方米；各类教学仪器设备均已达标。教学计算机每百名学生拥有计算机8台；平均图书15册；初中各类办学条件：三所中学教学及辅助用房面积平均4.95平方米；体育运动场馆面积平均13.12平方米；各类教学仪器设备均已达标。教学计算机每百名学生拥有计算机8台；平均图书25册。各项指标均达到自治区、市规定标准，基本能够满足各学校的日常教学需求。2015年以来，累计投入资金21360.49万元，新建城区幼儿园2所，乡镇附设幼儿园12所，村级幼儿园2所，新建学生食堂3个，新建教室宿舍10栋，新建教学楼3栋，新建办公楼3栋，此外，还完成了12个学校的改扩建工程，维修改造学校1所，维修改造教学楼1栋，改造学校大门1座，进而完善了学校基础设施建设和教育教学设施设备，办学条件得到明显改善，教育事业呈现出健康发展的良好态势。

【制度建设】 桑珠孜区委、区政府高度重视教育工作，成立以区委书记为组长、政府区长为常务副组长、区县级领导干部为副组长、相关单位为成员的教育工作领导小组。先后制定出台《桑珠孜区教育三年发展行动计划》《桑珠孜区县级领导包乡、包寺、包学校及联系村（居）工作分组方案》《中共桑珠孜区委桑珠孜区人民政府关于调整充实桑珠孜区教育工作领导小组的通知》等各项管理制度，2016年区委、区政府召开4次教育工作专题会，26位县级领导深入学校调研并指导工作30余次，各定点联系学校的县级领导和分管教育的乡镇主要负责人切实履行了自身的监督义务，行使了监督权力。也基本掌握了学校管理层面、教研教改、师德师风等方面存在的问题。在详细了解学校工作开展情况的同时提出了要求并帮助学校解决部分实际困难。

【奖励机制】 年内，桑珠孜区教体局为激发广大教师的工作热情，提高教育工作活力，桑珠孜区委、区政府特设立桑珠孜区教育教学奖励资金，2016年小考，桑珠孜区有31名小学生考入内地西藏班，位居全市18县第2名；2015年中考，桑珠孜区第二中学在全市24所中学中荣获第三名、第三中学荣获第四名、第一中学荣获第八名。2016年9月，在第32个教师节表彰大会上，共授予教育先进集体奖13个，个人奖53个，共发放奖金85万元，此举充分激发了教师的工作热情，提高了教师的工作效率。

【投入力度】 2016年，全区新建附设幼儿园5所，村级幼儿园1所，学生食堂3个，教室宿舍2栋，改扩建学校3所，总投资4228万元（其中国家投资3887万元）。截至年底，除6个幼儿园建设项目外，其他项目均已按照施工图及工程量清单全部完工。6个幼儿园建设项目，均已于2016年9月底开工建设，2017年4月全部复工，预计2017年8月底将全部竣工。

【素质迎检】 年内，素质教育督导验收工作，是桑珠孜区2016年教育工作的重点。桑珠孜区于5月举办了桑珠孜区素质教育迎评工作启动仪式，出台《桑珠孜区教育局素质教育工作实施方案》，并召开2次工作推进会，及时出台整改措施，明确下一步工作方向。此外，还采取“外出取经”“专家指导”等方式进行问题查摆。5月，组织教育局机关科室工作人员前往白朗县进行参观学习，进一步开阔视野、拓宽思路。同时还邀请自治区素质教育督导组两名督学在全区层面进行了专题培训。经过全区各级党委政府、各相关部门和各校师生的共同努力，桑珠区于2017年4月顺利通过日喀则市素质教育督导验收。

【传统文化】 年内，桑珠孜区教育局高度重视校园传统文化建设，开展了一系列丰富多彩的思想道德教育和各类文体活动，特别是自传统文化“三进”活动开展以来，为全面加强桑珠孜区学生的文化素养，让学生了解、体验中华民族优秀传统文化的魅力，主动传承、传播和弘扬优秀传统文化，培育和弘扬爱国主义精神。同时，开发校本教材，开设特色课堂、社团，区一中的《中华传统节日》、区三中的《国学经典选读》《藏语格言、敬语》、年木中心小学的《扎年琴教程》、联乡华夏希望小学的《传统游戏》等校本教材，齐鲁幼儿园的《邦垫》、曲美中心小学的《传统绘画》等特色课堂，边雄中心小学《中华武术》、区二中的《太极拳》《校园足球》、情馨幼儿园的“小卓玛”艺术团、齐鲁幼儿园“阿嘎舞”等社团，这些校本教材、特色课堂、社团广泛受到学生的喜爱。

【“两学一做”学习教育】 年内，桑珠孜区教育局深入开展“两学一做”教育活动。根据上级部门的安排和部署，结合全区教育系统实际，严格落实规定动作，深入查摆和挖掘基层党组织和每名党员在贯彻落实中央“八项规定”、区党委“约法十章”和“九项要求”及“四风”“两问题”“一薄弱”等方面存在的突出问题，通过开展批评和自我批评，深挖思想根源，重塑理想信念。开展“手抄党章”活动，营造浓厚的“两学一做”学习教育活动氛围，桑珠孜区教育系统“手抄党章”作品多次被区委、市委专栏展板展出，自开展活动以来，桑珠孜区教育局党委组织各学校党支部书记校长集中专题培训4次，组织局机关集中学习30余次，各学校组织党员干部集中学习均达到20余次，读书笔记均达到3万字左右、观后感、心得体会均达到10次，积极参加观看爱国电影片均达5次以上；各支部也积极行动，开展不拘一格、内容丰富的党内活动，部分学校还与兄弟单位如日喀则市武警支队开展联谊活动。

【党建工作】 年内，桑珠孜区教育局以“推动教育科学发展、办好人民满意教育”为主线，在基层党组织建设中与时俱进、开拓创新，以开展党的群众路线教育实践活动、“三严三实”“两学一做”教育活动为契机，开展多种形式的思想政治教育和党员主体实践活动，不断深化拓展教育党建工作，进一步提高党组织的凝聚力、战斗力、创造力，充分发挥基层党组织在教育工作中的战斗堡垒、监督保障和先锋模范作用，使桑珠孜区教育工作呈现了新的局面。规范各支部出台《党员干部学习教育制度》，制订《党员干部学习安排表》和《党员干部集中学习考勤表》，健全了学习内容周安排、集中学习考勤通报、笔记心得签批、督导定期评价等学习机制，形成了科学长效的党员学习培训机制。制定《中共桑珠孜区教育局委员会关于落实党风廉政建设主体责任的实施意见》《党风廉政建设和反腐败工作实施意见》《党风廉政建设目标责任书》等文件，并将文件下发至各学校，要求教育系统严格按照文件要求开展相关工作。2016年，组织全体党员和入党积极分子共同参加中国共产党建党95周年庆祝表彰活动，共表彰3个基层党组织、15名优秀党务工作者、15名优秀党员；同时，利用重大节假日对贫困党员、离退休老党员、贫困教师开展慰问活动；组织“国培”“区培”“市培”及“青岛对口培训”等各类教师及教育管理人员培训。

【教育扶贫】 年内，桑珠孜区教育局为加强桑珠区家庭经济困难学生资助工作，体现党和政府对大学生的关怀，2015年开始桑珠孜区人民政府启动《桑珠孜区助梦教育基金》决定每年出资200万元，主要以资助和奖励的方式，资助桑珠孜区籍贫困大学新生。2016年共统计贫困大学生505人，发放资助金114.8万元，资助数达到505人，对贫困大学新生的资助覆盖率达到100%。

（师　伦）

【领导名录】

党委书记、副局长

王　巍（青岛援藏，6月免）

党委副书记、局长

多布拉（藏族）

副局长　李艳菊（女，6月免）

仁增拉姆（女，藏族，6月任）

王建鹏

普布次仁（藏族）

桑珠孜区藏语文工作委员会办公室（编译局）

【概况】 根据日喀则地委行署联席会议纪要精神及日喀则市八届市委第二十六次常委会议纪要日市委精神，确定原日喀则市翻译室改名为日喀则市藏语文工作委员会办公室，挂区编译局牌子，由区委办公室管理的副科级参公单位调整为区政府直属参公单位，正科级建制；直属市人民政府，2013年10月正式成立机构，在2014年撤市设区后，正式更名为桑珠孜区藏语文工作委员办公室（编译局），由区长直接领导，副县级领导担任藏语文工作委员会办公室（编译局）主要领导。

2016年，桑珠孜区编译局核定编制4名，现有在职人员3人，长期借调人员1人；文化程度均为本科以上，平均年龄结构33岁，都具备很强的翻译功底。工作职责：主要负责区委、区人大、区政府、区政协交办的各种文字材料，领导讲话及转发涉农惠农、强农富农、涉僧惠寺等文件的翻译工作；指导本县辖区内的学习、使用和发展藏语文文字工作，规范使用藏语文社会用字。

【自身建设】 年内，始终牢记翻译工作者需要较强的知识功底思想，特制定理论学习和业务学习制度，提升单位工作人员综合素质，营造浓厚的学习氛围，利用业余空闲时间，传达学习上级文件和会议精神，学习党的各项政策精神。加强学习业务知识，通过学习报纸、杂志、电视新闻、藏语文工作杂志上刊登的翻译论文，西藏研究等刊物上的译法论文，以及自治区新词术语藏文翻译规范委员会颁布的新词术语等，改进翻译人员的翻译水平，提高译文质量和工作效率；通过观摩学习和采取微信平台渠道，相互沟通，经验交流，吸取好的做法、好的经验，丰富工作经验，增强了干部职工各方面的工作能力。

【翻译工作】 年内，承担自治区等上级部门下发的各类文件翻译工作，区直各部门的大小型文件材料、向各乡（街道）下发的所有文件、领导讲话、有关地方性法律法规、科技、安全等一系列知识宣讲材料、党建材料等各种材料的翻译，努力克服工作人员少工作量大的实际困难，做到区党委、政府下发到基层的各类资料译成藏文同步下达，在召开区级党代会、人大和政协两会时，确保所有会议材料以藏汉两种文本送到每一位与会代表和委员手上。年内，完成翻译字数达87万字。并对全年编译材料进行统一装订成册，以便翻阅、学习、借鉴。同时编译局协同组织部联合编辑《日喀则市汉族干部学习藏语文教材》及同声口语授课学习光盘，指导乡镇基层、区直单位，学习、使用和发展藏语文，开展“双语”工作。

【藏语言文字社会用字规范】 年内，为贯彻落实全区藏语文工作电视电话会议精神，按照上级部门的指示要求，特制定桑珠孜区社会用字检查整改工作实施方案，及时成立由桑珠孜区分管副区长为组长，区藏语委办（编译局）为牵头，各相关单位组成的联合检查组，以“实地查看找问题、就地整改解问题”为目标，现场进行发放通知单、提供正确翻译，检查范围涵盖老城区所有路段的牌匾（门牌、招牌、广告牌、宣传牌），横幅、电子显示屏（LED）、路标等有无错译、错字、错拼、漏字、多字、掉字、无藏文、藏文张贴不规范，藏汉比例严重失调，排序不规范等存在问题。年内，共检查4504个，其中机关单位、窗口单位、商户牌匾共计3700个，电子显示屏187个，大小型广告290个，宣传标语、横幅189个，路标警示牌、公交站138个。共下达整改通知单346份，存在问题346个，错字72户，漏字多字掉字63户，藏文张贴颠倒、不规范32户，藏汉比例严重失调17户，LED无藏文47户，翻译不准确30户，经营性广告无添加藏语文的49户，门牌破损20户，名称不一致12户，门牌无藏文4户，全面进行查漏补缺。检查过程中采取“查、指、改、催”的方式，对存在问题的店铺现场进行指正，提供正确翻译，及时下发通知单，责令其在规定限期内进行整改，并以回头看形式，加强整改进度。顺利通过自治区、日喀则市联合检查组的验收。同时桑珠孜区编译局深入各装潢店及制作牌匾的广告店，要求其在藏文打字、张贴过程中必须按照规定标准正确制作、安装，从源头上杜绝出现不规范、不标准的社会用字。

【党风廉政建设】 年内，把党风廉政建设和反腐败工作摆在全局工作的重要位置，深入学习领会中央纪委第六次全会精神，特别是习近平总书记的重要讲话精神，提高全局干部职工对党风廉政建设和反腐败工作的认识，加强对局机关工作人员的全面管理，加强反腐教育，认真服从各项管理制度，结合开展“学党章党规、学系列讲话、做合格党员”的学习教育，进一步抓好思想政治教育，并按照全面从严的要求，认真做好日常管理和监督执纪的有关工作，很好地完成党风廉政建设和反腐败工作的各项任务。

【党建工作】 年内，始终把党建工作纳入重要议事日程，并结合实际不断提出新的更高的要求。形成主要领导亲自抓，制订学习计划，完善学习制度，采取集中学习和分散学习相结合的方法，组织开展各种学习教育，抓好干部职工“四风”问题的整改，推进“三严三实”，继续学习十八届五、六中全会、习近平总书记一系列讲话精神，重点学习党章和《中国共产党廉洁自律准则》《中国共产党党纪处分条例》，使党员干部进一步牢记党员宗旨，加强党性修养，不断解放思想，提高党员干部的整体素质和为民办事的责任心。

（德吉央宗）

【领导名录】

局　长 次　央（女，藏族）

副局长 罗　拉（藏族，6月任）

桑珠孜区科学技术局

【概况】 桑珠孜区科学技术局位于桑珠孜区琴岛路1号，区人民政府院内，属政府下属正科级行政管理单位，于1995年成立，下设桑珠孜区科学技术协会（成立于2009年），实有干部职工人数为7人，党员6人，其中行政在编人员5人，局长1人、副局长1人、主任科员1人、副主任科员1人、科员2人、志愿者1人，本科4人、大专3人。

【2016年项目开展情况】 年内，开展自治区2016年第一批重点科技计划项目1项，《脱毒马铃薯高效优质栽培技术示范》项目总投资87.2万元，项目主要通过在桑珠孜区聂日雄乡楚松村、江当乡甲玛卡村全程机械化示范推广种植优质脱毒马铃薯200亩，总结一套马铃薯在高原机械化种植的技术规程，新增产量20吨，培养机械化技术人员5名，建

立机械化种植示范户20户，直接新增收入16万元。

日喀则市科技科研重点项目3项，《藏豌豆系列产品研究开发项目》总投资28万元，项目主要开发藏豌豆朋必真空冷却延长保持期加工技术研究，通过改变传统手工作坊生产，建立先进流水线生产的西藏特色朋必生产基地，研究开发一系列藏豌豆产品，达到国内绿色卫生标准，打造日喀则朋必绿色品牌，年产藏豌豆朋必9600箱，年产值750万元，实现利税127.5万元。《桑珠孜区藏草药示范种植产业》项目总投资10万元，项目主要通过在江当乡藏药种植基地示范种植辣木子等藏药3~5种，形成辣木子等藏药种植规程，为下一步日喀则藏药产业发展奠定良好基础，培养技术人员3名，带动15户农牧民增加收入60万元，解决当地贫困户7户。《桑珠孜区小微企业创业创新基地城市示范园平台建设》项目总投资10万元，项目主要通过建设微型企业孵化及创业基地配套设施，打造科技孵化器、创业创新空间、信息资源共享服务体系等，每年培育3~5家科技型中小企业，培养20名企业研发专业人员。

桑珠孜区科普计划项目3项，《精品示范园花卉种植实验示范》项目总投资5.6万元，主要通过在农业精品示范园改建试验温室大棚及其水电设施，实现切花、盆栽、陆地花卉年产2万盆，花种500公斤，种球1000盆，年收入80万元。《聂日雄乡珠村黄秋葵优质栽培技术应用》项目总投资5万元，主要研究黄秋葵在西藏高原环境的种植技术，总结一套技术规程，为以后大规模种植、填补黄秋葵在西藏蔬菜种植的空白奠定良好基础，带动就业15人，年收益6万元。《桑珠孜区甲措雄乡岗苏奶牛养殖》项目总投资10万元，项目以“公司+基地+农户”为模式，在甲措雄乡岗村开展奶牛养殖和奶制品深加工，年产奶2.5万公斤，奶渣加工1万公斤，酸奶加工1万公斤，年产犊牛20头，带动就业25人，年利润12万元。

【完善科技服务体系】 截至年底，桑珠孜区共有科技特派员352名，已遍及全区12个乡（街道）176个村（居）委会，覆盖率达100%。2016年4月完成2014年农牧民科技特派员293名的生活补助资金兑现工作，累计兑现资金达146.5万元。2016年10月完成2015年农牧民科技特派员352名的生活补助资金兑现工作，累计兑现资金达211.2万元。同时为加强科技特派员的管理，充分发挥科技特派员的作用，桑珠孜区科技局按照自治区下发的《农牧民科技特派员管理办法》，联合桑珠孜区农牧局下发《关于进一步加强科技特派员管理工作的通知》《关于调整2015年科技特派员的通知》等文件，严格要求各乡（街道）按照自治区每个行政村2名科技特派员，科技特派员中不得包含聘用干部、驾驶员、村居两委成员、年龄超过50岁以上、每年在派驻点工作时间不得少于160天等要求进行调整，经过调整，桑珠孜区科技特派员基本符合自治区所规定的条件。

【农村中学科技馆使用情况】 年内，按照西藏科协科普部关于推荐《农村中学科技馆公益项目学校的通知》要求，桑珠孜区科技局根据推荐对象的条件、向上级积极申报桑珠孜区第一中学、第二中学、第三中学，该项目主要对桑珠孜区第一中学添加科普展品、科普图书、科普创意作品等设备，同时对学校有关人员进行辅导与维护的培训。项目的实施对树立中学生讲科学、爱科学、学科学、用科学的意识，培养创新和动手能力，鼓励当地学生设计制作创意作品，努力达到“一提升，两促进”，即提升农村青少年科学素质，促进科普资源均衡发展，促进科技馆展品产业发展具有重要的意义。

【科普益民社区建设】 截至年底，桑珠孜区科技局申报自治区级科普社区2个，分别是江洛康萨社区和嘎玉社区。申报市级科普社区2个，嘎玉社区、吉培社区每个社区获得奖励资金6万元，已获批在建。并向日喀则市科技局申报寺庙科普活动站2个，分别为江洛寺和夏鲁寺，其中夏鲁寺科普活动站已获批，奖励资金5万元。

【科技精准扶贫】 年内，桑珠孜区科技局把精准扶贫工作作为2016年工作的重中之重，统一思想认识，强化组织领导。为推进“党员干部结对帮扶”工作，进一步密切党群、干群关系，6月30日，在中国共产党建党95周年来临之际，桑珠孜区科技局党支部号召全体党员干部捐款1000元，购买砖茶、大米、酥油等慰问品到边雄乡塔玛村夏苏户贫困党员旦增一家进行慰问；11月1日和12月30日，桑珠孜区科技局党支部书记次仁旺扎带领全体党员干部两次到纳尔乡7个行政村、10户结对帮扶家庭开展走访慰问活动。同时每名党员干部向自己帮扶对象送去每户600元的慰问金，共计6000元。

【科普宣传】 年内，充分利用“科技活动周”“全国科普日”“综治宣传月”“5·12”防灾减灾日”“五下乡”等活动契机，利用科普大篷车组织全局工作人员、农牧民科技特派员以及“三区”科技服务人员在农牧区开展科技普法、惠民政策、科技专业知识等方面的宣传，进一步营造“科技兴区”的发展氛围。累计宣传次数40余次，咨询人数达4000余人次，发放各类宣传资料达7500余份，科普宣传画报2000余套。

【“两学一做”教育活动】 年内，桑珠孜区科学技术局以“尊崇党章、遵守党规”为基本要求，以习近平总书记系列重要讲话精神为行动指南，教育引导广大党员自觉按照党员标准规范言行，切实肩负起“干在实处永无止境、走在前列要谋新篇”的新使命，以实际行动推进“两学一做”活动，为全面提升科技工作科学化水平提供坚强的思想保证和精神动力。突出主题，开展学习讨论，科技局党支部全体党员干部观看学党章电教片《做合格党员》，并在党支部交流会上分享交流学习心得，紧密联系个人思想、工作和生活实际，开展广泛的学习讨论，营造积极向上的学习氛围。

【党建工作】 年内，桑珠孜区科技局党支部努力打造学习型党支部，切实推进学习制度化、常态化，不断强化领导班子思想建设，党员干部的理论学习以集中学习和自觉学习相结合，坚持领导干部带头上党课制度和“三会一课”制度，完善“每月一学”制度，主要学习十八大以来党和国家颁布的各项政策法律、党和国家领导人的重要讲话、党的群众路线教育实践活动各类文件及会议精神。通过学习，进一步加强党员干部道德修养和纪律观念，更深一层学到“讲学习、讲忠诚、正风纪、转作风、提效能”的精神，提升了科技局工作人员素质和学习自觉性。坚持重大事项集体讨论和民主集中制，建立局领导班子会议制度、办公室会议制度、重大事项请示报告制度等，规范各种议事规则和程序，切实保证决策的民主、科学、公开。截至年底，桑珠孜区科技局有一名预备党员转正。

【党风廉政建设】 年内，桑珠孜区科技局认真落实党风廉政建设责任制，严格落实中央“八项规定”及自治区“九项要求”“约法十章”，推进和深化廉情分析预警、廉政风险防控机制建设等各项工作。制定科技局党风廉政工作计划，明确党风廉政建设的工作重点，深化学习，以学习促进工作，立足业务，分析各项业务中可能存在的党风廉政薄弱环节；成立科技局党风廉政建设领导小组，党支部书记任组长，并与全局干部分别签订《党风廉政建设责任状》，带头并督促其他班子成员认真履行“一岗双责”，科技局每名党员干部签订《个人廉政风险防范承诺书》。

（闫　昆）

【领导名录】

局　长　次仁旺扎（藏族）

副局长　拉　　姆（女，藏族）

桑珠孜区林业局

【概况】 桑珠孜林业局核定编制3人，现有干部职工6人，开展植树造林工作、生态安全屏障防沙治沙工程项目、“两江四河”造林绿化工作、拉萨周边防护林工程、林业直补资金落实情况、林地资源及野生动物保护情况等各项林业工作。

【“两江四河”造林项目】 年内，桑珠孜区林业局把“两江四河”工程作为全区大型生态建设项目工程，作为全区重要试点项目，涉及聂日雄乡甲庆孜村、穆村、珠村，规划造林面积9690亩，总投资3700余万元，项目已建设完工。

【拉日铁路沿线亮点工程建设】 2016年，重点区域生态公益林建设工程（拉日铁路桑珠孜区段亮点工程）为自治区投资项目，涉及桑珠孜区甲措雄乡、江当乡、年木乡及联乡共四乡七村，总投资1460.9万元，造林2557.8亩，现已拨付资金587.24万元。造林工作于2016年2月初开始，整地、挖坑、客土、植苗、灌溉，已圆满完成全部造林任务。

【防护林体系建设工程】 2016年实施的2015年拉萨及周边防护林体系建设工程是桑珠孜区林业局2016年重点实施工程，工程总投资169万元，造林面积817.5亩，封山育林面积7000亩，工程涉及全区2个乡（街道）：东嘎乡和城南街道办事处。工程于2月底开始开工建设，人工造林817.5亩已全部完成，封育工作也已完成。

【2015年生态安全屏障防护林体系建设】 生态安全屏障防护林体系建设工程1509.9亩，总投资642.75万元，涉及甲措雄乡、聂日雄乡、江当乡、边雄乡及城南街道办事处共5个乡（街道）8个村（居），造林工作于2016年2月开始，整地、挖坑、客土、植苗、灌溉，已圆满完成全部造林任务。

【防护林体系建设】 2016年，桑珠孜区安全屏障防护林体系建设工程共投资1519.88万元，造林面积3721亩，共种植苗木312199株。由于洛江镇雪布、邦岗、聂布、彭果作业区位于山体下面，缺乏水源灌溉。截至年底，苗木成活率仅有60%，其余作业区成活率达90%以上。

【义务植树活动】 2016年，义务植树共计70余亩，种植二白杨5200余株用，所有资金均从全区2765名干部职工缴纳的82950元植树代劳金中支出，资金使用情况已经利用电子屏向全区干部职工进行了公示。

【病虫害普查】 年内，桑珠孜区林业局为贯彻落实《国务院办公厅关于进一步加强林业有害生物防治工作的意见》，西藏自治区林业厅决定对西藏全区的林业有害生物进行全面调查。8月14日，技术人员协助负责承担此次林业有害生物普查的国家林业局昆明勘察设计院7名专业技术人员对桑珠孜区12个乡（街道）的林业有害生物进行全面普查，在诚信园林苗圃设置病虫害长期监测点，并架设虫情测报灯。

【病虫害防治】 4月25日，桑珠孜区林业局组织各乡（街道）群众对辖区内天然林和人工林地进行了苦参碱、噻虫啉及苯氧威喷洒，桑珠孜区林业局提供药品并派出技术人员实地监督指导，主要防治对象为春尺蠖、霉雾病及腐烂病。病虫害防治工作得到上级业务部门的大力支持，为桑珠孜区林业局提供大量防治药剂，现病虫害防治工作已基本结束，后期将持续对桑珠孜区病虫害发展情况进行跟踪监测，防止病虫害大面积爆发。

【林业苗木检疫】 2016年，桑珠孜区造林面积是历年来最大的，时间紧、任务重，为确保造林工程能够保质保量完成，3月7日，桑珠孜区林业局检疫人员协同市林业局森防站检疫人员对进入桑珠孜区各造林点的苗木进行严格的植物检疫，对违规调运及携带检疫对象的苗木进行及时处理，为桑珠孜区造林工程苗木质量提供了保障。

【国家森林资源连续清查三次复查工作】 6月7日，由国家林业局中南林业规划研究院规划人员一行到桑珠孜区，调研全区现有森林资源情况，桑珠孜区委、区政府领导高度重视，安排工作人员全程陪同。调研组一行对全区10乡2办展开调查，已全部完成各乡（街道）的三次复查工作。

【**2016年防沙治沙工程**】 桑珠孜区2016年防沙治沙工程建设总规模2793亩，总投资1201万元。工程于2016年7月完成招标并开工建设，截至年底，建设开展顺利，喷灌设备已全部建设完成并投入使用，土工格式已基本完成，植被成活率超过85%，项目进展良好。

【**2017—2020年防沙治沙工程选址**】 2016年，根据自治区林业厅要求，需在2016年完成桑珠孜区2017—2020年所有防沙治沙工程选址工作，桑珠孜区林业局积极协调自治区林勘院对桑珠孜区需进行建设防沙治沙工程的土地进行实地勘测，涉及沙化土地31000亩。

【**2016—2018年度新一轮退耕还林统计**】 2016年，根据自治区及市领导部门的相关要求，桑珠孜区林业局对桑珠孜区2016—2018年度新一轮退耕还林工程进行了统计，7名工作人员到12个乡（街道）对上报的退耕还林地进行摸排，并根据国土等相关部门提供的资料对其进行进一步筛选，最终桑珠孜区统计2016—2018年度可进行退耕还林1303亩。

【**2014年野生动物肇事补偿金发放**】 2016年，桑珠孜区林业局根据各乡（街道）上报的野生动物实际肇事情况并结合区农牧局提供的相关数据资料，邀请区财政局人员在涉及2014年野生动物肇事补偿的东嘎乡、聂日雄乡、城南街道办事处和曲美乡进行了现场发放，此次资金发放要求各（村居）负责人、群众代表及驻村工作队工作参加，发放过程由乡（街道）负责人和专职纪检书记、区财政局人员共同监督，保证发放中不存在截留、私留等现象。此次共计发放资金32.05万元。

【**"两学一做"专题教育活动**】 2016年，桑珠孜区林业局在党员干部中大力宣传开展“两学一做”学习教育的重要意义，充分利用党支部会议等形式，认真学习传达上级要求，不断营造氛围，提高认识；积极对本单位开展调研，找出党员干部中存在的问题，结合党员组织关系集中排查工作，对全体党员进行摸底分析，为加强分类指导、提高学习教育的针对性奠定基础；及时成立“两学一做”领导小组，积极抓好实施方案的起草工作，局主要负责人审定实施方案、召开协调会议进行部署。同时，完善学习教育措施，为确保党员学有目标、做有榜样奠定了基础。

【**党建工作**】 年内，桑珠孜区林业局强化领导责任，把党建工作摆在突出的位置，列入重要议事日程，并将党建工作与林业业务工作紧密结合，促使党建工作和其他工作均收到明显成效；加强班子自身建设，认真贯彻执行民主集中制原则，对重大事项等各项工作的贯彻实施坚持集体讨论决定；加大党建工作经费投入，从单位办公经费中及时支出资金制作“两学一做”学习教育图板1块，为支部全体党员统一配发“两学一做”个人自学学习笔记本、中性笔各1套，为学习提供了有利保证；加强学习，始终把理论武装工作作为加强党的思想政治建设的首要任务，将党建工作纳入林业局工作重要日程，采取集中领学、开展讨论、个人自学、座谈交流、党课辅导等方式，坚持不懈地强化学习。

【**党风廉政建设**】 年内，桑珠孜区林业局坚持预防为主、教育先行，在党员干部中深入开展廉政教育，切实加强对党员领导干部的监督，确保权力正确运行，并系统安排学习党的最新理论政策和重要会议、领导讲话精神。通过学习不断提升党员干部的廉政意识、责任意识和规矩意识；以廉政风险防控为抓手，推进预防腐败工作，进一步加强自律和他律，形成“用制度管权、按制度办事、靠制度管理人”的工作格局；强化责任落实，深化领导机制和工作机制，认真落实“一岗双责”明确规定责任目标和工作要求；以廉政林业建设为载体，深化反腐倡廉教育，完善廉政教育制度，不断提高教育的科学性、规范性、有效性；加强对中央八项规定、区党委“约法十章”“九项要求”的学习贯彻执行力度，严格按照相关规定约束干部职工的日常工作行为；做好廉政谈话，对本单位职工定期不定期进行廉政谈话，强化责任意识，提出限期整改要求。

（冉茂飞）

【领导名录】

局　长　达娃次仁（藏族）

副局长　边 巴 参（女，藏族）

桑珠孜区水利局

【概况】 2016年，桑珠孜区水利局内设科室5个，分别为局办公室、水利队、农村人饮办、党员活动室、水政办。桑珠孜区水利局共有行政编制8名，核定领导职数3名，实有3人（1名正局长、2名副局长）。所辖水利队设事业编制8人，现有编制人员12人。全局共有干部职工18名（其中：局机关8人、技术人员6人、工人2人、公益性岗位2人），其中：藏族干部15名、汉族干部2名、白族干部1名；全局共有正式党员15人，入党积极分子1人。2016年，桑珠孜区水利局实施重点水利工程项目共开工建设8个，总投资10911.79万元，截至年底，共完成3个项目，剩余5个项目年底平均完成82.2%，由于天气寒冷及确保工程的质量，未完成5个项目处于停工现状，待2017年开春后复工续建。通过项目的建成有效改善项目区10.436万亩的灌溉问题，保护耕地1.87万亩及513户3155人、14.78万头大小牲畜生命财产安全。

【重点工程项目】 桑珠孜区江北灌区东嘎西干渠工程：总投资1988.11万元，项目建设内容为衬砌干渠总长19.81公里，新建配套建筑物进水闸5座、山洪渡槽2座、农用桥3座、退水闸1座。工程灌溉设计保证率采用75%。干渠设计流量为1.13立方米/秒。已于9月底完成收尾全部工作，待上级相关部门进行终验，已完成验收工作；前进灌区边雄干渠续建改造工程：总投资1562.86万元，项目建设内容为对前进灌区节水改造工程中未衬砌干渠进行干砌石衬砌，长度12公里，支渠衬砌1.8公里，并配套1座节制泄水闸，截至年底，完成工程总量的90%，预计2017年6月底完工；桑珠孜区孜布拉河曲美段防洪堤工程：总投资1755.73万元，项目建设内容为新建堤防长度17.05公里（其中：左岸堤防10.6公里，右岸6.45公里），排水涵管7座，进水口1座。截至年底，完成工程总量的81%，预计2017年6月完工；桑珠孜区喀隆沟水土保持综合治理工程：总投资980.42万元，项目建设内容为综合治理面积2800平方千米，营造防护林14平方千米，林草措施15.3平方千米，封育治理2770.7平方千米，修建网围栏10.6平方千米，新建1座取水口，水塘1座、库容1.6万立方米，3座铅丝笼拦砂坝，5座铅丝笼谷坊，灌溉渠道6.25公里，设置宣传碑1座，宣传牌3块，截至年底，完成工程总量的80%，预计2017年7月完工。

【灾后重建项目】 “4·25”灾后重建农村供水工程：总投资200万元，项目建设内容为达竹卡：新建截潜流坝1座，蓄水池1座、管网工程5540米；江当村：新建90米机井工程、泵房1座、阀门井1座；甲根村：新建70米机井工程；三个村的设备、管道安装工程。截至年底，完成工程总量的80%，预计2017年6月完工。

【小型农田水利专项建设项目】 2015年小型农田水利重点县：总投资1307.03万元，项目建设内容为实施新建水塘5座，硬化钢筋混凝土渠道长27.51公里，浆砌石渠道4.3公里，灌溉机井1眼、蓄水池4座、新修厂房2座，架（铺）设灌溉引水钢管1745米，渠系建筑物243座，已于10月中旬完成收尾全部工作，待上级相关部门进行终验，已完成验收工作；2016年小型农田水利重点县：总投资2507.33万元，项目建设内容为新建水塘15座及配套溢流堰、防水闸、入塘陡槽。硬化钢筋混凝土渠道长33.11公里；浆砌石渠道长12公里；截潜流305米，蓄水池1座、架（铺）设灌溉引水钢管1940米；预埋PE90管600米，渠系建筑物310座，截至年底，完成工程总量的80%，预计2017年6月底完工。

【防汛工作】 年内，水利局始终立足于防大汛、抢大险、抗大灾，在思想上、组织上、措施上、物资上及早做好各项准备工作，确保抗旱防汛工作顺利推进。坚决贯彻上级部门的安排部署。区水利局始终按照市防汛抗旱指挥部工作部署和要求，开展防汛工作；完善预案，筑牢防汛基础。按照市防办的要求，结合桑珠孜区实际，抓紧完善《桑珠孜区防汛抗旱应急预案》，并与各乡（街道）层层签订目标责任书，完善应急预案，明确责任、细化任务；统筹兼顾，加大防汛物资储备。实行“分级负担、分级储备、分级使用、分级管理、统筹调度”的原则，对物资品种、规格、数量、存放地点、管理人员等登记造册。2016年桑珠孜区共储备铁丝70吨，铁丝笼500张、编织袋10万条；科学调度，合理分配资源。始终坚持“先生活，后生产；先地表，后地下”的原则，不断加强水资源管理，提前科学制定了全区用水调度计划。

【水政执法】 年内，加大水政执法力度，定期开展河道整治。为保障桑珠孜区河道的行洪安全，切实有效地规范河道采砂管理工作，合理有序地利用河道砂石资源，区水利局联合有关部门，结合《日喀则市河道采砂管理办法》，及时对桑珠孜区境内河道违规采砂现象进行多次整顿，并采取一系列措施强化对河道采砂活动的监督检查，并责令违规采砂企业限时整改。2016年，河道乱采乱挖现象得到有效遏制，桑珠孜区采砂行业整体趋于规范；集中开展河道垃圾清理，不断改善河道生态环境。区水利局联合住建局、环保局等相关部门，针对“河道的疏浚整治；河道、河坡、河岸的卫生保洁；河道的违章搭建清理”等方面的问题，定期、分段展开集中整治、清理。

【党建工作】 2016年，根据年初党建工作计划，局党组充分发挥核心、阵地作用，结合全区水利工作实际，把继续开展“两学一做”学习教育活动与贯彻落实党的十八大精神结合起来，认真组织党员干部职工深入学习政治经济、科学文化等知识。以落实干部职工学习制度为抓手，以观看电视、分组讨论等多种方式，组织开展专题学习，突出党支部学习的学习效果，使广大党员干部深刻领会十八大精神，为实现年度工作目标任务提供坚实的思想保证，并为推进率先实现现代化的提供行动指南。认真学习理论知识，强化班子管理。始终坚持党要管党，党管一切的方针，加强班子管理。另外注重党员干部的政治思想理论学习，用理论知识武装头脑，坚持做到有学习制度、有资料、有计划、有考勤、有记录、有体会的开展学习活动。

【组织建设】 抓领导力度，实施“一把手”工程。领导重视与否是检验一个单位整体工作是否到位的关键所在。为此，局领导班子把党建工作和民族宗教工作放在同等重要的地位来抓，真正纳入议事日程，层层落实党建工作责任制。实行并形成“一把手”负总责、副局长负责“一条线”、设专人负责党建工作，真正形成，一级抓一级，层层抓落实的工作机制；组织机构健全，班子成员严于律己。区水利局支部坚持民主集中制原则，把集体领导和分工负责有机结合起来，广开言路，多方听取群众意见，大家出主意，想办法，发挥每个成员的聪明才智，较好地完成各自分管的工作。做到带头参加学习，带头遵守各项规章制度，为区水利局团队战斗力、凝聚力的发挥起到较好的表率作用；督促党员自觉参加组织生活，完成党组织交给的任务，按期按规定交纳党费，自觉接受党组织的教育和培训。并利用“七一”等节日广泛开展各种活动，党员领导干部无论职务高低，都能以普通党员的身份参加组织生活，自觉接受党组织和党员的监督。

【开展“两学一做”】 年内，认真学习《党章》、习近平总书记系列讲话，开展支部委员讲党课活动，加强党的基层组织建设，局党支部充分运用现代教育手段和多种教育形式，加强党员干部职工经常性学习教育，不断增强宗旨意识、大局意识、责任意识和服务意识，使广大党员干部职工继续保持好奋发有为的精神状态。积极组织党员干部职工参加上级部门的各类教育培训，开展“党员示范岗”“两学一做”“做人民满意的公务员”等主题活动，撰写一批以“学习贯彻十八大精神，推动桑珠孜区科学发展”为主题的交流文章。并围绕“文明城市”创建，大力宣传水利系统的先进典型，用典型事迹鼓舞人、激励人，不断提升党员干部的党性认识和责任意识。

【党风廉政建设】 2016年，桑珠孜区水利局坚持以毛泽东思想、邓小平理论、“三个代表”重要思想和科学发展观为指导，深入贯彻落实党的十八大、十八届三中、四中、五中、六中全会精神，严格遵守党中央“八项规定”、自治区“约法十章”“九项要求”，紧扣中心、服务大局，加强自身建设，严明工作纪律。为进一步深化党风廉政建设，不断提升党员干部拒腐防变的能力，局党支部始终将贯彻落实《中国共产党党员领导干部廉洁从政若干准则》作为党风廉政教育的重点，积极开展对《党内监督条例》《党纪处分条例》等党纪政纪条规学习活动，促进党员干部依法履行职责和遵守职业道德，增强法制观念和纪律意识。全面推广“廉洁文化进机关”活动，将“大中小型灌区建设”作为2016年示范点，深入开展理想信念、廉洁从政和警示教育；明确领导班子党风廉政建设重点工作责任，完善党员干部党风廉政建设责任制，进一步促进党风廉政建设的深入开展；深入开展党务公开、政务公开和办事公开，积极营造高效、便捷、透明的办事环境逐步完善政务公开透明运行体系。

（陆文昌）

【领导名录】

局　长　旦　　增（藏族，5月免）
　　　　巴桑欧珠（藏族，5月任）

副局长　拉巴顿珠（藏族，5月任）
　　　　普 布 赤（女，藏族）

城市建设·环保

桑珠孜区住房和城乡建设局

【概况】 2016年，桑珠孜区住房和城乡建设局干部职工共计18名；县级干部1名，正科级领导干部1名，副科级领导干部3名（其中主任科员2名）；共设4个办公室：住建局办公室、规划局办公室、公积金管理办公室、房屋产权查询办公室。区住建局是区政府下辖机构，主要职能：有序推进城乡规划和城镇基础设施建设，改善低收入家庭住房条件，开展全区干部职工住房公积金贷款、支取工作，负责房屋产信息查询和房产信息系统管理，负责施工现场安全生产监管；根据有关规定参与国家、自治区和日喀则市在辖区的中小型项目的审查、选址和验收工作；负责建设项目现场管理和建设工程报建，协调招标投标工作，农牧民施工队的资质评审、工程质量、安全监督工作，指导和规范桑珠孜区建筑市场；指导桑珠孜区小城镇建设与管理工作，加快小城镇建设，推进城市化进程；根据城市建设计划，参与城市规划和城市建设项目的初步审批工作。

【保障性住房建设】 桑珠孜区2014—2016年乡镇周转房项目738套，总建筑面积36900平方米，项目投资11070万元，项目选址分布在全区10个乡2个办事处，截至年底，已全部完工。并已全部安排入住。2016年，区直公租房新建144套，建筑面积7200平方米，项目投资2160万元。选址在日喀则工业园北区一号路南侧。该项目于9月进场施工。截至年底，已完成工程量的30%，预计于2017年6月底完成全部建设内容。周转房维修改造200套，主要对公安局、检察院、农牧局、周转房二期院内部分周转房进行屋面防水层、屋内卫生间管道、屋内部分墙体粉刷、窗户密封、进户门锁、院内给排水管道、上人台阶等进行维修。总投资100万元，全部为国家投资。

【租赁补贴】 桑珠孜区2016年租赁住房补贴总共1791户，2469人，总计资金755.514万元（其中自治区补贴80%，日喀则市补贴15%，桑珠孜区自筹5%）。桑珠孜区严格按照《西藏自治区城镇低收入家庭租赁安居补贴管理办法》执行，并在监察局、财政局、住建局、办事处、社区五方在场监督的情况下，逐个发放兑现，逐步改善低收入家庭住房问题。

【甲措雄乡特色小城镇建设】 2016年，加快实施甲措雄乡特色小镇示范点建设工作，增强城镇综合承载和区域辐射能力。甲措雄乡是自治区20个特色小城镇示范点之一，桑珠孜区住建局于2015年开始组织编制甲措雄乡特色小城镇总体规划、控制性详细规划、建设规划，并开始逐级审批，2016年6月，西藏自治区人民政府下达《日喀则市桑珠孜区甲措雄乡特色小城镇总体规划的批复》，同期开始甲措雄乡特色小城镇示范点建设项目的立项工作，确定先期实施甲措雄乡镇区甲夏大道、学府路、康萨路、商业街路、塔杰路、康萨东路6条道路的建设，实施道路建设3899.98米，沥青混凝土路面及附属设施，估算总投资5651.3万元，为国家投资。截至年底，已完成项目的可行性研究报告的审批、土地预审、节能登记备案、环境评估、风险评估、规划许可证等前置手续的审批，完成初步设计评审工作，已组织开展报建、招标工作，后期桑珠孜区将继续实施甲措雄乡社会服务保障项目、产业项目等。随着后续项目的逐渐完成，将实现甲措雄乡生产空间的集约高效、生活空间的宜居适度、生态空间的山清水秀，有效彰显地域特色，增强城镇综合承载和区域辐射能力。

【强化执法】 年内，桑珠孜区住建局将依法行政工作做为统领全局的重点工作之一，通过积极参加法制培训，开展全局执法工作人员、业务骨干的集中学习，提高了全局行政执法人员依法行政的能力和水平。在行政执法时，严格按照执法程序，依法行政。2016年，共处理36起房屋采光、间距等纠纷，行政执法7处，下达“责令停止违法行为通知书”5份。结合2016年的普法工作，向全区干部群众普法宣传3次，发放宣传册800余份，提高了干部群众的法律观念，做到了让全区干部群众都知法、懂法。

【规划建设】 年内，城乡规划有序推进，服务管理明显增强。为深入贯彻落实《中华人民共和国城乡规划法》的相关要求，桑珠孜区住建局积极组织人员学习相关法律，依法行政，确保城乡规划工作推进有序。组织开展东嘎乡等7个乡镇总体规划、镇区控制性详细规划暨城市设计“三规合一”的小城镇建设规划编制工作，7个乡镇总体规划、控制性详细规划、建设规划经过多次修改，准备上会进行最后评审；着手准备176个村庄规划，为桑珠孜区实现规划全覆盖打下了良好的铺垫；严格执行城市规划“一书三证”制度，2016年共办理选址意见书8个，建设用地规划许可证14个，建设工程规划许可证20个，乡村建设规划许可证177个。

【住房公积金】 2016年，完成全区4000余名干部职工身份证信息采集。2015年7月至12月公积金清册上账工作，涉及金额27553452元，已分摊到个人账户。对86名贷款人员资料进行初审，及时上报市住建局发贷，发放公积金贷款6010万元。为符合条件的87名退休人员，88名在职人员办理公积金支取手续，支取金额421343795.69元。对跨地区转移人员18名，市、区各县转移人员23名公积金进行登记和核算。教育系统人员875人，已分户。2016年上半年个人公积金分摊个人账上金额21009061.36元。完成从各地区、各县调入人员公积金合并101人次。

【党建工作】 年内，桑珠孜区住房和城乡建设局支部着力抓好党员干部理论武装和思想政治工作，深入贯彻落实十八届三中、四中、五中、六中全会精神、中央第六次西藏工作座谈会精神和习近平总书记系列重要讲话精神，开展“两学一做”主题教育，切实以科学发展观为指导，以党建工作创新创优为载体，进一步完善工作制度，优化系统软环境，紧紧围绕城市建设、城市管理工作。把安全生产作为重点，工程进度监督落在行动，工程质量牢抓手心，牢记幸福、繁荣、稳定桑珠孜，鼓励党员干部争做标兵、先锋、楷模，做优秀的共产党员，民族团结，服务于民。

【党风廉政建设】 年内，桑珠孜区住房和城乡建设局为贯彻落实从严治党要求，巩固和拓展党的群众路线教育实践活动和“三严三实”专题教育成果，全面开展“两学一做”教育活动，及时在局班子会议上传达市委常委、区委书记姚常雨关于“两学一做”教育活动重要讲话精神。局领导班子结合本单位实际工作，深入浅出为单位干部职工讲解“两学一做”行为准则的深刻内涵。

【"两学一做"学习教育】 年内，开展"两学一做"学习教育相关要求，按照桑珠孜区"两学一做"教育活动实施方案，把"学"这个基础打牢。认真"学党章党规""学系列讲话"，时刻自重、自省、自警、自励，发挥先锋模范作用，做讲政治、有信念，讲规矩、有纪律，讲道德、有品行，讲奉献、有作为的合格党员。2016年，支部组织召开民主生活会2次，分批组织集中学习18次、谈话9次，撰写班子及个人对照检查材料，学习讨论，组织谈话，交心谈心，写读书笔记和心得体会，共计笔记87篇。

（冯小栋）

【领导名录】

局　长　田　　超（5月免）

副局长　张 云 飞（青岛援藏，6月免）

　　　　张 敬 星（青岛援藏，6月任）

　　　　达瓦次仁（藏族，9月主持工作）

　　　　格　　多（藏族）

　　　　巴桑次仁（藏族）

副主任科员

　　　　李　　阳（6月免）

桑珠孜区环境保护局

【概况】 桑珠孜区环境保护局成立于2012年9月，是政府主管环境保护工作的职能部门，履行环境监管职能，主要负责全区环境保护工作，在编人员8人，实有11人。下设环境监察大队、环境监测站两个事业单位。监测站在编十部职工4人，实有3人，监察大队0人。

年内，强化污染源的监督性监测，做好全区环境质量监测，保障环境安全。完成区域空气环境质量2个点位（桑珠孜区委）、地表水环境质量3个点位（日喀则市年楚河甲措雄，日喀则市年楚河汇入雅鲁藏布江前500米，雅鲁藏布江边雄）。集中式生活饮用水1个点位（日喀则南郊水厂）。每半年监测1次，每年2次。根据2016年监测报告，区域空气质量总体优良，区域大气监测4项指标均达到《环境空气质量标准》（GB3838—2002）一级标准；日喀则南郊水厂监测指标全部达到Ⅰ类标准限值要求；地表水环境质量指标均达《地表水环境质量标准》（GB3838-2002）Ⅰ类标准。

【污染物减排】 年内，桑珠孜区区委、区政府高度重视，积极组织实施，编制《桑珠孜区大气污染防治行动实施方案》《桑珠孜区水污染防治行动实施方案》《桑珠孜区土壤污染防治行动实施方案》，与区直各部门签订环境保护职责目标责任书，与10乡2办签订环境保护目标责任书，与各企业签订污染物减排责任书。按照上级环保部门要求，开展小型燃煤锅炉淘汰工作，全区范围内禁止使用每小时2吨以下燃煤锅炉，2015—2016查处燃煤2吨以下锅炉5台，已全部淘汰，替换使用电子锅炉。

【建设项目管理】 年内，把主要污染物总量控制作为新改扩建项目环评审批的前置条件。认真贯彻执行国家环境保护法律、法规，严格执行《环境影响评价法》、"环境影响评价制度"和建设项目"三同时"制度。全年新开工项目环评文件无越权审批、无未批先建情况发生；建设项目的环境影响评价文件均符合《建设项目环境保护分类管理名录》的要求。2016年环保审批项目194件，总投资28714.3万元，其中环保投资：28714.3元，无越权审批项目。新建项目环评执行率和"三同时"执行率达100%。

【执法监察】 年内，桑珠孜区环境保护局加强对环境污染防治政策措施落实情况的监督检查，坚决查处环境保护违法案件。认真按照监察频次要求对辖区内企业开展环境执法检查。共出动人员190余人次，车辆95余台（次），检查企业100余家；环保专项行动是促进环境管理的重要手段，是环保工作的重点。2016年，环保局开展了重点企业专项检查和集中式饮用水源地专项执法检查"百日安全生产活动"和食品安全大检查，中、高考噪声环境管理，农村环境专项整治，敏感节假日环境专项整治等，对辖区内存在问题的15家企业开展“整改一批，停产一批，处罚一批”的环保专项行动。

【解决突出环境问题】 年内，桑珠孜区环境保护局为提高农村环境综合整治工作，在各村选址设立生活垃圾转运站，制定乡（街道）年底环保考核实施方案并严格实施，将村（居）环境整治情况纳入乡（街道）环保年度考核内容。对雅江沿线44家采沙场进行整顿，已关闭44家采沙场，平整，种树、种草等方式恢复生态原貌。

【规范排污申报与排污费征收】 年内，桑珠孜区环境保护局大力宣传排污申报工作，排污申报登记与核定工作，对全区辖区内所有污染源和污染排放种类、数量等情况进行调查与登记。依法依规向排污单位分别发送《排污核定通知书》和《排污费缴纳通知书》，保证排污费征收工作的公开公正和规范化管理。截至年底，共征收排污费706740.2元。

【生态村建设】 年内，桑珠孜区环境保护局全面启动并推进自治区生态村建设。为创建自治区生态村总体目标，桑珠孜区委、区政府高度重视，2016年1月组织召开“桑珠孜区自治区级生态村创建工作会议”，对生态创建工作进行统一安排部署，下达目标任务，制定措施，签订责任书。按目标任务要求，全面推进生态村创建工作开展。2016年曲布雄乡岗西村获得自治区生态村命名。

【“两学一做”学习教育】 年内，按照区委、党工委“两学一做”学习教育活动的部署要求，桑珠孜区环境保护局开展“两学一做”学习教育活动，制订学习方案、计划，开讨论会等。组织单位党员，采取手抄的形式，对党章全文进行抄写。在抄写党章过程中，全体党员结合个人成长、工作经历，以心得体会的形式记录自己学习党章、践行党章的所感所悟。集中学习次数为24次、每人学习体会2份。

【开展党建主题活动】 年内，桑珠孜区环境保护局在党建作风建设主题活动中，按照区委的安排部署，制订活动方案，召开专门会议进行动员部署，制订学习计划，自学与集中学习相结合，采取走出去参观学习，请进来做报告、上党课、讲传统、座谈讨论多种形式，积极开展党建活动。全年共书写学习笔记240篇，心得体会24篇，观看电教片12部，专题讨论12次。组建帮扶小组，通过个别走访、召开座谈会、发放调查问卷等方式，深入了解驻村点拉康村存在的困难和问题，采取有效措施为驻村点拉康村排忧解难。

【党风廉政建设】 年内，落实党风廉政建设责任制。桑珠孜区环境保护局党支部按照党风廉政建设责任的要求，始终以“为发展出力、为环保尽责、为社会服务”为工作方针，结合本单位的实际情况，制定内容详实的党风廉政教育工作计划，坚持党风廉政建设与环保工作两手抓、两手都要硬。保证党风廉政建设和反腐败工作的各项任务落到实处；组织全体党员干部深入学习《关于实行党风廉政建设责任制的规定》《中国共产党纪律处分条例（试行）》《廉政准则》、“约法十章”“九项规定”等党纪政纪和法律法规。编写环境保护局党风廉政建设主体责任调查报告2篇，对照实际，对党员干部进行一对一约谈的方式，查摆自身问题，并进行认真整改，使广大党员干部真正提高了遵纪守法的自觉性，增强了防腐拒变的能力。

【环保宣传】 2016年，桑珠孜区环境保护局在依法行政的同时加大法规及宣传教育力度。大力开展全民环境教育，增强公众环境意识，倡导生态文明。为牢固树立全面、协调、可持续的科学发展观，不断提高公众关注环保、参与环保的热情和积极性，释放和传递建设美丽中国人人共享、人人有责的信息，突出当前环境保护部正在着力推进的以防治PM2.5为重点的大气污染防治工作，倡导全社会群策群力，共同行动，积极参与到防治大气、水污染的行动中来，共同建设天蓝地绿水净的美丽中国要求，以三月敏感期间综治宣传、“3·28”宣传、安全生产宣传、“6·5”世界环境日等宣传活动为载体，在桑珠孜区主街道悬挂横幅和进入林卡、进入商场等形式，开展以“改善环境质量推动绿色发展”为主题的环境保护宣传活动。共发放宣传单、宣传资料10000余册，环保宣传手提袋5000个、发布工作简报15篇，完成各级下达的政务信息任务；通过宣传，充分调动“保护环境从我做起、从小事做起”积极性和主动性，社会各界人士和农牧民群众对环境保护的认识有所增强。

（德　央　次仁央拉）

【领导名录】

局　长　达　　珍（女，藏族）

副局长　索朗卓嘎（女，藏族）

桑珠孜区市政市容管理委员会

【概况】 2016年，桑珠孜区市政市容管理委员会共有干部职工25名（其中：管委会6名、市容管理处8名、园林绿化处5名、执法大队6名），其他人员为94名（其中：执法人员58名、市容管理23名、园林绿化处13名）均为公益性岗位。环卫工人340名，各种环卫机械设备43台。

根据《中华人民共和国行政处罚法》和“三定方案”负责履行城市市容和环境卫生管理，城市道路和排水管理，城市绿化管理，城市规划管理，环境保护，工商行政管理，公安交管等方面的全部和部分行政处罚权，负责12项市容和市政管理方面的行政审批和非行政审批以及垃圾处置收费职能。

【党建工作】 年内，桑珠孜区市政市容管理委员会全体党员开展了多项党建活动，为进一步强化党员干部宗旨信念，开展“不忘初心，重温入党誓词”活动；为进一步约束党员行为，密切干群关系，开展“七一建党节党员活动”；同时认真贯彻落实“两学一做”学习教育活动。

【党风廉政建设】 2016年，桑珠孜区市政市容管委会党风廉政建设工作以邓小平理论、“三个代表”重要思想和科学发展观为指导；以党的十八大明确提出的“要围绕保持党的先进性和纯洁性，在全党深入开展以为民、务实、清廉为主要内容的党的群众路线教育实践活动，着力解决人民群众反映强烈的突出问题”为党风廉政及作风建设的重要载体；全面落实上级反腐倡廉建设工作会议精神，坚持标“标本兼治、综合治理、惩防并举、注重预防”的方针，把党风廉政建设融入城市管理业务建设、领导班子建设、干部队伍建设和党的建设之中；以作风为突破、以教育为基础、以制度为保障、以监督为关键、以纠风为重点，进一步加大从源头上预防和治理腐败的力度；继续推进惩防体系建设，切实加强党风廉政建设和反腐败工作，为推动桑珠孜区城市管理事业实现新跨越提供坚强保障。

【“六城共建”】 年内，以推行“管理法制化、体制属地化、机制市场化、作业精细化、参与社会化、考核常态化”为目标，配合“六城共建”工作，狠抓市容环境、综合执法、市政维护工作，以开展城管执法十项整治、全力维护市容秩序。重点开展占道（流动）经营、作业、堆放专项整治；乱放乱堆垃圾、渣土、乱倒污水专项整治；户外广告、招牌、灯箱、“牛皮癣”专项整治；城区违章搭建专项整治；农贸市场周边秩序专项整治；临街建筑工地专项整治；渣土沙石运输专项整治；城区洗车场所专项整治；夜间露天烧烤专项整治；清理乞讨人员和流浪狗专项整治等十项整治活动。使城市管理稳步推进，各项工作取得较好成绩。

【执法管理】 年内，桑珠孜区市政市容管委会办理道路挖掘、临时堆放、临时占道等行政许可手续388起，收取破损路面、市政设施恢复押金

230余万元。排查登记沿街工地58起，办理施工渣土处置消纳备案手续23起，督促整改工地不做围挡、占道堆放建筑材料和垃圾、进出工地车辆带泥污染道路等不文明施工行为21起；下达违法限期整改书618份，下达行政处罚决定书867份；处理阻碍执法案件12起，暴力抗法案件9起，移交公安机关行政拘留0人，清理非法广告871起。共查处各类损毁市政设施案件18起，其中撞损路灯5起、栏杆6起、垃圾箱3个、树木3起，消防栓1个，挽回经济损失7余万元。

【城市渣土车辆出入管控】 年内，桑珠孜区市政市容管委会共检查车辆1027次，查处未密闭运输、沿途遗撒等违章行为271余起，强制让驾驶员购买盖布112条。

【城市小广告清理整治】 年内，开展“一岗双责”牛皮癣专项整治工作的道路有青岛路全段、山东路全段、珠峰路全段、黑龙江路、珠峰会展中心、珠峰路、龙江路、吉林南路、琴岛路、黑龙江南路、龙江中路、城北日喀则路、黑龙江北路、珠峰东路、上海南路、南郊焊接城、科技路，“一岗双责”工作共出动园林绿化中队、收费中队300余人次，拖拉机13车次。

【城市扬尘治理】 年内，城区主次干道采取人机结合搞整治的作业模式，每天对城区主次干道进行三遍机械化清扫，三次洒水降尘，对人行道、公交站台、路沿石周边进行精细化作业。200多名环卫保洁员定路段、定任务、定标准，每天对城区主次干道进行反复巡回清扫，确保路见本色，起风不起尘。

【“门前三包”】 年内，桑珠孜区市政市容管委会组织各区直单位以及商户由领导干部领导、各牵头单位牵头开展“门前三包”的大扫除活动，形成常态化，每周一及周六各区直部门及商户都将进行“门前三包”大扫除活动。

【市政基础设施维护】 年内，桑珠孜区市政市容管委会协助市、区住建局，帮助欧珠路、曲荣美达路等路段的改扩建，为工程顺利完工起到了积极的作用，更新维修市政井盖865个，管网2473米，路灯743盏。

【专项整治】 年内，清理占道出店商户1685家、流动商贩463家。特别是科技路菜市场、金龙菜市场得到有效清理；发放告知书20000余份，组织蹲点守候行动12次，横幅、彩条37余份，截至年底，中心城区各街道实现垃圾不出户，其他路段市民垃圾处理习惯有所改善；整治夜间非法烧烤4起，取缔24家烧烤店；协助民政局清理乞讨人员86人。

（程　博）

【领导名录】

管委会主任、执法局局长

普　布（藏族，6月免）

巴桑次仁（藏族，6月任）

管委会副主任、市容管理处处长、执法大队队长

罗　布（藏族）

执法局副局长、主任科员

米　玛（女，藏族）

执法大队副队长

格桑云旦（藏族）

米玛次仁（藏族）

副主任科员

格　桑（女，藏族）

交 通

桑珠孜区交通运输局

【概况】 桑珠孜区交通运输局（原日喀则市交通运输局）组建于2005年，2016年，有职工人数9人，其中：在职干部职工8人，公益性职工1人。桑珠孜区交通运输局设有：局长办公室、综合办公室。根据2016年农村公路普查数据显示，全区通车里程共688.473公里（除国省道外），其中县道1条，共49.044公里，乡道6条，共117.463公里，通村公路195条，共453.055公里，专用公路20条，68.911公里；农村公路的快速发展，促进了城乡一体化建设，为桑珠孜区经济快速、持续发展和社会稳定提供了有力保障。

【2016年实施项目】 2016年，桑珠孜区交通运输局实施开工项目10项，其中续建项目4项：日谢公路岔口至巴玉公路工程，建设规模4.025公里，总投资591.38万元；日喀则市东嘎乡加吾岗至江森村公路工程（托管项目），建设规模19.372公里，总投资2223.2万元；日喀则市桑珠孜区东嘎乡赤村公路工程，建设规模5.627公里，总投资665.34万元；日喀则市桑珠孜区东嘎乡普夏村至普鲁村公路工程，建设规模2.633公里，总投资423.8万元。新建项目6项：联乡至普村公路工程，建设规模14.3公里，总投资1945.29万元；桑珠孜区G318岔口至联乡卓村、恰果村公路工程，总投资921.62万元，建设规模5.089公里；曲美乡拉贵村公路工程，建设总里程3.735公里，总投资584.40102万元；江当乡G318线至加玛卡村公路工程，建设总里程11.621公里，总投资1676.7317万元；年木乡普奴村至普洛泽隆自然村公路工程，建设总里程3.002公里，总投资454.3091万元；纳尔乡曲岗公路至增村公路工程，建设总里程3.257公里，总投资417.9998万元。

【党建工作】 2016年，桑珠孜区交通运输局设一个党支部，支部内正式党员7名。强化领导责任，把党建工作摆在十分突出的位置，列入重要议事日程，并将党建工作与交通业务工作紧密结合，促使党建工作和其他工作均收到明显成效；加强班子自身建设，认真贯彻执行民主集中制原则，对重大事项等各项工作的贯彻实施坚持集体讨论决定；加大党建工作经费投入，从单位办公经费中及时支出资金制作“两学一做”学习教育图板1块，为支部全体党员统一配发学习笔记本等学习工具，为学习提供了有利保证；加强学习，始终把理论武装工作作为加强党的思想政治建设的首要任务，将党建工作纳入交运局工作重要日程，采取集中领学、开展讨论、个人自学、座谈交流、党课辅导等方式，坚持不懈地强化学习。

【环保工作】 2016年，紧紧围绕区委、区政府提出的目标工作任务，桑珠孜区交通运输局以“扶贫攻坚，交通先行”为发展目标，以“最低程度破坏、最大程度保护、最强力度恢复”为建设原则，克服困难，全力推进农村公路建设，狠抓交通项目争取和储备，为桑珠孜区农村公路EPC项目的实施打下了坚实的基础，同时采取各种科学措施促进公路建设与自然环境的和谐共存，较好地完成了一年的交通各项工作。

【**公路养护**】 年内，桑珠孜区交通运输局印发《农村公路养护管理考核办法》。形成一级抓一级，层层抓落实的良好氛围；加强日常养护和排查。依据《中华人民共和国公路法》的规定，按照“属地管理”和“县道公路县养护、乡道公路乡（镇）养护、村道公路村委会养护”的原则，进一步明确公路管理养护责任主体。2016年，桑珠孜区水毁灾情频繁，因此区交通运输局积极排查统计灾情，形成报告且积极向上争取水毁资金，对水毁路段进行了紧急抢修；区交通运输局定期在外组织人员宣传道路环保、道路养护、道路安全等相关法律法规，提高群众安全意识；各乡镇组织人员深入公路沿线的村社，将公路环保、公路管理、道路安全的法律法规宣传到农户，提高了沿线群众爱路护路意识；同时加强日常项目的环保管理，强化路面巡查，及时排查环保落实、及时清排路障，确保了公路沿线生态美观、公路的畅通安全。

【**精神文明和党风廉政建设**】 桑珠孜区交通运输局充分利用“两学一做”学习教育平台，结合交通运输工作实际，以创建“学习型党组织、创建优质工程、创建文明工地”为目标，精心组织，全方位投入“两学一做”教育活动，全面提升交通运输局党建工作科学化水平。加强学习，提高党员干部的综合素质。紧紧抓住学习这一关键环节，建立健全学习制度，认真组织党员干部学习党章、党的方针政策和中国特色社会主义理论体系，努力学习中央、自治区、市、区政府关于“两学一做”和反腐倡廉等方面的重要指示、讲话和文件精神，认真学习习近平总书记的重要讲话；加强干部队伍作风建设。全面加强干部职工教育培训工作，积极支持和鼓励干部职工参与学历提升计划，提升干部队伍综合素质。注重对人才的培养，加强干部职工的基本功锻炼，着力加强专业技术人才队伍建设，打造出一支政治过硬、业务精良、作风务实的交通人才队伍；认真履行“一岗双责”，推进党风廉政建设。加强重点时段廉政教育，加强廉政文化建设。坚持开展廉政会议常态化等活动，增强广大干部员工廉洁奉公的自觉性。

【**安全生产**】 年内，桑珠孜区交通运输局着力抓好农村公路和运输企业的安全生产管理。按照区委、区政府“安全生产无小事，交通安全是大事”的指示精神，加强源头监管，把运输企业的安全生产作为重点，完善制度，严格职责，加强督查，与各乡（街道）、运输企业签订《道路交通安全生产目标责任书》，制定桑珠孜区《农村公路道路交通安全生产管理办法》和《农村公路安全生产考核办法》，明确职责，细化任务，建立奖惩机制，提高桑珠孜区道路交通安全生产工作成效。在施工安全上加强安全管理，与各施工单位签订《安全施工协议》，要求其制定并落实好管理人员和管理制度，工程施工中按工序施工，确保施工安全。定期或不定期对施工现场等重点位置进行安全大检查，从源头上防止了各种安全事故的发生。同时在藏历新年、春节、国庆节等重要时节开展安全生产宣传教育活动，散发交通安全宣传单近2000份，进一步提高广大群众的安全出行意识，保证节假日期间道路的安全畅通。通过全体干部职工的共同努力，2016年未发生任何安全生产责任事故。

（张占克）

【**领导名录**】

局　长　邓明霞（女）

副局长　米　玛（藏族，5月任）

　　　　伊斯玛依（回族）

金　融

中国农业银行股份有限公司桑珠孜支行

【概况】 中国农业银行桑珠孜支行于1995年7月1日人农分设后成立，隶属于农行日喀则分行的一家“独立经营、独立核算”的县级支行之一。于2009年10月与全国农行一起成功上市，更名为中国农业银行股份有限公司日喀则市支行，2015年日喀则撤地设市后更名为中国农业银行股份有限公司桑珠孜支行。

网点遍布城乡、资金实力雄厚、服务功能齐全，承担着支持地方经济建设和服务“三农”历史重任。其服务面覆盖10个乡（甲措雄乡、曲布雄乡、曲美乡、纳尔乡、东嘎乡、聂日雄乡、边雄乡、江当乡、年木乡、联乡），2个街道办事处（城北办事处、城南办事处）171个行政村（含10个居委会），承担着桑珠孜区共32151户、118974人（其中农牧户12938户，农村人口72017人，区直机关及城镇居民人口46957人的农村金融服务和地方经济建设的历史重任。根据业务性质分设有会计、出纳、信贷、联行代理国库业务等，主要经营存款、贷款结算及代理人行业务。

2016年，农行桑珠孜支行辖属有13个网点，包括桑珠孜支行营业室、1个二级支行、8个营业所和3个分理处，其中有10个上线网点，剩下3个手工网点预计2017年上线。全行员工124名，其中退休员工30人；优化党组织设置后设1个党总支，下设2个党支部，实有中共党员59人，占全行员工的48.3%，其中退休党员12人。

【业务发展】 截至年底，现存款余额达334720万元，较年初增加135325万元，增长67.9%，其中：储蓄存款160492万元，较年初增加37987万元，增长31%；对公存款174228万元，较年初增加97339万元，增长126.6%。各项贷款余额为52004万元，较年初增加7649万元，其中涉农贷款46311万元，较年初增加5926万元，增长14.7%。新发放惠农卡1305张，完成全年新增计划的72.5%。中间业务收入668万元。安全保卫工作责任制和党风廉政建设责任制落实到位，全年没有出现安全保卫事故和各种案件。

【“三农服务”】 2016年，发放涉农贷款累计23416万元；截至年底，累计发放农牧户贷款证10180张，发放贷款33925万元，其中：钻石卡834张，贷款余额8172万元，金卡2282张，贷款余额19557万元，银卡2545张，贷款余额3525万元，铜卡4519张，贷款余额2671万元。贷款证发证面达到96.43%，使用率达到98.4%。

【精准扶贫】 年内，支行认真贯彻落实中央关于促进西藏发展的一系列特殊优惠金融政策，并紧紧围绕“精准扶贫、精准脱贫”的基本方略，切实加强金融精准服务的精准性和有效性。10月19日，支行领导和信贷业务人员到桑珠孜区政府推荐的纳尔扶贫综合开发有限公司南郊综合建材市场以及岗苏家庭农场建设项目进行贷前调查，为尽早部署落实产业扶贫贷款项目打下了基础。并于年底向日喀则市甲措岗苏家庭农场发放首笔“政府风险补偿基金+贷款对象”模式下的贷款248万元，标志着支行在支持桑珠孜区脱贫攻坚工作上迈出凝重而坚实的一步；根据区分行《农行西藏分行关于进一步规范扶贫贴息贷款利率政策的通知》精神，对扶贫部门确定的建档立卡贫困户贷款执行扶贫优惠利率政策，截至年底，向620个建档立卡贫困户发放1451万元的精准扶贫农户小额到户贷款，加大对精准扶贫贷款的金融支持力度，全面推行农户精准扶贫贷款证，切实解决了广大贫困户的经营资金问题，在下一步工作当中支行继续加强发放扶贫贷款的力度，确保广大贫困户早日脱贫。

【党建工作】 根据《关于优化西藏分行基层党组织设置的通知》要求，三年内、将3人以上党员网点单独成立党支部，二级支行全部成立党支部，50人以上党员组建党委要求。截至年底，桑珠孜支行党员48名，建立桑珠孜党总支、城南支行单独成立为党支部。配备2名兼职纪检监察员。建立党总支书记作为主体责任亲自抓，班子其他成员协助抓，相关部门配合抓，形成上下联动的良好格局。根据农总行《党风廉政建设责任制实施办法》以及日喀则分行《党风廉政建设责任书》等要求，结合实际从年初开始制定《中国农业银行桑珠孜支行党风廉政建设责任书》，明确目标任务，坚持谁主管、谁负责的原则，层层落实签订责任书，签订率达100%。

【“两学一做”专题教育】 统筹兼顾，把“两学一做”专题教育学习与业务工作紧密结合，做到两不误、两促进。按照开展“两学一做”专题教育学习的统一安排部署，每周召集支行城区党员集中学习“两学一做”学习内容，学党章党规、学习近平总书记等系列讲话、做合格党员，用实际行动践行“两学一做”专题教育。在学习“两学一做”专题教育内容的同时也组织全行员工认真传达学习中央“八项规定”、总行28条措施、自治区“约法十章”和区分行20条规定有关文件精神。为了把学习教育落到实处，支行持续深入开展窗口单位“三亮四比三评”，通过亮身份、量标准、亮承诺、比服务、比技能、比合规、比贡献、群众评议，党员互评、领导点评，充分发挥党员先锋模范作用。通过认真学习，使全行员工思想上受到了一次洗礼，对认真执行有关规定的重要性有了更加清晰的认识。

坚持“三会一课”制度，加强党员教育，提高党员素质学习是进步的动力。支行党总支部坚持学习党的理论，定期组织学习党章党规、学习近平总书记系列重要讲话、学《中国共产党廉洁自律准则以及处分条例》等内容，在学习过程中，突出学习重点，组织认真讨论，抄写党课笔记，谈学习体会，并在业余时间定期组织党员进行业务宣传，清收不良贷款、吸收各类社会闲散资金和兑换残损人民币等工作。近年以来，组织党员吸收存款达4亿多元，兑换残损币2000余万元，为帮助灾区群众和贫困生、“五保户”尽快走出困境，支部书记带头捐款，向樟木地震灾区奉献爱心捐款。共计82人捐款金额55950元；先后为江当乡郭加村次旺等2户贫困家庭捐助38000元。此外为农行日喀则分行“4321”结对帮扶定点扶贫捐款项目，全行上下积极捐款，捐款金额达21800元，表现出支行共产党员的优秀品格。

【党费补缴专项工作】 年内，开展2008—2016年党费补缴专项工作。组织全辖59名党员严格按照上级行党委《关于开展党费收缴专项检查工作的通知》精神，测算自2008年至2016年应补缴的党费，统一由支部书记审核签字形成汇总表，并已汇划至日喀则分行党委组织部党费专户。桑珠孜支行党总支部共补缴党费133956.73元、桑珠孜城南支行党支部补缴13137元，并对2名生活困难的退休党员向上级行党委申请免于补缴。

（边　巴）

【领导名录】

党总支书记、行长

扎西顿珠（藏族）

副行长　扎西次仁（藏族，9月免）

尼　　玛（女，藏族，9月免）

次仁琼达（女，藏族，9月任）

达娃次仁（藏族，9月任）

乡（街道）概况

联　乡

【概况】 联乡位于日喀则市桑珠孜区东部，距市区80公里，东临仁布县、北接南木林县、南临江孜县，地域面积约514平方公里，平均海拔3981米（乡政府驻地海拔3889米）。下辖16个行政村，76个自然村，旅游景点有四世班禅大师的故居、历代班禅水磨坊、帕索德庆寺、独特梯田风光。

2016年，全乡共总人口775户5420人（其中男性2788名，女性2632名，共有劳动力3370名）。扶贫户286户1515人。乡政府下辖2所学校，教师32名，学生511名、1所寺庙，僧人10名、1个卫生院，医护人员7名、1个储蓄所，工作人员3名、1个派出所，干警7名。2016年，全乡农村经济总收入6072万元，农牧民人均纯收入达到4741元，现金收入达到4200元。全年实现劳务输出3200人次，总收入2500万元。

【干部队伍建设】 年内，联乡高度重视干部队伍建设，认真落实桑珠孜区委发展党员工作规划，制订《联乡2016年度发展党员工作计划》，按照发展党员“十六字”方针严把党员入口关，把党员发展工作重点放在那些支持、拥护党的方针政策等先进分子身上。2016年，机关编制共38人，其中在职在编行政干部18人、事业编制17人、工人2人、大学生“村干部”1人。全乡有20个党支部（分别是乡机关党支部、2个学校党支部、16个村党支部、合作社党支部1个）。中共党员294名（其中农牧民党员240名），致富带头农牧民党员34名，预备党员6名，积极分子70名，流动党员49名。乡机关支部党员25名，预备党员1名。

【党建工作】 年内，紧紧围绕学习十八届历届全会、习近平系列讲话、党章党规、条例、准则、中央第六次西藏工作座谈会，开展“两学一做”活动；学习贯彻自治区、市委、区委、区政府系列会议、文件，三级扶贫开发工作会议、经济工作会议精神使发展的路子不走偏；组织党员集中学习党的知识、纪律、法规、公务员法、监察法筑牢防火墙；要求每个党员抄写党章学《中国共产党纪律处分条例》、学《中国共产党廉洁自律准则》正党风、树政风；规范口袋党员、流动党员、党组织关系、党费缴纳严党内生活。前三季度，全乡16个村“两委”班子党员活动、支部学习频率增多，党员为民意识逐步提升。乡党委、人大、政府换届工作依法依规、公开透明、公平公正、群众公认，没有出现违规违纪现象。截至年底，共培养发展党员10名，吸收预备党员6名，入党积极分子54名，对159名无职党员进行设岗定责，对先进基层党组织、优秀党务工作者、优秀共产党员进行表彰。及时对2个软弱涣散后进支部进行帮助改造提升。采取组织召开专题会议、签订目标责任书、承诺书等多种方式强化两委班子责任心、事业心。

采取村干部在乡政府挂职锻炼、村委会坐班，选派村书记、村长到市党校学习，并结合党课、自学、党员志愿服务队等形式开展“两委”班子素质提升工作，区委组织部也组织了阶段性统一考试验收。夯实基层党组织建设乡干部党员正在以十八届六中全会、习近平总书记系列讲话，自治区党委、市委、区委方案开展“两学一做”活动。狠抓三会一课、四议两公开、发展党员等党建各项基础工作，经过各种学习、带头践行等活动，乡机关干部党员、农牧民党员、村“两委”班子更加求真务实、更加民主、干事创业劲头更大，纪律更加严明，机关作风进一步转变，党员权利义务进一步明确，为民意识进一步提高，基层组织凝聚力、战斗力明显加强，群众满意度不断提升。提高党员队伍的综合素质，围绕政治建设，争当拥护者；围绕经济建设，争当服务者；围绕生态建设，争当引领者；围绕组织建设，争当推动者；围绕廉政建设，争当践行者。

【脱贫攻坚】 年内，联乡通过坚持“因户施策、因人施策”方针，制定帮扶措施，狠抓落实，确保286户1499人能在2018年全部脱贫的艰巨任务（其中一般贫困户150户794人，低保户贫困户136户705人，“五保户”5户5人，社保兜底9户40人，易地搬迁252户1252人），乡党委、政府以全方位、立体统筹的方式，扎实推进精准扶贫各项工作。首先鼓励达竹卡商户自行打造标准商铺改造，19户已经完成，其他55户商铺在2016年底和2017年陆续完成改造。精准扶贫2016年易地搬迁11户51人的任务已全部完成，（其中集中新建6户24人，分散自建5户27人，兑现资金126万元）。截至年底，惠及119户沿318达竹村、查吾其村、迟雄村小城镇建设项目已完成41户。动员山沟村拟搬迁江当光伏小区异地搬迁户76户290人，其他建档立卡188户997人在2017年全部动工建设。同时2016年在医疗救助脱贫中5户6人得到救助，实现教育脱贫76人、转移就业脱贫51人。金融扶持方面，现已118户向乡营业所申请贷款。

【“两学一做”学习教育活动】 年内，为全面落实从严治党，以“两学一做”活动为契机，全面提升党员理论素养，制订学习计划和“两学一做”个人和单位整改台账、“五五”主题活动台账，定期对乡机关、学校、各村开展督导检查日常工作，确保活动取得实效。截至年底，全乡党员均完成《党章》学习，撰写心得体会，尤其是机关支部每个党员的读书笔记均在5000字以上，心得体会30篇以上，交流讨论7次、组织生活会5次。

【团建工作】 联乡着重从团员队伍建设方面，重视发展团员工作，积极配合区团委开展团员教育培训，成立乡、村团员志愿者服务队，组织开展“五四”入团仪式、学雷锋志愿服务等活动，组织青年志愿者开展卫生大扫除、法制宣传等系列活动，组织内地志愿服务团帮助贫困团员“一对一资助学费”，将团建工作制度化、经常化、规范化，2016年通过培养和引导，吸收团员30名，现共有团员281名。

【党风廉政建设】 年内，联乡制订《2016年党风廉政建设工作计划》，层层签订《2016年党风廉政建设责任书》，制定《联乡上下班及请销假工作制度》，在全乡范围内开展廉政谈话活动，强化对中央八项规定、《中国共产党廉洁自律准则》《中国共产党纪律处分条例》和典型案例的学习。发挥48个村监督委员会作用，每月汇报各村工作开展情况，不定期督查各村“三务公开”情况，强化督导各类惠民资金、专项资金发放监督检查。换届期间，全程进行换届纪律检查，发放换届纪律宣传单300余份，设立举报箱。

【换届工作】 2016年，为做好乡党委、人大、政府换届工作，从年初介入宣传、摸底、调研工作，强化换届纪律，责任到人，依法依规开展换届工作，总体换届做到了公开透明、公平公正，程序合规合法，手续齐备，较好地完成换届工作，得到群众公认，没有出现违规违纪现象。

【安全生产】 年内，加大春播、三秋等农忙季节的安全隐患排查力度和安全生产宣传力度，与各项目施工单位签订安全生产目标责任书，组织人员到施工现场排查，派乡干部驻大竹加油站等一系列措施，全年各类事故0起，安全生产成效显著。

【经济发展】 2016年，全乡农村经济总收入达到6582万元，同比增长8.4%；其中一产达到4243万元，增长8.2%，二产达到1013万元，增长6%，三产达到1326万元，增长11%；农牧民人均纯收入达到6215元，同比增长8.1%，现金收入达到4500元。

【推广新品种】 2016年，实施4000亩“喜拉22号”优质青稞种。

【基础设施建设】 年内，2600万元交通项目进展顺利，已完成100%，实现16个乡村道路畅通。政权建设工程政府职工周转房、派出所周转房、政府人社服务中心项目实施完成，乡农行新建、卫生院扩建项目已完成主体工程。以上项目建设中，劳务人员全部用本乡项目区群众参与，并获得收入106万元。帕索寺沿线旅游项目已立项并完成规划，将在2017年实施。

【林业工作】 年内，投资840万元1180亩的公益林绿化项目实施完毕；新修水泥桩300个、钢丝网2400米。

【民生保障】 年内，对联乡16个低保、“五保户”进行入户调查，最终筛选出符合条件的低保户69户321人，实现低保动态管理下的应保尽保。2016年已兑现低保补贴41.71万元，“三老”人员补贴资金、孤儿生活补贴资金、特困大学生补贴、“五保户”分散供养经费、大学生教育“筑梦”基金共计18.4万元，兑现临时救助资金4.3万元，救济粮3200斤，弱势群体得到了最基本的生活保障。

【教育工作】 2016年，新建学生宿舍、学生食堂、洗澡堂项目已经进入尾声。中心小学附属幼儿园运转良好，学前儿童入园率增加。两所小学在2016年在十乡统考中取得优异成绩。2016年，联乡学生考取各类大学人数达到34人、考取职业学校9人。中小学入学率分别达到95.5%、98.5%。小学升学率达100%；“两免”“三包”经费政策得以继续有力执行。

【环境整治】 年内，按照“六城共建”目标，打造生态联乡。开展辖区内砂场专项整治工作，关停了辖区内没有手续的3个采砂场，对废弃砂场种树进行生态恢复。定期组织党员、群众、商户清洁318沿线的卫生，在大竹卡及时规划垃圾填埋场一个，制作公用垃圾桶100个发放给每个商户，并在显要位置粘贴环保标语300余份，在318国道两旁竖立环境卫生宣传牌35个，指定专人对大竹卡市场进行打扫、卫生监督，坚持每日大扫除，每周大检查一次，起到良好效应。

【精神文明建设】 年内，组织开展“好人榜”“寻找乡贤”“最美家庭”宣传教育活动，提倡在社会做一个好公民，在单位做一个好干部、职工，在家庭做一个好成员，开展思想道德教育活动。加大文化建设投入，添置文化健身器材，争取10台电脑，用于党员群众学习娱乐。开展丰富多彩的文化活动，加强群众思想教育引导，转变观念，营造文明和谐的节日氛围，在全乡广泛开展群众性节日民俗、文化娱乐、体育健身、爱国卫生和科普宣传活动。2016年，共开展群众性活动25次，参与群众达15700余人次。

（扎西顿珠）

【领导名录】

党委书记　王　修文

党委副书记、乡长

普　　布（藏族）

党委副书记、人大主席

扎　　顿（藏族）

纪委书记、副书记

次仁旺拉（藏族，5月免）

副 书 记　方建毅（5月任）

纪委书记　石正林（5月任）

组织委员、宣传委员、副乡长

扎西顿珠（藏族，5月任）

统战委员、副乡长

王　　威（5月任）

人武部部长、副乡长

多吉罗布（藏族，5月任）

派出所副所长

次仁旺多（藏族，5月免）

政法委员、派出所副所长

次旺欧珠（藏族，5月任）

副 乡 长　巴桑曲吉（女，藏族）

人大副主席

叶　　伟

卫生院院长

平措旺堆（藏族）

中心小学校长

平　　加（藏族）

华夏小学校长

西　　洛（藏族）

年木乡

【概况】 年木乡位于日喀则市桑珠孜区东部、雅鲁藏布江南岸，距城区65公里，东连联乡，西临江当乡，北靠南木林县，南与江孜县毗邻，下辖胡达、恰桑、普嘎、普夏、普奴、曲嘎、当古、吉木雄、德吉、罗林10个行政村，土地总土地面积166平方公里，耕地面积达1.8581万亩，平均海拔3793米，318国道、拉日铁路纵贯全乡，交通便捷。全乡现有农牧民群众673户、4019人，其中精准扶贫建档立卡户137户、574人，低保户36户、155人。经济发展情况：实播面积16849亩，草场面积187338亩，林地面积3232亩，牲畜总数22930头，2016年国民经济收入达8772.69万元、同比增长17.4%，农村居民人均可支配人收入达7963.68元、同比增长8.6%，粮油总产量达4859.91吨、同比下降1.5%，集体经济10个，农民专业合作社13个。主产青稞、小麦、油菜等作物，主要饲养绵羊、山羊、奶牛等牲畜。自然灾害主要有干旱、风、霜、冰雹等。

2016年，在岗在职乡干部35人，其中乡班子成员10人，平均年龄为29岁，其他公务员6人，事业干部18人，大学生“村官”1人，工人2人，公益性岗位7人。村“两委”干部53人。共有在编僧尼280人。有1所中心小学，共有教职工28人，学生397人，其中学前137人。僧尼210人（编内人员79人、编外131人）。

【干部队伍建设】 年内，年木乡高度重视干部队伍建设，认真落实区委发展党员工作规划，制订《年木乡2016年度发展党员工作计划》，按照发展党员“十六字”方针严把党员入口关，把党员发展工作重点放在那些支持、拥护党的方针政策等先进分子身上。2016年，预备党员转正式党员5名、积极分子转预备党员8名，培养7名积极分子。截至年底，全乡正式党员303名、团员143名。

【党建工作】 年内，年木乡以深入学习贯彻落实党的十八大、十八届历届全会精神和中央第六次西藏座谈会精神，深入贯彻落实习近平总书记系列重要讲话精神，以“四个全面”战略布局为统领，坚持五大发展理念，以党建工作“项目化分析、日常化管理、务实化推进、持续化发展”为目标，以加强学习教育培训为重点，提高党务工作者水平，努力开创年木乡党建工作新局面；并加大投入力度、建立健全党建工作责任机制；进一步强化乡、村两级党建工作“100”有；不断发展壮大村集体经济。把发展村级集体经济作为一项重要的任务来抓，夯实党建物质基础。进一步加强党员队伍建设。认真落实发展党员工作相关要求；开展“三个培养”工作，严格按照“发展党员25项程序”发展党员。为全面加强村“两委”素质提升工作，开办夜校，有效解决了村级党务工作者党务知识缺乏、业务不熟悉、工作方法简单等问题，进一步提高党务工作人员的工作能力和水平。加强村干部坐班制度。村干部坐班制度是加强村“两委”自身建设、推动村级规范化管理的一项基础性工作，及时解决群众生产生活中遇到的各种问题，进一步改善党群干群关系。要确保每周三村干部集中办公，除周三外其余每日安排1名村干部值班，重要敏感时段至少安排3名村干部值班。充分发挥好第一书记作用，完善基层党建各项工作，年木乡各村严格按照“三会一课”制度、“四议两公开”制度切实加强了基层党建工作的实效性。定时定期召开每周工作例会和每月推进会，研究讨论驻村工作队和基层党建工作的运行情况。年内，年木乡开展学雷锋志愿服务等活动，组织党员志愿者开展卫生大扫除、法制宣传、“七一”重温入党誓词活动、党员远程教育学习活动、村级党建人员培训等系列活动。

【脱贫攻坚】 年内，年木乡深入调研、走村入户，公开公示，通过组织乡干部、村“两委”班子、驻村工作队、联户长集中学习上级下发有关精准扶贫工作文件精神，讲解和宣传精准扶贫政策、措施和国家惠农政策等，逐级分解任务，力求达到家喻户晓，鼓励群众充分参与和监督。年木乡精准扶贫户共计有137户，574人。其中，有96户426人同意集中搬迁。2016年共计发放生态岗位762个，其中建档立卡户占336个，人均兑现岗位资金3000元。经过年木乡上下一心共同努力下，2016年已经有28户主动提交脱贫申请，超额6户完成任务（计划任务22户）。

【“两学一做”学习教育活动】 年内，年木乡“两学一做”活动，集中学习，对照检查。通读党章，全面理解党的纲领。明确要求，强化落实。领导班子和领导干部带头继续开展“两学一做”学习教育。集中学习每月至少3次以上，并坚持写学习心得体会，并开展“手抄党章100天”活动，全面提升干部职工理论素养，同时助推全乡各项日常工作。截至年底，全乡党员均完成《中国共产党章程》学习，尤其是机关支部每个党员的读书笔记均在5000字以上。

【党风廉政建设】 年内，召开年木乡党风廉政建设和反腐败工作会议，安排部署2016年党风廉政建设工作，乡党委、政府把农村基层党风廉政建设纳入党风廉政建设责任制考核的一项重要内容，坚持“党委统一领导，党政齐抓共管，纪委组织协调，各负其责，依靠群众的支持与参与”的领导体制和工作机制，成立由乡党委书记任组长的党风廉政建设工作领导小组。各村也相应成立领导小组，明确工作职责。年木乡在全乡范围内开展了廉政谈话活动，结合党委中心组的学习进程，组织学习《中国共产党领导干部廉洁从政若干规定》《农村基层干部廉洁履行职责若干规定》等理论学习及有关反腐倡廉的法律、法规学习教育。强化对中央八项规定、《中国共产党廉洁自律准则》《中国共产党纪律处分条例》和典型案例、党的十八届六中全会精神和自治区第九次党代会精神的学习。建立健全了个人重大事项报告制度、党风廉政建设责任追究制度、述职述廉制度等规章制度，形成比较完整的党风廉政建设工作制度体系，营造了落实责任制的浓厚氛围，并层层签订《2016党风廉政建设责任书》。

【安全生产】 年内，严格落实安全生产目标，强化安全生产责任，与各村签订2016年安全生产目标责任书，严格落实安全生产目标管理责任制和各项防范措施，在重大节假日、敏感日期间，组织乡干部职工开展安全生产的宣传教育活动，乡政府多次对年木乡中心小学、卫生院、饭馆、个体户商店食品安全排查，给人民群众创造一个安全、放心、健康的生活环境；同时，全面排查年木乡各施工单位安全存在的隐患，与乡驻地所有施工队之间签订安全生产合同协议，年木乡综治办、纪委不定期到每个村，乡村公路、工程项目进行安全隐患排查，尤其对容易引发事故的隐患点，因地制宜制定整改措施，向村民讲解宣传安全生产工作中容易发生的注意事项，较好地做到排查、整治隐患、杜绝新隐患的目的。

【换届工作】 年内，为确保换届工作依法、有序地开展，成立工作领导机构、制定工作实施方案。同时建立健全乡领导干部联系指导选区工作制度。为畅通监督渠道，严肃换届纪律。乡党委、纪委组织全乡干部、各村“两委”成员集中学习换届纪律要求。依法顺利选举新一届党委班子、人大班子、政府班子。

【推广新品种】 2016年，推广新品种“藏青2000”种植7200亩，“喜拉22号”种植1500亩。

【基础设施建设】 年内，以项目建设为突破口，重点加大现代农业、农田水利等方面项目的争取和实施。在区委、区政府及各行业部门的支持下，年木乡首先加大防灾抗灾能力，对全乡范围内的防洪、抗洪、放火设施进行维修加固，日常组织各驻村工作队、村“两委”进行宣传工作，确保全乡农牧民群众家喻户晓，做出有效防范措施。

【民生保障】 年内，按时兑现低保户、“五保户”资金，2016年兑现“五保户”补助资金4000元，低保户发放补助2次，资金10万元。

【教育工作】 年内，“六一”儿童节、教师节为中心小学送去教育支持资金2万元，并定期登记全乡范围内在校贫困大学生，就业与未就业大学生，多方申请教育资助金、结对帮扶、寻找社会爱心人士。并组织定期宣传义务教育法，保证青少年按时进入学习接受教育。

【环境整治】 年内，年木乡不定期动员全乡党员干部在乡政府内开展全乡大扫除活动。定期要求全乡范围内开展村级环境卫生整治，共计400余次，参与人数568人次。引导广大农牧民破除陈规陋习，树立“讲卫生、美环境、树新风、促发展”的良好环保意识，为创建环保、和谐、文明年木而奋斗。

【精神文明建设】 年内，年木乡创建文明示范点，制定文明评选条件，加强公民思想道德建设；开展丰富多彩的文化活动，加强群众思想教育引导，转变观念，营造文明和谐的节日氛围，在全乡广泛开展群众性节日民俗、文化娱乐、体育健身、爱国卫生和科普宣传活动。2016年，共开展“3·28”百万农奴解放日、“七一”建党节、望果节等群众性活动，参与群众达3300余人次，主要有文化娱乐、法制宣传、文明创建、参观学习、“3·28”百万农奴解放纪念日活动、西藏新旧对比活动、七一重温入党誓词活动。

（次仁罗布）

【领导名录】

区人大常委会副主任、乡党委书记

边巴次仁（藏族）

党委副书记、乡长

赵 根 社（2月免）

黄　　亮（6月任）

党委副书记 、人大主席

达　　次（藏族，5月免）

党委副书记、纪检书记

索朗玉珍（女，藏族，5月免）

普布扎西（藏族，5月任）

党委副书记

索朗玉珍（女，藏族，5月任）

达娃旺堆（藏族）

人大主席、党委委员

吉　　巴（女，藏族，5月任）

统战委员、人武部部长、副乡长

达娃旺堆（藏族，5月免）

张 峻 岭（5月任）

政法委员

嘎　　布（藏族，5月任）

组织委员、宣传委员、副乡长

罗　　珍（女，藏族，5月任）

副乡长　高 春 辉（女，5月任）
　　　　扎西央宗（女，藏族，5月任）
中心小学校长
　　　　米玛顿珠（藏族）
卫生院院长
　　　　奴　增（女，藏族）

边雄乡

【概况】边雄乡地处雅鲁藏布江南岸，平均海拔3843米，距日喀则市区20公里，318国道贯穿全乡，面积230平方米，是全区重要的粮食生产基地之一。东与桑珠孜区江当乡相连，南与甲措雄乡相交，西与城南办事处相邻，与雅江相依，隔江北面有东嘎乡和南木林县。边雄乡下辖10个行政村，27个自然村，836户，4912人，其中女性2355人，劳动力2557人，贫困户147户，贫困人口594人，低保户82户，低保人口247人。耕地面积18230亩，实播面积16866亩，草场面积156358.8亩；2016年粮油产量达到1666.60万公斤；截至年底，全乡牲畜存栏19582头（只、匹），集体经济3个，农民专业合作社7个。

2016年，有基层党组织12个，其中农村党支部11个，共有中共党员311人。在岗在职乡干部45人，其中乡班子成员12人，平均年龄为36岁，其他公务员10人，事业干部20人，大学生“村官”4人，工人1人，公益性岗位2人，聘用干部2名，临时工1名。村“两委”干部54人。全乡辖10个行政村（普奴、普夏、普巴、加瓦、塔玛、孔布林、扎西岗、罗布林、林、甲根），共有在编僧尼29人，流散僧尼2人。有1所中心小学、1所幼儿园，共有教职工41人，学生590人，其中学前155人。

【干部队伍建设】2016年，边雄乡高度重视干部队伍建设，认真落实区委发展党员工作规划，制订《边雄乡2016年度发展党员工作计划》，按照发展党员“十六字”方针严把党员入口关，把党员发展工作重点放在那些支持、拥护党的方针政策等先进分子身上。2016年，预备党员转正式党员13名、积极分子转预备党员9名，培养16名积极分子。截至年底，全乡中共正式党员311名（村居党员286名，机关党员25名）。

【党建工作】年内，边雄乡基层党建工作以深入学习贯彻党的十八大精神为抓手，紧紧围绕党建促发展，党建促和谐，抓特色、出亮点，着力增强基层党组织创造力、凝聚力和战斗力，为加快全乡经济社会发展提供了坚强的组织保证。年初，乡党委、政府与全乡各村11个党支部签订党建工作目标责任书，在明确全年开展基层党建工作目标任务，并细化工作任务、落实工作责任、进行公开承诺、接受监督考核，确保各项工作任务落实到位。推行述职评议制度和推行基层党务政务公开。并按照市委组织部、区委组织部的相关要求，围绕深化乡镇机构改革，进一步完善乡机关机构设置，设立党建办公室等6个职能机构，并制订相应的岗位和职责，有力地促进了乡机关职能转型。结合便民服务中心实际，进一步拓展服务内容、提升服务水平、增强服务理念，把能够受理的每一项办事流程公示上墙，并编制印发《边雄乡便民服务指南》，切实为群众提供快捷便利的服务。7月以迎接中国共产党建党95周年为契机，举行建党庆祝系列活动。组织开展了重温一次入党誓词、开展一次专题党课活动、召开一次专题组织生活会、开展一次办实事活动、表彰宣传一批先进典型等活动，激发全乡广大干部群众热爱党、热爱祖国、热爱社会主义的热情，坚定广大干部群众努力推进全乡经济社会发展和长治久安的信心和决心。

【“两学一做”学习教育活动】年内，边雄乡以“两学一做”活动为契机，坚持理论与实践紧密联系，把学和做统一于尊崇党章、遵守党规和用习近平总书记系列重要讲话精神武装头脑、指导实践、推动边雄乡各项工作的开展。截至年底，全乡党员均完成党章学习，全年组织机关党员干部学习46次，编撰简报61期，撰写心得体会50余篇，个人读书笔记均在4000字以上，交流讨论4次、组织生活会2次。

【团建工作】 年内，以党建带团建，合理引导广大青年工作者的工作积极性，形成正能量，全面落实各项工作任务，扎实推进团的建设，充分发挥共青团生力军和突击队的作用，基本完成了各项工作任务。利用“三五”学雷锋、“五四”青年节等节日，组织团员青年开展便民服务、送温暖服务等活动，取得了良好的社会效益，通过活动增强了团组织的吸引力和凝聚力。

【党风廉政建设】 年内，召开边雄乡党风廉政建设和反腐败工作会议，安排部署2016年党风廉政建设工作，制订2016年党风廉政建设工作计划，层层签订党风廉政建设责任书，全面推行农村干部“二述一考核”制度，加强对支农惠农政策执行情况的监督。召开全乡干部按党委班子、机关干部、村“两委”班子三个层次进行廉政、发展、服务的公开承诺，并在公开栏中进行公示。采取党委中心理论组集中学习、个人自学、开座谈会、观看警示教育片等形式，组织广大党员干部学习中央八项规定、自治区“约法十章”“九项要求”、党章党纪以及典型案例等内容共20次。

【脱贫攻坚】 年内，边雄乡深入走访调研贫困户，制订帮扶工作手册，做到对贫困户情况明、底子清、措施力。边雄乡共有扶贫生态岗位监督员292名，大部分安排村内、318国道沿线环境整治工作岗位上，还有一部分安排在护林岗位，充分发挥各自的优势，共同把边雄乡的生态环境保护好，真正做到边雄乡天蓝、水清、林绿。另外，边雄乡实施“4·25”地震灾后重建整村推进项目2个，对加根村136户和普奴村47户群众实施搬迁，灾后恢复重建稳步推进。

【换届工作】 年内，为确保换届工作依法、有序地开展，边雄乡坚持党委主导，严格标准、严格程序、严密组织实施村（居）“两委”换届工作，形成党委领导、党建人大部门牵头主抓、纪检等部门配合的工作机制，制订下发《边雄乡党委领导班子换届工作方案》，6月，边雄乡依法依规全面完成乡级换届选举以及换届材料归档整理工作。

【安全生产】 年内，严格按照《桑珠孜区安全生产行政责任制规定》，与全乡10个行政村签订2016年度安全生产责任书，同时，制订全年安全生产工作计划和安全事故控制目标，并严格按计划分步实施各项工作，做到工作有计划、有布置、有落实、有总结，会议有记录，台账齐全，安全生产检查活动做到经常化、制度化。按照年初安全生产工作目标，利用安全生产会议对全乡各村、学校、卫生院分管安全的负责人、安全员，组织他们认真学习《中华人民共和国安全生产法》《安全生产事故报告和调查处理条例》等法律法规，并相继开展了安全周、安全月以及烟花爆竹、危险化学品、道路交通排查等专项整治宣传活动。在春节和藏历新年前夕，开展第一季度安全生产大检查活动，分别对边雄乡辖区内的个体经营户、餐馆、出租屋等重点单位安全检查。在此基础上，又对寺庙、学校、卫生院等重点行业和人员密集场所进行拉网式安全检查，对在检查中发现的安全隐患及时发出整改要求，并在规定时间内得到全面的整改，确保全乡“三大节日”期间安全生产的正常进行。在对道路交通安全隐患专项活动中，边雄乡主动和乡派出所在乡口、平交道口、寺庙、学校等重要交通路段设置“劝导站”，同时结合治安巡逻和交通大劝导工作，针对318国道过往车辆多、交通事故频发等引起的经常拥堵现状，积极参与交通疏导和交通违法行为的查处工作。全年共出动警力253人次，车辆123台次，制订6项专项整治工作实施方案，签订道路交通安全管理目标责任书40余份，查处交通违规行为46起，开展交通巡查活动30多次，排查道路安全隐患6处。

【经济发展】 截至年底，全乡经济总收入达到

9500.00万元（其中一产4374.07万元，二产1889.41万元，三产3236.52万元），年均递增12.8%；人均纯收入8896元，人均可支配收入达到4300余元。全乡经济社会持续快速发展的后劲明显增强。

【基础设施建设】 年内，边雄乡党委、政府高度重视水利基础设施的建设，共新修、维修水渠7000余米；并投入资金组织群众完成水塘清淤、排水沟及农村道路的维护养护，解决了山沟村灌溉难及出行难的问题。

【民生保障】 年内，基本养老、基本医疗、生育保险制度建立，参保率分别达到95%、99%、99.5%，发放保险金176万余元。新农保参保率95%。新农合参合率99.5%。农村低保提标扩面，发放医疗救助、临时救助、五保供养、优抚资金、物价补贴等2000余万元。

【环境整治】 年内，成立环境保护领导小组，明确党政一把手亲自抓，分管领导重点抓，驻村乡干部、村干部具体抓，党员、组长作表率的管理机制；先后召开乡、村、组三级干部及各单位负责人参加的乡环境整治动员大会，以及专题研究环境卫生整治工作会议，在深入调查研究、广泛征求意见的基础上，出台《边雄乡重要交通沿线环境整治方案》《边雄乡环境卫生综合整治方案》《边雄乡辖区内生活垃圾收集、处置实施方案》《边雄乡环境卫生综合整治工作机制》等；与各村、318国道沿线商户签订环境卫生村规民约，村民实行“门前三包”；组织村民清除积存暴露垃圾，2016年，共投入1.3万元左右经费填埋、运输、平整垃圾，雇佣装载机10余台帮助8个行政村清理垃圾填埋场周边环境卫生，清除历年积存垃圾340车；做好宣传，全年共印发各类宣传资料500余份，书写固定标语20余条，悬挂横幅10余条。

【林业工作】 年内，在市、区林业局的帮助支持下，按照十八大提出的加强生态环境建设的要求，完成造林3000余亩。在边雄乡的9个行政村实施退耕还林后续产业人工饲草项目822.5亩。全乡的生态环境不断优化，促进人与自然的和谐，生态环境保护与新农村建设取得重大进展。

【精神文明建设】 年内，边雄乡成立精神文明建设工作领导小组，制订2016年精神文明工作计划和各项活动实施方案。依托各大节日开展丰富多彩的文化活动，加强群众思想教育引导，转变观念，营造文明和谐的节日氛围，充分运用电视、网络、广播、宣传栏等新媒体介质广泛宣传群众精神文明创建活动。2016年，共开展群众性活动13次，参与群众达3000人次。

（杨国锋）

【领导名录】

党委书记

扎西次仁（藏族）

党委副书记、乡长

杨 国 锋

党委副书记、人大主席

熊　　丽（藏族）

党委副书记、纪委书记

普　　仓（女，藏族，5月免）

党委委员、纪委书记

尼玛次仁（藏族，5月任）

宣传委员、副乡长

尼玛次仁（藏族，5月免）

周　　潘（女，5月任）

组织委员、副乡长

郭 晓 霞（女，5月免）

格桑卓玛（女，藏族，5月任）

政法委员、副乡长

张 峻 岭（5月免）

政法委员、派出所所长

索朗次仁（藏族，5月任）

统战委员、人武部部长、副乡长

卫　　斌（5月任）

经济发展和社会事务办公室主任

达　　拉（女，藏族）

副乡长 次登卓嘎（女，藏族，5月任）
史　诚（5月任）
卫生院院长
普　琼（藏族）
中心小学校长
米　次（藏族）

东嘎乡

【概况】 东嘎乡位于雅江流域北岸，城区西北15公里，是桑珠孜区唯一一个位于雅江北岸的乡，西接谢通门县，东连南木林县，是桑珠孜区重要的枢纽和北大门。全乡东西长49公里，南北长33公里，呈不规则三角形，是桑珠孜区地理面积最大的乡，总面积为960平方公里，平均海拔为3863米。东嘎乡下辖28个行政村，119个自然村，总户数1503户，户籍在册人数9910人（不包括常年在乡里工作的驻乡单位工作人员），是桑珠孜区人口第二大乡，其中：农业人口1478户9750人，牧业人口15户160人；党员521人、预备16人，流动党员49人，积极分子109人，团员224人；村“两委”班子共143人，正职46人，副职97人，一肩挑9人；“双联户”户长128人；符合参保共5356人，实际参保4974人，参保率为92.9%，全乡低保113户，410人，残疾人数269人，扶贫建档立卡1513人。全乡共有两所小学、14所幼儿园。两所小学教职工共68名，学生共839人，其中：乡中心小学教职工45名，学生共622人，情远希望小学教职工23名，学生共217人。全乡设有一所卫生院，共有8名职工，28个卫生室、从业村医56人。全乡共有3座寺庙，僧尼总人数为14人，一个寺庙管委会，共3名职工。全乡共有干部职工57人，平均年龄29岁，其中男性22人、女性35人；汉族9人，藏族47人，其他民族1人；本科学历有41人、大专学历有7人、中专学历2人、高中学历有2人、小学5人；公务员29名，事业编制23名，工人1名，聘用干部3人，公益性1名。乡机关中共党员有34人，正式党员28人，预备党员6人，积极分子6人，乡党政班子11人，男性6人、女性5人，汉族2人、藏族8人，侗族1人，均为党员。

2016年，全乡经济总收入10072.2万元，人均年纯收入为8775.9元；全乡实播面积达23033亩，其中粮食作物10492亩，产量为1592.11万斤；经济作物面积10231亩，产量为4617.6万斤；饲草饲料种植面积2310亩，产量为1448.6万斤，粮、经、饲比例为46：44：10；全乡牲畜存栏58797头（只、匹）。

【基层组织建设】 年内，以创“五好”基层党组织为核心，狠抓乡村两级党组织规范化建设；建立并推广以目标绩效考核办法为内容的村组干部日常坐班工作模式。截至年底，东嘎乡中共正式党员523名，其中乡机关党员29名；预备党员33名，其中乡机关预备党员6名，积极分子114人，“三老人员”，老党员35名、老干部12名，其中2016年新增老党员2名、老干部1名。根据桑珠孜区委要求，东嘎乡党委围绕“两学一做”和“村干部素质能力提升工程”两项核心任务，稳步推进基层党建工作，在县督导组的指导下，党建工作逐步走向规范化、常态化。

【党建工作】 年内，调整班子分工，建立健全党政联席会议制度，对重大事项进行集体讨论研究，确保人人有事做，个个担责任。明确职责，干部职工人人有事做，个个不清闲，都动起来，沉下身子干工作；狠抓基层，结合“万民村干部素质提升工程”活动，加强对村支部班子的培训，提高村支部班子战斗力，群众威信得到增强，村干部到乡里挂职锻炼，每轮两人，每人挂职锻炼为15天，发挥基层经验开展低保调查、矛盾纠纷调解、防汛、草原打点划界等日常工作。截至年底，已经培训3批6人；对村干部实行严格的考核制度，通过党政联席会议，认真研究村干部考核办法并以文件形式下发至各村，年终根据考核办法对各村进行考核并兑现奖惩；狠抓“两学一做”学习教育。通过召开“讲学习、讲忠诚、正纪风、转作风、提效能”主题活动动员部署会议，认真贯彻“两学一做”学习教育。按时召开专题研讨会，通过班子成员撰写研讨发言材料、心得体会，加深对党的认识，牢固树立共产主义好的理想信念，严防出现认识浅、体会淡，走马观花、蜻蜓点水等现象。

【干部队伍建设】 2016年，东嘎乡着力建设政治坚定、团结坚强、干事创业的领导班子。乡党政联席会议上就加强自身建设，提出坚持讲政治、顾大局，坚持统揽全局、抓好大事，坚持党的民主集中制原则，坚持脚踏实地、求真务实，坚持廉洁从政、率先垂范，坚持密切配合、团结协作。加强党员干部教育管理。根据乡党委要求，制定本乡“两学一做”学习教育活动实施方案，组织党员开展“两学一做”学习教育和“讲学习、讲忠诚、正风纪、转作风、提效能”主题活动，坚持正面教育，进一步拧紧思想“总开关”；坚持学用结合，牢牢抓住以“做”为关键，引导党员在创先争优中更好地保证合格。

【党风廉政建设】 年内，乡纪委认真履行监督责任，聚焦主责主业，不断推进全乡党风廉政建设有效开展。2016年，乡纪委共开展、参与各类督查100余次，对28个行政村进行3次的村级“三务”管理、公开及驻村经费使用情况检查。在换届期间，共张贴换届宣传标语38张，横幅64条，对103名代表进行审查，确保无“十类人”。通过明察暗访，严肃查处公车私用、拉票贿选等问题。与28个行政村签订《党风廉政建设目标责任书》，坚持以上率下、逐级传导压力。按照大村5人，小村2人的原则配备、配齐所有村务监督委员会成员，确保村“两委”党务、政务、财务的公开性和透明性。聚焦中心任务，集中精力抓好主责主业，确保人力、财力、物力向监督、执纪、问责倾斜，确保对发现的问题及时进行处理。

【团建工作】 年内，紧密围绕乡党委的中心工作，遵循“服从大局，服务社会、教育青年”的原则，大力加强团的思想建设和组织建设，注重青少年的教育管理，全面拓展团的各项工作，开创了共青团各项事业的新局面，结合东嘎乡实际，针对青少年身心成长特点，探索新阶段青少年思想道德建设的规律，坚持以人为本，教育和引导青少年树立中国特色社会主义的理想信念和正确的世界观、人生观、价值观，养成高尚的思想品质和良好的道德情操，努力培养有理想、有道德、有文化、有纪律的德、智、体、美、劳全面发展的中国特色社会主义建设者和接班人，开展各种活动，做了大量工作，取得一定的成绩。经东嘎乡团委努力，进一步壮大了乡共青团队伍达到246人。

【基础设施建设】 年内，利用自治区公路局在东嘎乡驻村的优势，先后投入上亿元资金，新建硬化乡村公路65公里。利用人居环境工程项目建设，实现全乡28个行政村全部通硬化公里，成为桑珠孜区首个村村通硬化路的乡。投入240万元，对巴油村、拉古、普奴、尺村以及加江公里环线等农村道路30公里进行升级改造和加固维修。5月，东嘎乡通过与交通部门协调，对7个自然村共计12公里道路进行勘测，2016年动工建设；农业基础设施建设方面，全面推进农田水利基本建设，完成新建高标准农田2000亩，配套渠系建设。投入近5000万元的资金修建江北灌区（东嘎段）东、西干渠，西干渠已投入使用，东干渠2017年可投入使用。湘河水利枢纽配套水渠（南木林县-东嘎乡卡多村）已批准建设。同时，向市国土局申报色定村2000亩土地开发项目，完善28个行政村农田水利基础设施建设需求调研，为项目库建设和下一步生产发展奠定坚实基础；防汛抗灾方面，2016年受厄尔尼诺现象影响，造成东嘎乡362亩农田不同程度受灾，粮食减产14.48万斤，防护堤坝2.2万米损毁。针对灾情，东嘎乡第一时间采取有效措施积极应对，并及时准确统计、上报相关部门和保险公司争取救助和投保，将灾情降到最低，保障了群众灾后正常生产生活。

【换届工作】 年内，换届选举顺利完成，通过认真分析、超前谋划，以张贴标语、悬挂横幅、发放宣传资料等形式广泛开展宣传活动，营造良好的换届选举工作环境和浓厚的政治氛围，期间，共粘贴标语300余张，悬挂横幅62幅，发放宣传资料1.2万余份。东嘎乡依法顺利召开中共桑珠孜区东嘎乡委员会第一次代表大会和桑珠孜区东嘎乡第二届人民代表大会第一次会议，依法选举产生中共桑珠孜区东嘎乡第一届委员会委员10名，纪律检查委员会委员4名、书记1名，政府乡长1名、人大主席1名、副乡长4名，圆满完成会议各项议程，班子结构得到进一步优化。

【脱贫攻坚】 2016年，东嘎乡共有1491户，总人口近万人，通过入户摸底调查，共建档立卡贫困户459户、1513人，分别占到全乡总户数、总人口的30.7%、15.27%。为确保扶贫工作顺利实施，东嘎乡及时成立精准扶贫工作领导小组，设立专门办公室，抽调专人负责日常工作。结合实际，认真制订工作方案。通过认真调研，在多次党政联席会议上讨论研究，制订出符合东嘎乡实际的《东嘎乡扶贫工作实施方案》《东嘎乡精准扶贫脱贫工作方案》等，确保东嘎乡扶贫各项工作顺利开展；年内，扶贫工作开展以来，乡精准扶贫工作领导小组先后60余次深入到各村（居）开展宣传活动，广泛宣传扶贫工作的重要意义，争取群众的大力支持，为开展扶贫工作打下坚实思想基础；多措并举，尽力帮扶脱贫。根据区扶贫办的相关要求和“七个精准”扶贫工作的重大任务的基础上，东嘎乡针对不同村的环境、贫困户的具体情况，积极出谋划策，探索脱贫渠道，寻找致富门路，在争取项目、发展产业、生态旅游、技术培训和一对一帮扶五个方面细化出“21个法子”争取各贫困户早日脱贫。

【异地搬迁脱贫工作】 2016年，东嘎乡对曲瓦、尺、喀达三个村进行村内集中安置和易地搬迁工作，村内集中安置42户、148人。全乡89户266人计划在各自村集中易地搬迁。针对易地搬迁，东嘎乡充分考虑到利用各安置点的资源优势，规划相应的产业扶持项目，使搬迁工作中做到迁得动、留得住、过得好。

【社会综合治理】 年内，开展社会治安综合治理、“先进双联户”创建评选工作，实现卡片式管理模式，落实维稳措施，加强排查调处矛盾纠纷，建立健全维稳信访工作机制，坚持重大事项风险评估制度，坚持实行乡领导“谁接访、谁调解、谁发现、谁主持”等包案制度，坚持“抓早、抓小、抓苗头”，切实把小事解决在村组，大事解决在乡内。上半年，东嘎乡共投入3万余元用于制作综治、平安建设、“双联户”户外大型宣传牌3个，制作“双联户”宣传资料3000余份，建立健全“双联户”档案卡1424份。通过为期7天的入户调查，对全乡128个联户单位1424户“双联户”基本信息进行了全面核对，做到将基本信息录入错误降低到最低。

【安全生产】 年内，根据自治区、市、区关于安全生产工作的通知精神，东嘎乡多次召开安全生产工作会议，会议全面分析了东嘎乡当前安全生产形势，安排部署安全生产工作。要求各村、各驻村工作队召开专题会议，分析本辖区今冬明春安全生产工作的重点，全面深入地对道路交通、消防、建筑施工、非煤矿山、易燃易爆物品、烟花爆竹、特种设备及公共安全等重点领域的安全生产工作进行安排部署。成立巡查小组，通过明察暗访的形式对各村落实情况进行了大检查。巡查组先后到辖区28个村农户电线、电气设备、草棚、煤气、成品油存储地等进行现场检查，同时在重要路段检查拖拉机是否存在无牌行驶，无证驾驶，违法载人，酒后驾驶，人货混装，超速超载，疲劳驾驶，农用拖拉机未贴反光膜等违法行为。要求各村要特别注意岁末年初的安全生产工作，对存在安全隐患的方面，检查组现场提出整改要求，责令限期整改。利用标语、横幅、实地查看等形式向广大群众宣传安全生产的重要性和必要性，使他们提高安全认识，切实做好广大人民群众的安全意识，牢固树立“安全第一”的思想，克服麻痹和厌战思想，进一步落实安全生产责任，强化安全生产监管，确保安全生产的各项措施落到实处，坚决防止各类生产安全事故的发生，保持全乡安全生产形势的持续稳定。

【经济发展】 年内，东嘎乡始终把经济发展作为第一要务，立足实际调优结构，发挥资源优势，创新改革，不断增强经济发展实力。截至年底，全乡共有农牧民专业合作社7家，主要经营范围包括土豆、糌粑等农产品，藏式服装，藏式家具，藏香等，固定资产投资310万元，带动户数186户，年总收入实现132万元。家庭农场1家，实现年产值30万元，带动贫困户4户就业。企业1家，固定资产约1120万元，带动15名贫困户就业，实现年产值约46万元。为进一步发展壮大农村新型农牧业经营主体，促进现代化、产业化、标准化、市场化经济发展，促使带动更广泛的农户脱贫增收，助力脱贫攻坚；以打造“东嘎生态林卡节”品牌为目的，充分挖掘特色生态林卡资源，年实现经济效益达800余万元；在土地流转上创收，东嘎乡曲瓦村将多布塘4758亩土地流转给藏雄特色农产品科技发展有限公司21年，实现集体年租金收入平均每年60多万元。加吾岗村将三十个温室大棚共计6000平方米出租，年租金收入6万元；鼓励家庭作坊发展，在羊毛加工、糌粑加工、粮油加工上做文章，东嘎乡羊毛加工有两家，糌粑加工有28家，其中东嘎酥喜糌粑最为有名，家庭作坊的经济效益达14.6万元；鼓励养殖业发展，大力推广“合作社+农户”的模式发展奶牛、藏猪、藏鸡等养殖，2016年经济效益1489.61万元；扶持民族手工业发展，加木切手工制陶业在日喀则市市场上处于供不应求状况，为解决产量不足的问题，新建厂房、库房已基本结束，占地面积为400平方米，为下一步将加木切陶艺打造为东嘎特有的文化符号和传承产业打下了坚实基础。

【劳动力输出】 年内，在农闲季节，东嘎乡鼓励剩余劳动力进城务工，通过以技术、工具、劳力等输出的方式，实现经济收入达1487.88万元/年。

【农畜业种养殖】 2016年，全乡粮油总产量1592.11万斤，蔬菜产量4617.6万斤，饲草料作物产量1448.6万斤，农业经济大幅提升，牲畜存栏总数达58797头（只、匹）。

【农业】 2016年，全乡农作物播种面积23033亩，其中粮食作物10492亩、油料作物2181亩，实现粮油总产1647万斤，其中粮食作物1592.1万斤、油菜54.52万斤，实现蔬菜总产4563.14万斤，其中土豆4227.34万斤。

【牧业】 年内，牲畜出栏12963头（只、匹），牲畜存栏总数达58797头（只、匹），肉类产量582吨，奶产量8.65吨。

【林业】 年内，在各村委设立林业管理岗，无职党员具体到个人负责林业的监督管理。2016年完成植树约11万株以上，成片造林约500亩，成活率达到93%。

【教育工作】 年内，投入400余万元，改善各村文化阵地和硬件设施。对18个村配齐了农家书屋，配备各类书籍达6000余册，有效提升了农民精神文化素质；配合桑珠孜区教育局完成村级幼儿园的建设，现有13所村级幼儿园；加强对村卫生设施的改善工作，协调驻村工作队进一步提高了村卫生所的设备。

【卫生工作】 年内，持续加大社会保险工作力度，基本养老、基本医疗、失业、工伤、生育、医疗参保人数大幅上升，全乡参保数4974人，参保率达92.9%，新型合作医疗参合率达100%，医疗报销进展顺利，农村最低生活保障工作得到落实，弱势群体基本生活得到保障。截至年底，全乡低保户113户，人数410人。

【特色产业发展】 加木切手工制陶业在日喀则市市场上处于供不应求状况，为解决产量不足的问题，新建厂房、库房已基本结束，占地面积为400平方米，为下一步将加木切陶艺打造为东嘎特有的文化符号和传承产业打下坚实基础；乡村生态环境不断提升，以打造“东嘎生态林卡节”品牌为目的，充分挖掘特色生态林卡资源，年实现经济效益达800余万元；引导现有实体经营合作社筹措成立东嘎乡农牧民合作联社，申请注册“东嘎”商标，提高产品质量、市场竞争力、品牌效益，扩大产业规模。主要经营开发内容有土豆、青稞、油菜、小麦等种植、加工、包装及销售；藏香、糌粑加工、包装及销售；藏式服装、藏式家具等传统民族手工业制作、销售；牛、羊养殖，牛羊肉、奶制品、羊毛制品加工、销售。

（李兆新）

【领导名录】

党委书记

杜 忠 亮

党委副书记、乡长

平措旺拉（藏族）

党委副书记、人大主席

普　　布（藏族）

党委副书记

次　　仁（藏族，5月任）

纪委书记　尼玛普尺（女，藏族，5月任）

统战委员、副乡长

石 庆 能（侗族，5月任）

宣传委员、副乡长

白　　珍（女，藏族）

达　　珍（女，藏族）

组织委员、副乡长

强巴曲桑（藏族，5月免）

伦珠曲旦（藏族，5月任）

政法委员、副乡长

普　　琼（藏族，5月免）

政法委员、派出所所长

多 布 杰（藏族，5月任）

人武部部长、副乡长

格桑旦增（藏族，5月免）

党委委员、人武部部长

次仁次增（藏族，5月任）

副乡长　李　　霞（女，5月任）

曲布雄乡

【概况】 曲布雄乡位于日喀则市区西南部，紧邻204省道，距市区10公里，东临甲措雄乡，西接曲美乡，北连城南街道办事处，全乡总面积为310平方公里，平均海拔3800米。拉日铁路货运站设立在曲布雄乡班久伦布村和坚孜村，并成立西藏班坚物流有限责任公司，成为日喀则最主要的物资转运枢纽。

曲布雄乡下辖15个行政村，59个自然村，总户数927户，户籍在册人数6027人，不包括常年在乡里工作的驻乡单位工作人员，全部为农业人口；党员317人，其中机关党员21名，农牧民党员296名，预备党员5人，入党积极分子5人。村“两委”班子共79人，正职29人，副职50人，一肩挑1人；“双联户”户长74人。全乡16~59岁适龄农业人口中符合参保人数是3126人，参保率达99.7%；全乡建档立卡贫困户225户920人，低保户121户583人，“五保户”16户16人，享有安居工程住房的有673户，残疾人217人。乡辖1所中心小学，教职员工28名，2016年共有在校生539人，小学入学率达100%，学前班14所，学前儿童291人；全乡设有一所卫生院，共有5名职工，兽防站一所，村办卫生所15处，村医务人员15人。全乡共有一座寺庙，僧人总人数为13人，塔杰珠德寺特派员3名干部职工。

【干部队伍建设】 年内，曲布雄乡高度重视干部队伍建设，认真落实县委发展党员工作规划，制订《曲布雄乡2016年度发展党员工作计划》，按照发展党员“十六字”方针严把党员入口关，把党员发展工作重点放在那些支持、拥护党的方针政策等先进分子身上。2016年，中共党员317人，其中机关党员21名，农牧民党员296名，预备党员5人，入党积极分子5人。

【党建工作】 建学习型党组织。认真组织开展民主生活会，加强党员干部交心谈话，每年定期召开基层党建专题会议2次，并利用每周五学习日，重点学习党的方针、政策，推进团结型、学习型班子建设；认真组织村干部学习藏、汉、数三本西藏自治区“村（居）干部文化素质提升工程”专用教材，切实提高村干部的综合能力和藏汉双语的沟通交流能力；将“两学一做”与“三会一课”相结合，融会贯通，切实增强农牧民群众的大局意识、核心意识、看齐意识、政治意识。同时以桑珠孜区“两学一做”知识竞赛为契机，在各村党支部开展“两学一做”知识竞赛，在增强党员学习积极性的同时，营造比学赶超的学习氛围；深入开展“讲学习、讲忠诚、正风纪、转作风、提效能”主题活动，认真查摆突出问题整治和个人问题整改，营造风清气正的良好氛围；对党员、村干部、第一书记、“村官”的教育培训力度，2016年组织集中培训15次，其他各类培训3次，培训党员达1500余人次以上。

建优质型党组织。深入开展软弱涣散党支部整顿工作，并对1个软弱涣散村进行整顿；做好86名德才兼备的后备干部的选、育、管、用机制，并将责任心强、工作能力强的双联户长纳入村级后备干部中；规范基层组织帮扶、关怀机制，实行11名乡领导班子成员对15个行政村包村机制，建立健全11名流动党员管理台账，按照12个岗位的要求，为110名无职党员设岗定责；制作“党建流动红旗”，强化示范带动，促进创先争优。

建服务型党组织。认真贯彻落实自治区《党委（党组）意识形态工作责任制实施细则》，强化基层宣传思想工作，推进精神文明建设，促进民族团结。以“三大节日”“五一”劳动节、“七一”等节庆日深入开展党员志愿者服务活动，认真组织机关党员干部，在全乡范围内开展慰问孤寡老人、打扫卫生、慰问老党员等10余次活动，进一步增强党群关系，拉近了干部群众感情。

【脱贫攻坚】 年内，曲布雄乡通过召开村民大会、摸底调查、实地调研，确定建档立卡贫困户225户920人，易地搬迁共54户201人，同步搬迁5户13人，其中2016年易地搬迁13户39人。曲布雄乡西藏班坚物流有限责任公司通过“公司+党支部+农户”的方式，帮助班久伦布村、坚孜村31户101人脱贫的基础上，帮助乡辖区其他13个行政村贫困户就业。2016年，该公司已列入桑珠孜区产业扶持项目，计划投入4000万元扶贫资金用于新建办公场所和仓库厂房，力争将班坚物流有限责任公司发展成特色支柱产业或主导产业，发挥示范带动作用。乡辖区内共有合作社11个、私人小型作坊3个、农产品加工厂1个，民族手工业2个，采取“合作社+农户”的模式带动村集体经济发展。抓教育，做好就学扶贫。积极协调桑珠孜区民政、教育部门为曲布雄乡符合教育脱贫的54名学生积极争取教育救助资金。2016年符合教育救助2名高中生（复读生）。重统筹，带动村民增收。将精准扶贫工作作为“先进双联户创评”工作重中之重纳入到“联户增收”工作中，争取在一个家庭致富的基础上，带动一个联户单元乃至整个网格致富。同时采取走村入户的方式对曲布雄乡低保户、“五保户”进行核查，并确定曲布雄乡低保户35户87人，“五保户”36人。

【“两学一做”学习教育活动】 年内，曲布雄乡以“两学一做”活动为契机，全面提升干部职工理论素养，同时助推和检查各项日常工作。截至年底，全乡党员均完成《中国共产党章程》学习，撰写心得体会，尤其是机关支部每个党员的读书笔记心得体会5篇以上，交流讨论6次、组织生活会2次。

【党风廉政建设】 年内，曲布雄乡认真学习贯彻落实十八届六中全会精神，认真践行西藏自治区的"约法十章""九项要求"，认真践行"三严三实"，与乡干部职工和村"两委"班子、村务监督委员签订《党风廉政建设责任书》，明确各自的目标任务及全年工作重点。同时为强化党员干部自律能力，进一步严肃党员纪律，与党员干部签订8小时工作以外承诺书。每年开设党风廉政教育课2次，专题理论研讨会2次。认真开展好党务、政务、财务公开工作，提高曲布雄乡工作的透明度，更好的接受农牧民群众的监督，切实做到公开透明。

【换届工作】 2016年，为确保换届工作依法、有序地开展，成立工作领导机构、制定工作实施方案。同时建立健全乡领导干部联系指导选区工作制度。为畅通监督渠道，严肃换届纪律。乡党委、纪委组织全乡干部、各村"两委"成员集中学习换届纪律要求。

【安全生产】 年内，严格落实安全生产目标，强化安全生产责任，与各村签订2016年安全生产目标责任书，严格落实安全生产目标管理责任制和各项防范措施，在重大节假日、敏感日期间，组织乡干部职工开展安全生产的宣传教育活动，并发放交通法规宣传册，多次对卡堆乡完小、饭馆、个体户商店食品安全排查，给人民群众创造一个安全、放心、健康的生活环境；同时，全面排查曲布雄乡各施工单位安全存在的隐患，与乡驻地所有施工队之间签订安全生产合同协议，曲布雄乡综治办干部定期不定期到每个村，对每条公路、每项工程项目、每座桥梁进行排查，尤其对容易引发事故的隐患点，因地制宜制定整改措施，向村民讲解宣传危险路段、桥梁的安全注意事项，较好地做到排查、整治隐患、杜绝新隐患的目的。

【经济发展】 截至年底，全乡牲畜存栏37568头、只、匹，保持草畜平衡，全乡经济总收入达11848.88万元，较2015年增长20.22%，其中第一产业收入为4152.56万元，第二产业收入为3626.28万元，第三产业收入为4070.04万元，农牧民人均收入达9567.58元。

【推广新品种】 2016年，推广新品种"藏青3600"种植4000亩，"喜拉22号"种植7000亩，"百亩千斤"种植300亩，二级种子田200亩。

【基础设施建设】 2016年，以项目建设为突破口，重点加大现代农业、农田水利等方面项目的争取和实施。2016年雨季来得早，雨水多，曲布雄乡9个山沟村受到暴雨洪水的影响，致使200亩农田、1800米的防洪坝、2座桥梁、200多米乡村道路受到不同程度损毁。乡党委、政府第一时间赶赴现场，并动员组织400多人次农牧民群众，3台装载机，使用5000多个防汛袋开展抢险救灾，确保农牧民群众的生命财产安全。同时，通过积极争取和努力配合，2016年，曲布雄乡争取11个农牧水利项目和一个抗灾机井项目。投入63万元，对1200亩土渠进行节水环节水改造，解决曲布雄乡仁嘎村35户208口人的耕地灌溉用水问题；投入25万元在聂康村修建一座3135立方米水塘，解决曲布雄乡山沟村耕地灌溉用水问题。

【教育工作】 2016年，"六一"儿童节、教师节为乡中心小学送去教育支持资金，对考入内地班的学生发放奖金。并定期登记全乡范围内在校贫困大学生，多方申请教育资助金、结对帮扶、寻找社会爱心人士。加大控辍保学工作，宣传义务教育法，保证青少年按时进入学习接受教育，"双基"入学率达100%。

【环境整治】 年内，成立以乡党委书记王晓兰任组长，乡党委副书记、乡长李富强任副组长的环境卫生整治领导小组，与15个行政村、学校、卫生院、派出所签订18份环境保护目标责任书，并根据《村规民约》制定完善了村环境卫生奖惩措施，狠抓沿街商户"门前三包"管理制度，定期不定期组织党员、"双联户长"开展卫生清扫，强化日常监督和宣传教育，增强农牧民群众的环境保护意识，改善曲布雄乡村居环境，确保辖区环境卫生整洁。同时乡政府投入1万元，组织15名劳动力，重点对进城桥至坚孜村路段及进城大桥下建筑垃圾进行了清除，共清运垃圾达1.5吨。

【精神文明建设】 年内，曲布雄乡创建文明示范点，制定文明评选条件，加强公民思想道德建设；开展丰富多彩的文化活动，加强群众思想教育引导，转变观念，营造文明和谐的节日氛围，在全乡广泛开展群众性节日民俗、文化娱乐、体育健身、爱国卫生和科普宣传活动。2016年，共开展群众性活动15次，参与群众达10000余人次。尤其是文化娱乐、法制宣传、文明创建、参观学习、红歌比赛、红色之旅、新旧对比系列活动，反响强烈。

（孙丹丹）

【领导名录】

党委书记

王 晓 兰（女，藏族）

党委副书记、乡长

李 富 强

党委副书记、人大主席

阿　　里（藏族，3月免）

拉巴次仁（藏族，5月任）

党委副书记、纪委书记

普布卓玛（女，藏族，5月免纪委书记）

党委副书记

强　　久（藏族，5月任）

纪委书记

张　　英（5月任）

宣传委员、组织委员、副乡长

次仁卓嘎（女，藏族，5月任宣传委员）

统战委员、人武部部长、副乡长

卫　　国（藏族，5月免）

达　　次（藏族，5月任）

政法委员、派出所副所长

云丹加措（藏族，5月任政法委员）

副乡长　扎西次仁（藏族，5月任）

王 文 华（女，5月任）

党群办主任

次　　央（女，藏族，5月任）

中心小学校长

次旺顿珠（藏族）

曲美乡

【概况】 曲美乡位于日喀则市西南部，距市政府驻地23公里，地处北纬29.8度、东经88.4度，东连曲布雄乡，西临萨迦县扯休乡，北靠城南街道办事处，南与纳尔乡毗邻，总面积356平方公里，全乡平均海拔约3800米，乡政府驻地海拔3900米。曲美乡林木、草场资源丰富，地理条件优越，经济结构以第一产业为主，耕地面积41440亩，实播面积22188亩，草场面积652915.00亩，湿地面积8500亩，牲畜总数47700头，主产青稞、小麦等作物，主要饲养牦牛、绵羊等牲畜，主要有柳树、杨树等林木资源，自然灾害主要有干旱、洪涝、风、霜、冰雹等。

2016年，全乡共1236户，6473人，其中女性3088人，劳力2906人，贫困户349户，低保户47户202人。党总支1个、党支部21个、其中村党支部18个、共有中共党员456名，其中村（居）党员426名，机关党员30名。在岗在职乡干部59名，其中女性33名，党委委员9名，公务员26名，专业技术人员32名，工人1名，公益性岗位2名，临时工1名。村（居）干部总数93名，全乡辖18个行政村（达措、拉贵、多仁、切白、德、仁青林、宗、卡堆、曲美、热丹林、那塘、夏瑞、拉琼、曲冲、加日、桑珠普、边荣、帕伦），其中党支部书记18名，主任18名，委员57名，有技能的村干部2名，致富带头人1名；拥有曲美乡中心小学1所，乡中心小学附设幼儿园，现学校共有专任教师29名，学生585名。1所卫生院4名医务人员，1所金融网点3名工作人员，两座寺庙共有僧人137名。曲美乡土地肥沃、四季分明、光照充足，并全面实施了西郊造林工程，现已初步形成了集农田林网、绿色通道、防洪林带、成片造林、庭院经济于一体的崭新布局。曲美乡所辖有两大寺庙，俄尔寺现正在申报自治区级AAAA级景区，那塘寺为自治区级AAA级景区。

【干部队伍建设】 年内，曲美乡高度重视干部队伍建设，认真落实区委发展党员工作规划，制定《曲美乡2016年度发展党员工作计划》，按照发展党员“十六字”方针严把党员入口关，把党员发展工作重点放在那些支持、拥护党的方针政策等先进分子身上。2016年，预备党员转正式党员17名、积极分子转预备党员58名，培养30名积极分子。截至年底，全乡正式党员456名。

【党建工作】 曲美乡根据上级党委关于开展基层组织建设的安排部署，在村支部和全乡广大党员的共同努力下，认真落实基层党组织建设工作各项措施，不断改进党建工作方法，创新工作思路，取得了一定成效。党的自身建设得到改善，党组织和党员的先进性作用得到进一步发挥，党建工作保障机制进一步健全，乡村两级党组织的领导能力得到提高，全乡经济社会发展实现了新的跨越。认真贯彻落实党的十八大精神，中央第六次西藏工作座谈会精神及十八届三中、四中、五中、六中全会精神，深入学习贯彻习近平总书记系列重要讲话精神，落实好全国组织部长会议、自治区组织工作会议和全市党的建设暨组织部长会议精神，突出全面从严治党这个主线，突出问题导向，紧扣基层党建要“实”的要求，强化基层党组织政治功能和服务功能，全面加强组织体系、骨干队伍、活动载体、工作制度、场所阵地建设，不断夯实基层，打牢基础，为建设和谐繁荣幸福曲美乡提供坚强的组织保障。

【脱贫攻坚】 年内，全乡建档立卡贫困户共351户1529人，2016年计划脱贫86户400人。结合曲美乡经济社会发展实际，因地制宜的为29名贫困户开展汽车、工程车辆驾驶、厨艺等技能培训；实施13户63人的异地搬迁安置工作，还实施了产业扶持、教育扶持项目。全乡所有在职干部结对帮扶现有建档立卡的贫困户，按照“4321”工作细则，深入贫困户家中认真了解实情，将扶贫工作进一步深化、细化、具体化、做到因户制宜、因人施策。贫困家庭中有大中专在校学生的主动帮助完成学业并指导就业；带动困难群众发展增收产业，确保结对帮扶帮在点上、扶到根上，坚决做到贫困不脱贫、帮扶不换人、人员不撤退。贯彻落实地区城镇化建设现场会精神和上级灾后恢复重建要求，落实区委、区政府决策部署，打造好桑珠孜区“西大门”对外展示的窗口。以灾后重建为契机，争取国家投资1532万元实施加日村灾后恢复重建整村推进项目，改善群众生产生活条件，该村大部房屋已封顶，主体部分完工验收。解放思想，破除“靠、等、要”思想，引进投资额达4700万元的拉洛奶牛养殖基地建设项目，奶牛规模化养殖形成产业，辐射带动周边饲草种植、加工等产业发展，切白村仅土地流转方面，全村累计纯收入达580000元、人均增收1500元，解决全乡150人在就业岗位；引进投资2950万元的西藏日喀则啤酒有限公司青稞深加工项目，可解决全乡70户共295人的脱贫问题，解决35人的就业需要。

【“两学一做”学习教育】 年内，曲美乡以“两学一做”活动为契机，全面提升干部职工理论素养，同时助推和检查各项日常工作。成立曲美乡“两学一做”领导小组，明确全乡党建工作重点，重点抓好“讲学习、讲忠诚、正风纪、转作风、提效能主题活动”成立主题活动领导小组、制定实施方案，形成心得体会30余编，先后开展“两学一做”集中学习活动、宣讲活动、等各项活动多次。此项核心工作将贯穿曲美乡全年党建各项工作之中，作为2016年最大的政治任务，要抓紧抓好抓实。

【团建工作】 曲美乡着重从团员队伍建设方面，重视发展团员工作，配合县团委开展团员教育培训，组织开展“五四”入团仪式、学雷锋志愿服务等活动，组织青年志愿者开展卫生大扫除、法制宣传等系列活动，将团建工作制度化、经常化、规范化，截至年底，全乡共有共青团员216名。

【党风廉政建设】 年内，坚持不懈地推进党风廉政建设和反腐败斗争，结合党委换届工作，新选举产生纪检专干3名，健全专项资金、公务车辆使用等制度。全乡18个行政村委员会建立健全村规民约、村务公开、党务公开制度，形成了长效机制，保障了组织制度到位。加强对惠民资金发放和使用的监督管理，确保各类支农惠农资金及时足额发放到位。及时组织人手对乡财务所惠民资金发放、全乡18村的村级财务收支、管理情况进行专项检查督导，确保各类支农惠农资金及时足额发放到群众手中。针对各村班子成员工作开展情况，乡党委领导及时同全乡60多名村干部进行谈心谈话，及时掌握思想动态和工作情况。坚决贯彻执行“中央八项规定”和自治区“约法十章”，坚持厉行节约、勤俭办事、对重大事项提交班子集体决策研究，通过干部职工大会听取干部群众意见建议，从源头上遏制腐败。加强作风建设和廉政教育，进一步增强公仆意识、服务意识。

【换届工作】 2016年，曲美乡把换届工作作为乡党委、乡政府工作重中之重，专门成立换届选举领导小组、换届选举审查小组，让乡全体干部职工观看中组部警示教育片、换届法律法规宣传等教育活动，严肃换届纪律。开展各村党员基本情况摸底调研工作，充实换届工作中党员的真实情况和具体数据。圆满完成中国共产党桑珠孜区曲美乡委员9名、曲美乡党委书记1名、副书记3名、纪检书记1名、纪律检查委员4名的选举工作及曲美乡第二届人民代表大会的44名代表。

【安全生产】 年内，结合曲美乡交通、地理等因素，多措并举，协调上级相关部门因地制宜地开展消防、道路等安全演练和教育活动。选派2名乡干部常驻曲美乡桑珠普村的汇丰加油站，检查督导油品安全。乡干部协同派出所民警对318国道、曲岗公路等重要地段开展车辆超速超载安全隐患排查，巡查次数达80余人次，警告教育超速人员50余人，为全乡1023户群众的拖拉机免费粘贴反光标识，在热旦林村、曲美中心小学等事故易发路段设置安全警示牌及限速标识17个，辖区内交通道路安全行为得到有效整治和规范。加强安全生产教育，排除各类火灾隐患15余处，确保安全生产加强安全生产教育，排除各类安全隐患35余处，社会大局管控得力，局势向好。

【经济发展】 截至年底，全乡粮食作物播种面积22488亩，经济作物播种面积5694亩，同比增长13%，种植油菜4234亩，种植饲草3700亩。牲畜存栏量36033（头、匹、只），牲畜出栏10497（头、只），出栏率达29.1%。仔畜成活率控制在93%，死亡率控制在17%。草场总面积399410亩，兑现草原生态保护补助奖励资金共计599115元，新增种粮补贴56865元，良种推广（藏青320）补贴240元，能繁母猪补贴16544元，农业基础地位得到不断巩固强化。全乡国民经济实现社会生产总值6818.6万元，同比增长8%，社会销售总额完成874.12万元，同比增长5%，农牧民人均纯收入达6702.2元，同比增长19%，集体经济3个，农民专业合作社11个。

2016年累计接待游客僧俗9200人次，那塘村、边荣村群众实现人均增收1200元，资源优势正转化为发展优势、经济优势。

【推广新品种】 2016年，推广新品种藏青320，喜拉22号种植2509.6亩。

【基础设施建设】 年内，以改善水利基础设施和建设拉洛水利枢纽工程为发力点，形成灌溉基础网络。建成水塘7座、水渠6条、防洪防汛堤坝3000米不断完善曲美乡水利灌溉设施，改善全乡生产生活条件。争取并实施基础设施建设项目2个，落实固定资产投资320万元，帕伦、曲冲、加日、拉琼、多仁5村土地平整改良项目完成6015

亩，实施6015亩的优质青稞生产基地建设项目一个，总投资1198万元。争取投资58万元实施强基惠民项目2个，水利、道路各项基础设施更加健全完善。

【林业工作】 年内，结合“六城共建”工作，曲美乡对辖区内进行24小时不间断巡查，确保“不着一把火、不冒一处烟、不污一条河”的整体目标。先后实施西郊重点造林工程，曲美曲冲村苗圃基地，曲美乡沙棘种植项目（总面积为3000亩），沙棘成活率达到85%以上，做好后续造林的保护管理，全乡安排护林人36人，林业管控面积83241亩，完善管护奖惩机制、共发放护林补贴资金249723元，加强护林员的教育管理，加大巡逻力度，全乡2.5万亩新增林地没有发生一起人为蓄意破坏和牲畜破坏严重的现象。新建垃圾填埋场18座，加强环境督查，落实乡沿街铺面门前“三包”责任制，生态环境持续好转。

【民生保障】 年内，强化民生改善，保障水平显著提高。组织劳务输出350人次，实现劳务收入350万元。向上级部门争取青稞、油菜良种6000斤，争取70万元为群众解决农机具，发放化肥86吨，争取上级投资96万余元实施奶牛、藏鸡散户养殖项目，住房、饮水、生产等全方位保障格局初步形成。

【教育工作】 年内，重点推进教育均衡化发展工作，大幅提高教育投入，学校规范化建设进展顺利，投资725万元的乡中心小学幼儿园建成并投入使用，师资队伍建设得到加强。继续深入推行“控辍保学”工作的经验做法，小学适龄儿童入学率达到100%，升学率达100%。积极争取募捐物资3吨4万余元发放给乡中心小学。

【新农合、新农保收缴工作】 年内，加强农村医疗、防预、保健三级网络建设，大力推行全乡医疗防疫工作，全乡新型合作医疗覆盖率达100%，参加率达100%，缴纳参保金34.57万元；人口自然增长率控制在6‰之内，妇幼死亡率降低到历史最低水平。

【环境整治】 年内，以“六城共建”为契机，全力做好生态环境整治工作。按照桑珠孜区委、区政府的要求，为使广大农牧民长期有一个安逸、舒适、整洁的生产、生活环境。曲美乡专门成立环境卫生综合整治领导小组，明确相关人员的职责，将目标任务进行细化分解，工作人员包保、定组，强化责任，加强考核制度。同时，利用大量的横幅进行全面宣传，使创城工作人人皆知、家喻户晓。为使环境卫生整治工作能得到长效管理，曲美乡全年新添封闭式垃圾桶28个，彻底改变了曲美乡的“脏、乱、差”现象。

【精神文明建设】 年内，曲美乡加强公民思想道德建设，开展丰富多彩的文化活动，加强群众思想教育引导，转变观念，营造文明和谐的节日氛围，在全乡广泛开展群众性节日民俗、文化娱乐、体育健身、爱国卫生和科普宣传活动。2016年，开展文艺科技下乡4场次，放映电影8场次，扩大公共服务覆盖面，提升服务水平。

（杨亚彬）

【领导名录】

党委书记 李　勇

党委副书记、乡长

普　琼（藏族）

党委委员、人大主席

米　玛（藏族，5月免）

米　玛（大）（藏族，5月任）

党委副书记

次仁央宗（女，藏族）

兰瑞杰（6月任）

纪委书记 巴桑拉姆（女，藏族）

政法委员、派出所副所长

尼玛旺拉（藏族）

组织委员、宣传委员、副乡长

格桑拉姆（女，藏族）

统战委员、人武部部长、副乡长
格　央（女，藏族，6月任）
副乡长　匡光敏（女）
李　阳（6月任）
维护稳定和综合治理办公室主任
次旺朗杰（藏族）
卫生院院长
曲　宗（女，藏族）
乡中心小学校长
顿　珠（藏族）

纳尔乡

【概况】 纳尔乡位于日喀则市西南端，东与曲美乡、曲布雄乡毗邻、南与萨迦县赛乡接壤，距市政府驻地32公里，平均海拔约4065米属区级贫困乡。全乡辖有10个行政村，26个自然村，418户，2280人（其中，男性1183人，女性1097人），其中常驻人口1939人，劳力1252人，乡政府总面积210平方公里，乡政府驻地海拔3965米；小学1所，卫生院、兽防站各一座。

2016年，耕地总面积6261亩，实播面积5869.9亩，其中，粮食作物3919.6亩，经济作物1950.4亩，饲草饲料391.09亩，粮油总产2308800斤，2016年，农村经济总收入1502.3万元，（其中第一产业6955153.6万元，第二产业4303200万元，第三产业3501621万元）；人均纯收入4296.7元，现金收入3969元；年末牲畜总头数11986头（只、匹），其中大畜747头（只、匹）、小畜11239只。年劳务输出216人次，实现收入518.4万元。

现有14个党支部，中共正式党员212人，（其中农牧民党员175名、乡机关党员21名、派出所3名、学校4名、企业9名），预备党员10名、积极分子48名，全乡共有团员55名，实有实际编制38名，在职干部职工42人（其中领导班子成员9人，全乡行政编制19人、工人1名、专业技术人员22名）；共有“三老”人员54名（其中，老党员8人，老干部46人、去世“三老”人员7人），低保户76户308人（其中A类12户38人、B类6户26人、C类59户244人），其中重度残疾18人；“五保户”3户3人，孤儿1名，各类残疾人员72人；乡卫生院技术人员4名、每个村配备了2名村医，乡兽防站1名兽医、每村配备兽医1名。

纳尔乡以农业为主，牧业为辅，主要农作物以青稞、小麦、油菜等作物为主；草场面积3164平方公里，主要饲养牦牛、绵羊等牲畜；林地面积2726亩，主要有柳树、杨树等林木资源。制约纳尔乡发展的主要因素是地处山沟，没有特色产业、地形复杂，农牧业基础设施薄弱，农田缺水严重，粮食单产低；人多地少，产量低下，只能自给自足，无法外销市场；农牧业科技推广程度低，群众科技种植意识不强。

【基层组织建设】 年内，基层组织建设稳步推进。以创“五好”基层党组织为核心，狠抓乡村两级党组织规范化建设；建立并推广以目标绩效考核办法为内容的村组干部日常坐班工作模式。全乡共有党员212名，农牧民党员175名，2016年发展党员2名，预备党员10名，入党积极分子30名。根据区委要求，纳尔乡党委紧紧围绕“两学一做”和“村干部素质能力提升工程”两项核心任务，稳步推进基层党建工作，在区委督导组的指导下，党建工作逐步走向规范化、常态化。

【党建工作】 年内，乡党委始终坚持“围绕经济社会发展抓党建，抓好党建促经济社会发展”的工作思路，以2016年开展的党建规范建设年及村干部素质能力提升为工作目标，进一步加强党的建设，党的执政能力明显提高。开展党委中心学习组学习活动，领导班子整体素质得到提高；认真执行党委议事制度，坚持集体领导与分工负责相结合，做到按章办事；建立党政领导联系村、联系重点项目责任制度，完善了干部目标考核体系，干部队伍管理日趋规范。以乡干部职工及驻村工作队组成的师资队伍，向村干部每周至少开办3次夜校，充分提高村干部素质。开展“四风整治”和“庸懒散专项治理”，有效地整治党员干部中存在的“软、懒、散、满、奢、浮”等不良现象，党员宗旨观念明显增强，班子凝聚力和战斗力明显提高。

【干部队伍建设】 年内，加强党员干部教育管理。根据区委要求，制订本乡“两学一做”学习教育活动实施方案，组织党员开展“两学一做”学习教育和“讲学习、讲忠诚、正风纪、转作风、提效能”主题活动，坚持正面教育，进一步拧紧思想“总开关”；坚持学用结合，牢牢抓住以“做”为关键，引导党员在创先争优中更好地保证合格；坚持问题导向，推动党员领导干部带头坚定理想信念，带头全面从严治党，推进党的作风不断好转；坚持领导带头，凡是要求党员做到的，党员领导干部首先要做到，凡是党要求党员不做的，党员领导干部带头不做。

【党风廉政建设】 年内，强化措施，认真落实党风廉政建设责任制。层层落实责任制。按照集体领导与个人分工负责相结合，谁主管谁负责，一级抓一级，层层抓落实的原则，明确在抓党风廉政建设中的各项责任目标、责任范围；分别与各村党支部签订《党风廉政建设目标责任书》，将党风廉政建设目标责任细化到人；狠抓学习，组织党员干部认真学习理解《党员领导干部廉洁从政》手册及相关文件等；完善相关制度。其次，强化落实村级党支部党风廉政责任制。大力推行党务、政务、村务公开。全乡把党务公开作为发扬党内民主、强化党内监督、密切党群干群关系、提高基层党组织执政能力、促进各项工作的重要举措和有效手段，多措并举，精心实施；转变工作作风，提高办事效率；加强干部管理，整合人力资源，明确机构设置，设岗定责。最后，认真履行党规党纪，领导班子以身作则、廉洁奉公，坚决纠正损害群众利益的不正之风。坚决整治群众反映强烈、矛盾突出的热点、难点问题。配合有关部门加强监督检查，重点解决强农惠农资金，医疗卫生、学校收费等方面关乎群众切身利益的问题。协调有关部门加强对各项农民补贴款到位情况的专项检查，加强审计和财政监督。

【团建工作】 年内，纳尔乡着重从团员队伍建设方面，团委认真做好团员发展工作，给团组织补充新鲜血液，共组织4次入团宣誓仪式，吸收近30名入团积极分子加入中国共青团，加强团组织的生命力和战斗力，增强了团组织和影响力和凝聚力。2016年度团费收缴正常，如期足额上交，而且建立了团内经费账册，收支合理。

【基础设施建设】 2016年，完成开工项目31个，总投资达到1500多万元。重点项目包括乡政府干部周转房、乡政府资源服务站、学校改（扩）建、吐如雄至恰巴村公路、恰巴饮水管道项目、沙棘种植项目以及其他农田水利等。2016年纳尔乡灾后重建项目和基础设施建设项目，总投资约1129万元，已开工建设。经政府引导，2016年外出务工人员1850人次，劳务输出收入2669.9万元。

【换届工作】 年内，纳尔乡按照区、市、区委的安排，及时成立了以乡党委书记任组长的乡党委、人大换届选举工作领导小组，并制定换届选举工作实施方案，做到早安排、早制定，任务明确。5月26日召开党员大会，此次会议产生乡党委委员9名，其中书记1名，副书记3名，委员5名。6月9日，召开纳尔乡人大十四届一次会议，会议产生乡级人大代表41名，区级人大代表7名，其中副区级1名。按照区换届选举办公室的统一安排，做好党员登记工作及各项准备工作，成功举办了全乡党委、政府换届工作。

【脱贫攻坚】 年内，根据县扶贫办要求，纳如乡工作重心向精准扶贫工作倾斜。乡成立领导小组。配备专干2人，并制定脱贫计划。2016年完成24户134人的脱贫任务，2017年预计完成231人的脱贫任务，2018预计完成359人的脱贫任务，实现扶贫摘帽目标。全乡围绕“九个一批”，抓脱贫政策的落实。产业扶持方面，依托建筑施工队、合作社、餐饮服务业等内容，三年内完成135户724人脱贫任务。转移就业方面，依靠县人社局开展技能培训和联系就业岗位，三年内完成11户33人脱贫任务，2016年完成培训2人。易地搬迁方面，三年内完成搬迁96户547人，其中（2016年4户25人、2017年92户522人），生态保护环境499人（第一批143人、第二批19人、第三批337人），发展生产115户650人（未落实），发展教育199人，社会保障兜底15户51人，转移就业84人（现还在增加），医疗救助9人其中1人去世，金融扶持135户724人全覆盖。生态补偿岗位方面，2016年确定岗位142户499人，人均标准3000元，完成了149.7万元的资金发放；发展教育方面，确定享受政策贫困户100户175人，医疗救助方面10人（1人去世），社会兜底方面15户51人。结对帮扶方面，2016年确定结对帮扶724对，贫困户户均扶持人达到2名。截至年底，帮扶工作主要围绕认亲慰问开展：借助市发改委驻村优势，积极申报项目，增加贫困户就业渠道，联系本地施工队伍，签订用工协议，保障贫困户优先用工，提升贫困户现金收入。规范贫困户脱贫程序。针对2016年脱贫目标，由扶贫专干入户调研，完成脱贫户收入的人均核算。达到3311元标准的，初步确定为脱贫户，经本人申请，乡党委讨论后，进行集中申报。

【社会综合治理】 年内，设立乡村两级综治管理岗，安排综治管理人员14人，各村成立护卫队：进行人口摸底，建立基础信息库；重点做好流动人口的登记管理，各村对流动人员、不明身份人员做到及时登记上报；根据区委、区政府要求，扎实推进“双联户”工作，划分“双联户”单元41个，选出“双联户长”41名。

【安全生产】 年内，做好一年5次的易燃、易爆排查工作及大、小型施工单位的安全防范工作；安全生产目标分解到双联户单元，层层落实；对各村茶馆、小商铺等做出时间限定，为防止和减少酒后闹事行为，各小商铺、茶馆晚上10点之后禁止营业。

【经济发展】 2016年，全乡经济指标平稳发展：农村经济总收入1502.03万元，农民人均纯收入4296.7元（现金收入3969元）。

【农业】 2016年，粮油总产量2308800万斤，增长在12%左右。全乡耕地面积6261亩。机耕面积765亩，机播面积869亩，2016年良种推广面积2300亩。

【牧业】 截至年底，牲畜总头数11986头（匹、只）；马、牛、驴、羊总配种数为8562头（匹、只），产仔7356头（匹、只），仔成活率98.26%，成畜死亡率0.45%。牲畜出栏2230头，家禽出栏46只。畜牧业副产品产量有所增长，猪肉产量0公斤，牛肉产量50600公斤，羊肉产量60772公斤，奶产量6000公斤，禽肉产量550公斤，鸡蛋产量853300公斤。

【林业】 年内，在各村委设立林业管理岗，无职党员具体到个人负责林业的监督管理。全年完成植树3000株以上，成片造林120亩，成活率达到93%。

【教育工作】 2016年，纳尔乡完小有教师12名，学生234名，班级6个。幼儿园4所，教师2名，入学幼儿76名。年内，小学入学率达99.8%，巩固率100%，初中入学率达100%，巩固率100%。

【卫生工作】 年内，有乡卫生院1所，医护人员5名，村医10名。2016年医疗卫生工作取得新成效，乡政府、乡卫生院积极开展健康教育宣传工作，广大群众健康知识水平明显提高。

（扎西普尺）

【领导名录】

党委书记

旦　增（藏族）

党委副书记、乡长

韩 克 贵（仡佬族）

党委副书记

谭　　军（5月任）

党委副书记、人大主席

旦增罗布（藏族）

纪委书记

谭　　军（藏族，5月免）

尼玛吉拉（女，藏族，5月任）

人武部部长、副乡长

尼玛吉拉（女，藏族，5月免）

副乡长　强巴曲桑（藏族，6月任）

李 晓 军（6月任）

党建办综合办公室主任

李 小 军（6月免）

政法委员、副乡长

白　　珍（女，藏族，6月任）

统战委员、人武部部长、副乡长

赵 俊 傑（5月任）

政务综合办公室主任

赵 俊 傑（6月免）

组织委员、副乡长

余　　洲（6月任）

宣传委员、副乡长

洛桑曲珍（女，藏族）

卫生院院长

索朗顿珠（藏族）

完小校长

边巴欧珠（藏族）

甲措雄乡

【概况】 甲措雄乡位于日喀则市南部，年楚河西岸，距市区12公里，交通四通八达，地处北纬29° 11＇15″、东经88° 56＇3″，东连边雄乡，西临曲布雄乡，北接日喀则市城区，南靠白朗县，总面积471平方公里，全乡平均海拔3890米，乡政府驻地海拔3767米。全乡以农业生产为主，耕地面积45779亩，林地面积24898亩，草场面积504877亩，主产青稞、小麦、油菜等作物，主要饲养绵羊、山羊、奶牛等牲畜。自然灾害主要有干旱、洪涝、风、霜、冰雹等。

2016年，甲措雄乡共2389户、14616人，贫困户139户、498人。有基层党支部28个，其中农村党支部23个，共有党员847人。在职乡干部职工58人，其中乡班子成员11人，平均年龄为36岁，其中行政干部33人，事业干部25人，大学生“村官”2人，工人3人，公益性岗位3人。村“两委”干部129人。全乡辖23个行政村（加木堆、联阿、岗、地那、乃林、上强久、下强久、斯玛、占堆、普奴、塔康、聪雄、奴杰、塔巴、桑阿林、联卓、夏鲁、琼孜、卡堆、普夏、聪堆、塔杰、比杂），共有在编僧尼96人，民间宗教人员28人。有1所中心小学、1所希望小学、2所幼儿园，共有教职工79人，学生1267人，其中学前儿童306人。全乡辖3座寺庙（夏鲁寺、桑珠曲顶寺、塔巴寺），其中夏鲁寺被列为国家重点文物保护单位、AAA级旅游景区。

【干部队伍建设】 2016年，甲措雄乡高度重视干部队伍建设，以深入开展“讲学习、讲忠诚、正风纪、转作风、提效能”活动为契机，重点加强干部职工的日常学习教育，将每周三晚上定为集体学习日，提出抓好党章党规和习近平总书记系列讲话精神学习；在生活上严格要求，乡党委与全体干部职工签订《8小时之外目标责任书》，进一步规范言行举止，保证干部队伍形象；在工作上进一步转变作风，制定干部包村责任制，坚持下访找问题、解困难，每名干部职工做到了每日下村入户两次，密切党群干群关系；在提升工作效能上，明确“谁主管、谁负责”的原则，坚持督查办理和限时办结制度，为全乡各项工作有序高效开展奠定了基础。

【党建工作】 2016年，严格入党审批程序，在递交入党申请书提出入党申请的情况下，首先确认是否符合入党基本标准，例如道德品行、日常表现、婚姻状况和学历等情况，在符合要求的情况下对其入党动机、本人家庭和主要社会关系情况再次严格把关，做好政治审查工作。甲措雄乡28个党支部预备党员转为正式党员19人，发展17名预备党员，培养积极分子37名。针对文明创建工作和公共文明中的薄弱环节，发动党员志愿者深入公共场所参与建设和管理，开展文明交通、卫生保洁、维护公共设施等活动，为建设美丽甲措雄乡开展志愿服务活动。以深入开展“两学一做”为指导，教育引导党员自觉按照党员标准规范言行，坚定理想信念，提高党性觉悟；教育引导党员自觉按照优秀党员标准进一步增强政治意识、大局意识、核心意识、看齐意识，坚定正确政治方向。甲措雄乡党委定期召开“三会一课”及领导班子民主生活会。乡党委班子每半年最少召开一次民主生活会，按照上级有关规定切实提高民主生活会质量，强化民主监督机制，促进党风廉政建设；进一步建立健全党风廉政建设制度和工作制度。规范和完善《党务政务公开制度》《村务公开制度》，从源头上扼制违法违纪案件的发生。

【脱贫攻坚】 2016年，甲措雄乡开展扶贫产业规划调研工作，并结合各村优势，为139户、498人中2016年脱贫的66人扶贫对象申报了产业规划项目，2016年，脱贫57户，135人，产业计划脱贫66人。

【“两学一做”学习教育活动】 2016年，甲措雄乡召集各村党支部书记、驻村工作队长，根据区委统一安排，召开了开展“两学一做”动员部署会。会上要求：全体党员认真学党章党规，以“手抄党章100天”活动为依托，逐条逐句通读党章；以《中国共产党廉洁自律准则》《中国共产党纪律处分条例》等党内法规规范自己的言行。要认真学习以习近平总书记的党中央治国理政新理念、新思想、新战略，要求各村党支部、驻村工作队组织农牧民党员参与“两学一做”学习教育，制订全年学习计划、安排合理时间组织学习，并纳入平日的“三会一课”制度中，使学习教育常态化。做合格党员要以“四讲四有”为标准，结合甲措雄乡实际，全体党员要做到不参与群体性事件，在应急处突工作中模范带头，自觉参与到全乡志愿者活动中，切切实实为农牧民群众做几件看得清、摸得着的实事好事。

【团建工作】 2016年，甲措雄乡着重从团员队伍建设方面，重视发展团员工作，配合团区委开展团员教育培训，组织开展“五四”入团仪式、学雷锋志愿服务等活动，组织青年志愿者开展卫生大扫除、法制宣传等系列活动，将团建工作制度化、经常化、规范化，2016年通过培养和引导，吸收团员17名。

【党风廉政建设】 2016年，甲措雄乡纪委全力协助乡党委建立健全落实党风廉政建设责任制的领导体制和工作机制，严格落实“三转”工作。甲措雄乡党委把党风廉政建设与经济工作同步部署、同步推进，积极推动“两个责任”落实。乡纪委坚持履行监督责任必须对党委负责，围绕党委中心工作谋划和推进执纪监督工作。协助党委健全责任分解、检查监督、倒查追责机制，全面开展党风廉政建设责任制检查考核，强化责任追究，抓好中央“八项规定”和区党委“约法十章”“九项规定”的落实，强力推进“四风”突出问题专项整治，加大执纪检查和惩戒问责力度，确保党委关于党风廉政建设和反腐败工作的各项部署落实到位。

【换届工作】 2016年，是甲措雄乡党委、政府、人大同步换届之年，本着严肃认真、遵守纪律的工作原则，按照市委、区委的统一部署，确保甲措雄乡领导班子换届工作平稳、健康、有序进行。先后制定换届工作实施方案、换届工作应急预案、信访应急预案等6项方案。设立换届工作领导小组、资格审查领导小组等以保证换届各阶段工作中职责分明和有序推进，并在先后召开8次会议安排部署各项任务。以甲措雄乡党委《关于做好召开第一次党员代表大会筹备工作的通知》中规定的代表名额、条件和产生办法，各选举单位认真贯彻民主集中制原则，充分发扬民主，采取自下而上、上下结合的办法进行提名、推荐，确定代表候选人之后，直接采用等额选举办法，以无记名投票方式选举产生党代表101名、人大代表49名。在深入调查研究、广泛听取各方面意见的基础上，认真起草党委、纪委和政府工作报告。甲措雄乡党代会、人代会的胜利召开，圆满完成了此次换届任务。

【安全生产】 2016年，甲措雄乡严格按照上级有关部门的要求，与全乡23个行政村及乡属各单位签订2016年度安全生产责任书，同时，制订全年安全生产工作计划，并严格按计划分步实施各项工作，做到工作有计划、有布置、有落实、有总结，会议有记录，台账齐全，安全生产检查活动做到经常化、制度化，真正做到安全责任层层分解，安全职责人人明确，从而实现甲措雄乡安全生产长效监管机制，确保了安全生产工作的顺利进行。

【经济发展】 截至年底，甲措雄乡粮油总产达4395.2万斤，实现机械化耕地面积34865亩、机械化播种29500亩、机械化收割面积20367亩，牲畜存栏总数为38740（头、只、匹）。

【推广新品种】 2016年，甲措雄乡确定一级种子田1300亩，包括上强久村“喜拉22号”700亩、“山冬7号”100亩，岗村“藏青2000”500亩；二级种子田9500亩，其中“喜拉22号”7100亩、“藏青2000”1400亩、“山冬7号”1000亩。

【基础设施建设】 2016年，甲措雄乡318国道环城线途径桑阿林、上强久、奴杰、塔杰等村，在乡境内总里程为16.5公里，随着318国道环城线的修建，将极大改善甲措雄乡东面10个村的交通环境，为群众增收致富带来便利的条件。机场快速通道项目、特色小城镇建设工作有序推进，同时配合完成珠峰开发开放试验区拟征地测量工作。在农牧、国土、农发等行业部门的帮助下，甲措雄乡完成了塔杰村至岗村的高标准农田建设，完成了下强久、上强久、比杂村1300亩的土地开荒，完成了卡堆村至塔康村农发项目的测量设计等多个项目。2016年，甲措雄乡还配合农发部门完成总投入1800余万元的加木堆村、聪堆村等五村高产创建项目和甲夏水渠建设项目；争取援藏资金46万元，完成普夏村780米的农田饱灌项目；出动群众700余人次，对解放水渠集中开展三次大规模清淤；配合水利局完成23个行政村人畜饮水改造项目勘测。

【林业工作】 2016年，按照市委、市政府和区委、区政府打造204省道绿色通道工程的总体要求，甲措雄乡党委、政府结合实际，配合市、区林业局同步开展造林植树工作，在204省道沿线村种植榆树、左旋柳、杨树等10229株的基础上，甲措雄乡集中在夏鲁村开展772余亩的公益林造林项目。

【民生保障】 2016年，甲措雄乡在民政救助工作中已完成了516名残疾人的建档工作，对分散供养15人，集中供养7人和15名孤儿进行了妥善安置。

【教育工作】 年内，甲措雄乡辖1所中心小学、1所希望小学，教职员工79名，共有在校生1267人，小学入学率达100%；2016年，乡辖区共有9所幼儿园，学龄前儿童306人入园接受教育。

【新农合和新农保收缴工作】 2016年，新型农村合作医疗保险参合人数为13990人，其中“五保户”有22人，参合率达到100%，总缴费金额为926400元。

【环境整治】 2016年，甲措雄乡不定期开展环境卫生大清扫活动。组织甲措雄乡党员干部在甲措雄乡政府大院、204省道、年楚河支流河道、村级卫生情况等范围内开展环境卫生整治，引导广大农牧民破除陈规陋习，树立“讲卫生、美环境、树新风、促发展”的良好意识，人人都参与到建设“和谐、文明”甲措雄中。全年共投入人力12000余人次，清理垃圾600余吨。

【**精神文明建设**】 2016年，甲措雄乡制定文明评选条件，加强公民思想道德建设；开展丰富多彩的文化活动，加强群众思想教育引导，转变观念，营造文明和谐的节日氛围，在全乡广泛开展群众性节日民俗、文化娱乐、体育健身、爱国卫生和科普宣传活动。年内，共开展群众性活动6次，参与群众达12000人次。尤其是文化娱乐、法制宣传、文明创建、参观学习、红歌比赛、红色之旅、新旧对比系列活动，反响强烈。

（王虹霖）

【**领导名录**】

党委书记
张　广

党委副书记、乡长
普　布（藏族）

党委副书记 鲍海山
徐雅东

党委委员、人大主席
卫　国（藏族）

纪委书记
索　珍（女，藏族，5月任）

政法委员、派出所所长
桑　珠（藏族）

统战委员、宣传委员、副乡长
琼　达（女，藏族，5月任）

组织委员、副乡长
边　多（藏族）

党委委员、人武部部长、副乡长
边巴次仁（藏族）

副乡长 格桑德吉（女，藏族，5月任）

卫生院院长
旺　堆（藏族）

中心小学校长
仁　多（藏族）

希望小学校长
仓木拉（藏族）

江当乡

【**概况**】 江当乡位于日喀则市东部，雅鲁藏布江南岸，距市区约45公里。318国道、拉日铁路、日喀则和平机场，以及正在修建的和平机场至日喀则市高速公路贯穿全乡，交通和区位优势明显。乡政府驻弄日村，辖15个行政村（江当、曲夏、培热、嘎藏、扎宗、雄卓、拉康、康国、龙桑、汤麦、甲玛卡、郭加、弄日、雪琼、雷贵）。土地总面积304平方公里，平均海拔3806米。

2016年，全乡共有855户，5805人，其中女性2849人，劳力3297人。耕地面积17540亩，实播面积21224亩，草场面积267992.1亩，牲畜总数26460头，人均收入7504.88元，集体经济2个，年收入29万元。

【**干部队伍建设**】 年内，江当乡干部50名，其中女性24名，党委委员7名，行政编制16名，专业技术人员19名，工人1名，聘用干部1名，临时工1名，具有高中及以下学历2名，大专学历8名，本科学历31名，研究生及以上1名，大学生“村官”4名，35岁以下47名；村（居）干部总数76名，其中党支部书记8名，主任8名，“一肩挑”7名，委员55名其中具有小学及以下文化程度71名，初中文化程度4名，贫困村干部8名，有技能的村干部26名，致富带头人10名；35岁以下8名，36~55岁以上46名，56岁以上22名；党员412名，预备党员9名，积极分子90名，贫困党员20名，党员致富能手10名，“三老人员”91名，（老党员30名，老干部61名）退伍军人19名，村党员386名，机关党员26名，党员队伍中具有中专及以上文化程度26名，高中文化程度0名，初中文化程度78名，小学及以下文化程度308名；35岁以下106名，36~55岁以上264名，56岁以上42名。

【**党建工作**】 年内，江当乡认真履行党建工作第一责任人职责；强化村干部队伍建设；抓实村干部激励考核资金发放，切实发挥激励带动作用；

抓实从优秀村党支部书记中选拔乡镇公务员工作；开展“万民村干部素质提升工程”；及时完成党费收缴及党费专项检查工作；抓好党员教育培训工作；开展党员党组织关系集中排查工作；强力整顿软弱涣散党组织；定期召开领导班子民主生活会。

【脱贫攻坚】 年内，江当乡“十三五”期间共有贫困户234户1014人，涉及15个行政村，2016年脱贫涉及13个行政村62户285人，其中因死亡6人、4户撤销建档立卡贫困户，最终共230户1008人。2016年，江当乡引导贫困户、教育贫困户，通过利用“九个一批”脱贫致富策略，主动对接相关单位给予脱贫方式方法，基本实现2016年脱贫标准线3311元。

2016年除基本惠民利民政策之外，仅脱贫政策补助每户都能享受，年内，全乡转移就业22人其中2016年脱贫户16户16人。易地搬迁共120户552人，光伏城镇搬迁39户166人，其中2016年脱贫易地搬迁4户24人，光伏城镇搬迁23户109人。参加生态岗位共有672人，其中2016年脱贫户第一批31户74人、第二批39户76人，第三批27户36人享受生态岗位政策，共186人享受折合人民币2016000万元整。金融扶持政策2016年脱贫59户282人全部办理，贷款手续逐步进行。扶持教育工作对接完毕，政策全面落实，共计大学生20人享受筑梦资金，筑梦政策。

【“两学一做”学习教育】 年内，江当乡以“两学一做”活动为契机，全面提升干部职工理论素养，同时助推和检查各项日常工作。截至年底，全乡党员均完成《党章》学习，撰写心得体会，尤其是机关支部每个党员的读书笔记均在5000字以上，心得体会4篇以上，交流讨论3次、组织生活会3次。

【团建工作】 2016年，江当乡着重从团员队伍建设方面，重视发展团员工作，配合县团委开展团员教育培训，组织开展“五四”入团仪式、学雷锋志愿服务等活动，组织青年志愿者开展卫生大扫除、法制宣传等系列活动，将团建工作制度化、经常化、规范化，全年通过培养和引导，吸收团员18名，共有共青团员84名。

【党风廉政建设】 年内，召开江当乡党风廉政建设和反腐败工作部署及推进会议，安排部署2016年党风廉政建设工作，制订《2016年党风廉政建设工作计划》，层层签订《2016党风廉政建设责任书》，在全乡范围内开展了廉政谈话活动，强化对中央八项规定、《中国共产党廉洁自律准则》《中国共产党纪律处分条例》和典型案例的学习。

【宗教佛事活动】 年内，乡党政主要领导深入恩贡寺佛事活动举办地进行检查，要求寺管会做好佛事活动期间的安全，并要求寺管会、乡综治办、派出所制定切实可行的维稳方案，加强领导，提高认识，做到藏历新年佛事活动期间不出任何问题。

【换届工作】 年内，为确保换届工作依法、有序地开展，江当乡成立工作领导机构、制定工作实施方案；严格程序、规范操作；突出重点、精心组织。同时建立健全乡领导干部联系指导选区工作制度。为畅通监督渠道，严肃换届纪律。乡党委、纪委组织全乡干部、各村“两委”成员集中学习换届纪律要求。

【安全生产】 年内，严格落实安全生产目标，强化安全生产责任，与各村签订2016年安全生产目标责任书，严格落实安全生产目标管理责任制和各项防范措施，在重大节假日、敏感日期间，组织乡干部职工开展安全生产的宣传教育活动，并发放交通法规宣传册，多次对江当乡完小、饭馆、个体户商店食品安全排查，给人民群众创造一个安全、放心、健康的生活环境；同时，全面排查江当乡各施工单位安全存在的隐患，与乡驻地所有施工队之间签订安全生产合同协议，江当乡干部职工定期不定期到每个村，对每条公路、每项工程项目、每座桥梁进行排查，尤其对容易引发事故的隐患点，因地制宜制定整改措施，向村民讲解宣传危险路段、桥梁的安全注意事项，较好地做到排查、整治隐患、杜绝新隐患的目的。加强采石采砂现场的安全隐患排查工作，经常深入现场进行督导检查，及时发现安全隐患，切实保证采石采砂安全；在乡政府职工周转房及郭加村新农村建设施工等建筑领域施工过程中，通过与施工队签订安全目标责任书、施工现场隐患排查等方式加强施工过程中的安全。

【农牧工作】 年内，江当乡农作物实播面积为21224亩，粮油作物种植面积15918亩，产量达到942.82万斤，其中粮食产量达852.68万斤（青稞产量达到794.37万斤、小麦产量达到58.31万斤）、油菜产量达到90.14万斤；经济作物种植面积为3183.6亩，产量达到1126.7万斤，其中土豆产量达到735.6万斤；饲草种植面积为2122.4亩，产量达536.68万斤，其中青饲料产量达到485.36万斤、其他饲料产量达到51.32万斤；加大种子田建设力度。乡党委、政府十分重视种子田建设工作，争取并推广种子田的种植工作，也将此项工作作为农牧民群众增收的一条重要渠道。2016年，全乡共种植一级种子田“藏青2000”2600亩，种植“喜拉22号”2000亩；全乡种植种子田共计4600亩。连片种植拉孜小油菜1050亩，扩大紫花苜蓿种植面积7650亩，燕麦草1230亩。

【畜牧业】 年内，牲畜存栏数316702头，同比增长2%；适龄母畜141092头，同比增长2.1%；出生仔畜106080头，成活率93%；牲畜总增数765头，出栏数109086头。肉产量521528吨、奶产量12090.95吨、绵羊毛产量100.71吨、山羊绒产量12.62吨，蛋产量0.028万吨；草场工作方面及时完成牲畜清点及资金兑现工作，并及时发放人工种草草种。由于制度健全、机制完善、工作认真，得到市草场办的高度肯定，并顺利通过市区两级验收。

【林业工作】 年内，江当乡在区林业局的牵头下在铁路沿线开展植树造林800亩项目，该项目的实施很大程度上解决了铁路沿线及附近村庄农田、草地沙化问题；与33名管护人员签订管护责任书，制作管护人员标示，明确奖惩，激励管护人员尽职尽责，充分发挥自身职能；加大对黑劲鹤、雪豹、獐子、赤麻鸭、黄鸭等野生动物的宣传保护力度，充分营造出了保护野生动物的良好氛围。

【民生保障】 年内，认真落实民政优抚救济各项政策，以结对帮扶、提供信息、技术服务、多方筹资方式，解决好群众五难问题；认真兑现低保金、伤残金、“五保”补助费、军属慰问费；为切实让贫困家庭享受到国家给予的优惠政策，江当乡政府抽调专人，开展全乡各村低保户调研，认真核查贫困户、“低保户”“五保户”基本情况，确定全乡共计低保51户、人数212人；“五保户”18户、人数18人。

【教育工作】 年内，江当乡党委、政府切实履行对教育工作的职责，取得可喜成绩。控辍保学工作成绩显著，江当乡全年小学阶段年辍学率控制在0%以内。整治校园环境，营造良好教书育人环境，对学校校舍安全的检查；对学生学习生活中的安全检查；对中小学各食堂的食品药品安全的检查；对校车安全承载进行检查，保持全年学校无安全事故的出现；乡干部积极联系内地有爱心人士开展“献爱心”活动，为学校500多名学生捐赠500多套校服，总价值8万多元，让中心小学学生穿上了统一校服。郭加新村村干部发挥社会作用，联系爱心人士不断为村里儿童寄来衣物、书籍、玩具等。加强学前教育点、学前班管理分管领导同小学校长经常到全乡另外8个学前教育点进行检查工作，发现不规范的地方限期整改，并定期进行督促落实，有效地促进全乡幼儿园的规范管理，食品按时发放，没有发生幼儿园的安全事故。

【新农保收缴工作】 年内，不断加大新型农村养老保险宣传和收缴力度，截至年底，江当乡新型农村养老保险已全面完成收缴任务，参保人数共2772人，收缴资金共329400元，待遇领取人数共494人，占适龄参保人总数的94%，全年共兑现基础养老金897771.2元。

【环境整治】 年内，乡政府及各驻村工作队以横幅、宣传展板、宣传活动等形式对村民进行环境保护知识及有关法律法规宣传。通过宣传教育，广大群众环保意识得到增强，给党委、政府开展环保工作提供好的建议。各项环保方案制度不断完善本年制定《桑珠孜江当乡环保工作计划》《桑珠孜区江当乡各村环保工作目标责任书》《桑珠孜江当乡环境保护管理制度》《桑珠孜区江当乡环境保护应急预案》，并建立各类卫生台账，通过网格化的划分和管理，江当乡政府及各村环境面貌得到了改善，群众生活环境得到了改善，真正做到路净水洁。环保专项整治行动成效明显；对全乡无正规手续滥挖滥采砂石“黑工坊”进行细致的摸底工作，有效打击非法采砂行为；对甲玛卡、弄日、汤麦等村的雅江流域黑颈鹤栖息地定期进行巡察，排查隐患，为黑颈鹤提供适于生存的环境。江当乡争取联合区林业局在铁路沿线植树八十多亩，树苗存活率良好；大力跟进乡辖区开工项目进度，监管生态安全。

【精神文明建设】 年内，加强组织领导，落实精神文明工作、强化理论学习，确保理论武装到位，狠抓中心组学习规范化、制度化建设。坚持领导干部“微党课”制度；利用“道德讲堂”开展丰富多彩的素质教育，将道德讲堂作为提高乡机关干部及村“两委”班子素质，丰富乡机关干部的业余生活；抓好舆论引导，传播凝聚正能量，弘扬社会文明，践行核心价值观。活动丰富，文明创建有成效；深入开展群众文化活动，围绕“3·28”西藏百万农奴解放纪念日、中国共产党建党95周年、西藏和平解放65周年等重大节庆活动，开展形式多样、内容丰富的群众性文化活动；乡属单位与各驻村工作队之间开展足球友谊赛；开展妇女活动，加强妇女参与社会事务的积极性，2016年牵头各驻村工作队全面开展巾帼志愿服务活动；开展美丽乡村、洁净乡村行动。坚持走经济发展、生活富裕、生态文明的可持续发展道路，建立美丽乡村。大力开展爱国卫生运动，落实“门前三包”责任制，定期组织卫生打扫与检查工作。

【灾后重建】 年内，江当乡确定灾后重建村为龙桑村，重建形式为整村推进形式共有22户。按照区委、区政府的要求，江当乡在项目实施之初先是将宣传做到位，让村民感受到项目的实惠性，积极配合项目的实施；考虑到龙桑村的实际困难，乡党委、政府尽自己最大能力向当地村民解决一万斤种子，560根方木，并协调相关部门解决80余个帐篷，大大缓解了建房过程中原材料紧缺，住房难的现象；为节约成本、保证施工质量、让当地群众实现最大化收益，龙桑村灾后重建项目采用组织8个农民施工队与群众合作建房的模式进行。

【光伏+生态设施建设】 桑珠孜区光伏+生态设施农业产业示范园区建设项目是江当乡“十三五”开局之年重点项目之一，该项目总规模为6.5万亩，其中包括光伏发电。光伏储能、畜牧养殖、设施农业、休闲观光旅游业，项目完成后能提供两万人固定就业岗位，江当乡高度重视项目开展，专门成立工作小组负责项目推进；及时做好当地群众的思想工作，以召开村民大会，广告宣传展板等形式大力宣传项目内容及实施效果。在雇佣民工、机械设备等方面优先考虑当地群众，为避免矛盾，乡政府作为中间调节者，施工方不得私自找其他地方的民工和使用其他地方的器械，项目实施未出现一起群众上访事件；及时衔接青岛昌盛日电集团和山东力诺集团两家公司做好项目衔接工作，确保项目如期施工；监督项目工程质量，要求在不耽误工期的同时不能出现豆腐渣工程。

（索朗卓嘎）

【领导名录】

党委书记

巴桑次仁（藏族，5月免）

扎西顿珠（藏族，5月任）

党委副书记、乡长

高 振 山

人大主席

琼 达（藏族）

党委副书记、纪委书记

赵 德 顺

党委副书记

给 贵（藏族，5月任）

纪委书记

赵 德 顺（5月免）

晋美朗杰（5月任）

组织委员、宣传委员、副乡长

赵 宏（5月任）

政法委员

给 贵（藏族，5月免）

洛 桑（藏族，5月任）

人武部部长、副乡长

索朗旦扎（藏族，5月免）

统战委员、人武部部长、副乡长

达 娃（女，藏族，5月任）

副乡长 孙 庆 庆（5月任）

卫生院院长

德吉措姆（女，藏族）

完小校长

达瓦占堆（藏族）

聂日雄乡

【概况】 聂日雄乡位于雅鲁藏布江南岸，日喀则市北部，西北连谢通门县，西南靠萨迦县，平均海拔3840米，年平均温度6.3摄氏度，距离日喀则市区8公里。全乡共16个村（居）其中山沟村、平坝村各8个，共918户、5666人，其中女性2772人，劳力3461人，贫困户181户，“低保户”38户。

聂日雄乡总面积440平方公里，耕地面积约25110亩，草场面积约436287.04亩。2016年，聂日雄乡粮食作物约16779亩，其中青稞种植面积11902亩、小麦面积4830亩、荞麦47亩，经济作物播种面积3055亩、饲草面积3000亩。2016年，聂日雄乡牲畜总数36135，大畜7287，牛4566，牦牛2220，犏牛230，马182，驴89，猪628，山羊10760，羊18088，鸡17348。人均收入9900元，集体经济8个，年收入39.3万元，农民专业合作社4个。主要自然灾害有干旱、洪涝、风、霜、冰雹等。

【基层党建】 2016年，聂日雄乡乡党委第一时间成立党建工作领导小组，制订全乡基层组织建设计划和2016年度党建工作实施方案，召开了全乡2016年党建工作安排部署会和党建工作推进会议5次，并与各村签订2016年度党建工作目标责任书，明确党委班子成员的职责分工，在全乡形成一级抓一级，层层抓落实，齐抓共管党建工作的格局。2016年，组织驻村工作队、村党支部书记、第一书记和大学生“村官”召开年度计划工作会3次，组织召开工作述职大会2次，对各村党建工作累计督导检查10次。聂日雄乡积极打造特色基层党建品牌，即三个共建（军地共建、企村共建、青岛联谊结对共建）、两个主抓点（抓党员、村干部）和一个整顿（软弱涣散基层党组织整顿）。先后开展农牧民种养殖技术培训、军民文化娱乐活动、道路维修等一系列共建活动，驻地部队以实际行动参与“两江四河”生态造林、灾后恢复重建等重大活动，赢得驻地干部官兵和群众的一致好评。驻地部队开展扶贫帮困活动，每个连队结对帮扶1个村、每名连级以上干部帮扶一名贫困学生，截至年底，连级以上军官已与13户贫困家庭结成结对帮扶对象，与13名贫困大学生每人每学期帮扶生活费2000元，得到贫困户的一致好评。通过与西藏萨拉实业有限公司党支部积极开展企村共建活动，结合整村推进有利契机，促成该企业与聂日雄乡贡村开展结对共建整村推进活动。该企业以每户13万元为27户搬迁户修建176平方米的民房，并免费为每户购置藏式家具一套，实现了企村共建结硕果。联谊结对共建有序推进。根据区委组织部统一安排部署，聂日雄乡与青岛即墨市大兴镇联谊结对共建活动。

【干部队伍建设】 年内，聂日雄乡将“两学一做”活动与“讲学习、讲忠诚、正风纪、转作风、提效能”主题活动、党员教育培训活动、“三会一课”制度、民主生活会、组织生活会等紧密结合起来，依托“手抄党章一百天”“两学一做”演讲比赛、乡党委理论中心组学习制度等载体，认真学习《习近平总书记建党95周年重要讲话》等上级领导重要讲话及文件精神，坚持做到学以致用，以用促学，致力于提高党员干部的政治觉悟和自身素养，通过明确学习任务、找准存在问题、持续整改等方式，真正把学习效果转化为推动各项工作的强大动力，确保“两学一做”活动取得成效。2016年，乡党委组织召开专题民主生活会2次，乡机关干部职工集体学习30余次，各村党支部学习81次。

【驻村工作】 年内，严格落实驻村“5+3”工作任务和村党支部第一书记5类25项、大学生“村官”管理等制度，实行乡党委书记和党建专职副书记各对接一名大学生“村干部”的帮教和管理方式。同时积极鼓励大学生“村干部”创业，带领群众致富。截至年底，聂日雄乡已有两个大学生“村官”创业项目。在村干部教育管理上，聂日雄乡以开展村干部综合素质提升工程为契机，大力宣传村干部经济待遇、优秀村支部书记、主任推选乡镇公务员及村干部考核奖励机制等相关政策，鼓励村干部全身心投身到新农村的建设中来。同时进一步做好“三个培养”和后备干部选补工作，2016年，全乡累计充实后备干部36人，为全乡经济和社会发展提供了坚强的后备力量。连续两年成功将两名优秀村党支部书记推选为乡镇公务员，2016年，帕冲村党总支书记扎西格桑顺利通过一系列考察程序，再次成功入选乡镇公务员，实现“三年成功推选三名乡镇公务员”的目标。全年共发展党员10人，吸收入党积极分子13人、预备党员转正7名；开展好党员志愿服务活动。通过开展义务投劳、维修村道、大扫除、送衣物、送医、化解矛盾纠纷等一系列党员志愿服务活动，严格按照组织领导到位、服务水平到位、服务保障到位、派单效率到位、宣传舆论到位、群众满意度到位（“六个到位”）的服务标准，彰显党员先锋模范形象。

【党建工作】 年内，使全乡党建工作与经济社会发展融为一体，切实为全乡经济社会发展提供了坚强的基层组织保证。在2016年党建工作中，新一届乡党委领导班子以打造“五大基地”（即“娘麦”青稞种子基地、绿色生态基地、党员干部素质提升基地、军民共建基地、党员志愿服务基地）为抓手，以点带面，全面铺开。截至年底，“五大基地”建设均取得了一定的成效，有效推动了全乡各项工作扎实开展。

【换届工作】 年内，按照桑珠孜区委对乡级换届工作的统一安排部署，乡党委严格按照换届要求，加强组织领导，提高认识，广泛宣传，严肃换届纪律，推选83名党代表和42名人大代表，圆满召开中共桑珠孜区聂日雄乡第一次代表大会和第二届人代会，成功选出乡党委、人大、政府新一届领导班子共11人，完成了各项换届任务。新一届领导班子新当选的党委委员平均年龄34岁，文化程度全部为大专以上。通过换届，乡党委班子成员结构进一步优化，干部素质进一步提升，为民服务的能力进一步增强。

【党风廉政建设】 年内，聂日雄乡党风廉政建设工作主要围绕乡党委、政府中心工作，讲政治、讲大局，切实把组织建设、思想建设、作风建设贯穿于各项工作之中，以完善制度为抓手，以强化监督为保证，落实党风廉政建设党委主体责任和纪委监督责任，推动党风廉政建设向纵深开展。以“两学一做”学习教育活动，认真组织乡、村两级干部学习中央“八项规定”精神和《中国共产党廉洁自律准则》《中国共产党纪律处分条例》等相关法律法规；组织学习各类侵害群众利益的不正之风和腐败问题等违反中央八项规定精神的案例，促使广大党员干部始终绷紧廉洁这根弦，坚持从自身做起，从小事做起；进一步完善各项规章制度，坚持以制度管人、管事。严格规范公车管理，严禁公车违规使用，严禁出现公车私用现象，乡纪委同乡后勤服务中心联合制定《聂日雄乡人民政府公务车辆管理制度》，制作《聂日雄乡人民政府车辆使用登记本》《派车单》《车辆维修申请表》等，确保行车安全，提高用车效率，保障乡政府工作正常运转，节省车辆使用开支。严格公车、规范公车的做法得到了上级纪委的充分肯定；强化宣传力度，提高群众参与；落实“两个责任”，党委主体责任得到充分发挥。将党风廉政建设和反腐败工作与全乡重要工作结合起来，做到同谋划、同部署、同落实；纪委监督责任真正履行到位，规范“三资”，严格监督。

【经济发展】 年内，立足优势，聂日雄乡积极打造和发展“娘麦”青稞种子。为确保“娘麦”青稞种子优质、高效，积极打造桑珠孜区“娘麦”优质青稞种子品牌，乡政府强化措施，加大对青稞种子及种子田的管理力度。除加强对青稞种子的精选、包衣、管理等外，乡政府连同合作社对青稞种子长势、管理等方面召开每月研判会、评比打分会等，及时研判形势，发现问题，及时解决，各村形成你追我赶的良好态势，确保将青稞长势不良隐患消除在萌芽状态，确保“娘麦”青稞种子品佳质优。同时，乡政府及时与8个种子田行政村签订目标责任书，下指标、定任务，强管理、重督导，在2016年降水量创历史新高的情况下青稞长势喜人，品质兼优，顺利通过了自治区和市农牧部门的验收，并给予高度评价。2016年，已向全区出售“藏青2000”“喜拉19号”“喜拉22号”等不同品种青稞种子130余万斤，销售总额达321.14万元。

【基础设施建设】 年内，聂日雄乡加大力度加强农田水利设施建设，为农牧业持续发展保驾护航。为保证农业增产增收，2016年，雨水较多，恶劣天气频繁，根据聂日雄乡各村水利设施欠缺的实际情况，乡政府多方筹措防汛设施（铁丝60吨、编织袋2.6万个），对8个山沟村维修总长达800米的防洪设施，防止山洪暴发致使农田毁坏。为保证农田得到有效灌溉，乡政府组织各村“两委”干部及党员对“多吉荣”水渠清淤达6000多米，在贡村修建400米防洪坝（属灾后附属工程），以避免灾后重建27户房屋遭受洪水威胁。聂日雄乡先后实施投资57.3万元的加列、格地村水渠建设项目，投资达23.75万元的帕冲村人畜饮水工程；甲庆孜村水渠建设项目，新建水渠1.35公里，总投资31.35万元。同时加大机井的建设力度，累计修建加列村、康萨村等5个村抗旱机井6眼，共投入资金186万元。

【脱贫攻坚】 “十三五”期间，全乡贫困户共137户649人（其中一般贫困户44户254人，低保贫困户92户394人，“五保户”1户1人），占全乡总人口的11.8%，异地搬迁户共62户333人，贫困户家庭中涉及学生153人，社保兜底户28户55人；2016年培训转移就业32户32人；“十三五”期间建档立卡贫困户需医疗救助52户64人。全乡计划脱贫18户121人，实际脱贫23户149人；年内，计划易地搬迁4户24人，实际完成易地搬迁7户39人（全部为贡村），截至年底已动工24户143人。2016年，全乡生态补偿资金共150.3万元，涉及501人，第一批生态补偿资金已发放386人115.8万元，还剩34.5万元共115人（全部为取消的低保户），第二批生态补偿资金18人5.4万元。聂日雄乡16个行政村共有贫困户181户，909人，致贫原因主要有因地致贫、因学致贫、因病致贫、无劳力致贫、无技术致贫、无产业扶持致贫等，根据致贫原因，聂日雄乡扶贫办已将贫困户信息统计，建立一户一档，对各户制定扶贫计划，已将相关资料上报上级扶贫办，待扶贫措施实施当中。扶贫工作具体措施已在稳步推进中，乡党委政府立足实际，以“九个一批”“八个到位”“七个精准”为原则积极落实各项扶贫措施，全面落实结队帮扶精准扶贫“3211”行动。

【生态建设】年内，“两江四河”生态造林工作在聂日雄乡是史无前例，自聂日雄乡格地至加庆孜段被确定为“两江四河”生态造林试点以来，为实施好造林工作，努力做到生态脱贫。聂日雄乡在区委、区政府的统一安排部署和市、区林业局的具体指导下，历经3个月、投工投劳38000余人次，在雅江流域种植新疆杨、榆树、细叶红柳等五个品种50万株，实现造林面积9690亩，树苗成活率达到95%以上。

【灾后重建】贡村是聂日雄乡“4·25”灾后恢复重建整村推进村，共涉及民房新建户数27户153人，建设总面积达48.2亩。民房建设户型共分为两种，房屋建筑面积均为180平方米，其中E户型18套（4户原址重建），每户建筑面积（含院子）600平方米；H户型9套，每户建筑面积（含院子）400平方米。自4月28日贡村“4·25”灾后重建整村推进工作启动以来，乡党委、政府指派专人现场负责，跟踪监管，确保灾后重建各项工作有序推进。在项目实施过程中，乡党委、政府立足实际，协调重建办为群众配置了4台打砖机，2台搅拌机，新修水塔1座和800米的简易道路1条，配备帐篷、水管等，协调其他施工队援助免费提供院子施工所需砂石料1000方，水泥30余吨，大门27套。为项目的顺利实施奠定了良好的基础。整村推进27户民房建设、围墙建设已经完工，12月20日，聂日雄乡王震书记主持召开贡村灾后重建整村推进搬迁入住仪式。

【民生保障】年内，聂日雄乡及时成立以乡政府乡长为组长、分管乡长为副组长、村“两委”主要负责人、驻村队长为成员的领导小组，按照“严格落实主体责任、认真开展核查认定、严格把好五个关口、切实把握“四个重点、严肃责任追究”等五个方面的要求，按照“谁调查、谁签字，谁审批、谁签字，谁签字、谁负责”的原则，拉网式入户排查、重新确定“低保户”、建立档案、严肃查处“人情保”“关系保”“错保”“漏保”“轮流坐庄”“平均分配”等问题，推行阳光低保。经过两个多月的审核，截至年底，全乡“低保户”有38户110人，没有发生一起矛盾纠纷和上访事件。

【安全生产】年内，乡党委、政府根据聂日雄乡实际，明确工作重点，强化工作措施，确定工作思路，成立安全生产、道路交通、食品安全、消防安全等一系列领导小组，对安全生产工作以定期与不定期相结合的形式进行专题会议研究，在新形势下安全生产工作的新特点、新要求，始终保持清醒的头脑，认真总结经验教训，深入研究分析安全生产工作中存在的突出矛盾和问题，充分认识做好安全生产工作的长期性、紧迫性和艰巨性。根据区委、区政府安全生产工作的要求，聂日雄乡明确了主管领导和班子成员的责任分工，真正做到安全生产工作有目标、有措施，人人有任务、人人有责任，使安全责任在基层发挥作用、产生效果。

年初，乡党委、政府把道路交通、公共聚集场所、烟花爆竹、企业、学校、学生接送车辆、农村用电安全设施、消防安全设施、企业等场所作为专项整治重点，乡综治办不定期对各村、学校、企业进行安全生产检查，对存在隐患单位发送整改通知书，责令限期整改，全年共进行各类检查10余次，发放整改通知书35次，已全部整改到位。

【教育工作】年内，聂日雄乡成立以聂日雄乡乡长为组长的领导小组，经常到乡中心校和甲庆孜完小指导检查工作。两所学校充分认识到抓好德育工作是学校工作中的重中之重的重要角色。在实际工作中，学校坚持“乐教笃学、尚德树人”的大方向，在建立健全学校德育工作组织机构，制定切实可行的德育工作计划的基础上，仍全力贯彻德育建设的基本路子。即：以课堂学科渗透为主渠道，以日常养成教育、激励式教育、为主要巩固形式，以专题德育教育为主要强化手段，全方位，多层次地开展立体教育。在实际工作中，坚持养成教育，黑板报，校园网站，升旗仪式，每日一唱，班队会等相对稳定的德育教育形式强化学生的德育意识。通过不懈的坚持，学校的校风校纪比往年有了彻底的改观。

两所学校的领导班子都坚持“抓管理，求质量，争名校”的办学目标，坚持“深化课堂教学改革提高教学质量，以“热爱学生，教书育人，为人师表，严谨教学，实中求新，新中抓实”的教风要求教师，使学校的管理工作有了很大的转变。

【医疗卫生】 年内，聂日雄乡卫生院共有职工7名；卫生院内设有门诊、病房、产房、疾控室、藏医门诊、药房等基本服务单位，能够满足聂日雄乡农牧民的基本就医条件；全乡共有16个行政村、共32名村医。

2016年，乡卫生院及村卫生室共接诊门诊患者9139人次；共接诊住院患者11人次；门诊上缴药124346.76元，现金药费62949.98元，核销药费61396.78元。在桑珠孜区疾控中心的指导下，开展好全乡的疾病预防控制工作，全年，无重大疫情和突发公共卫生事件发生，同时，疾病预防控制工作取得了很好的成效，另外卫生院在计划免疫工作情况、传染病上报、疫情监测工作情况、地方病的防治工作情况、艾滋病的防治工作、突发公共卫生事件应急处理工作情况等方面都准备了相关方案、严格按照相关文件规定和精神按时完成工作、保证工作质量。

（寇　丹）

【领导名录】

党委书记

王　震

党委副书记、乡长

拉巴琼达（藏族）

党委副书记、人大主席

拉巴顿珠（藏族，6月免）

党委委员、人大主席

次仁卓嘎（女，藏族，6月任）

党委副书记

杨　涛

纪委书记

米玛普尺（女，藏族）

政法委员、派出所副所长

边巴普赤（女，藏族）

组织委员、副乡长

苏金兰（女，藏族）

宣传委员、副乡长

达娃卓玛（女，藏族）

统战委员、副乡长、人武部部长

索朗旺堆（藏族）

副乡长　张文竞

人大副主席

历　茗（女）

卫生院院长

扎西卓玛（女，藏族）

中心小学校长

普布次仁（藏族）

甲庆孜完小校长

米　仓（女，藏族）

城南街道办事处

【概况】 桑珠孜区城南街道办事处地处日喀则市区中南部，平均海拔3836米，地处河谷地带。最冷月平均气温2℃～12℃，最暖月平均气温10℃～18℃，平均气温6.3℃，四季日照时间长，日光充足。

桑珠孜区城南街道办事处辖曲荣美达路以南区域，总面积90平方公里，是历代班禅大师的驻锡地，也是日喀则市委、市政府以及桑珠孜区委、区政府所在地。辖区面积占整个市区的3/4，市区98%的党政机关、部队、企事业单位、商场、餐饮娱乐场所都分布在辖区。全处下辖8个社区，共有16120户38090人，有藏族、汉族、回族等十多个民族共同聚居。街道办事处和8个社区共有干部职工116人，其中干部82人、工人26人、聘用干部1人、临时工7人。街道党工委下设10个党支部，其中社区党支部8个，机关党支部1个，企事业党支部2个，共有党员362人。

2016年，经济总收入46002.17万元。农民人均收入13071元，市民人均收入14546元。辖区内教育和医疗资源丰富。教育资源主要有日喀则小学、桑珠孜区第一小学、第三小学、市高级中学、第二高级中学、上海实验学校、市职业技术学校等七所学校，适龄儿童入学率99%、初中入学率98%、巩固率100%。医疗资源主要有市人民医院、市藏医院、市妇幼保健医院、桑珠孜区人民医院、八医院等。2016年，参加农村合作医疗保险3779人，参加城镇养老保险2226人，参加新农保1356人。城镇低保户共147户400人，农村建档立卡户247户692人，总计394户1092人。通信信号全辖区覆盖，金融服务业发达，有建设银行、农业银行、中国银行等个银行营业网点，辖区内群众生活、生产设施齐备。

【干部队伍建设】 年内，认真组织党员干部学习、宣传党的各项方针政策，充分发挥党支部的战斗堡垒作用和党员的先锋模范作用，统一党员干部的思想；强化政治理论学习，年初制定街道党工委的年度学习计划及学习手册，并结合“两学一做”和“四讲四爱”主题活动，做到学习有记录、有讨论、有心得，将习近平总书记系列讲话、党的十八大精神、十八届三中、四中、五中、六中全会精神及街道年初工作安排、区委理论中心组学习材料和重要文件作为重点学习内容。

【党建工作】 为不断加强基层党组织的凝聚力，巩固党的执政基础，严格落实党的领导责任制，街道党工委成立党建工作领导小组，明确责任分工。召开党建工作专题会议，总结2016年街道党工委和各社区党支部党建工作，共同探讨过去一年党建工作中好的做法经验和存在的问题，提出下一步整改措施，同时安排部署2017年各项工作，并结合实际，与各社区层层签订《城南街道党工委2017年党建工作目标责任书》，确保责任落实到人。

【党风廉政建设】 年内，街道党工委严格落实“三个严禁”：严禁弄虚作假，严禁公车私用；严禁利用公款大吃大喝，坚决抵制大操大办借机敛财不正之风。2016年对3名干部职工进行谈话，签订“不利用子女升学之机大操大办承诺书和协议”并做了公示。经过宣传教育，责任夯实，街道未出现任何违法违纪行为。

【“两学一做”专题教育】 年内，以“三会一课”“党的声音进万家”“领导干部上讲堂”等活动为载体，丰富“两学一做”学习教育，截至年底，街道已开展“党的声音进万家”宣传活动12次，领导干部上讲堂22期、桑珠孜区党校讲师团培训5期。对8个社区的老弱病残党员，利用领导干部、驻村第一书记、“双联户”户长下社区开展工作时送学上门、特别是邀请党校讲师、结对帮学，共送出党章60本，领导干部、驻村第一书记、“双联户户长”、党校讲师共结对帮学45人；“七一”前后，街道领导干部党课8次，走访慰问“三老人员”24人，困难党员8人，表彰优秀共产党员10人、优秀党务工作者9人、先进基层党组织3个；加大对基层党务干部培训力度，培训社区党支部书记24余人次。

【环保工作】 年内，全面启动实施年楚河、孜布热河等流域污染防治2年行动计划，确保水质安全；切实加强风沙防治，确保空气质量稳中向好；抓好污染减排工作，全面完成减排目标任务；扎实抓好推进企业清洁生产；全面推进社区生态环境保护工作，着力解决农社区环境问题；强化环境监管，严格环境执法；加强环境应急管理，确保区域环境安全；抓好环境监测体系建设，提升环境监测能力；切实抓好项目建设环境管理，强化环境污染源头控制。

【“创城”工作】 把创城纳入中心城市“六城同创”活动一并组织实施，召开联席会议，落实工作责任，坚持例会制度，对承担任务的社区及辖区单位实施督查通报和公示制度，加快工作整体推进；办事处全体干部职工于每周一、周五在指定地点打扫卫生，另外由办事处职工每天晚上参加辖区内的“门前三包”检查，对乱停乱放、随地大小便等违规现象进行劝阻，2016年，创城工作成效显著。

【综治工作】 街面巡逻防控网。建立由综治办统一指挥的快速反应机制和以电动车巡逻队为骨干的巡逻防控体系；社区治安防控网。围绕社区综治办公室工作目标，完善与新型社区管理机制相适应的社区综治办公室运行机制，更好地服务群众，防范和打击犯罪；加强内部单位的保卫组织建设。坚持“谁主管、谁负责”原则，落实法人代表治安责任制和安全保卫责任制，签订内部防控工作责任书，建立健全各项保卫制度，推进单位内部治安防范工作的制度化、信息化建设。加强内部单位的技防、物防建设；农村社会治安防控网。积极实施社区警务战略，依托社区、治保会和治安防范组织，预防和遏制重大、恶性案件的发生，探索建立与社会主义新农村建设相适应的新型社区警务机制和农村治安防控网络；技术防控网。建立资源共享、信息互通的技术防控网。

【信访工作】 2016年，办事处建立信访工作台账、完善信访队伍，并逐步落实。征地拆迁、涉法涉诉、失地农民养老保障、退伍军人、交通安全、教育医疗、非法集资等问题重点排查，对排查梳理的问题建立台账，并实行领导包办制度，严格依法办理。信访队伍构建以从社区书记、主任—办事处分管领导—区信访部门共同参与的信息报送网络体系。保持信访维稳工作的良好格局，设立“信访办公室”和信访员。群众有问题可直接到“信访办公室”进行投诉。

（李　奇）

【领导名录】

党工委书记

普　琼（藏族）

党工委副书记、主任

柳丽英（女）

党工委副书记

拉　片（女，藏族）

纪委书记

次　央（女，藏族）

宣传委员、副主任

多　加（藏族）

政法委员、副主任

多　吉（藏族）

组织委员、副主任

拉　普（女，藏族）

统战委员、副主任

旦　增（藏族）

副主任科员、组织员

仁青白宗（女，藏族）

城北街道办事处

【概况】 城北街道办事处位于日喀则市桑珠孜区北部，在雅鲁藏布江与年楚河交汇处。城北街道办事处辖区地势平缓，水土流失较小，管辖土地面积10.23平方公里，土地肥沃，水力资源丰富。南临青岛路，西面是宗山，北临雅鲁藏布江，北面自然保护区内动植物丰富，东临年楚河。街道下辖有7个社区，一个文化大院，一个卫生院，3所幼儿园，一个小学，一个高中，特殊学校一所，现正在建设中的还有日喀则市第四高中，日喀则市第二职业技术学校，2个奶牛厂（江洛康萨集体经济奶牛场、彭确社区集体经济奶牛场），4个企业（江洛康萨藏白酒厂、康帕地毯厂、铁器厂、宏达民族手工业），干部职工周转房65套，农业精品示范园和桑珠孜区工业园区（北区）也坐落在城北街道。城北街道共有居民6070户17031人，其中市民4841户，12596人；农民1079户，4435人，享受廉租房670户。街道办事处是日喀则市桑珠孜区的派出机构，现有一个党工委，八个党支部，共有正式党员364名，预备党员8名，积极分子62名，贫困党员4名，“三老人员”9名。截至年底，街道办事处实有在职干部及工作人员共90人，其中副县级1人，正科级干部1人，副科级干部6人，主任科员2人，副主任科员2人、科员24人，工人15人，专业技术人员12人，公益性25人，聘用干部2人，平均年龄为33岁，本科学历29人，大专20人，中专9人，高中及以下30人，现驻村20人，派驻油品监管员4人，区直各单位借调10名。

【农业生产】 2016年，全年农业实播面积为3941.1亩，粮油总产量为376.9639万斤，同比2015年增长9.4%；粮食作物面积为1945.75亩，粮食作物产量为318.5689万斤，同比2015年增长9.4%；经济作物种植面积为769亩，其中：油菜132亩，油菜产量为5.6550万斤，同比2015年增长0.4350万斤，蔬菜337.7亩，蔬菜产量为43.5000万斤，同比2015年增长9.2%；饲草饲料种植面积173亩，饲草料作物产量为8.7000万斤，同比2015年增长9.2%。使用化肥90吨（其中：尿素28吨、二铵35吨、氯化钾6吨、复合肥21吨）。同时蝗虫预防和捕杀工作按照田间管理现状组织人力进行了三次大规模成片喷淋作业，面积430亩，使用农药4.5吨。

【畜牧工作】 年内，城北街道办事处加强畜牧管理和重大动物疫情防治和处置工作，成立领导小组和应急处置方案。在发生动物疫病时，城北街道配合相关职能部门坚决以封锁、封杀、无害化处理和免疫、消毒、监测、检疫为主，做到早发现、早处置、早解决。共为1500余头家畜打防疫针，切实做好各项动物防疫工作。现街道辖区共有865头牛，2780只羊，45头猪，150只鸡。

【精准扶贫】 年内，街道党工委、办事处在桑珠孜区委、区政府以及上级相关领导部门的指导和大力协助下，高度重视精准扶贫工作，结合街道本年度工作任务建立健全各项制度，完善预案，成立工作领导小组，健全组织，签订各类责任书，明确工作责任。截至年底，有贫困户403户、1324人，本年度脱贫90户342人（其中包括异地搬迁户4户19人），医疗救助18户18人，兜底40户106人，转移就业12户12人。

【教育、卫生工作】 年内，城北街道办事处继续加强与辖区市二小、三高的联系，关注辖区适龄儿童的入学率和控制学生的辍学率，同时继续加大教育支持力度，确保“两基”教育成果巩固提高。卫生方面，基本实现“人人享受合作医疗和卫生保健”的要求，农民参加合作医疗的人数达到2400人，城镇医疗的人数达到12654人，入保率达到99%，降低医疗风险，确保人人有病可医、有病可治。为进一步保证辖区群众可以及时报销门诊医疗费，城北街道每月安排工作人员定期到各社区开展报销工作。

【民政工作】 年内，城北街道办事处认真落实区政府下拨的各项社会事务经费，其中发放低保、救济救助、优抚事业专项资金，切实解决群众生产生活实际困难。在“三大节日”前，看望慰问辖区贫困家庭70人，共计花费70000元；帮助幸福社区受伤贫困居民付医疗费2000元；帮助丹真桑曲社区受伤贫困户小孩付医疗费10000元；按照“两学一做”规范最低生活保障政策落实工作，组织各社区民政工作人员，低保清退工作小组成员全面开展清退工作。城北街道原有户保数城镇低保1760户、2528人；农村保障人数350户，365人。在此次清退工作中通过动员居民采取群众举报的形式共清退公职人员27人、退出资金205014.78元。截至年底，城北街道符合城镇低保条件的有65户、118人、符合农村保障条件的有9户、28人；做好辖区寿星老人统计工作，2016年，辖区内共统计寿星老人97名（其中80~89岁的89人、90~99岁的8人），兑现补贴资金30700元；妇联工作，积极救助两户“两癌”患者，从市妇联申请救助资金20000元，每户10000元医疗费。兑现2015年残联“两项补贴”资金，共计441000元。

【财政工作】 年内，财务及时公开透明，为进一步加强街道社区日常事务的透明度，街道办和各社区定期把财务、政务向群众公开，有重大、特殊事项及时公开接受辖区群众和服务对象的监督，确保街道和社区各项工作的公正、公平、廉洁。

【养老保险】 年内，自施行新型农村养老保险政策以来，面对新政策群众在观望和犹豫，街道及时召开群众大会大力宣传，耐心做群众思想工作，让群众了解参加养老保险的重要性和必要性。经过大量细致的工作，现街道897人参加新农保，共缴费112600元。（其中，波姆庆社区246人，缴费33400元；岗多社区85人，缴费10500元；丹真桑曲社区117人，缴费11800元；江洛社区64人，缴费7200元；米日社区200人，缴费25600元；彭确社区185人，缴费24100元）；2006人参加城镇居民养老保险，共缴费356400元。（其中，波姆庆社区262人，缴费62900元；岗多社区496人，缴费75400元；丹真桑曲社区218人，缴费31600元；江洛社区471人，缴费82600元；米日社区275人，缴费34100元；彭确社区284人，缴费69800元）符合条件的居民还在进一步参保中。养老保险工作的扎实开展不仅可以为广大辖区群众解决后顾之忧，还在很大程度上促进社区的和谐稳定。

【创城工作】 年内，城北街道办事处动员和组织各社区干部职工及群众参与，由街道分管领导负责带队在每周星期六实行巡视检查环境卫生，并广泛宣传城市环境卫生的重要性和长远意义。每月动员和组织辖区居民，特别是每月15号党员劝助日及每逢节庆日开展环境卫生大扫除活动，对辖区各小巷、城市主干道以及道路两旁绿化带内垃圾进行清理，辖区内的卫生死角基本消除，也让更多的市民养成了良好的卫生习惯，为日喀则市争创文明城市营造一个良好的卫生环境；积极开展文明城市共建共享，文明创建从我做起系列活动，广泛宣传，加强舆论导向，营造创城氛围。城北街道组织各社区宣传43次，演讲13次，涉及人数达2000多人次，发放宣传手册1000多份，张贴创城宣传画板300余套，以提高和增强居民创文明城的意识；以社区为单位，通过宣传、入户走访等方式评选出孝敬家庭户，使创城活动达到人人皆知、家喻户晓，在全街道掀起了共创文明城市，共享发展成果的创城热潮。

【治安工作】 年内，城北街道在上级相关部门的正确指导下，在辖区派出所、警务站的大力协助下，在辖区各社区的共同努力下，通过辖区群众的积极配合，较好地完成各项维稳安全工作，全面实现“三不出”工作目标，为辖区群众的生产、生活创造了良好的社会环境，确保辖区群众安居乐业。城北街道响应桑珠孜区委、区政府相关工作的决策部署，在全街道范围内开展《“三大”节日期间安全生产大检查》《百日道路交通安全生产工作攻坚战专项行动》《项目建设领域突出问题专项整治行动》《2016年“安全生产月”和“安全生产西藏行”》《创建平安乡镇（街道）》等各类重大活动，对重点部位、重点行业、重点环节多次开展全面的安全检查和专项安全整治活动，为确保辖区社会面的长期稳定、全面稳定、持续稳定奠定了坚实的基础。

【矛盾纠纷排查调处】 年内，城北街道办事处全力防止非正常上访和非法诉求事件的发生，杜绝重大群体性事件的发生。2016年，调解各类矛盾纠纷、信访问题18起，调解成功18起（其中办事处受理2起、成功调解2起；辖区社区受理16起、成功调解16起），截至年底，辖区无信访案件隐患。

【法制政策宣传】 年内，城北街道根据桑珠孜区委、区政府的相关工作要求，配合区综治办、区安监局、区信访局、区人民法院、区民政局等相关领导部门，在辖区各社区、派出所、便民警务站的配合下，共计开展相关宣传教育活动30场/次（其中街道办开展4场/次、辖区社区开展26场/次），发放各类宣传手册、资料3万余册，在全街道范围内形成了浓厚的讲法制、普法律、保安全的宣传教育氛围。

【民族团结进步新局面】 2016年，城北街道办事处被评为“西藏自治区民族团结进步模范集体”，成功创建城北街道江洛康萨社区民族团结示范社区，先后获得全国民族团结进步模范集体、西藏自治区民族团结进步模范集体、西藏自治区民族团结进步创建活动示范社区、西藏自治区第五届全区各族青年团结进步先进集体、日喀则地区第三次民族团结进步先进集体等多个奖项，填补了桑珠孜区历史上无示范点的空白。

【队伍建设】 年内，城北街道办事处深化党员分类管理，按照属地管理的原则，针对不同类型的党员，区别情况，分类管理；严格党的组织生活制度，认真落实“三会一课”、民主评议党员等制度，定期组织党员参加学习，开展集体活动，对党员进行经常性的党员意识和党的方针政策教育，共组织党员参加集体学习28次；认真开展民主生活会，领导班子民主生活会和党支部专题组织生活会以“两学一做”为主题；推进党员劝助示范工作，借外力、发内力，街道继续把每月十五日作为的“党员劝助活动日”，带领辖区党员、群众开展社区卫生大扫除、社区环境整治、助老扶残、扶贫济困、结队帮扶，社区文明新风孕育，方便辖区居民生产、生活和出行等义务劳动；做好党员素质提升工作，2016年，街道党工委严格监督、引导街道每名党员干部深刻领悟提升自身素质和能力水平的重要性，以开展批评与自我批评、群众共同评议等民主会议，注重理论学习，通过教育培训、扩大了学习的覆盖面、有效性，从根本上提高了领导科学发展的能力；做好发展党员工作，按照“控制总量、优化结构、提高质量、发挥作用”的“十六字”方针，特别是把好了贫困户入党的入口，以“有明确的入党目标”为准绳，强化对入党积极分子的培养，做好从社区、非公企业中发展党员工作，切实提高党员整体的质量，截至年底，街道共计中共党员372名，吸收预备党员7名、积极分子10名。

【党风廉政建设】 年内，城北街道办事处基层党建工作，紧紧围绕“两学一做”教育活动，按照年度学习计划开展“学党章、学党规、做合格党员”及“讲学习、讲忠诚、正风纪、转作风、提效能”等学习教育，深入学习党章党规、《中国共产党廉洁自律准则》《中国共产党纪律处分条例》、习近平总书记系列讲话等重要精神，很大程度上提高了党员干部的思想理论水平、干部职工的凝聚力。进一步完善党工委统一领导、党政齐抓共管、纪委组织协调、部门各负其责，依靠干部职工支持和参与的党风廉政建设新格局。完善街道廉政建设各项规定，落实党风廉政建设责任制，建立健全教育、制度、监督并重的惩治和预防腐败体系。同时认真组织学习党风廉政各项规定，加强党性、党风、党纪教育，把党风廉政建设作为中心组学习和民主生活会、党员组织生活会的重要内容，从根本上筑牢了党员干部的思想道德防线。做到党员干部严格遵守党纪党规，廉洁自律，以身作则，秉公办事。

（王　艳）

【领导名录】

区人大常委会党组成员、副主任、党工委书记

边　巴（藏族）

党工委副书记、主任

李家骅（5月免）

李艳菊（女，6月任）

党工委副书记

格桑梅朵（女，藏族，6月免）

次仁潘多（女，藏族，6月任）

纪委书记

边旦旺久（藏族，6月任）

副主任、主任科员

李智博

组织委员、副主任

尚小莉（女）

宣传委员、副主任

才　珍（女，藏族）

政法委员、人武部部长

索南央宗（女，藏族，6月任）

副主任　白玛央金（女，藏族，6月任）

岗多派出所所长

林　建

岗多派出所副所长

西　琼（藏族，6月任）

城北卫生院院长

建才达瓦（藏族）

城北卫生院副院长

德庆卓嘎（女，藏，12月任）

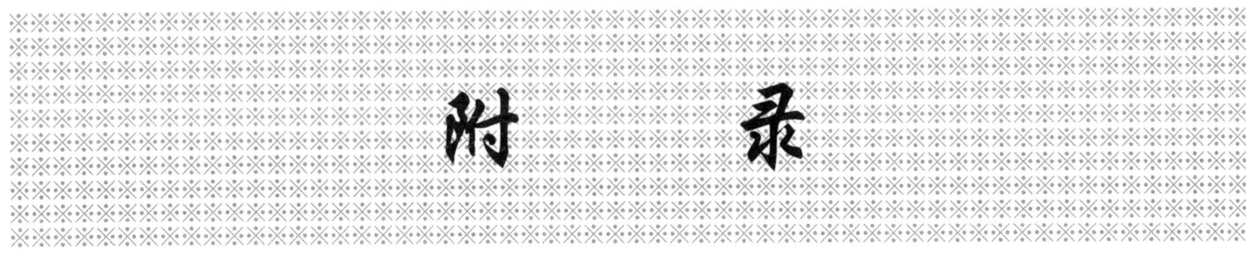

受桑珠孜区级以上表彰的先进集体名录

表1

获奖单位	获奖名称	表彰时间	授予单位
桑珠孜区公安局治安大队	“两清一排查”专项行动成绩突出	2016年	公安部
桑珠孜区委组织部	自治区创先争优强基础惠民生活动优秀组织单位	2016年	自治区党委、自治区政府
桑珠孜区委统战部	自治区级先进驻村工作队	2017年	自治区党委、自治区政府
城北江洛社区	自治区创先争优强基础惠民生活动先进驻村（工作队居）	2016年	自治区党委、自治区政府
桑珠孜区委办公室	西藏自治区创先争优强基础惠民生活动先进集体	2016年	自治区党委、自治区政府
边雄乡加瓦村	自治区创先争优强基础惠民生活动先进驻村（居）工作队	2016年	自治区党委、自治区政府
桑珠孜区委办公室	西藏自治区创先争优强基础惠民生活动优秀组织单位	2016年	自治区党委、自治区政府
曲布雄乡查努村	自治区优秀驻村工作队	2016年	自治区党委、自治区政府
桑珠孜区公安消防大队	全区公安机关执法示范单位	2016年	自治区公安厅
桑珠孜区法院	全区法院民事审判工作先进集体	2016年	自治区高院
桑珠孜区国税局	全面推开“营改增”工作集体一等奖	2017年	自治区国税局
城北江洛社区	西藏自治区民族团结进步创建活动示范社区	2016年	自治区民族团结宣传教育活动和民族团结进步创建评选表彰活动领导小组
聂日雄乡冲堆村村工作队	日喀则市先进驻村工作队	2016年	自治区强基惠民活动办
聂日雄乡年雄村工作队	日喀则市先进驻村工作队	2016年	自治区强基惠民活动办
聂日雄乡帕冲村工作队	自治区级先进驻村工作队	2016年	自治区强基惠民活动办
桑珠孜区交通运输局	西藏自治区驻村工作队先进集体	2016年	自治区强基惠民活动办

续表1

获奖单位	获奖名称	表彰时间	授予单位
聂日雄乡楚松村工作队	自治区级先进驻村工作队	2016年	自治区强基惠民活动办
日喀则市桑珠孜饭店	西藏自治区著名商标	2016年	自治区著名商标认定委员会
边雄乡人民政府	自治区“优秀文明乡镇”	2016年	自治区文明委
桑珠孜区公安消防大队	2016年重大消防任务先进集体	2017年	自治区公安消防总队
桑珠孜区公安消防大队	基层建设先进单位	2017年	自治区公安消防总队
桑珠孜区城南街道嘎玉社区	2016年度西藏自治区“基层科普行动计划”科普示范社区	2016年	自治区科学技术协会
桑珠孜区城南街道吉培社区	2017年度西藏自治区“基层科普行动计划”科普示范社区	2016年	自治区科学技术协会
桑珠孜区城南街道嘎玉社区	2016年度西藏自治区“科普示范社区”	2016年	自治区科学技术协会
桑珠孜区城北街道江洛康萨社区	2016年度西藏自治区“科普示范社区”	2016年	自治区科学技术协会
桑珠孜区情馨幼儿园	教育行业妇女岗位建功先进集体	2016年	自治区教育厅、自治区妇联
城北丹真桑曲社区	全区乡镇（街道）工会规范化建设“八有”达标单位	2016年	自治区总工会
桑珠孜区人力资源和社会保障局	2016年度全区人力资源和社会保障系统先进集体	2017年	自治区人社保障厅
桑珠孜区网信办	2016全区各市（地）县（区）政府新闻网站先进集体	2017年	自治区网信办
桑珠孜区护路办	2016年度县（区）铁路护路联防工作考核评比第三名	2017年	自治区护路办
桑珠孜区护路办	2016年度铁路护路联防文艺汇演 二等奖	2016年	自治区护路办
甲措雄乡	西藏自治区铁路护路先进集体	2016年	自治区护路办
甲措雄乡	西藏自治区“128”活动先进集体	2016年	自治区“128”活动主委会办公室
农行桑珠孜支行	全区农行精神文明建设先进单位	2016年	农行西藏分行
曲布雄乡边玛村	日喀则市优秀驻村工作队	2016年	日喀则市委、市政府
日喀则市自来水公司驻联乡塔布村工作队	先进驻村（居）工作队	2016年	日喀则市委、市政府
桑珠孜区综治办	2016年度县（区）铁路护路联防工作考核评比第三名	2016年	日喀则市委、市政府
桑珠孜区扶贫办	日喀则市创先争优强基础惠民生活动优秀组织单位	2016年	日喀则市委、市政府
桑珠孜区民宗局	日喀则市先进驻村工作队	2016年	日喀则市委、市政府

续表1

获奖单位	获奖名称	表彰时间	授予单位
纳尔乡安布村	桑珠孜区第五批创先争优强基础惠民生活动先进驻村（居）工作队	2016年	日喀则市委、市政府
扎西吉才派出所	日喀则先进基层组织	2016年	日喀则市委
桑珠孜区委老干部局	日喀则市先进基层党组织	2016年	日喀则市委
日喀则市桑珠孜饭店	日喀则市先进基层党组织	2016年	日喀则市委
桑珠孜区法院	驻联乡达竹卡村获得市级先进驻村工作队	2016年	日喀则市委
嘎玉社区居委会	先进驻村（居）工作队	2016年	日喀则市政府
嘎玉社区居委会	先进集体	2016年	日喀则市政府
曲布雄乡	平安乡镇	2017年	日喀则市政府
桑珠孜区第三小学	教学质量突出奖	2016年	日喀则市教育局党委、市教育局
桑珠孜区第二中学	教学质量突出奖	2016年	日喀则市教育局党委、市教育局
日喀则市工商行政管理局桑珠孜区分局	目标绩效考核一等奖	2016年	日喀则市工商行政管理局
桑珠孜区扶贫办	“精准扶贫·圆梦日喀则”文艺汇演三等奖	2016年	日喀则市脱贫攻坚指挥部、日喀则市扶贫开发领导小组
日喀则市桑珠孜饭店	日喀则市扶贫龙头企业	2017年	日喀则市扶贫开发领导小组
日喀则市桑珠孜饭店	2016年度星际饭店统计管理（先进企业）	2017年	日喀则市旅游发展委员会
桑珠孜区公安局	警营文化建设优秀组织	2016年	日喀则市公安局
桑珠孜区公安局	全市公安机关首届警务实战技能大比武“综合三等奖”	2016年	日喀则市公安局
桑珠孜区第二小学	日喀则市文明校园	2016年	日喀则市文明办、市教育局
桑珠孜区教育局	先进基层党组织	2016年	日喀则市教育局
桑珠孜区教育局	日喀则市校园文化展示月优秀组织奖	2016年	日喀则市教育局
桑珠孜区第一小学	教学质量突出奖	2016年	日喀则市教育局
桑珠孜区第二中学	2016年日喀则市首届“喜孜杯”五人职工足球比赛体育道德风尚奖	2016年	日喀则市教体局、日喀则云天康尚足球生活园
桑珠孜区旅游局	2016年度旅游服务标准化建设工作	2017年	日喀则市旅游发展委员会
桑珠孜区人力资源和社会保障局	2016年度综合二等奖	2017年	日喀则市人社局
日喀则市工商行政管理局桑珠孜区分局	先进基层党组织	2016年	日喀则市工商局

续表1

获奖单位	获奖名称	表彰时间	授予单位
桑珠孜区公安局办公室	全市党委系统信息报送工作先进集体	2016年	日喀则市委办
桑珠孜区委办公室	2016年全市党委系统信息工作先进集体	2017年	日喀则市委办
共青团桑珠孜区委员会	推优入党先进集体	2017年	共青团日喀则市委
桑珠孜区委组织部	日喀则市组织工作综合奖	2017年	日喀则市委组织部
桑珠孜区委组织部	日喀则市信息工作先进集体	2017年	日喀则市委组织部
桑珠孜区委组织部	日喀则市网宣工作先进集体	2017年	日喀则市委组织部
桑珠孜区委组织部	日喀则市机构编制统计工作“优秀报表”	2017年	日喀则市委组织部
桑珠孜区委组织部	日喀则市组织编制工作优秀调研成果	2017年	日喀则市委组织部
农行桑珠孜支行	2016年一季度综合考评第二名	2016年	农行日喀则分行
农行桑珠孜支行	2016年二季度综合考评第一名	2016年	农行日喀则分行
农行桑珠孜支行	2016年3季度综合绩效考评第一名	2016年	农行日喀则分行
农行桑珠孜支行	2016年年度综合绩效考评第1名	2017年	农行日喀则分行
农行桑珠孜支行	2016年度先进集体	2017年	农行日喀则分行
农行桑珠孜支行	日喀则分行先进基层党组织	2016年	农行日喀则分行
桑珠孜区文广局	2016年度全市文化文物工作先进集体	2017年	日喀则市文化局（文物局）
桑珠孜区文广局	2016年度全市文化产业工作先进集体	2017年	日喀则市文化局（文物局）
桑珠孜区卫生局	精神文明奖	2016年	日喀则市卫计委
桑珠孜区卫生局	卫生计生工作先进集体	2017年	日喀则市卫计委
桑珠孜区法院	全市法院信息化建设先进集体	2016年	日喀则市中院
桑珠孜区人民检察院	2016年度全市检察机关先进集体	2017年	日喀则市人民检察院
桑珠孜区司法局	2016年度全市司法行政综合工作第二名	2017年	日喀则市司法局党组
日喀则市桑珠孜饭店	日喀则市诚信示范企业	2016年	日喀则市精神文明建设指导委员会
桑珠孜区妇联	妇儿工委市级先进单位	2016年	日喀则市妇联

续表1

获奖单位	获奖名称	表彰时间	授予单位
曲美乡人民政府	桑珠孜区创建“无传销”乡镇	2016年	日喀则市工商行政管理局
桑珠孜区人力资源和社会保障局	2016年度桑珠孜区社会治安综合治理先进集体	2017年	桑珠孜区委、区政府
城北街道办事处	桑珠孜区创优争先强基础惠民生活动先进驻村（居）工作队	2016年	桑珠孜区委、区政府
桑珠孜区环保局	桑珠孜区创先争优强基础惠民生活动优秀组织单位	2016年	桑珠孜区委、区政府
德村	桑珠孜区级双联户先进集体	2016年	桑珠孜区委、区政府
桑珠孜区委办公室	2016年度社会治安综合治理工作先进集体	2017年	桑珠孜区委、区政府
桑珠孜区委统战部	2016年度桑珠孜区社会治安综合治理先进集体	2017年	桑珠孜区委、区政府
桑珠孜区委宣传部	桑珠孜区级创先争优强基惠民生活动优秀组织单位	2016年	桑珠孜区委、区政府
桑珠孜区委组织部	民族团结模范集体	2016年	桑珠孜区委、区政府
桑珠孜区委组织部	2016年度桑珠孜区社会治安综合治理先进集体	2017年	桑珠孜区委、区政府
曲布雄乡	强基惠民优秀组织单位	2016年	桑珠孜区委、区政府
曲美乡人民政府	桑珠孜区级双联户先进集体	2016年	桑珠孜区委、区政府
桑珠孜区第三小学	教育综合管理三等奖	2016年	桑珠孜区委、区政府
桑珠孜区第二中学	教育综合管理“二等奖”	2016年	桑珠孜区委、区政府
东嘎乡中心小学	先进乡村幼儿园（学前班）	2016年	桑珠孜区委、区政府
东嘎乡中心小学	教育综合管理”一等奖“	2016年	桑珠孜区委、区政府
桑珠孜区齐鲁幼儿园	桑珠孜区民族团结进步“模范集体”	2016年	桑珠孜区委、区政府
桑珠孜区齐鲁幼儿园	桑珠孜区2015——2016学年度“教育综合管理二等奖”	2016年	桑珠孜区委、区政府
年木乡人民政府	2016年度“先进双联户”创建评选工作 先进乡	2016年	桑珠孜区委、区政府
年木乡人民政府	桑珠孜区民族团结进步模范集体	2016年	桑珠孜区委、区政府
年木乡人民政府	桑珠孜区创先争优强基础惠民生活动优秀组织单位	2016年	桑珠孜区委、区政府
年木乡党委	2016年度优秀党组织奖	2016年	桑珠孜区委、区政府
桑珠孜区人民检察院	2016年度桑珠孜区社会治安综合治理先进集体	2017年	桑珠孜区委、区政府
桑珠孜区司法局	桑珠孜区社会治安综合治理先进集体	2017年	桑珠孜区委、区政府

续表1

获奖单位	获奖名称	表彰时间	授予单位
桑珠孜区文广局	2016年度桑珠孜区社会治安综合治理先进集体	2017年	桑珠孜区委、区政府
桑珠孜区纪委（监察局）	桑珠孜区创先争优强基础惠民生活动优秀组织单位	2016年	桑珠孜区委、区政府
桑珠孜区纪委（监察局）	2016年度桑珠孜区社会治安综合治理先进集体	2017年	桑珠孜区委、区政府
曲美乡人民政府	日喀则市级双联户先进集体	2016年	桑珠孜区委、区政府
桑珠孜区安监局	综治先进集体	2017年	桑珠孜区委、区政府
边雄乡塔玛村	自治区创先争优强基础惠民生活动第五批县（区）级先进驻村（居）工作队	2016年	桑珠孜区委、区政府
边雄乡孔布林村	自治区创先争优强基础惠民生活动第五批县（区）级先进驻村（居）工作队	2016年	桑珠孜区委、区政府
桑珠孜区财政局	优秀组织单位	2016年	桑珠孜区委、区政府
桑珠孜区教育局	桑珠孜区创先争优强基础惠民生活动优秀组织奖	2016年	桑珠孜区委、区政府
桑珠孜区教育局	2016年桑珠孜区社会治安管理先进集体	2017年	桑珠孜区委、区政府
桑珠孜区人大常委会	桑珠孜区创先争优强基础惠民生活动“优秀组织单位”荣誉称号	2016年	桑珠孜区委、区政府
桑珠孜区法院	工作目标绩效考核先进集体	2016年	桑珠孜区委
桑珠孜区法院	社会治安综治治理工作先进集体	2016年	桑珠孜区委
桑珠孜区法院	先进基层党组织	2016年	桑珠孜区委
桑珠孜区法院	强基惠民活动优秀组织单位	2016年	桑珠孜区委
纳尔乡索东村	2016年度先进基层党组织	2016年	桑珠孜区委
桑珠孜区人民检察院	2015至2016年度先进基层党组织	2016年	桑珠孜区委
桑珠孜区委办公室	2015年至2016耐先进基层党组织	2016年	桑珠孜区委
聂日雄乡党委	先进基层党组织	2016年	桑珠孜区委
嘎玉社区居委会	先进村（居）委员会	2016年	桑珠孜区政府
桑珠孜区第一小学	桑珠孜区民族团结进步模范集体	2016年	桑珠孜区政府
桑珠孜区第一小学	2015-2016学年度教育综合管理二等奖	2016年	桑珠孜区政府
日喀则市工商行政管理局桑珠孜区分局	社会综治治安综合治理先进集体	2016年	桑珠孜区政府
日喀则市桑珠孜饭店	先进驻村工作队	2016年	桑珠孜区政府

说明：由于各单位资料提供不全，可能有遗漏

受桑珠孜区级以上表彰的先进个人名录

表2

姓　　名	性别	民族	工作单位	获奖名称	表彰时间	授予单位
边　　巴	男	藏	城北街道办事处	在“时轮金刚灌顶法会”接待服务工作中被评为先进个人	2016年	自治区党委、自治区政府
达娃拉姆	女	藏	城北街道办事处	第五批自治区级优秀驻村工作队队员	2016年	自治区党委、自治区政府
索朗多吉	男	藏	城北街道办事处	第五批自治区级优秀驻村工作队队员	2016年	自治区党委、自治区政府
参　　珍	女	藏	城北街道办事处	第五批自治区级优秀驻村工作队队员	2016年	自治区党委、自治区政府
次仁平措	男	藏	城北街道办事处	2016年西藏自治区第一批优秀村居第一书记	2016年	自治区党委、自治区政府
谢　　森	男	汉	桑珠孜区政协办公室	自治区级优秀驻村工作队员	2016年	自治区党委、自治区政府
索朗央金	女	藏	中共桑珠孜区委办公室	西藏自治区创先争优强基础惠民生活动优秀工作队员	2016年	自治区党委、自治区政府
晋美朗杰	男	藏	桑珠孜区强基础惠民生办公室副科	自治区级强基惠民先进工作者	2016年	自治区党委、自治区政府
景民政	男	汉	桑珠孜区强基础惠民生办公室科员	自治区级强基惠民先进工作者	2016年	自治区党委、自治区政府
米玛欧珠	男	藏	桑珠孜区委统战部	2016年度自治区优秀涉宗干部	2016年	自治区党委、自治区政府
王文孝	男	汉	桑珠孜区委统战部	自治区优秀驻村工作队队长	2016年	自治区党委、自治区政府
杨红玉	女	汉	桑珠孜区旅游局	自治区优秀驻村工作队员	2016年	自治区党委、自治区政府
拉　　巴	女	藏	桑珠孜区委宣传部	自治区优秀驻村工作队员	2016年	自治区党委、自治区政府
普　　仓	女	藏	边雄乡人民政府	自治区创先争优强基础惠民生活动先进驻村（居）工作队员	2016年	自治区党委、自治区政府
普　　赤	女	藏	边雄乡人民政府	自治区创先争优强基础惠民生活动先进驻村（居）工作队员	2016年	自治区党委、自治区政府
普布扎西	男	藏	自来水公司	先进驻村（居）工作队员	2016年	自治区党委、自治区政府
次旺普尺	女	藏	曲美乡人民政府	自治区创先争优强基础惠民生活动先进驻村（居）工作队员	2016年	自治区党委、自治区政府
次　　吉	女	藏	曲美乡人民政府	自治区创先争优强基础惠民生活动先进驻村（居）工作队员	2016年	自治区党委、自治区政府
次　　央	女	藏	纳尔乡	自治区第五批创先争优强基础惠民生活动先进驻村（居）工作队员	2016年	自治区党委、自治区政府

续表2

姓　　名	性别	民族	工作单位	获奖名称	表彰时间	授予单位
巴桑普赤	女	藏	桑珠孜区文广局	自治区创先争优强基础惠民生活动先进驻村（居）工作队员称号	2016年	自治区党委、自治区政府
德　　央	女	藏	曲美乡人民政府	自治区创先争优强基础惠民生活动先进驻村（居）工作队员	2016年	自治区党委、自治区政府
尼玛帕珠	男	藏	桑珠孜区国土资源局	自治区创先争优强基础惠民生活动先进驻村（居）工作队员	2016年	自治区党委、自治区政府
次　　仁	女	藏	东嘎乡	自治区创先争优强基础惠民生活动先进村（居）工作队员称号	2016年	自治区党委
次仁央宗	女	藏	曲美乡人民政府	自治区优秀村（社区）党支部第一书记	2016年	自治区党委
李　　柱	男	汉	桑珠孜区委组织部	自治区第一批优秀村（社区）党支部第一书记	2016年	自治区党委
大达珍	女	藏	东嘎乡	自治区级优秀第一书记	2016年	自治区党委
吴同堂	男	汉	桑珠孜区住建局	2016年自治区先进驻村工作队员	2016年	自治区党委
尼　　玛	男	藏	东嘎乡	自治区创先争优强基础惠民生活动先进村（居）工作队员称号	2016年	自治区党委
扎西次仁	男	藏	东嘎乡	自治区创先争优强基础惠民生活动先进村（居）工作队员称号	2016年	自治区党委
给　　贵	男	藏	江当乡党委副书记	全区第一批优秀村党支部第一书记	2016年	自治区党委
罗桑多吉	男	藏	桑珠孜区委组织部	自治区优秀党务工作者	2016年	自治区党委
达　　娃	女	藏	江当乡	自治区级优秀驻村工作队员	2016年	自治区党委
央　　啦	女	藏	江当乡人民政府	自治区级优秀驻村工作队员	2016年	自治区党委
康　　卓	男	藏	江当乡人民政府	自治区级优秀驻村工作队员　桑珠孜区级优秀工作人员	2016年	自治区党委
张小龙	男	汉	桑珠孜区聂日雄乡人民政府	自治区优秀村支部第一书记	2016年	自治区党委
巴桑拉姆	女	藏	曲美乡人民政府	西藏自治区优秀村（社区）党支部第一书记	2016年	自治区党委
格桑拉姆	女	藏	曲美乡人民政府	西藏自治区优秀村（社区）党支部第一书记	2016年	自治区党委
拉旺热旦	男	藏	日喀则市工商行政管理局桑珠孜区分局	先进驻村工作队员	2016年	自治区政府
扎西卓玛	女	藏	日喀则市工商行政管理局桑珠孜区分局	先进驻村工作队员	2016年	自治区政府
普布顿珠	男	藏	聂日中心小学	乡村教师从教20年荣誉奖	2016年	自治区政府

续表2

姓　　名	性别	民族	工作单位	获奖名称	表彰时间	授予单位
边巴次仁	男	藏	聂日中心小学	乡村教师从教20年荣誉奖	2016年	自治区政府
琼　　拉	女	藏	聂日中心小学	乡村教师从教20年荣誉奖	2016年	自治区政府
大尼玛次仁	男	藏	聂日中心小学	乡村教师从教25年终身成就奖	2016年	自治区政府
小尼玛次仁	男	藏	聂日中心小学	乡村教师从教20年荣誉奖	2016年	自治区政府
朋　　珠	男	藏	江当中心小学	乡村从教20年荣誉奖	2016年	自治区政府
格　　珍	女	藏	江当中心小学	乡村从教25年终身成就奖	2016年	自治区政府
罗　　增	男	藏	聂日中心小学	乡村教师从教25年终身成就奖	2016年	自治区政府
次　　多	男	藏	江当中心小学	乡村从教25年终身成就奖	2016年	自治区政府
吉　　宗	女	藏	东嘎中心小学	乡村从教25年终身成就奖	2016年	自治区政府
巴　　多	男	藏	江当中心小学	乡村从教25年终身成就奖	2016年	自治区政府
尼玛顿珠	男	藏	江当中心小学	乡村从教20年荣誉奖	2016年	自治区政府
尼　　片	女	藏	江当中心小学	乡村从教20年荣誉奖	2016年	自治区政府
片　　多	女	藏	江当中心小学	乡村从教20年荣誉奖	2016年	自治区政府
央　　金	女	藏	江当中心小学	乡村从教20年荣誉奖	2016年	自治区政府
索朗罗布	男	藏	江当中心小学	乡村从教20年荣誉奖	2016年	自治区政府
玉　　珍	女	藏	江当中心小学	乡村从教20年荣誉奖	2016年	自治区政府
大 罗 布	男	藏	江当中心小学	乡村从教20年荣誉奖	2016年	自治区政府
小 罗 布	男	藏	江当中心小学	优秀教师	2016年	自治区政府
达瓦顿珠	男	藏	江当中心小学	乡村从教20年荣誉奖	2016年	自治区政府
尼玛普赤	女	藏	江当中心小学	乡村从教20年荣誉奖	2016年	自治区政府
达瓦占堆	男	藏	江当中心小学	乡村从教20年荣誉奖	2016年	自治区政府

续表2

姓　　名	性别	民族	工作单位	获奖名称	表彰时间	授予单位
索朗旺堆	男	藏	纳尔中心小学	乡村从教20年荣誉奖	2016年	自治区政府
巴桑顿珠	男	藏	纳尔中心小学	乡村从教20年终身成就奖	2016年	自治区政府
巴桑扎西	男	藏	桑珠孜区曲美乡中心小学	西藏自治区乡村教师从教20年荣誉奖	2016年	自治区政府
西　　确	男	藏	桑珠孜区曲美乡中心小学	西藏自治区乡村教师从教20年荣誉奖	2016年	自治区政府
边巴次仁	男	藏	桑珠孜区曲美乡中心小学	西藏自治区乡村教师从教20年荣誉奖	2016年	自治区政府
次仁旺堆	男	藏	桑珠孜区曲美乡中心小学	西藏自治区乡村教师从教20年荣誉奖	2016年	自治区政府
巴桑欧珠	男	藏	桑珠孜区曲美乡中心小学	西藏自治区乡村教师从教20年荣誉奖	2016年	自治区政府
顿　　珠	男	藏	桑珠孜区曲美乡中心小学	西藏自治区乡村教师从教20年荣誉奖	2016年	自治区政府
白　　央	女	藏	聂日中心小学	乡村教师从教20年荣誉奖	2016年	自治区政府
次旺欧珠	男	藏	桑珠孜区曲美乡中心小学	西藏自治区乡村教师从教20年荣誉奖	2016年	自治区政府
达瓦加布	男	藏	桑珠孜区曲美乡中心小学	西藏自治区乡村教师从教20年荣誉奖	2016年	自治区政府
确 次 仁	男	藏	桑珠孜区曲美乡中心小学	西藏自治区乡村教师从教25年终身成就奖	2016年	自治区政府
拉巴普赤	女	藏	桑珠孜区曲美乡中心小学	西藏自治区乡村教师从教20年荣誉奖	2016年	自治区政府
扎西普赤	女	藏	桑珠孜区曲美乡中心小学	西藏自治区道德模范提名奖	2016年	自治区政府
大次仁央宗	女	藏	桑珠孜区人民法院	自治区级先进驻村工作队员	2016年	自治区政府
白　　珍	女	藏	东嘎中心小学	乡村从教20年荣誉奖	2016年	自治区政府
大 普 布	男	藏	东嘎中心小学	乡村从教20年荣誉奖	2016年	自治区政府
琼　　珍	女	藏	东嘎中心小学	乡村从教20年荣誉奖	2016年	自治区政府
卓玛央宗	女	藏	东嘎中心小学	乡村从教20年荣誉奖	2016年	自治区政府
索朗吉巴	女	藏	东嘎中心小学	乡村从教20年荣誉奖	2016年	自治区政府
普琼确巴	女	藏	东嘎中心小学	乡村从教20年荣誉奖	2016年	自治区政府

续表2

姓　　名	性别	民族	工作单位	获奖名称	表彰时间	授予单位
索朗次仁	男	藏	东嘎中心小学	乡村从教20年荣誉奖	2016年	自治区政府
拉　　巴	男	藏	东嘎中心小学	乡村从教25年终身成就奖	2016年	自治区政府
石曲旺姆	女	藏	桑珠孜区第二中学	西藏自治区优秀教师	2016年	自治区政府
普布扎西	男	藏	联乡华夏希望小学	西藏自治区乡村教师从教20年	2016年	自治区政府
扎西顿珠	男	藏	聂日加庆孜完小	国培计划西藏自治区教师工作坊优秀学员	2016年	自治区教育厅
王 修 文	男	汉	联乡人民政府	西藏自治区级优秀第一书记	2016年	自治区党委组织部
罗　　珍	女	藏	年木乡人民政府	自治区级优秀第一支部书记	2016年	自治区党委组织部
边　　琼	女	藏	桑珠孜区法院	全区法院三等功	2016年	自治区高院
陈　　霖	男	汉	桑珠孜区法院	全区法院信息工作先进个人	2016年	自治区高院
尼　　琼	女	藏	扎西吉彩派出所	自治区三八红旗手	2016年	自治区妇联
扎西顿珠	男	藏	聂日加庆孜完小	国培计划西藏自治区教师工作坊优秀学员	2016年	自治区教育厅
强巴央增	女	藏	桑珠孜区第三小学	“国培计划”优秀学员	2016年	全国中小学教师继续教育网、西藏自治区教育厅师资管理处
普布顿珠	男	藏	桑珠孜区第二中学	全国初中数学联合竞赛辅导学生成绩突出	2016年	全国初中数学联合竞赛、西藏自治区数学学会
张 亚 龙	男	汉	甲措雄乡人民政府	西藏自治区2016年公务员岗前培训优秀学员	2016年	西藏大学
李 渊 琴	女	汉	甲措雄乡人民政府	西藏自治区2016年公务员岗前培训优秀学员	2016年	西藏大学
司 加 宽	男	汉	甲措雄乡人民政府	西藏自治区2016年公务员岗前培训优秀学员	2016年	西藏大学
张 亚 龙	男	汉	甲措雄乡人民政府	西藏自治区2016年公务员岗前培训优秀学员	2016年	西藏大学
李 渊 琴	女	汉	甲措雄乡人民政府	西藏自治区2016年公务员岗前培训优秀学员	2016年	西藏大学
司 加 宽	男	汉	甲措雄乡人民政府	西藏自治区2016年公务员岗前培训优秀学员	2016年	西藏大学
扎西顿珠	男	藏	农行桑珠孜支行	西藏分行优秀党务工作者	2016年	农行西藏分行
扎西顿珠	男	藏	农行桑珠孜支行	西藏分行优秀党务工作者	2016年	农行西藏分行

续表2

姓　　名	性别	民族	工作单位	获奖名称	表彰时间	授予单位
索朗旺堆	男	藏	桑珠孜区聂日雄乡人民政府	自治区级先进驻村工作队员	2016年	自治区强基办
米玛普尺	女	藏	桑珠孜区聂日雄乡人民政府	自治区级先进驻村工作队员	2016年	自治区强基办
张　　涛	男	汉	桑珠孜区聂日雄乡人民政府	自治区级先进驻村工作队员	2016年	自治区强基办
次宗罗吉	女	藏	桑珠孜区聂日雄乡人民政府	自治区级先进驻村工作队员	2016年	自治区强基办
王　　震	男	汉	桑珠孜区聂日雄乡人民政府	自治区级先进驻村工作队员	2016年	自治区强基办
尼玛普赤	女	藏	桑珠孜区聂日雄乡人民政府	自治区级先进驻村工作队员	2016年	自治区强基办
于 小 东	男	汉	桑珠孜区交通运输局	自治区驻村先进个人	2016年	自治区强基办
扎西顿珠	男	藏	联乡人民政府	自治区先进驻村工作队员	2016年	自治区强基办
多吉罗布	男	藏	联乡人民政府	2016年自治区先进驻村工作队员	2016年	自治区强基办
普布卓嘎	女	藏	年木乡人民政府	自治区级优秀驻村工作队	2016年	自治区强基办
索朗多布杰	男	藏	桑珠孜区人民检察院	西藏自治区优秀驻村工作队员	2016年	自治区强基办
罗　　白	女	藏	桑珠孜区人民检察院	西藏自治区优秀驻村工作队员	2016年	自治区强基办
索朗央宗	女	藏	桑珠孜区聂日雄乡人民政府	自治区级先进驻村工作队员	2016年	自治区强基办
索　　珍	女	藏	桑珠孜区人民检察院	西藏自治区优秀驻村工作队员	2016年	自治区强基办
刘 百 科	男	汉	桑珠孜区委宣传部（网信办）	2016全区各市（地）县（区）政府新闻网站先进个人	2017年	自治区强基办
李 晓 军	男	汉	桑珠孜区强基础惠民生办公室	自治区强基办先进工作者	2016年	自治区强基办
边巴次仁	男	藏	桑珠孜区人大常委会	自治区优秀护路先进个人奖	2016年	自治区强基办
陈　　军	男	汉	桑珠孜区公安消防大队一中队	2016年重大消防任务先进个人	2017年	公安消防总队
刘　　焯	男	汉	桑珠孜区公安消防大队一中队	优秀基层干部	2017年	公安消防总队
巴　　桑	男	藏	桑珠孜区国家税务局	全面推开“营改增”工作个人嘉奖"	2016年	自治区国税局
平　　旺	男	藏	桑珠孜区国土资源局	2016年度全区国土资源管理先进工作者	2017年	自治区国土资源厅

续表2

姓　名	性别	民族	工作单位	获奖名称	表彰时间	授予单位
杨京会	女	汉	桑珠孜区第一小学	西藏自治区教育系统妇女岗位建功先进个人	2016年	自治区教育厅、自治区妇联
李文帅	男	汉	桑珠孜区第一小学	西藏自治区优秀大学生志愿服务西部计划西藏专项志愿者	2016年	共青团自治区委员会、自治区青年志愿者协会
陈　海	男	藏	桑珠孜区第二小学	优秀学员	2016年	西藏自治区教育科学研究院
小次仁央宗	女	藏	桑珠孜区第一小学	小学藏语多媒体教学课件二等奖	2016年	藏青川甘滇五省区藏族教育协作领导小组办公室
米玛顿珠	男	藏	年木中心小学	国培培计划中西部项目乡村校长	2016年	成都师范学院
李秋英	女	汉	曲布雄乡中心小学	优秀学员	2016年	西藏民族大学
德吉措姆	女	藏	桑珠区护路办	自治区铁路护路联防先进个人	2016年	自治区护路办
边巴次仁	男	藏	桑珠孜区人大常委会	自治区优秀护路先进个人奖	2016年	自治区护路办
边　巴	男	藏	桑珠孜区人大常委会	在“时轮金刚灌顶法会”接待服务工作先进个人奖	2016年	日喀则市委、市政府、自治区接待128进藏工作领导组
米玛欧珠	男	藏	桑珠孜区委统战部	日喀则市级“128”接待先进工作者	2016年	“128”工作领导小组、日喀则市委、市政府
次仁德吉	女	藏	曲布雄乡	日喀则市先进驻村（居）工作队员	2016年	日喀则市委、市政府
巴　次	男	藏	曲布雄乡	日喀则市先进驻村（居）工作队员	2016年	日喀则市委、市政府
次仁塔杰	男	藏	曲布雄乡	日喀则市先进驻村（居）工作队员	2016年	日喀则市委、市政府
索朗吉巴	女	藏	东嘎中心小学	优秀教师	2016年	日喀则市委、市政府
扎西罗布	男	藏	边雄乡人民政府	自治区创先争优强基础惠民生活动第五批地市级先进驻村（居）工作队员	2016年	日喀则市委、市政府
德　珍	女	藏	边雄乡人民政府	自治区创先争优强基础惠民生活动第五批地市级先进驻村（居）工作队员	2016年	日喀则市委、市政府
白玛措姆	女	藏	边雄乡人民政府	自治区创先争优强基础惠民生活动第五批地市级先进驻村（居）工作队员	2016年	日喀则市委、市政府
次旦旺姆	女	藏	边雄乡人民政府	自治区创先争优强基础惠民生活动第五批地市级先进驻村（居）工作队员	2016年	日喀则市委、市政府

续表2

姓　　名	性别	民族	工作单位	获奖名称	表彰时间	授予单位
熊　　丽	男	藏	边雄乡人民政府	自治区创先争优强基础惠民生活动第五批地市级先进驻村（居）工作队员	2016年	日喀则市委、市政府
扎西罗布	男	藏	边雄乡人民政府	自治区创先争优强基础惠民生活动第五批地市级先进驻村（居）工作队员	2016年	日喀则市委、市政府
德　　珍	女	藏	边雄乡人民政府	自治区创先争优强基础惠民生活动第五批地市级先进驻村（居）工作队员	2016年	日喀则市委、市政府
詹　　勇	男	藏	桑珠孜公安局德勒派出所	在“128”专项安保工作先进个人	2016年	日喀则市委、市政府
古桑旦增	男	藏	桑珠孜公安局7号警务站	在“128”专项安保工作先进个人	2016年	日喀则市委、市政府
边巴穷达	女	藏	桑珠孜区农牧综合服务中心	日喀则市先进工作者	2016年	日喀则市委、市政府
石　　杨	男	藏	桑珠孜区公安局	在“128”专项安保工作先进个人	2016年	日喀则市委、市政府
多吉次仁	男	藏	桑珠孜区公安局扎西吉彩派出所	民族团结先进个人	2016年	日喀则市委、市政府
洛　　确	女	藏	桑珠孜区总工会	日喀则市创先争优强基础惠民生活动先进驻村（居）工作队员称号	2016年	日喀则市委、市政府
边　　巴	男	藏	桑珠孜区公安局	在“128”专项安保工作先进个人	2016年	日喀则市委、市政府
扎西普尺	女	藏	纳尔乡	日喀则市第五批创先争优强基础惠民生活动先进驻村（居）工作队员	2016年	日喀则市委、市政府
尼玛吉拉	女	藏	纳尔乡	日喀则市第五批创先争优强基础惠民生活动先进驻村（居）工作队员	2016年	日喀则市委、市政府
次仁卓嘎	女	藏	纳尔乡	日喀则市第五批创先争优强基础惠民生活动先进驻村（居）工作队员	2016年	日喀则市委、市政府
旦增曲加	男	藏	纳尔乡	日喀则市第五批创先争优强基础惠民生活动先进驻村（居）工作队员	2016年	日喀则市委、市政府
旺　　加	男	藏	纳尔乡	桑珠孜区第五批创先争优强基础惠民生活动先进驻村（居）工作队员	2016年	日喀则市委、市政府
索朗曲珍	女	藏	桑珠孜区民宗局	2016年日喀则市优秀涉宗干部	2016年	日喀则市委、市政府
吴 鑫 浩	男	汉	桑珠孜区民宗局	日喀则市优秀驻村队队员	2016年	日喀则市委、市政府

续表2

姓　名	性别	民族	工作单位	获奖名称	表彰时间	授予单位
刘百科	男	汉	桑珠孜区委宣传部（网信办）	日喀则市优秀驻村工作队员荣誉称号	2016年	日喀则市委、市政府
陈　鹏	男	汉	桑珠孜区委办公室	日喀则市创先争优强基础惠民生活动优秀工作队员	2016年	日喀则市委、市政府
李　阳	男	汉	曲美乡人民政府	日喀则市创先争优强基础惠民生活动先进驻村（居）工作队员	2016年	日喀则市委、市政府
拉　珍	女	藏	甲措雄乡人民政府	日喀则市创先争优强基础惠民生活动先进驻村（居）工作队员	2016年	日喀则市委、市政府
德吉措姆	女	藏	城北街道办事处	第五批日喀则市级优秀驻村工作队队员	2016年	日喀则市委、市政府
次仁曲珍	女	藏	城北街道办事处	第五批日喀则市级优秀驻村工作队队员	2016年	日喀则市委、市政府
德　央	女	藏	甲措雄乡人民政府	日喀则市创先争优强基础惠民生活动先进驻村（居）工作队员	2016年	日喀则市委、市政府
白姆措姆	女	藏	甲措雄乡人民政府	日喀则市创先争优强基础惠民生活动先进驻村（居）工作队员	2016年	日喀则市委、市政府
王　欢	女	汉	城北街道办事处	第五批日喀则市级优秀驻村工作队队员	2016年	日喀则市委、市政府
俊　静	女	维吾尔	城北街道办事处	第五批日喀则市级优秀驻村工作队队员	2016年	日喀则市委、市政府
旦增普赤	女	藏	桑珠孜区民政局	市级先进驻村工作队员	2016年	日喀则市委、市政府
次　央	女	藏	桑珠孜区民政局	市级先进驻村工作队员	2016年	日喀则市委、市政府
王文孝	男	汉	桑珠孜区委统战部	2016上半年市级优秀涉宗干部	2016年	日喀则市委、市政府
何　东	男	汉	桑珠孜区委统战部	日喀则市级优秀驻村工作队队员	2016年	日喀则市委、市政府
边玛央杰	女	藏	曲美乡人民政府	日喀则市创先争优强基础惠民生活动先进驻村（居）工作队员	2016年	日喀则市委、市政府
焦　琳	女	汉	桑珠孜区财政局	先进驻村工作队员	2016年	日喀则市委、市政府
索朗吉巴	女	藏	东嘎中心小学	优秀教师	2016年	日喀则市委、市政府

续表2

姓　　名	性别	民族	工作单位	获奖名称	表彰时间	授予单位
次仁桑珠	男	藏	江当乡人民政府	日喀则市级优秀驻村工作队员	2016年	日喀则市委
索朗加参	男	汉族	桑珠孜区住建局	2017年桑珠孜区先进驻村工作队员	2016年	日喀则市委
赵文浩	男	汉	江当乡人民政府	日喀则市级优秀驻村工作队员	2016年	日喀则市委
泽仁曲珍	女	藏	东嘎乡	日喀则市创先争优强基础惠民生活动先进村（居）工作队员称号	2016年	日喀则市委
参　　珍	女	藏	城北街道办事处	日喀则市优秀共产党员	2016年	日喀则市委
玉　　珍	女	藏	东嘎乡	日喀则市创先争优强基础惠民生活动先进村（居）工作队员称号	2016年	日喀则市委
洛桑旦珍	女	藏	桑珠孜区人民法院	地市级先进驻村工作队员	2016年	日喀则市委
王　　震	男	汉	桑珠孜区聂日雄乡人民政府	日喀则市优秀党务工作者	2016年	日喀则市委
次　　央	女	藏	桑珠孜区藏语委办（编译局）	荣获全市规范藏语文社会用字工作先进个人奖	2016年	日喀则市政府
格桑德吉	女	藏	纳尔中心小学	日喀则市优秀班主任	2016年	日喀则市政府
罗　　布	男	藏	市政市容管理委员会	十轮金刚灌顶法会环境保障先进工作者	2016年	日喀则市政府
格桑云丹	男	藏	市政市容管理委员会	十轮金刚灌顶法会环境保障先进工作者	2016年	日喀则市政府
次　旦(大)	男	藏	桑珠孜区国家税务局	全面推开“营改增”工作个人嘉奖	2017年	日喀则市国税局
德吉央宗	女	藏	桑珠孜区国家税务局	全面推开“营改增”工作个人嘉奖	2017年	日喀则市国税局
旦增次央	女	藏	桑珠孜区国家税务局	“蓝衣天使”称号	2016年	日喀则市国税局
旦增次央	女	藏	桑珠孜区国家税务局	优秀公务员	2017年	日喀则市国税局
德吉卓嘎	女	藏	桑珠孜区国家税务局	优秀公务员	2017年	日喀则市国税局
普布次仁	男	藏	桑珠孜区国家税务局	优秀公务员	2017年	日喀则市国税局
王　　云	男	汉	桑珠孜区国家税务局	优秀公务员	2017年	日喀则市国税局
旦增次央	女	藏族	桑珠孜区国家税务局	优秀公务员	2017年	日喀则市国税局
次仁卓嘎	女	藏	桑珠孜区国土资源局	2016年度全市国土资源管理先进工作者	2017年	日喀则市国土资源局

续表2

姓　　名	性别	民族	工作单位	获奖名称	表彰时间	授予单位
尼玛普尺	女	藏	桑珠孜区第二小学	模范班主任	2016年	日喀则市教育委员会、市教育局
次仁卓拉	女	藏	桑珠孜区第三小学	优秀教师	2016年	日喀则市教育局委员会、日喀则市教育局
段绪琼	女	藏	桑珠孜区第三小学	先进教育工作者	2016年	日喀则市教育局委员会、日喀则市教育局
普布顿珠	男	藏	桑珠孜区第二中学	2016年度教育考试招生工作“先进个人”	2017年	日喀则市招生委员会、日喀则市教育局
次仁曲珍	女	藏	东嘎中心小学	日喀则市首届少先队辅导员“优秀学员”	2016年	共青团日喀则市教育工作委员会、日喀则市教育局
边　　多	男	藏	江当中心小学	2016优秀少先队辅导员	2017年	共青团日喀则市委员会、日喀则市教体局
扎　　旺	男	藏	江当中心小学	乡村校长访名校培训优秀学员	2016年	扬州大学
小次仁央宗	女	藏	桑珠孜区第一小学	送教下乡研修班“优秀学员”	2016年	拉萨师范高等专科学校
边　　巴	男	藏	桑珠孜区第一小学	阅卷工作表现突出	2016年	日喀则市教育局
强巴央增	女	藏	桑珠孜区第三小学	内地西藏初中班工作表现突出	2016年	日喀则市教育局
黄亚军	女	汉	桑珠孜区第二中学	日喀则市初中教师教学大赛政治组贰等奖	2016年	日喀则市教育局
旦增旺姆	女	藏	桑珠孜区第二中学	日喀则市初中教师教学大赛汉语组壹等奖	2016年	日喀则市教育局
边巴次仁	男	藏	聂日中心小学	模范班主任	2016年	日喀则市教育局
付　　敏	女	汉	齐鲁幼儿园	在日喀则市2015——2016学年学前教师教学大赛中，荣获三等奖	2016年	日喀则市教育局
吉　　宗	女	藏	齐鲁幼儿园	2016年学前双语教育工作中，荣获“先进个人”	2016年	日喀则市教育局
顿　　珠	男	藏	桑珠孜区曲美乡中心小学	2015—2016学年中，评为“优秀教育工作者”	2016年	日喀则市教育局
杨京会	女	汉	桑珠孜区第一小学	日喀则市优秀校长	2016年	日喀则市教育局
平措旺堆	男	藏	聂日加庆孜完小	国培计划送教下乡被评为优秀学员	2016年	日喀则市教育局
边　　巴	男	藏	桑珠孜区曲美乡中心小学	2015—2016学年被评为日喀则市“优秀教师”	2016年	日喀则市教育委员会

续表2

姓　　名	性别	民族	工作单位	获奖名称	表彰时间	授予单位
梅　　珍	女	藏	桑珠孜区旅游局	2016年旅游微信宣传先进个人	2016年	日喀则市旅游发展委员会
罗　　布	男	藏	桑珠孜区人民检察院	全市检察机关先进个人	2016年	日喀则市人民检察院
石楚滨	男	汉	武警桑珠孜区中队	优秀干部	2016年	武警日喀则支队政治部
李正委	男	汉	武警桑珠孜区中队	优秀党员	2016年	武警日喀则支队政治部
李正委	男	汉	武警桑珠孜区中队	三等功	2016年	武警日喀则支队政治部
邓忠伟	男	汉	武警桑珠孜区中队	优秀士官	2016年	武警日喀则支队政治部
胡　　鹏	男	汉	武警桑珠孜区中队	优秀士官	2016年	武警日喀则支队政治部
赵　　煜	男	汉	武警桑珠孜区中队	优秀士官	2016年	武警日喀则支队政治部
周　　瑞	男	汉	武警桑珠孜区中队	优秀士官	2016年	武警日喀则支队政治部
廖　　阳	男	汉	武警桑珠孜区中队	优秀士官	2016年	武警日喀则支队政治部
邱连君	男	汉	武警桑珠孜区中队	优秀士官	2016年	武警日喀则支队政治部
柳　　晓	男	汉	武警桑珠孜区中队	优秀义务兵	2016年	武警日喀则支队政治部
平　　措	男	藏	武警桑珠孜区中队	优秀义务兵	2016年	武警日喀则支队政治部
李一笑	男	汉	武警桑珠孜区中队	嘉　奖	2016年	武警日喀则支队政治部
张裕国	男	汉	武警桑珠孜区中队	嘉　奖	2016年	武警日喀则支队政治部
牟德鑫	男	汉	武警桑珠孜区中队	嘉　奖	2016年	武警日喀则支队政治部
雷登荐	男	汉	武警桑珠孜区中队	嘉　奖	2016年	武警日喀则支队政治部
余　　源	男	汉	武警桑珠孜区中队	嘉　奖	2016年	武警日喀则支队政治部
王鹏宇	男	汉	武警桑珠孜区中队	嘉　奖	2016年	武警日喀则支队政治部
杨楠辉	男	汉	武警桑珠孜区中队	嘉　奖	2016年	武警日喀则支队政治部

续表2

姓　　名	性别	民族	工作单位	获奖名称	表彰时间	授予单位
刘　　易	男	汉	武警桑珠孜区中队	嘉　奖	2016年	武警日喀则支队政治部
杨超凡	男	汉	武警桑珠孜区中队	嘉　奖	2016年	武警日喀则支队政治部
江白加措	男	汉	桑珠孜区委办公室	2016年度日喀则市党委系统信息工作先进个人	2017年	日喀则市委办
李　　娅	女	汉	日喀则市工商行政管理局桑珠孜区分局	优秀共产党员	2016年	日喀则市工商局
次仁桑珠	男	藏	日喀则市工商行政管理局桑珠孜区分局	优秀共产党员	2016年	日喀则市工商局
李　　娅	女	汉	日喀则市工商行政管理局桑珠孜区分局	先进工人	2016年	日喀则市工商局
扎西卓玛	女	藏	日喀则市工商行政管理局桑珠孜区分局	优秀公务员	2016年	日喀则市工商局
次仁桑珠	男	藏	日喀则市工商行政管理局桑珠孜区分局	优秀公务员	2016年	日喀则市工商局
罗布多吉	男	藏	日喀则市工商行政管理局桑珠孜区分局	优秀公务员	2016年	日喀则市工商局
郑　　堆	男	藏	日喀则市工商行政管理局桑珠孜区分局	优秀公务员	2016年	日喀则市工商局
许　　骏	男	汉	日喀则市工商行政管理局桑珠孜区分局	优秀公务员	2016年	日喀则市工商局
汪记成	男	汉	桑珠孜区聂日雄乡人民政府	日喀则市先进驻村工作队员	2016年	日喀则市强基办
央金卓玛	女	藏	桑珠孜区聂日雄乡人民政府	日喀则市先进驻村工作队员	2016年	日喀则市强基办
多吉旺堆	男	藏	桑珠孜区聂日雄乡人民政府	日喀则市先进驻村工作队员	2016年	日喀则市强基办
琼　　吉	女	藏	桑珠孜区聂日雄乡人民政府	日喀则市先进驻村工作队员	2016年	日喀则市强基办
次　　旦	女	藏	桑珠孜区聂日雄乡人民政府	日喀则市先进驻村工作队员	2016年	日喀则市强基办
土旦旺久	男	藏	年木乡人民政府	日喀则市级优秀驻村工作队	2016年	日喀则市强基办
格桑德吉	女	藏	年木乡人民政府	日喀则市级优秀驻村工作队	2016年	日喀则市强基办
尼玛仓拉	女	藏	城北街道办事处	桑珠孜区级优秀共产党员	2016年	日喀则市桑珠孜区委员会
达瓦扎西	男	藏	江当乡人民政府科员	日喀则市级优秀驻村工作队员 桑珠孜区级优秀公务员	2016年	日喀则市委、桑珠孜区委

续表2

姓　　名	性别	民族	工作单位	获奖名称	表彰时间	授予单位
尼玛曲珍	女	藏	桑珠孜区文广局	2016年度日喀则市优秀文物工作者	2016年	日喀则市文化局（文物局）
扎西顿珠	男	藏	农行桑珠孜支行	日喀则分行优秀党务工作者	2016年	农行日喀则分行
普布旦增	男	藏	农行桑珠孜支行	日喀则分行优秀共产党员	2016年	农行日喀则分行
边巴仓决	女	藏	农行桑珠孜支行	日喀则分行2016年度风险管理先进个人	2017年	农行日喀则分行
尼玛顿珠	男	藏	桑珠孜区法院	市级办案标兵	2016年	日喀则市中院
土旦旺久	男	藏	年木乡人民政府	市级先进扶贫工作人员	2016年	日喀则市扶贫办
旦增多吉	男	藏	桑珠孜区民政局	区级先进驻村工作队员	2016年	桑珠孜区委、区政府
次仁旺姆	女	藏	城北街道办事处	桑珠孜区创先争优强基础惠民生活动先进驻村工作队队员	2016年	桑珠孜区委、区政府
普穷次仁	男	藏	城北街道办事处	桑珠孜区优秀驻村工作队队员	2016年	桑珠孜区委、区政府
拉巴普赤	男	藏	城北街道办事处	桑珠孜区级优秀驻村工作队队员	2016年	桑珠孜区委、区政府
尚小莉	女	汉	城北街道办事处	桑珠孜区级优秀公务员	2016年	桑珠孜区委、区政府
伊佳南	男	汉	城北街道办事处	桑珠孜区级优秀公务员	2016年	桑珠孜区委、区政府
次仁普尺	男	藏	城北街道办事处	优秀公务员	2016年	桑珠孜区委、区政府
旦曾晋扎	男	藏	城北街道办事处	优秀公务员	2016年	桑珠孜区委、区政府
建才达瓦	男	藏	城北街道办事处	优秀工作人员	2016年	桑珠孜区委、区政府
俊　　静	女	维吾尔	城北街道办事处	优秀工作人员	2016年	桑珠孜区委、区政府
加永群措	女	藏	城北街道办事处	优秀工作人员	2016年	桑珠孜区委、区政府
赵　　曼	女	汉	城北街道办事处	优秀工作人员	2016年	桑珠孜区委、区政府
次仁曲珍	女	藏	城北街道办事处	优秀工作人员	2016年	桑珠孜区委、区政府
郑　　斌	女	汉	甲措雄乡人民政府	2015—2016年度桑珠孜区创先争优强基础惠民生活动先进驻村（居）工作队员	2016年	桑珠孜区委、区政府
桑杰旦增	男	藏	甲措雄乡人民政府	2015—2016年度桑珠孜区创先争优强基础惠民生活动先进驻村（居）工作队员	2016年	桑珠孜区委、区政府

续表2

姓　名	性别	民族	工作单位	获奖名称	表彰时间	授予单位
次仁群培	男	藏	甲措雄乡人民政府	2015—2016年度桑珠孜区创先争优强基础惠民生活动先进驻村（居）工作队员	2016年	桑珠孜区委、区政府
德吉央宗	女	藏	甲措雄乡人民政府	2015—2016年度桑珠孜区创先争优强基础惠民生活动先进驻村（居）工作队员	2016年	桑珠孜区委、区政府
白　珍	女	藏	甲措雄乡人民政府	2015—2016年度桑珠孜区创先争优强基础惠民生活动先进驻村（居）工作队员	2016年	桑珠孜区委、区政府
普布卓玛	女	藏	曲布雄乡	桑珠孜区先进驻村（居）工作队员	2016年	桑珠孜区委、区政府
次　央	女	藏	曲布雄乡	桑珠孜区先进驻村（居）工作队员	2016年	桑珠孜区委、区政府
达　次	男	藏	曲布雄乡	桑珠孜区先进驻村（居）工作队员	2016年	桑珠孜区委、区政府
次仁拉姆	女	藏	曲布雄乡	桑珠孜区先进驻村（居）工作队员	2016年	桑珠孜区委、区政府
德吉央拉	女	藏	曲布雄乡	桑珠孜区先进驻村（居）工作队员	2016年	桑珠孜区委、区政府
普布玉珍	女	藏	曲布雄乡	桑珠孜区先进驻村（居）工作队员	2016年	桑珠孜区委、区政府
拉巴次仁	男	藏	曲布雄乡	桑珠孜区先进驻村（居）工作队员	2016年	桑珠孜区委、区政府
普布多吉	男	藏	曲布雄乡	桑珠孜区先进驻村（居）工作队员	2016年	桑珠孜区委、区政府
次仁欧珠	男	藏	自来水公司	先进驻村（居）工作队员	2016年	桑珠孜区委、区政府
强　久	男	藏	曲布雄乡	桑珠孜区先进驻村（居）工作队员	2016年	桑珠孜区委、区政府
琼　达	女	藏	曲布雄乡	优秀事业单位工作人员	2016年	桑珠孜区委、区政府
次仁塔杰	男	藏	曲布雄乡	优秀事业单位工作人员	2016年	桑珠孜区委、区政府
赤列加措	男	藏	曲布雄乡	优秀事业单位工作人员	2016年	桑珠孜区委、区政府
李云龙	男	汉	曲美乡人民政府	桑珠孜区创先争优强基础惠民生活动先进驻村（居）工作队员	2016年	桑珠孜区委、区政府
多吉卓玛	女	藏	曲美乡人民政府	日喀则市创先争优强基础惠民生活动先进驻村（居）工作队员	2016年	桑珠孜区委、区政府
普　布	女	藏	曲美乡人民政府	桑珠孜区创先争优强基础惠民生活动先进驻村（居）工作队员	2016年	桑珠孜区委、区政府
格桑德吉	女	藏	曲美乡人民政府	桑珠孜区创先争优强基础惠民生活动先进驻村（居）工作队员	2016年	桑珠孜区委、区政府

续表2

姓　　名	性别	民族	工作单位	获奖名称	表彰时间	授予单位
卓　　玛	女	藏	曲美乡人民政府	桑珠孜区创先争优强基础惠民生活动先进驻村（居）工作队员	2016年	桑珠孜区委、区政府
扎西仁青	男	藏	曲美乡人民政府	桑珠孜区创先争优强基础惠民生活动先进驻村（居）工作队员	2016年	桑珠孜区委、区政府
扎西仁青	男	藏	曲美乡人民政府	桑珠孜区优秀事业单位工作人员	2016年	桑珠孜区委、区政府
央　　珍	女	藏	曲美乡人民政府	桑珠孜区创先争优强基础惠民生活动先进驻村（居）工作队员	2016年	桑珠孜区委、区政府
赵 延 锋	男	汉	曲美乡人民政府	西藏自治区创先争优强基础惠民生活动先进驻村（居）工作队员	2016年	桑珠孜区委、区政府
次仁央宗	女	藏	曲美乡人民政府	桑珠孜区创先争优强基础惠民生活动先进驻村（居）工作队员	2016年	桑珠孜区委、区政府
平措塔杰	男	藏	曲美乡人民政府	桑珠孜区创先争优强基础惠民生活动先进驻村（居）工作队员	2016年	桑珠孜区委、区政府
索朗曲珍	女	藏	曲美乡人民政府	桑珠孜区创先争优强基础惠民生活动先进驻村（居）工作队员	2016年	桑珠孜区委、区政府
平措塔杰	男	藏	曲美乡人民政府	优秀事业单位工作人员	2016年	桑珠孜区委、区政府
尼 玛 仓	女	藏	曲美乡人民政府	优秀事业单位工作人员	2016年	桑珠孜区委、区政府
次仁卓玛	女	藏	曲美乡人民政府	优秀事业单位工作人员	2016年	桑珠孜区委、区政府
久美邓增	男	藏	曲美乡人民政府	优秀事业单位工作人员	2016年	桑珠孜区委、区政府
次仁卓玛	女	藏	曲美乡人民政府	桑珠孜区创先争优强基础惠民生活动先进驻村（居）工作队员	2016年	桑珠孜区委、区政府
久美邓增	男	藏	曲美乡人民政府	桑珠孜区创先争优强基础惠民生活动先进驻村（居）工作队员	2016年	桑珠孜区委、区政府
泽旺罗布	男	藏	曲布雄乡	优秀公务员	2016年	桑珠孜区委、区政府
扎西次仁	男	藏	曲布雄乡	优秀公务员	2016年	桑珠孜区委、区政府
索朗多杰	男	藏	曲美乡人民政府	优秀公务员	2016年	桑珠孜区委、区政府
赵 延 锋	男	汉	曲美乡人民政府	优秀公务员	2016年	桑珠孜区委、区政府
次旺朗杰	男	藏	曲美乡人民政府	优秀公务员	2016年	桑珠孜区委、区政府
冯 柯 柯	女	汉	曲美乡人民政府	优秀公务员	2016年	桑珠孜区委、区政府
孙 佃 强	男	汉	桑珠孜区财政局	优秀公务员	2016年	桑珠孜区委、区政府

续表2

姓　名	性别	民族	工作单位	获奖名称	表彰时间	授予单位
晋美朗杰	男	藏	桑珠孜区财政局	优秀公务员	2016年	桑珠孜区委、区政府
罗　拉	男	藏	桑珠孜区藏语委办（编译局）	优秀公务员	2016年	桑珠孜区委、区政府
次旺石觉	男	藏	桑珠孜区扶贫办	优秀公务员	2016年	桑珠孜区委、区政府
普布扎西	男	藏	桑珠孜区扶贫办	优秀公务员	2016年	桑珠孜区委、区政府
达娃普赤	女	藏	桑珠孜区扶贫办	优秀公务员	2016年	桑珠孜区委、区政府
索朗多杰	男	藏	曲美乡人民政府	桑珠孜区创先争优强基础惠民生活动先进驻村（居）工作队员	2016年	桑珠孜区委、区政府
巴桑顿珠	男	藏	曲美乡人民政府	桑珠孜区创先争优强基础惠民生活动先进驻村（居）工作队员	2016年	桑珠孜区委、区政府
益西拉错	女	藏	曲美乡人民政府	桑珠孜区创先争优强基础惠民生活动先进驻村（居）工作队员	2016年	桑珠孜区委、区政府
宗　吉	女	藏	曲美乡人民政府	桑珠孜区创先争优强基础惠民生活动先进驻村（居）工作队员	2016年	桑珠孜区委、区政府
吉　拉	女	藏	曲美乡人民政府	桑珠孜区创先争优强基础惠民生活动先进驻村（居）工作队员	2016年	桑珠孜区委、区政府
云旦顿珠	男	藏	边雄乡人民政府	自治区创先争优强基础惠民生活动第五批县（区）级先进驻村（居）工作队员	2016年	桑珠孜区委、区政府
旦增拉姆	女	藏	边雄乡人民政府	自治区创先争优强基础惠民生活动第五批县（区）级先进驻村（居）工作队员	2016年	桑珠孜区委、区政府
索朗卓嘎	女	藏	边雄乡人民政府	自治区创先争优强基础惠民生活动第五批县（区）级先进驻村（居）工作队员	2016年	桑珠孜区委、区政府
益西普赤	女	藏	边雄乡人民政府	自治区创先争优强基础惠民生活动第五批县（区）级先进驻村（居）工作队员	2016年	桑珠孜区委、区政府
尼玛次仁	男	藏	边雄乡人民政府	自治区创先争优强基础惠民生活动第五批县（区）级先进驻村（居）工作队员	2016年	桑珠孜区委、区政府
同　珠	男	藏	桑珠孜区国土资源局	桑珠孜区创优争先强基惠民活动先进驻村（居）工作队员	2016年	桑珠孜区委、区政府
达　拉	女	藏	边雄乡人民政府	自治区创先争优强基础惠民生活动第五批县（区）级先进驻村（居）工作队员	2016年	桑珠孜区委、区政府
杨志强	男	汉	桑珠孜区财政局	民族团结先进个人	2016年	桑珠孜区委、区政府

续表2

姓　名	性别	民族	工作单位	获奖名称	表彰时间	授予单位
次　央	女	藏	桑珠孜区藏语委办（编译局）	桑珠孜区民族团结进步模范个人奖	2016年	桑珠孜区委、区政府
普布扎西	男	藏	桑珠孜区扶贫办	优秀驻村工作队员	2016年	桑珠孜区委、区政府
达　琼	女	藏	桑珠孜区妇联	桑珠孜区妇联	2016年	桑珠孜区委、区政府
张林莉	女	汉	桑珠孜区国家税务局	优秀共产党员	2016年	桑珠孜区委、区政府
邓明霞	女	汉	桑珠孜区交通运输局	2016年度先进工作者	2016年	桑珠孜区委、区政府
张占克	男	汉	桑珠孜区交通运输局	2016年度先进工作者	2016年	桑珠孜区委、区政府
陈　海	男	藏	桑珠孜区第二小学	优秀电教员	2016年	桑珠孜区委、区政府
次仁穷达	女	藏	桑珠孜区第二小学	优秀教师	2016年	桑珠孜区委、区政府
央　珍	女	藏	桑珠孜区第三小学	优秀教师	2016年	桑珠孜区委、区政府
措　姆	女	藏	桑珠孜区第二小学	德育工作先进个人	2016年	桑珠孜区委、区政府
卓　玛	女	藏	桑珠孜区第三小学	德育工作先进个人	2016年	桑珠孜区委、区政府
卓玛央宗	女	藏	东嘎中心小学	模范班主任	2016年	桑珠孜区委、区政府
白玛曲珍	女	藏	东嘎中心小学	青年教师优秀专业人才	2016年	桑珠孜区委、区政府
德吉拉姆	女	藏	东嘎中心小学	教学大赛中荣获汉语组“一等奖”	2016年	桑珠孜区委、区政府
措　成	男	藏	东嘎中心小学	优秀教师	2016年	桑珠孜区委、区政府
普布扎西	男	藏	联乡华夏希望小学	模范班主任	2016年	桑珠孜区委、区政府
琼　拉	女	藏	聂日中心小学	模范班主任	2016年	桑珠孜区委、区政府
尼玛多吉	男	藏	曲布雄乡中心小学	学年度“先进后勤工作者”	2016年	桑珠孜区委、区政府
巴桑仓拉	女	藏	曲布雄乡中心小学	青年教师优秀专业人才	2016年	桑珠孜区委、区政府
索朗曲珍	女	藏	桑珠孜区民宗局	优秀共产党员	2016年	桑珠孜区委、区政府
吴鑫浩	男	汉	桑珠孜区民宗局	民族团结先进个人	2016年	桑珠孜区委、区政府
索朗曲珍	女	藏	桑珠孜区民宗局	优秀公务员	2016年	桑珠孜区委、区政府
巴桑次仁	男	藏	桑珠孜区司法局	优秀公务员	2017年	桑珠孜区委、区政府
武　威	男	汉	桑珠孜区司法局	优秀公务员	2017年	桑珠孜区委、区政府

续表2

姓 名	性别	民族	工作单位	获奖名称	表彰时间	授予单位
汪秀丽	女	汉	桑珠孜区总工会	优秀公务员	2016年	桑珠孜区委、区政府
刘百科	男	汉	桑珠孜区委宣传部（网信办）	优秀公务员	2016年	桑珠孜区委、区政府
李 登	男	汉	桑珠孜区委宣传部	优秀公务员	2016年	桑珠孜区委、区政府
卓 玛	女	藏	桑珠孜区人大常委会办公室	优秀公务员	2016年	桑珠孜区委、区政府
旦增赤列	男	藏	桑珠孜区人大常委会办公室	优秀公务员	2016年	桑珠孜区委、区政府
郑 硕	女	汉	桑珠孜区总工会	桑珠孜区创先争优强基础惠民生活动先进驻村（居）工作队员称号	2016年	桑珠孜区委、区政府
扎西多杰	男	藏	桑珠孜区委宣传部	桑珠孜区民族团结优秀个人	2016年	桑珠孜区委、区政府
扎西多杰	男	藏	桑珠孜区委宣传部	桑珠孜区优秀党务工作者	2016年	桑珠孜区委、区政府
次仁卓嘎	女	藏	桑珠孜区委宣传部	桑珠孜区优秀驻村工作队员荣誉称号	2016年	桑珠孜区委、区政府
次仁片多	女	藏	桑珠孜区委宣传部	桑珠孜区优秀驻村工作队员荣誉称号	2016年	桑珠孜区委、区政府
张 也	男	汉	桑珠孜区委办公室	桑珠孜区创先争优强基础惠民生活动优秀工作队员	2016年	桑珠孜区委、区政府
格桑卓拉	女	藏	齐鲁幼儿园	在2015—2016学年度工作中成绩显著，被评为“优秀教师”	2016年	桑珠孜区委、区政府
边 巴	男	藏	桑珠孜区人大常委会	桑珠孜区民族团结进步模范个人奖	2016年	桑珠孜区委、区政府
李忠菊	女	彝	桑珠孜区委统战部	桑珠孜区优秀驻村工作队队员	2016年	桑珠孜区委、区政府
周 军	男	汉	桑珠孜区委组织部	桑珠孜区优秀党务工作者	2016年	桑珠孜区委
陈 端	男	汉	桑珠孜区委组织部“两学一做”办公室	桑珠孜区优秀公务员	2016年	桑珠孜区委
索朗多布杰	男	藏	桑珠孜区人民检察院	桑珠孜区优秀共产党员	2016年	桑珠孜区委
索 珍	女	藏	桑珠孜区人民检察院	桑珠孜区优秀第一书记	2016年	桑珠孜区委
尼玛平措	男	藏	嘎玉社区居委会	优秀综治工作者	2016年	桑珠孜区委
熊 丽	男	藏	边雄乡人民政府	优秀“第一书记”	2016年	桑珠孜区委
尼玛次仁	男	藏	边雄乡人民政府	优秀“第一书记”	2016年	桑珠孜区委
普 仓	女	藏	边雄乡人民政府	优秀“第一书记”	2016年	桑珠孜区委
其 米	女	藏	江当乡人民政府	桑珠孜区级优秀驻村工作队员	2016年	桑珠孜区委

续表2

姓　　名	性别	民族	工作单位	获奖名称	表彰时间	授予单位
达瓦卓玛	女	藏	江当乡人民政府	桑珠孜区级优秀驻村工作队员	2016年	桑珠孜区委
拉　　旺	男	藏	江当乡人民政府	桑珠孜区级优秀驻村工作队员	2016年	桑珠孜区委
土旦次仁	男	藏	江当乡人民政府	桑珠孜区级优秀工作人员	2016年	桑珠孜区委
格桑德吉	女	藏	江当乡人民政府	桑珠孜区级优秀公务员	2016年	桑珠孜区委
普　　赤	女	藏	边雄乡人民政府	优秀公务员	2016年	桑珠孜区委
拉巴顿珠	男	藏	边雄乡人民政府	优秀公务员	2016年	桑珠孜区委
尼玛次仁	男	藏	边雄乡人民政府	优秀公务员	2016年	桑珠孜区委
苟 安 福	男	汉	区委老干部局	优秀公务员	2016年	桑珠孜区委
巴桑次仁	男	藏	桑珠孜区住建局	优秀公务员	2016年	桑珠孜区委
李 熙 东	男	汉	桑珠孜区住建局	优秀公务员	2016年	桑珠孜区委
冯 小 栋	男	汉	桑珠孜区住建局	优秀公务员	2016年	桑珠孜区委
格桑曲珍	女	藏	桑珠孜区委组织部	优秀公务员	2017年	桑珠孜区委
多吉次仁	男	藏	桑珠孜区委组织部	优秀公务员	2017年	桑珠孜区委
尼　　珍	女	藏	桑珠孜区委组织部	优秀公务员	2017年	桑珠孜区委
多吉朗杰	男	藏	桑珠孜区委组织部	优秀公务员	2016年	桑珠孜区委
贾 应 波	男	汉	桑珠孜区城南办事处	优秀公务员	2016年	桑珠孜区委
土旦加措	男	藏	桑珠孜区委组织部	优秀公务员	2016年	桑珠孜区委
焦　　琳	女	汉	桑珠孜区财政局	优秀党务工作者	2016年	桑珠孜区委
小次仁央宗	女	藏	桑珠孜区人民法院	先进驻村工作队员	2016年	桑珠孜区委
巴桑次仁	男	藏	桑珠孜区人民法院	先进驻村工作队员	2016年	桑珠孜区委
赵　　强	男	汉	桑珠孜区人民法院	先进驻村工作队员	2016年	桑珠孜区委
旺　　珍	女	藏	桑珠孜区人民法院	先进驻村工作队员	2016年	桑珠孜区委
米玛罗杰	男	藏	东嘎乡	桑珠孜区创先争优强基础惠民生活动先进村（居）工作队员称号	2016年	桑珠孜区委

续表2

姓　名	性别	民族	工作单位	获奖名称	表彰时间	授予单位
达瓦曲吉	女	藏	东嘎乡	桑珠孜区创先争优强基础惠民生活动先进村（居）工作队员称号	2016年	桑珠孜区委
尼　琼	女	藏	东嘎乡	桑珠孜区创先争优强基础惠民生活动先进村（居）工作队员称号	2016年	桑珠孜区委
普　赤	女	藏	东嘎乡	桑珠孜区创先争优强基础惠民生活动先进村（居）工作队员称号	2016年	桑珠孜区委
拉　珍	女	藏	东嘎乡	桑珠孜区创先争优强基础惠民生活动先进村（居）工作队员称号	2016年	桑珠孜区委
康　措	女	藏	东嘎乡	桑珠孜区创先争优强基础惠民生活动先进村（居）工作队员称号	2016年	桑珠孜区委
管圣烨	女	汉	林业局	优秀共产党员	2016年	桑珠孜区委
拉巴普尺	女	藏	东嘎乡	桑珠孜区创先争优强基础惠民生活动先进村（居）工作队员称号	2016年	桑珠孜区委
其美朗珍	女	藏	东嘎乡	桑珠孜区创先争优强基础惠民生活动先进村（居）工作队员称号	2016年	桑珠孜区委
白玛卓嘎	女	藏	东嘎乡	桑珠孜区创先争优强基础惠民生活动先进村（居）工作队员称号	2016年	桑珠孜区委
鲍海山	男	汉	甲措雄乡人民政府	2015—2016年度工作表现突出，授予“优秀党务工作者”荣誉称号	2016年	桑珠孜区委
次　仁	女	藏	东嘎乡	桑珠孜区及优秀党务工作者	2016年	桑珠孜区委
拉巴琼达	男	藏	桑珠孜区聂日雄乡人民政府	优秀共产党员	2016年	桑珠孜区委
杨　涛	男	汉	桑珠孜区聂日雄乡人民政府	桑珠孜区优秀村支部第一书记	2016年	桑珠孜区委
米玛普尺	女	藏	桑珠孜区聂日雄乡人民政府	优秀党务工作者	2016年	桑珠孜区委
惠建妮	女	汉	桑珠孜区纪委（监察局）	优秀党务工作者	2016年	桑珠孜区委
王晓兰	女	藏	曲布雄乡	优秀党务工作者	2016年	桑珠孜区委
普布卓玛	女	藏	曲布雄乡	优秀共产党员	2016年	桑珠孜区委
次仁旺扎	男	藏	桑珠孜区科技局	优秀党务工作者	2016年	桑珠孜区委
旦增多吉	男	藏	桑珠孜区民政局	优秀党务工作者	2016年	桑珠孜区委
管圣烨	女	汉	林业局	优秀共产党员	2016年	桑珠孜区委

续表2

姓　　名	性别	民族	工作单位	获奖名称	表彰时间	授予单位
嘎桑卓玛	女	藏	聂日中心小学	优秀教师	2016年	桑珠孜区委
索朗玉珍	女	藏	年木乡人民政府	优秀党务工作者	2016年	桑珠孜区委
达娃旺堆	男	藏	年木乡人民政府	自治区级护路先进个人	2016年	桑珠孜区委
嘎桑卓玛	女	藏	聂日中心小学	区统考中汉语单科成绩“第二名”	2016年	桑珠孜区委
罗　　珍	女	藏	年木乡人民政府	优秀党员	2016年	桑珠孜区委
云丹加错	男	藏	桑珠孜区护路办	优秀党员	2016年	桑珠孜区委
宫　　翔	男	汉	桑珠孜政法委	优秀党务工作者	2016年	桑珠孜区委
吴政洲	男	汉	桑珠孜区武装部	优秀共产党员	2016年	桑珠孜区委
次仁加拉	女	藏	桑珠孜区第二中学	优秀共产党员	2016年	桑珠孜区委
宗　　吉	女	藏	东嘎乡	优秀工作人员	2016年	桑珠孜区委
拉巴片多	女	藏	东嘎乡	优秀工作人员	2016年	桑珠孜区委
白玛卓嘎	女	藏	东嘎乡	优秀工作人员	2016年	桑珠孜区委
刘　　艳	女	汉	桑珠孜区委党校	2015—2016年度桑珠孜区优秀党员	2016年	桑珠孜区委
确　　吉	女	藏	日喀则市工商行政管理局桑珠孜区分局	优秀共产党员	2016年	桑珠孜区委
李　　霞	女	汉	东嘎乡	优秀公务员	2016年	桑珠孜区委
平措旺拉	男	藏	东嘎乡	优秀公务员	2016年	桑珠孜区委
达　　珍	女	藏	东嘎乡	优秀公务员	2016年	桑珠孜区委
泽仁曲珍	女	藏	东嘎乡	优秀公务员	2016年	桑珠孜区委
多　　加	男	藏	东嘎乡	优秀公务员	2016年	桑珠孜区委
李　　文	男	汉	桑珠孜区发展和改革委员会	优秀公务员	2016年	桑珠孜区委
冯乐乐	男	汉	桑珠孜区发展和改革委员会	优秀公务员	2016年	桑珠孜区委
李家骅	男	汉	桑珠孜区发展和改革委员会	优秀公务员	2016年	桑珠孜区委
普　　布	男	藏	联乡人民政府	优秀公务员	2016年	桑珠孜区委

续表2

姓　　名	性别	民族	工作单位	获奖名称	表彰时间	授予单位
扎西顿珠	男	藏	联乡人民政府	优秀公务员	2016年	桑珠孜区委
多吉罗布	男	藏	联乡人民政府	优秀公务员	2016年	桑珠孜区委
黄　　亮	男	藏	年木乡人民政府	优秀公务员	2016年	桑珠孜区委
土旦旺久	男	藏	年木乡人民政府	优秀公务员	2016年	桑珠孜区委
巴桑罗布	男	藏	桑珠孜区护路办	优秀公务员	2016年	桑珠孜区委
惠建妮	女	汉	桑珠孜区纪委（监察局）	优秀公务员	2016年	桑珠孜区委
古桑多吉	男	藏	桑珠孜区纪委（监察局）	优秀公务员	2016年	桑珠孜区委
冯鑫龙	男	汉	桑珠孜区纪委（监察局）	优秀公务员	2016年	桑珠孜区委
达瓦扎西	男	藏	桑珠孜区纪委（监察局）	优秀公务员	2016年	桑珠孜区委
拉巴次仁	男	藏	桑珠孜区委统战部	优秀公务员	2016年	桑珠孜区委
次仁仓决	女	藏	桑珠孜区委统战部	优秀公务员	2016年	桑珠孜区委
格桑德吉	女	藏	年木乡人民政府	优秀公务员	2016年	桑珠孜区委
次仁卓嘎	女	藏	桑珠孜区国土资源局	优秀公务员	2016年	桑珠孜区委
罗智苓	男	汉	桑珠孜区国土资源局	优秀公务员	2016年	桑珠孜区委
罗追次仁	男	藏	桑珠孜区委党校	优秀公务员	2016年	桑珠孜区政府
潘大伟	男	汉	桑珠孜区科技局	优秀公务员	2016年	桑珠孜区政府
尼玛普尺	女	藏	桑珠孜区第一小学	模范班主任	2016年	桑珠孜区政府
次旺拉姆	女	藏	桑珠孜区第一小学	优秀教育工作者	2016年	桑珠孜区政府
拉　　珍	女	藏	年木中心小学	教学大赛中语文学科二等奖	2016年	桑珠孜区政府
小罗布	男	藏	江当中心小学	优秀教师	2016年	桑珠孜区政府
边　　吉	女	藏	纳尔中心小学	青年优秀专业人才	2016年	桑珠孜区政府
尼玛普尺	女	藏	曲布雄乡中心小学	模范班主任	2016年	桑珠孜区政府
边巴次仁	男	藏	桑珠孜区曲美乡中心小学	2015—2016学年被评为“优秀教师”	2016年	桑珠孜区政府

续表2

姓　　名	性别	民族	工作单位	获奖名称	表彰时间	授予单位
多布杰	男	藏	桑珠孜区曲美乡中心小学	桑珠孜区基层优秀党务工作人员	2016年	桑珠孜区政府
益　西	男	藏	桑珠孜区曲美乡中心小学	桑珠孜区“青年教师优秀专业人才”	2016年	桑珠孜区政府
周小华	男	汉	桑珠孜区民政局	优秀公务员	2016年	桑珠孜区政府
李　云	女	藏	桑珠孜区民政局	优秀公务员	2016年	桑珠孜区政府
陈　行	男	汉	桑珠孜区民政局	优秀公务员	2016年	桑珠孜区政府
拉巴扎西	男	藏	桑珠孜区民政局	优秀工作人员	2016年	桑珠孜区政府
达瓦平措	男	藏	桑珠孜区人力资源和社会保障局	优秀公务员	2016年	桑珠孜区政府
次仁顿珠	男	藏	桑珠孜区人力资源和社会保障局	优秀公务员	2016年	桑珠孜区政府
索朗曲珍	女	藏	桑珠孜区人力资源和社会保障局	优秀公务员	2016年	桑珠孜区政府
巴桑罗布	男	藏	桑珠孜区人力资源和社会保障局	优秀公务员	2016年	桑珠孜区政府
何　超	男	汉	桑珠孜区人力资源和社会保障局	优秀工作人员	2016年	桑珠孜区政府
尼玛旺堆	男	藏	桑珠孜区水利队	先进工作者	2016年	桑珠孜区政府
德吉白姆	女	藏	日喀则市工商行政管理局桑珠孜区分局	先进驻村工作队员	2016年	南木林县人民政府

说明：由于各单位资料提供不全，可能有遗漏

索 引

说 明

一、本索引采用主题分析法编制。索引范围包括篇目、类目、部(门)目、条目等。
二、本索引按主题词首字汉语拼音音序(同音按音调)排列,若首字拼音相同则按第二字音序排列,以此类推。
三、索引款目后的数字表示内容所在的页码,数字后的拉丁字母(a、b)表示栏别(从左至右)。
四、篇目、类目、部(门)目用黑体字。

A

B

C

D

E

F

G

H

J

K

L

M

N

P

Q

R

S

T

W

X

Z

和谐文明 美丽幸福

HEXIEWENMINGMEILIXINGFUSANGZHUZI

桑珠孜

和谐 文明 美丽 幸福

桑珠孜区位于西藏自治区西南部、喜马拉雅山北麓，雅鲁藏布江及其主要支流年楚河的汇流处，总面积3664.7平方千米，平均海拔3836米。区辖2个街道办事处、10个乡，176个村（社区），人口20万，其中藏族人口占97%，另外有汉、回、满等13个民族。桑珠孜区是我国西南边疆的中心城市和连接印度、尼泊尔、不丹等南亚国家的“桥头堡”；日喀则机场开通直达成都航线，年运送旅客超过2万人次。青藏铁路的延伸线——拉萨至日喀则铁路通车于2014年8月通车运营，年货运量可达830万吨。

中共桑珠孜区委员会

2016年11月23日，日喀则市委常委、桑珠孜区委书记姚常雨，桑珠孜区委副书记、常务副区长孙授宾参加教育工作专题会议

2016年11月30日，日喀则市委常委、桑珠孜区委书记姚常雨到德勒社区宣讲全会和九次党代会精神

2016年11月9日，日喀则市委常委、桑珠孜区委书记姚常雨参加先进“双联户”表彰大会为获奖群众颁奖

2016年12月1日，日喀则市委常委、桑珠孜区委书记姚常雨到联乡慰问困难群众

20116年8月19日，日喀则市委常委、桑珠孜区委书记姚常雨陪同中央党外人士到德勒社区调研

2016年8月26日，桑珠孜区委常务副书记潘思晓、山东省政协副主席赵润田（右二）到青岛干部公寓调研

桑珠孜区人民政府

2016年12月22日，区委副书记、区长索朗罗布一行检查指导创城工作开展情况

2016年11月7日，桑珠孜区委常委、副区长卢阳到东嘎乡中心小学调研

2016年6月8日，桑珠孜区委常委、副区长杨建明调研基层发展

2016年8月6日，副区长琼次仁到甲措雄乡卡堆村看望慰问结对帮扶对象

2016年11月26日，副区长扎西罗布到甲措雄乡中心小学检查指导教育教学工作

2016年10月30日，副区长庞剑实地督查各乡（办）附属工程

桑珠孜区人民代表大会常务委员会

2016年11月4日，西藏自治区人大常委会副主任李文汉（前排左二）一行到桑珠孜区检查水土立法相关工作

2016年11月25日，桑珠孜区委副书记、区长索朗罗布到纳唐寺检查指导佛事前期各项准备工作

2016年5月24日，桑珠孜区委副书记、人大常委会党组书记、主任达洛到东嘎乡检查乡级人大换届选民登记公示情况

2016年10月15日，桑珠孜区委副书记、人大常委会党组书记、主任达洛陪同山南地区洛扎县人大考察团进行考察

2016年4月1日，桑珠孜区第一届人民代表大会第三次会议主席团第二次会议

2016年11月28日，自治区、日喀则市两级人大常委会到桑珠孜区调研污水处理情况

中国人民政治协商会议桑珠孜区委员会

2016年8月23日，日喀则市委常委、桑珠孜区委书记姚常雨到区政协调研指导工作

2016年9月22日，贵州省政协副主席蔡志君（中）一行到桑珠孜区边雄乡考察调研灾后恢复重建工作

2016年3月31日，政协党组书记、主席、统战部部长普布参加政协第一届桑珠孜区委员会第三次会议小组讨论

2016年2月6日，政协党组书记、主席、统战部部长普布到纳尔乡纳杂村慰问贫困户

2016年7月28日，桑珠孜区委常务副书记潘思晓到区政协调研

2016年12月21日，桑珠孜区人大、政协组织人大代表、政协委员到边雄乡加根村开展精准扶贫、精准脱贫调研

中共桑珠孜区纪律检查委员会（监察局）

2016年8月31日，西藏自治区纪委党风政风监督室主任刘逢春（中）到桑珠孜区纪委调研

2016年12月5日，日喀则市委常委、桑珠孜区委书记姚常雨主持召开落实“两个责任”集体约谈会

2016年12月9日，日喀则市党风廉政建设绩效考核组一行到桑珠孜区考核党风廉政工作

2016年12月10日，桑珠孜区纪委监察局干部观看专题教育片《打铁还需自身硬》

2016年11月14日，工作人员对全区公务车辆喷涂“公务用车”标识

2016年11月21日，桑珠孜区纪委组织村（居）“两委”班子成员开展党风廉政教育

桑珠孜区人民检察院

2016年12月4日，检察院副检察长扎西在街头开展法制宣传，为群众做法律咨询

2016年12月5日，检察院召开年终述职大会

2016年12月7日，检察院开展“加强侦查监督，维护司法公正”为主题的“检察开放日”活动

2016年5月11日，检察院干警在桑珠孜区第一中学开展法制教育宣讲活动

2016年5月11日，检察院干警在山东路开展法制宣传活动

2016年9月22日，检察院召开“两学一做”专题民主生活会

2016年9月30日，检察院开展职工运动会

桑珠孜区人民法院

2016年11月15日，法院主审法官卓嘎、尼玛仓决、杨健到聂日雄乡就地审理调解同居关系分家产案件

2016年7月1日，党组书记、院长边巴卓玛带领干警到东郊大桥附近路段开展卫生清理大扫除活动

2016年12月9日，法院邀请市委党校中级讲师进行专题辅导授课

2016年12月20日，法院干警在上海广场开展综治宣传活动

2016年10月12日，法院执行局成功执结一起劳务合同纠纷案件

2017年7月1日，法院组织干警为贫困党员捐款

中共桑珠孜区委组织部

2016年12月29日，日喀则市委常委、组织部部长杨昆（右二）到彭确社区看望寿星老人

2016年11月13日，桑珠孜区开展村（社区）党支部书记培训

2016年10月13日，桑珠孜区开展组织员业务培训会

2016年7月1日，桑珠孜区召开“七一”表彰大会

2016年7月25日，桑珠孜区开展军警地共建党组织活动为农牧民免费义诊

2016年6月12日，桑珠孜区开展党员志愿者活动

中共桑珠孜区委宣传部

2016年7月13日，日喀则市文明办和桑珠孜区委宣传部联合桑珠孜区第二中学在该校举行践行社会主义核心价值观“三进”活动暨爱国主义教育专题讲座

2016年10月18日，桑珠孜区委宣传部、网信办举办网评员培训班

2016年11月18日， 桑珠孜区委宣传部对精神文明建设工作进行考评

2016年3月28日，桑珠孜区委宣传部开展民族团结教育宣讲活动

2016年5月8日，桑珠孜区委宣传部联合共青团桑珠孜区委员会、桑珠孜区文广局举办第二届青年歌手大赛

2016年10月31日，拉萨市文工团到桑珠孜区城南办事处德勒社区演出

2016年11月24日， 桑珠孜区宣讲自治区第九次党代会精神暨送文艺下乡

中共桑珠孜区委 统战部

2016年3月28日，西藏自治区党委常委、统战部部长公保扎西（左二）到夏鲁寺考察文物保护工作

2016年10月25日，西藏自治区党委常委、统战部部长公保扎西（左四）一行到桑珠孜区俄尔寺检查指导工作

2016年8月25日，西藏自治区工商联主席阿沛・晋源（一排右一）到桑珠孜区检查指导工作

2016年11月25日，统战部副部长米玛欧珠到东嘎乡加木切村慰问结对帮扶户

2016年1月19日，统战部组织召开爱国人士宗教界人士座谈会

2016年12月28日，统战部组织召开驻寺干部及僧尼参加和谐模范寺庙暨爱国守法先进僧尼表彰大会

2016年7月5日，统战部党支部全体党员干部开展学党章党规、重温入党誓词活动

中共桑珠孜区委政法委员会

2016年11月23日，西藏自治区党委政法委副秘书长雷进昌（左二），日喀则市政法委副书记、综治办主任次旦（右一）到桑珠孜区综治办检查指导工作

2016年6月2日，日喀则市政法委副书记、综治办主任次旦（中）到桑珠孜区政法委宣传点检查指导工作

2016年3月28日，日喀市公安局党委委员、区委常委、区委政法委书记、区公安局党委书记、局长普布顿珠慰问贫困“双联户户长”

2016年2月24日，区委副书记、区长索朗罗布，日喀市公安局党委委员、区委常委、区委政法委书记、区公安局党委书记、局长普布顿珠到铁路沿线看望慰问护路队员

2016年5月17日，桑珠孜区政法委副书记李清平组织职工集中学习研讨会

2016年12月26日，桑珠孜区委、区政府召开2016年度先进“双联户”表彰大会

中共桑珠孜区委办公室

2016年11月23日，日喀则市委常委、桑珠孜区委书记姚常雨，区委副书记、常务区长孙授宾参加区委办公室民主生活会

2016年4月29日，桑珠孜区委党支部召开周例会

2016年11月24日，桑珠孜区委办公室“两学一做”学习讨论会

2016年7月5日，桑珠孜区委办公室工作人员整理文件与电话通知会议

桑珠孜区人民政府办公室

2016年12月16日，桑珠孜区政府办公室主任杜旭林到江当乡康果村驻村点检查指导工作

2016年11月23日，桑珠孜区政府后勤服务中心主任格桑次仁到江当乡慰问结对帮扶户

2016年11月15日，桑珠孜区政府后勤服务中心拍卖公务车辆

2016年10月20日，桑珠孜区政府办公室组织召开生活会

2016年4月16日，桑珠孜区市民服务中心工作人员办理新型农村合作医疗报销

桑珠孜区市民服务中心

桑珠孜区人民代表大会常务委员会办公室

2016年6月6日，桑珠孜区委副书记、人大常委会党组书记、主任达洛到曲布雄乡检查指导乡级选举工作

2016年6月10日，桑珠孜区委副书记、人大常委会党组书记、主任达洛参加曲美乡第二届人民代表大会第一次会议

2016年4月25日，桑珠孜区人大机关党支部召开"两学一做"专题会

2016年7月6日，桑珠孜区人大常委会及人大办公室集中学习习近平总书记系列讲话精神

2016年10月26日，桑珠孜区人大机关党支部组织干部职工观看教育片

2016年5月12日，桑珠孜区人大常委会召开乡级人大换届培训会，办公室工作人员做好后勤保障工作

中国人民政治协商会议 桑珠孜区委员会办公室

2016年7月29日，日喀则市政协副主席松泽（右六）到桑珠孜区调研

2016年12月11日，阿里地区政协副主席洛桑次仁（右四）到桑珠孜区拉洛奶牛养殖场考察

2016年8月10日，政协第一届桑珠孜区委员会常务委员会第四次会议在区政协常委会议室召开

2016年5月29日，政协办公室传达学习纪委系列文件

2016年11月4日，政协办公室党支部召开“讲学习、讲忠诚、正风纪、转作风、提效能”主题教育活动动员会议

2016年8月19日，政协一届桑珠孜区四次会议检票现场

2016年3月30日，政协桑珠孜区一届三次会议在区行政中心开幕

中共桑珠孜区委党校

2016年4月20日，党校副校长次旦到曲布雄乡开展惠民政策宣讲活动

2016年12月27日，党校副校长次旦到扎西吉彩社区开展主题为社会主义核心价值观宣讲活动

2016年5月4日，党校副校长次旦协同强基办到曲美乡开展“明职责、定准位、务实效”宣讲活动

2016年9月19日，党校副校长次旦到德勒社区开展科技益民宣讲活动

2016年9月22日，党校老师罗追次仁到教武场开展“六城共建”宣讲活动

2016年11月15日，党校教师罗追次仁到甲措雄乡开展宣讲活动

2016年3月29日，党校讲师米玛潘多到老年大学开展“两会”精神宣讲

中共桑珠孜区委老干部局

2016年12月1日，老干部局局长查玉到边雄乡慰问离退休干部职工（长期病号）

2016年1月6日，桑珠孜区老干部局召开离退休党支部书记、管委会主任迎新春座谈会

2016年1月7日，桑珠孜区老干部局组织召开老年大学文艺队成立“五周年”座谈会

2016年3月28日，桑珠孜区老干部局召开离退休老干部职工座谈会

2016年3月25日，桑珠孜区老年大学乐器队演奏

2016年9月27日，桑珠孜区离退休干部卫生监督志愿活动正式启动

2016年10月9日，桑珠孜区开展离退休干部职工“九九重阳节”文艺汇演

共青团桑珠孜区委员会

2016年6月24日，团区委书记次央、副书记格桑卓嘎一行到江当乡开展留守儿童调研工作

2016年8月5日，团区委书记次央迎接西部计划志愿者到桑珠孜区

2016年6月16日，团区委工作人员开展安全生产宣传活动

2016年6月9日，团区委组织开展“创城”清扫活动

桑珠孜区总工会

2016年1月20日，“三大节日”期间，工会工作人员慰问在档困难职工

2016年12月16日，工会工作人员为新成立9个便民警务站工会发放工会牌子及启动资金

2016年9月30日，工会工作人员慰问新增在档困难职工和一线维稳指挥部工作人员

2016年10月14日，工会联合团委、妇联及后勤服务中心组织干部职工举办秋季趣味运动会

2016年6月16日，工会工作人员在山东北路开展安全生产法制宣传活动

桑珠孜区妇女联合会

2016年3月6日，日喀则市妇联主席叶青莲（左二）到桑珠孜区慰问“两癌”妇女患者

2016年3月8日，日喀则市妇联党组书记白杨（右一）到城北街道办事处慰问贫困母亲

2016年8月24日，妇联副主席边巴央金陪同日喀则市妇联副主席刘卫华（中）到甲措雄乡联阿村找水源地

2016年12月14日，妇联副主席边巴央金到东嘎乡达龙帕村慰问结对帮扶户

2016年3月9日，妇联副主席边巴央金慰问国策环卫贫困女职工

2016年3月14日，桑珠孜区工青妇组织在市区繁华地段开展法制宣传活动

桑珠孜区发展和改革委员会

2016年11月16日，国家统计局西藏调查总队副总队长武建华（中）到桑珠孜区调研统计工作

2016年11月7日，日喀则市委常委、桑珠孜区委书记姚常雨参加桑珠孜区发改委组织生活会

2016年11月23日，桑珠孜区常务副书记潘思晓到城南办事处卡热社区调研援藏项目

2016年11月26日，日喀则市发改委副主任旦珍（右二）到桑珠孜区调研教育援藏项目

2016年5月22日，西藏自治区农牧厅处长林木（右三）到甲措雄乡比杂村检查粮食生产情况

2016年12月22日，发改委主任李家骅到联乡达庆村慰问贫困户

桑珠孜区财政局

2016年6月27日，西藏自治区财政厅检查小组一行到桑珠孜区财政局开展财政资金安全检查

2016年5月21日，财政局副局长达娃普赤、次仁普赤到财政局驻村点督导检查工作

2016年6月9日，财政局副局长次仁普赤审核报销单据

2016年5月27日，财政局党支部召开“两学一做”学习教育第一专题研讨会

2016年11月3日，财政局配合纪委开展扶贫开发和灾后重建资金检查工作

桑珠孜区商务局

2016年11月3日，西藏自治区人大财经委副主任王大海（右排六）到桑珠孜区调研商务工作

2016年12月20日，日喀则市副市长甘立泉（前排右三）考察物交会现场

2016年12月20日，桑珠孜区副区长杨建明考察物交会现场

2016年1月25日，日喀则市商务局副局长严正保（右一）带领桑珠孜区商务局工作人员到加油站检查工作

2016年5月10日，商务局副局长拉巴顿珠到加油站检查

2016年5月10日，西藏自治区商务厅委托中国人民大学学生到桑珠孜区调研商贸工作

桑珠孜区教育（体育）局

2016年11月1日，日喀则市委常委、桑珠孜区委书记姚常雨到甲措雄乡调研

2016年4月28日，西藏自治区基教处处长次旦玉珍（右二）到桑珠孜区齐鲁幼儿园检查指导工作

2016年12月7日，日喀则市委副书记徐向国（左三）到桑珠孜区二中检查指导工作

2016年5月11日，日喀则市委副书记戴晶斌（左二）、日喀则市教育局局长索旺到桑珠孜区齐鲁幼儿园检查指导工作

2016年9月7日，日喀则市人大常委会主任扎西泽仁（右一）到桑珠孜区二中检查指导工作

2016年10月10日，西藏自治区发改委，日喀则市发改委工作组一行到桑珠孜区齐鲁幼儿园检查指导工作

桑珠孜区农牧局

2016年9月10日，中国灌排发展中心第三党支部书记阎存立（右三）一行到桑珠孜区督导检查农业综合开发项目

2016年8月25日，桑珠孜区委常委、副区长达娃到曲美乡调研深耕深松

2016年4月12日，农牧局局长扎西到甲措雄乡督导检查青稞调种

2016年9月12日，农牧局局长扎西、副局长顿珠到曲美乡走访调研

2016年9月20日，日喀则市农牧局牧业科科长巴桑（左二）到年木乡督导检查基本草原划定工作

2016年10月11日，西藏自治区草原监理站专家尼玛次仁（右一）到曲美乡复审318国道草地征占项目

桑珠孜区林业局

2016年5月24日，西藏自治区林业厅党组副书记、副厅长云丹（左三）到桑珠孜区检查造林工作

2016年6月16日，西藏自治区林业厅副厅长旺堆（左一）到桑珠孜区考察指导2015年防沙治沙工程

2016年7月12日，西藏自治区林业厅副厅长旺堆（右一）、造林处处长董益均（左一）到桑珠孜区考察指导造林工作

2016年3月17日，桑珠孜区副区长边娃到聂口雄乡召开"两江四河"造林工程安排部署会

2016年8月15日，林业局副局长边巴参到江当乡检查指导2015年防沙治沙工程项目实施进度

桑珠孜区藏语文工作委员会办公室（编译局）

2016年5月21日，日喀则市编译局党组副书记、局长次仁（左三）到窗口行业部门查看“双语”开展情况

2016年3月8日，编译局工作人员翻译桑珠孜区“两会”会议材料

2016年10月21日，编译局工作人员翻译中共西藏自治区第九次党代会议精神宣传提纲

2016年1月16日，桑珠孜区藏语委办主任、编译局局长次央就桑珠孜区编译局“四有”落实情况、社会用字检查整改等工作进行汇报

2016年9月21日，编译局工作人员同商户对牌匾错字部分现场进行整改

桑珠孜区扶贫开发领导小组办公室（农发办）

2016年6月15日，西藏自治区农牧厅副厅长布琼（右三）到桑珠孜区甲措雄乡调研农牧业生产情况农机化作业

2016年10月17日，日喀则市委副书记、市长刘虎山（右三）考察指导桑珠孜区“扶贫日”宣传活动

2016年6月20日，日喀则市扶贫办主任丹增（左四）到桑珠孜区脱贫攻坚指挥部检查指导工作

2016年8月26日，扶贫办主任次旺石觉、区发改委主任李宗晔到联乡检查指导易地扶贫搬迁工作

2016年10月17日，扶贫办副主任边巴多吉带领干部职工在上海广场开展全国第三个“扶贫日”宣传活动

2016年10月2日，扶贫办主任次旺石觉到曲美乡宣讲易地扶贫搬迁相关工作政策

桑珠孜区民政局

2016年2月2日，西藏自治区主席洛桑江村（中）到桑珠孜区五保集中供养服务中心调研

2016年11月11日，西藏自治区副主席多吉次珠（左二）到吉培社区低保户家中调研慰问

2016年7月12日，区委副书记、区长索朗罗布主持召开桑珠孜区关于规范社会救助工作政策落实动员部署会

2016年10月21日，民政局局长周小华组织全体干部职工观看“永远在路上”纪录片

2016年11月23日，民政局和谢通门县民政局共同开展勘界工作

桑珠孜区文化广播电影电视局

2016年8月26日，桑珠孜区委宣传部副部长、文广局局长旦增卓玛带领格桑花艺术团成员参加日喀则市第十四届珠峰文化旅游节文艺汇演

2016年10月21日，自治区文化厅派遣天闻数媒（北京）科技有限公司到桑珠孜区文广局举办公共电子阅览室管理系统使用及安装培训班

2016年1月29日，文物局局长巴桑次仁带领工作人员到夏鲁寺开展全国第一次可移动文物普查工作

2016年12月29日，桑珠孜区委常委、宣传部部长部凤琴，副区长庞剑在桑珠孜区格桑花艺术团观看艺术团短期舞蹈培训班基训汇报演出

2016年5月18日，桑珠孜区格桑花艺术团演员参加桑珠孜区第二届青年歌手大赛

桑珠孜区司法局

2016年4月14日，西藏自治区司法厅党委委员、副厅长于续文（右一）到桑珠孜区调研指导工作

2016年7月16日，司法局局长曹文娜主持召开佛事活动期间社区矫正人员警示会

2016年6月20日，司法局局长曹文娜、副局长巴桑次仁到城南街道办事处就重点安置帮教对象举行联席会议，讨论帮教措施

2016年6月10日，司法局工作人员到东嘎乡培训基层人民调解员

2016年6月12日，司法局援助律师严海霞对全区驻村工作队开展法律知识讲座

桑珠孜区公安局

2016年7月20日，西藏自治区政协副主席、党组书记公保扎西（前排右二），日喀则市委书记张延清（前排左二）到桑珠孜区检查指导“128”时轮金刚法会安保工作

2016年3月16日，日喀则市委常委、桑珠孜区委书记姚常雨到佛事安保现场检查指导安保工作

2016年8月25日，日喀则市第十四届珠峰旅游文化节开幕，桑珠孜区公安局执勤民警在活动现场执勤

2016年8月16日，挑选5名民警参加全市公安机关首届警务技能大比武活动，并取得团体三等奖良好成绩

2016年8月11日，桑珠孜区公安局业务技术大楼建成竣工

桑珠孜区民族宗教事务局

2016年6月20日，桑珠孜区政协党组书记、主席、统战部部长普布到色多坚寺检查督导灾后重建项目

2016年4月26日，区委副书记、区长索朗罗布到那塘寺慰问贫困僧人

2016年4月27日，区委副书记、区长索朗罗布到清真寺慰问寺管委会干部

2016年11月24日，民宗局局长白多到东嘎乡慰问贫困户

2016年5月19日，民宗局局长仓木决（副县级）到城南办事处慰问贫困户

2016年1月7日，民宗局局长仓木决（副县级）协同涉宗部门到桑珠曲顶寺慰问驻寺干部

桑珠孜区住房和城乡建设局

2016年5月14日，日喀则市住建局局长普次仁到桑珠孜区棚户区调研改造前期工作

2016年12月5日，日喀则市副市长桑珠次仁（左二）到污水处理厂查看运营情况

2016年11月11日，桑珠孜区副区长庞剑组织市直有关部门召开污水处理厂验收工作会议

2016年12月14日，桑珠孜区副区长庞剑查看创城工作

2016年10月9日，住建局副局长、规划局副局长达瓦次仁组织召开住建局党建工作会议

桑珠孜区环境保护局

2016年7月12日，桑珠孜区副区长达瓦带领相关单位负责人检查工业园区企业环境违法行为

2016年8月19日，桑珠孜区副区长尼吉检查城区环境卫生

2016年11月17日，桑珠孜区副区长庞剑带队到曲夏村检查企业环境违法违规现象

2016年6月5日，环保局局长达珍带领干部职工在城区开展环保宣传活动

2016年10月28日，环保局局长达珍检查年楚河流域环境卫生

桑珠孜区卫生局

2016年11月8日，卫生局局长索朗白珍检查培训笔记

2016年10月22日，卫生局局长索朗白珍带队参加创城活动

2016年10月28日，卫生局计生委主任拉珍到聂日雄乡卫生院督导检查工作

2016年5月23日，卫生局邀请阿玛仓医疗队专家到桑珠孜区开展免费义诊活动

2016年3月8日，卫生局计生委主任拉珍到敬老院看望老人，并为老人免费义诊

桑珠孜区旅游局

2016年3月24日，桑珠孜区委常委、副区长杨建明到联乡湿地调研

2016年11月13日，旅游局副主任科员杨红玉到东嘎乡普奴村慰问贫困户

2016年6月7日，旅游局干部职工集中学习习近平总书记系列讲话精神

2016年4月15日，旅游局工作人员在珠峰路开展法制宣传活动

2016年6月15日，旅游局联合安监、消防、交通等部门到扎什伦布寺开展执法检查

桑珠孜区交通运输局

2016年11月3日，自治区交通运输厅检查组一行到桑珠孜区联乡恰果村检查指导公路项目

2016年5月8日，桑珠孜区副区长琼次仁、日喀则市交运局副局长强巴到G318绕城线项目现场检查指导征地拆迁相关工作

2016年5月7日，桑珠孜区副区长琼次仁、日喀则市交运局质监站站长边巴旺堆到东嘎乡巴玉村公路项目现场检查验收水稳层

2016年9月12日，交通运输局协同市交运局对桑珠孜区农村EPC项目进行现场图纸审查

2016年12月15日，交通运输局工作人员到聂日雄乡甲列村慰问结对帮扶户

2016年12月24日，交通运输局工作人员到甲措雄乡进行道路巡查

桑珠孜区科学技术局

2016年8月10日，西藏自治区科技厅农牧处副处长高凤群（左一）到江当乡甲玛卡村检查脱毒马铃薯种植项目实施情况

2016年4月26日，科技局局长次仁旺扎和农科所脱毒中心技术人员到聂日雄乡楚松村开展脱毒马铃薯高效优质栽培技术培训

2016年4月10日，科技局局长次仁旺扎、副局长拉姆到曲布雄乡开展2014年科技特派员生活补助发放工作

2016年12月1日，科技局副局长拉姆到曲美乡开展科普“五下乡”活动

2016年9月19日，科技局邀请桑珠孜区党校副校长次旦到城南街道德勒社区开展社区科普益民活动

2016年11月1日，科技局工作人员到纳尔乡索东村开展结对帮扶活动

桑珠孜区人力资源和社会保障局

2016年9月18日，日喀则市人社局党组副书记、局长旦增加布（左三）到桑珠孜区检查指导就业再就业服务工作和社会保障工作

2016年6月8日，日喀则市公共职业技能服务中心主任扎西（右三）到桑珠孜区人社局参加转移就业脱贫专题培训开班典礼

2016年6月21日，青岛市市北区人社局局长袁丽新（右一）与桑珠孜区人社局局长唐川结共建友好单位仪式

2016年11月4日，人社局局长唐川到高原技能培训学校参加转移就业脱贫暨订单式培训开班典礼

2016年11月1日，人社局局长唐川到高原技能培训学校了解厨师培训情况

桑珠孜区安全生产监督管理局

2016年9月27日，日喀则市安监局党组书记陈海英（左二）到辖区加油站检查指导工作

2016年7月18日，日喀则市安监局局长塔杰（左二）到辖区加油站检查指导工作

2016年7月1日，安监局局长旺丹到曲美乡贝琼遂道排查安全隐患

2016年6月16日，安监局局长旺丹组织工作人员开展安全生产月宣传活动

2016年11月5日，安监局副局长次仁旺拉为烟花爆竹零售商户发放证书

2016年8月21日，安监局工作人员到辖区建筑工地上检查安全隐患

桑珠孜区市政市容管理委员会

2016年3月7日，市政市容管理委员会组织党员干部召开“两学一做”学习教育动员部署会议

2016年5月13日，市政市容管理委员会组织各科室负责人召开创建文明城市迎检阶段动员部署会议

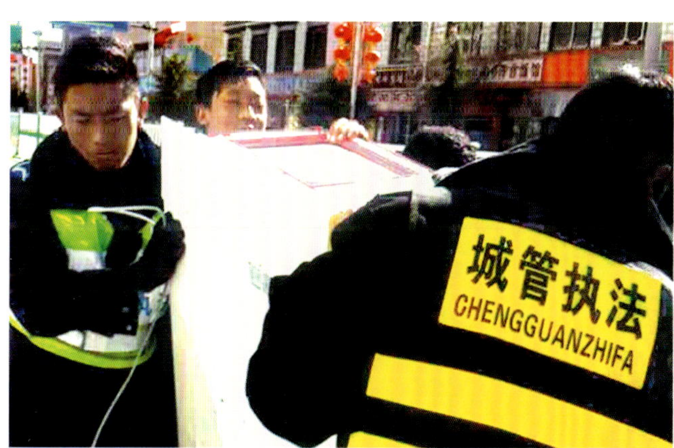

2016年9月13日，市政市容管理委员会执法人员开展市容环境卫生专项整治行动

2016年5月15日，市容管理处工作人员开展老城区损坏路灯维护工作

2016年3月11日，市政市容管理委员会园林工作人员针对城区重点干道、绿地开展城市绿化季节性养护作业

桑珠孜区食品药品监督管理局

2015年7月13日，日喀则市副市长桑珠次仁（左二）、日喀则市食药局局长扎顿（左一）到桑珠孜区食品药品监督管理局新办公场所检查指导工作

2016年6月6日，上海市食药监局副局长叶宝法（左三）一行到桑珠孜区食品药品监督管理局检查指导工作

2016年10月8日，食品药品监督管理局局长唐淑敏主持学习贯彻“违反中央八项规定”系列文件学习

2016年10月10日，日喀则市食药局稽查队一行到桑珠孜区人民医院对药品医疗器械进行质量监督抽检

2016年4月9日，食品药品监督管理局工作人员对辖区内药店进行日常监督检查

2016年6月15日，食品药品监督管理局联合区工商局、区城管大队、区公安局对市三中周边小摊贩进行清理

日喀则市工商行政管理局桑珠孜区分局

2016年2月2日，分局局长格桑平措主持召开学习习近平总书记在中国共产党第十八届中央纪律检查委员会第六次全体会议上发表的重要讲话精神

2016年5月16日，分局副局长高龙到纳尔乡检查打击传销规范直销工作

2016年3月18日，分局综合执法科副科长罗布多吉到联乡开展年报公示工作

2016年3月11日，分局组织干部开展节前市场检查

2016年3月15日，分局组织干部开展法律法规宣传活动

2016年10月9日，日喀则市国税局党组书记刘春祥（左一）与桑珠孜区委常委、副区长杨建明交流工作

2016年12月1日，桑珠孜区国税局局长巴桑为个体工商户纳税人颁发“两证整合”营业执照

2016年8月1日，桑珠孜区国税局开具出全市第一张“资源税改革”税票

2016年5月1日，桑珠孜区国税局为“营改增”纳税人开具出全市第一张“营改增”发票

2016年4月26日，桑珠孜区国税局组织辖区纳税人参加市局“营改增”培训会

桑珠孜区国土资源局

2016年9月23日，桑珠孜区常务副区长卢阳，国土局局长宁继武，副局长平旺，曲美乡党委书记李勇到曲美乡召开珠峰旅游创业园区征地动员大会

2016年11月6日，桑珠孜区常务副区长卢阳参加国土局党支部组织生活会

2016年6月23日，国土局副局长平旺主持召开“两学一做”第一专题学习教育研讨会

2016年12月15日，国土局副局长尼玛巴珠、不动产登记中心副主任次仁卓嘎到东嘎乡慰问结对帮扶对象

2016年8月18日，国土局工作人员到江当乡调解矛盾纠纷

桑珠孜区水利局

2016年9月10日，中国灌排发展中心第三党支部书记阎存立（右三）一行到桑珠孜区督导检查农业综合开发项目

2016年10月13日，桑珠孜区人大常委会副主任尼玛仓木率验收组到2015年重点县年木乡罗布林村检查渠道质量情况

2016年8月20日，西藏自治区水利厅副厅长王及平（前排左三）到桑珠孜区边雄灌区工程检查指导工作

2016年6月23日，日喀则市水利局防办主任曹伟伟（前排左一）到桑珠孜区东嘎乡检查指导防汛工作

2016年5月17日，西藏自治区水利厅农水处处长马季阳（左三）到桑珠孜区东嘎灌区西干渠工程检查指导工作

2016年6月30日，桑珠孜区委常委、副区长达娃到甲措雄乡夏鲁村查看水毁受灾情况

桑珠孜区联乡

2016年7月5日，桑珠孜区委常务副书记潘思晓到联乡检查指导工作

2016年8月17日，党委书记王修文，党委副书记、乡长普布组织辖区商户开展宣传“六城共建”工作会

2016年7月12日，党委副书记、乡长普布到赤雄村走村入户开展精准扶贫易地搬迁新建房调研

2016年4月7日，党委副书记、乡长普布到其林村入户了解贫困户家中基本情况

2016年6月22日，青岛市第七批援藏干部一行到联乡赠送办公、医疗用品

2016年5月28日，联乡召开党委换届会议，桑珠孜区人大常委会副主任、城北办事处党工委书记边巴主持召开会议

桑珠孜区年木乡

2016年11月28日，党委书记边巴次仁到贡巴扎自然村检查指导工作

2016年5月28日，召开年木乡委员会第一次代表大会预备会

2016年6月10日，召开年木乡第二届人民代表大会第一次会议

2016年3月28日，年木乡庆祝“西藏百万农奴解放纪念日”文艺汇演

2016年11月18日，年木乡贡巴扎“4·25”灾后重建民房乔迁仪式

桑珠孜区边雄乡

2016年2月24日，党委书记扎西次仁、党委副书记普仓一行到塔玛村开展扶贫调研工作

2016年11月14日，召开2016年度边雄乡村“两委”班子成员综合评价暨工作目标任务考核考评会议

2016年6月6日，边雄乡召开第一届委员会全体会议

2016年5月29日，边雄乡召开第一次代表大会预备会议

2016年11月28日，桑珠孜区宣讲团到边雄乡宣讲西藏自治区第九次党代会精神暨文艺下乡活动

桑珠孜区东嘎乡

2016年8月6日，区委常委、副区长杨建明到东嘎乡开展精准扶贫调研工作

2016年5月31日，党委书记杜忠亮做党委工作报告

◀2016年3月12日，党委书记杜忠亮、乡人大主席普布一行到藏东村为群众解读扶贫政策

2016年12月7日，党委副书记次仁组织全乡干部职工观看教育纪录片

2016年6月1日，乡纪委书记尼玛普尺带领工作人员到东嘎林卡开展环保宣传活动

桑珠孜区曲布雄乡

2016年11月1日，日喀则市委常委、桑珠孜区委书记姚常雨到曲布雄乡调研

2016年7月11日，桑珠孜区委常务副书记潘思晓到曲布雄乡调研

2016年9月22日，桑珠孜区委副书记、区长索朗罗布带领桑珠孜区各单位主要领导到曲布雄乡调研

2016年9月30日，桑珠孜区委常委、副区长杨建明，桑珠孜区政协副主席、财政局局长杨志强到曲布雄乡调研

2016年10月13日，桑珠孜区交通局副局长依斯玛依到曲布雄乡兑现农村公路养护经费资金

桑珠孜区曲美乡

2016年9月8日，日喀则市副市长巴桑（左二）在桑珠孜区曲美乡拉洛养殖场召开全市农牧业现场交流会

2016年5月10日，日喀则市委常委、桑珠孜区委书记姚常雨，区政协党组书记、主席普布到强钦寺调研

2016年7月6日，党委书记李勇到帕伦村检查防洪堤坝施工进展情况

2016年7月29日，党委副书记、乡长普琼，乡人大主席米玛到多仁村检查指导工作

2016年2月7日，驻仁青林村工作人员“三大节日”慰问村民

2016年8月7日，党委副书记、乡长普琼到德村检查汛期受灾情况

桑珠孜区纳尔乡

2016年9月21日，桑珠孜区委副书记、区长索朗罗布一行到纳尔乡调研指导工作

2016年7月5日，桑珠孜区委常务副书记潘思晓等11名援藏干部到纳尔乡检查指导工作

2016年6月20日，纳尔乡召开第二届人民代表大会第一次会议

2016年3月15日，纳尔乡政府为10个行政村发放树苗

2016年5月26日，纳尔乡各支部召开党员会议进行审议讨论

2016年5月12日，纳尔乡召开2015年度村（居）干部激励资金兑现大会

桑珠孜区甲措雄乡

2016年11月1日，日喀则市委常委、桑珠孜区委书记姚常雨到甲措雄乡调研

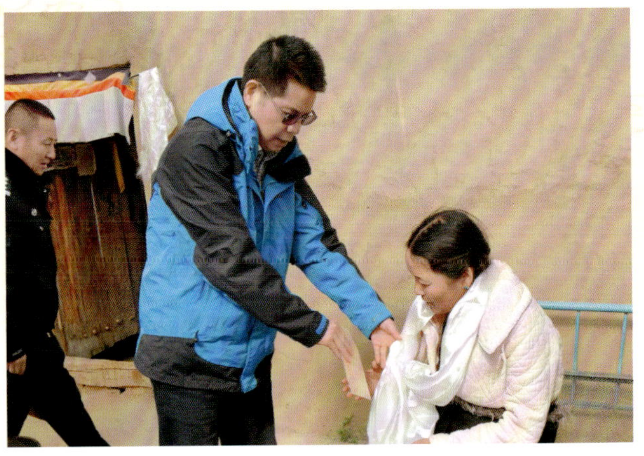

2016年11月1日，日喀则市委常委、区委书记姚常雨慰问比杂村贫困人员

2016年12月26日，西藏自治区护路办副主任边巴次仁（前排左二）到桑珠孜区甲措雄乡卡堆村调研

2016年12月7日，桑珠孜区委副书记、人大常委会党组书记、主任达洛到甲措雄乡检查中央十六届六中全会和自治区第九次党代会精神学习和落实情况

2016年11月28日，日喀则市督导组一行到联卓护路大队调研

2016年8月20日，甲措雄乡欢送考入内地西藏班的学生

2016年11月30日，桑珠孜区宣讲团到甲措雄乡宣讲中央十八届六中全会和自治区第九次党代会精神暨“五下乡”活动

桑珠孜区江当乡

2016年10月7日，林芝市朗县政协主席李奉义（右二）到桑珠孜区江当乡奶牛专业合作社参观

2016年8月20日，党委副书记、乡长高振山与乡民政干部低保核查

2016年11月15日，江当乡组织召开扶贫政策宣讲暨兑现生态补贴资金大会

2016年6月11日，江当乡人大代表到龙桑村参观灾后重建民房建设

2016年5月29日，江当乡召开第一次代表大会预备会议

桑珠孜区聂日雄乡

2016年12月21日，日喀则市委常委、桑珠孜区委书记姚常雨到聂日雄乡调研

2016年11月14日，桑珠孜区委常务副书记潘思晓到聂日雄乡督导检查工作

2016年12月20日，党委书记王震主持聂日雄乡贡村灾后重建整村推进搬迁入住仪式

2016年4月16日，党委书记王震带领乡干部职工开展“两江四河”生态造林工作

2016年12月12日，党委书记王震主持召开聂日雄乡边缘贫困户评选动员大会

2016年7月1日，驻地部队官兵与聂日雄乡结对认亲帮扶贫困大学生座谈会

桑珠孜区 城南街道办事处

2016年5月10日，日喀则市委常委、桑珠孜区委书记姚常雨到德勒社区检查“双联户”工作台账

2016年8月24日，西藏自治区党委常委、区党委统战部部长公保扎西（前排左二）德勒社区检查指导工作

2016年9月29日，办事处党工委书记普琼到帮佳孔社区慰问干部职工

2016年9月5日，办事处党工委书记普琼，党工委副书记、主任柳丽英组织干部职工和社区主要负责人开展“两学一做”专题学习会

2016年10月14日，办事处党工委书记普琼主持召开“先进双联户”表彰大会

桑珠孜区城北街道办事处

2016年9月6日，日喀则市委常委、桑珠孜区委书记姚常雨，区委副书记、组织部部长刘云到城北办事处曲美彭确社区考察工作

2016年11月15日，桑珠孜区委副书记、组织部部长刘云到城北街道对6名基层专招生了解初步入职工作、生活情况

2016年10月15日，桑珠孜区人大常委会党组成员、副主任，城北街道办事处党工委书记边巴到波姆庆社区慰问贫困村民

2016年11月5日，桑珠孜区人大常委会党组成员、副主任，城北街道办事处党工委书记边巴主持召开"讲学习、讲忠诚、正风纪、转作风、提效能"主题活动动员会

2016年12月23日，桑珠孜区人大常委会党组成员、副主任，城北街道办事处党工委书记边巴到米日社区检查指导工作

2016年12月21日，桑珠孜区交叉考核组一行到城北街道办事处检查党建工作

桑珠孜区人民武装部

2016年7月20日，日喀则市副市长、征兵领导小组副组长次央（左一）到桑珠孜区武装部征兵宣传点指导工作

2016年1月4日，武装部部长王凡到日喀则市一中讲解国防知识

2016年9月13日，武装部部长王凡到东嘎乡雪村精准扶贫结对帮扶对象家了解情况

2016年8月23日，武装部征兵办公室工作人员到东嘎乡对应征青年政治考核

2016年8月13日，武装部官兵到江当乡郭加村慰问帮扶对象

2016年3月27日，组织民兵开展棍盾术训练

桑珠孜区公安消防大队

2016年2月22日，消防大队官兵参加皓寺“玛尼珠巴”消防执勤安保任务

2016年8月10日，桑珠孜区政府在区消防大队举行42个微型消防站揭牌暨器材装备配发仪式和业务培训

2016年3月28日，消防大队战士开展体能训练

2016年4月27日，桑珠孜区消防大队一中队官兵在白云液化气站开展熟悉演练

2016年11月4日，消防大队官兵到社区开展消防培训

武警桑珠孜区中队

2016年5月4日，指导员邓攀到邦家孔社区讲党课

2016年6月4日，中队战士在扎什伦布寺执勤

2016年8月1日，组织官兵在社区打扫卫生

2016年12月12日，组织战士训练

2016年7月1日，官兵在桑珠孜区政府举行升旗仪式

日喀则市自来水公司

2016年4月18日，桑珠孜区副区长刘怀志到北郊水厂调研

2016年7月5日，桑珠孜区副区长尼吉到北郊水厂召开现场协调会议

2016年9月9日，公司总经理旺拉一行到北郊水厂检查水厂建设情况

2016年6月29日，公司总经理旺拉到塔布村慰问“三老”人员

2016年6月29日，公司总经理旺拉慰问公司全国劳模罗旦

2016年3月24日，北郊水厂项目建设协调会

中国农业银行股份有限公司桑珠孜支行

2016年5月18日，农行桑珠孜支行组织城区网点党员学习“两学一做”专题教育

2016年8月16日，农行桑珠孜支行组织召开学习和传达贯彻两级分行2016年党建和年中工作会议

2016年3月20日，农行桑珠孜支行工作人员在仁布路营业所搬迁至新址后向沿街商铺客户宣传金融产品

2016年2月26日，农行桑珠孜支行工作人员在营业网点门口开展“春天行动”宣传活动

2016年4月11日，农行桑珠孜支行工作人员在周边各商铺开展银行卡风险防范知识宣传活动

桑珠孜区粮食公司

2016年6月28日，经理普琼组织干部职工学习《党章》

2016年1月2日，经理普琼到聂日雄乡盆孔村了解困难群众情况

2016年11月5日，经理普琼检查粮食情况

2016年8月5日，经理普琼一同参加粮食调拨作业

日喀则市桑珠孜饭店

2016年2月16日，日喀则市委书记张延清（前排右一），桑珠孜区委副书记、区长索朗罗布到桑珠孜饭店考察指导工作

2016年4月7日，桑珠孜区委副书记、人大常委会主任达洛到饭店看望人大代表

2016年9月29日，总经理旺拉到江当乡郭加村慰问结对帮扶户

日喀则市是西藏第二大城市，是历代班禅的驻锡地，全称“喜格桑珠孜”，其意为“地质最好的庄园”。桑珠孜饭店取名“桑珠孜”藏语意为“如愿以偿”。桑珠孜饭店初建于20世纪50年代，在原日喀则地区第一招待所的基础上，1985年由国家投资和群众集资288万元兴办的一家集体企业。于1989年10月正式开业,是一家国标三星级酒店。

桑珠孜饭店地处青岛路48号—日喀则市中心黄金地段，东临贡觉林卡，西临民俗风情街—喜格孜步行街并直通扎什伦布寺，南临日喀则商业街，西北临宗山遗址及老城区民族特色自由市场，北眺雅鲁藏布江。交通便利，景色优美，特色鲜明，是理想的下榻之所。

主要经营住宿、餐饮、房屋租赁等业务。饭店现有各类客房93间、共200个床位。企业收入来源主要是客房收入、餐饮收入、房屋租赁收入这三大块，饭店现有职工80名，其中99%属农牧区子女，75名职工都属于企业合同工。现有党员11名，预备党员1名，入党积极分子3名。

桑珠孜饭店设有客房部、餐饮部、财务后勤部、安全生产部、共四个部门，同时设有人事管理小组、营业销售小组、材料采购小组、安全保卫小组和服务技术质量监督小组共五个小组。饭店领导班子设置包括总经理兼支部书记一名副总经理兼支部副书记一名，两人组成饭店领导班子集体。中层管理人员7名，主要分布在饭店的四个部门。

2016年12月7日，总经理旺拉到昂仁县多白乡仁庆顶村慰问贫困户

2016年12月8日，总经理旺拉到昂仁县多白乡为贫困学生发放学习用品

好运桑珠孜

桑珠孜区物产资源丰富，盛产青稞、冬小麦、荞麦等，被誉为“西藏的粮仓”之一。矿产资源主要有煤、金、铜、铬、铁、铅、锌、水晶等。野生动物资源有岩羊、獐、水獭、黑颈鹤等。药用植物资源有虫草、贝母、大黄等。蕴含丰富的光伏资源，年平均日照时间约3248小时。